UNIÃO ECONÓMICA E MONETÁRIA
E
EURO

Legislação comunitária e portuguesa

CARLOS LARANJEIRO

UNIÃO ECONÓMICA E MONETÁRIA
E
EURO

Legislação comunitária e portuguesa

Com notas introdutórias e remissivas

ALMEDINA

TÍTULO:	UNIÃO ECONÓMICA E MONETÁRIA E EURO
AUTOR:	CARLOS LARANJEIRO
DISTRIBUIDORES:	LIVRARIA ALMEDINA ARCO DE ALMEDINA, 15 TELEF. 239 851900 FAX 239 851901 E-mail: Livrarialmedina@mail.telepac.pt 3004-509 COIMBRA – PORTUGAL LIVRARIA ALMEDINA – PORTO R. DE CEUTA, 79 TELEF. 22 2059773 FAX 22 2039497 4050-191 PORTO – PORTUGAL EDIÇÕES GLOBO, LDA. R. S. FILIPE NERY, 37-A (AO RATO) TELEF. 21 3857619 FAX 21 3844661 1250-225 LISBOA – PORTUGAL
EXECUÇÃO GRÁFICA:	G.C. – GRÁFICA DE COIMBRA, LDA. PALHEIRA – ASSAFARGE 3001-453 COIMBRA E-mail: producao@graficadecoimbra.pt NOVEMBRO, 1999
DEPÓSITO LEGAL:	142768/99

Toda a reprodução desta obra, por fotocópia ou outro qualquer processo, sem prévia autorização escrita do Editor, é ilícita e passível de procedimento judicial contra o infractor.

APRESENTAÇÃO

Ao elaborar esta compilação de legislação comunitária e nacional sobre a União Económica e Monetária e o euro, pretendeu-se que ela não fosse apenas uma simples colecção de diplomas.

Em primeiro lugar, procedeu-se a uma organização temática que se entendeu ser sólida e consistente. O seu encadeamento obedece a uma linha lógica que se crê coerente e esclarecedora. Ao percorrê-la é possível ter uma visão clara do processo recente da integração monetária europeia.

Em segundo lugar, cada secção temática vai precedida de uma nota introdutória onde se destacam os pontos essenciais contidos na legislação e outros documentos. Tentou-se que fossem o mais possível sintéticas e claras. O conjunto dessas notas constitui uma espécie de manual hiper--sintético da actual integração monetária europeia.

Finalmente, para auxiliar a articulação entre os vários diplomas transcritos, foram incluídas notas remissivas entre a legislação contida neste volume.

O leitor dirá se os objectivos propostos foram alcançados.

Coimbra, Maio de 1999

CARLOS LARANJEIRO

LEGISLAÇÃO COMUNITÁRIA

I
TEXTO BASE – Tratado CE

A União Económica e Monetária (UEM) tem a sua fundamentação legal no Tratado que institui a Comunidade Europeia (TCE), com a redacção introduzida pelo Tratado da União Europeia (TUE) – assinado em Fevereiro de 1992 e em vigor a partir de 1 de Novembro de 1993.

O TUE acolheu o essencial das propostas apresentadas no Relatório Delors – aprovado no Conselho Europeu de Madrid de Junho de 1989 – sobre a construção de uma união económica e monetária no seio da Comunidade.

Optou-se por um processo faseado – tal como havia igualmente sido proposto, numa anterior tentativa, pelo Relatório Werner de 1970 – que de uma forma gradual acabou por conduzir à UEM em que hoje vivemos.

Durante a primeira fase, até Dezembro de 1993, acentuou-se a coordenação das políticas económicas e monetárias. Por outro lado foi concluído o processo de liberalização total dos movimentos de capitais.

Na segunda fase, entre 1 de Janeiro de 1994 e 31 de Dezembro de 1998, deram-se os passos mais significativos do período preparatório de que se pode destacar a aproximação de algumas variáveis económicas e monetárias fundamentais, como as taxas de inflação, os défices orçamentais e as taxas de juro, todas elas integradas nos critérios de convergência.

A terceira e última fase, a que corresponde a verdadeira criação da UEM, teve início em 1 de Janeiro de 1999 com a introdução de uma nova moeda – o euro * – e uma política monetária única decidida pelo também novo Banco Central Europeu.

Os artigos 102.°-A a 109.°-M (98.° a 124.°)** do TCE são os mais relevantes, já que balizam quase todos*** os passos e procedimentos acima sumariamente referidos.

- **Ver Tratado CE – Artigos 102.°-A a 109.°-M (98.°-124.°) (pág. 13) – onde se incluíram as remissões para a legislação complementar relativa a cada artigo.**

---

* Ver secção V.

** Como a legislação se refere sempre ao texto do Tratado antes da renumeração efectuada pelo Tratado de Amesterdão, indica-se em primeiro lugar o número original do artigo e entre parêntesis a nova numeração, em vigor desde 1 de Maio de 1999.

*** No que se refere aos movimentos de capitais ver, mais pormenorizadamente, a secção II.

TRATADO QUE INSTITUI A COMUNIDADE EUROPEIA (EXTRACTO)

(...)

TÍTULO VI (VII)
A Política Económica e Monetária

CAPÍTULO I
Política Económica

ARTIGO 102.°-A
(98.°)

Os Estados-membros conduzirão as suas políticas económicas no sentido de contribuir para a realização dos objectivos da comunidade, tal como se encontram definidos no artigo 2.°, e no âmbito das orientações gerais a que se refere o n.° 2 do artigo 103.°. Os Estados-membros e a comunidade actuarão de acordo com o princípio de uma economia de mercado aberto e de livre concorrência, favorecendo uma repartição eficaz dos recursos, e em conformidade com os princípios estabelecidos no artigo 3.°-A.

ARTIGO 103.°
(99.°)

1. Os Estados-membros consideram ser as suas políticas económicas uma questão de interesse comum e coordená-las-ão no Conselho, de acordo com o disposto no artigo 102.°-A.

2. O Conselho, deliberando por maioria qualificada, sob recomendação da Comissão, elaborará um projecto de orientações gerais das polí-

ticas económicas dos Estados-membros e da comunidade e apresentará um relatório ao Conselho europeu com as suas conclusões.

O Conselho Europeu, deliberando com base no relatório do Conselho, discutirá uma conclusão sobre as orientações gerais das políticas económicas dos Estados-membros e da Comunidade.

Com base nessa conclusão, o Conselho, deliberando por maioria qualificada, aprovará uma recomendação que estabeleça essas orientações gerais. O Conselho informará o Parlamento Europeu da sua recomendação.

3. A fim de garantir uma coordenação mais estreita das políticas económicas e uma convergência sustentada dos comportamentos das economias dos Estados-membros, o Conselho, com base em relatórios apresentados pela Comissão, acompanhará a evolução económica em cada Estado-membro e na Comunidade e verificará a compatibilidade das políticas económicas com as orientações gerais a que se refere o n.º 2, procedendo regularmente a uma avaliação global da situação.

Para efeitos desta supervisão multilateral, os Estados-membros enviarão outras informações à Comissão acerca das medidas importantes por eles tomadas das suas políticas económicas e quaisquer outras informações que considerem necessárias.

4. Sempre que se verificar, no âmbito do procedimento a que se refere o n.º 3, que as políticas económicas de determinado Estado-membro não são compatíveis com as grandes orientações a que se refere o n.º 2 ou que são susceptíveis de comprometer o bom funcionamento da União Económica e Monetária, o Conselho, deliberando por maioria qualificada, sob recomendação da Comissão, pode dirigir as recomendações necessárias ao Estado-membro em causa. O Conselho, deliberando por maioria qualificada, sob proposta da Comissão, pode decidir tornar públicas as suas recomendações.

O presidente do Conselho e a Comissão apresentarão um relatório ao Parlamento Europeu sobre os resultados da supervisão multilateral. O presidente do Conselho pode ser convidado a comparecer perante a competente Comissão do Parlamento Europeu, se o Conselho tiver tornado públicas as suas recomendações.

5. O Conselho, deliberando de acordo com o procedimento previsto no artigo 189.º-C pode aprovar as regras do procedimento de supervisão multilateral a que se referem os n.º 3 e n.º 4 do presente artigo.

[Ver – Resolução (97/C 236/01) do Conselho Europeu sobre o Pacto de Estabilidade e Crescimento – Amesterdão, 17 de Junho de 1997 – JOC 236 de 02/08/1997 (pág. 125)]

[Ver Regulamento 1466/97 do Conselho de 7 de Julho de 1997 relativo ao reforço e à supervisão e coordenação das políticas económicas – JOL 209 de 02/08/1997 (pág. 129)]

[Ver Resolução do Conselho Europeu [Luxemburgo em 13-12-97], relativa à coordenação das políticas económicas na terceira fase da UEM e aos artigos 109.° e 109.°-B do Tratado (pág. 117)]

[Ver – Relatório ao Conselho Europeu de Viena, de 11/12-12-1998, sobre a coordenação das políticas económicas (pág. 121)]

ARTIGO 103.°-A
(100.°)

1. Sem prejuízo de quaisquer outros procedimentos previstos no presente Tratado, o Conselho, deliberando por unanimidade, sob proposta da Comissão, pode decidir das medidas apropriadas à situação económica, em especial em caso de dificuldades graves no aprovisionamento de certos produtos.

2. Sempre que um Estado-membro se encontre em dificuldades ou seriamente ameaçado de graves dificuldades devidas a ocorrências excepcionais que não possa controlar, o Conselho, deliberando por unanimidade, sob proposta da Comissão, pode, sob certas condições, conceder ajuda financeira comunitária ao Estado-membro em questão. Caso essas graves dificuldades sejam devidas a calamidades naturais, o Conselho deliberará por maioria qualificada. O presidente do Conselho informará o Parlamento Europeu da decisão tomada.

ARTIGO 104.°
(101.°)

1. É proibida a concessão de créditos sob a forma de descobertos ou sob qualquer outra forma pelo BCE ou pelos bancos centrais nacionais dos Estados-membros, adiantes designados por bancos centrais nacionais, em benefício das Instituições ou organismos da Comunidade, governos centrais, autoridades regionais, locais, ou outras autoridades públicas, outros organismos do sector público ou empresas públicas dos Estados-membros, bem como a compra directa de títulos de dívida a essas entidades, pelo BCE ou pelos bancos centrais nacionais.

2. As disposições do n.° 1 não se aplicam às instituições de crédito de capitais públicos às quais, no contexto da oferta de reserva pelos ban-

cos centrais, será dado, pelos bancos centrais nacionais e pelo BCE, o mesmo tratamento que às instituições de crédito privadas.

[Ver Regulamento (CE) N.° 3603/93 do Conselho, de 13 de Dezembro de 1993 que especifica as definições necessárias à aplicação das proibições enunciadas no artigo 104.° e no n.° 1 do artigo 104.°-B do Tratado – JOL 332 de 31/12/1993 (pág. 49)]

ARTIGO 104.°-A
(102.°)

1. São proibidas quaisquer medidas não baseadas em considerações de ordem prudencial que possibilitem o acesso privilegiado às instituições financeiras por parte das Instituições ou órgãos da Comunidade, dos governos centrais, das autoridades regionais ou locais, ou outras autoridades públicas, de outros organismos do sector público ou de empresas públicas dos Estados-membros.

2. O Conselho, deliberando de acordo com o procedimento previsto no artigo 189.°-C estabelecerá, até 1 de Janeiro de 1994, as definições para a aplicação da proibição a que se refere o n.° 1.

[Ver Regulamento (CE) N.° 3604/93 do Conselho de 13 de Dezembro de 1993 que especifica as definições com vista à aplicação da proibição de acesso privilegiado enunciada no artigo 104.°-A do Tratado – JOL 332 de 31.12.1993 (pág. 55)]

ARTIGO 104.°-B
(103.°)

1. Sem prejuízo das garantias financeiras mútuas para a execução conjunta de projectos específicos, a comunidade não é responsável pelos compromissos dos governos centrais, das autoridades regionais ou locais, ou de outras autoridades públicas, dos outros organismos do sector público ou das empresas públicas de qualquer Estado-membro, nem assumirá esses compromissos. Sem prejuízo das garantias financeiras mútuas para a execução conjunta de projectos específicos, os Estados-membros não são responsáveis pelos compromissos dos governos centrais, das autoridades regionais ou locais, ou de outras autoridades públicas, dos outros organismos do sector público ou das empresas públicas de outros Estados--membros, nem assumirão esses compromissos.

[Ver Regulamento (CE) N.° 3603/93 do Conselho, de 13 de Dezembro de 1993 que especifica as definições necessárias à aplicação das proibições enunciadas no artigo 104.° e no n.° 1 do artigo 104.°-B do Tratado – JOL 332 de 31/12/1993 (pág. 49)]

2. O Conselho, deliberando de acordo com o procedimento previsto no artigo 189.°-C pode, se necessário, estabelecer definições para a aplicação das proibições a que se referem o artigo 104.° e o presente artigo.

ARTIGO 104.°-C
(104.°)

1. Os Estados-membros devem evitar défices orçamentais excessivos.

2. A Comissão acompanhará a evolução da situação orçamental e do montante da dívida pública nos Estados-membros, a fim de identificar desvios importantes. Examinará, em especial o cumprimento da disciplina orçamental com base nos dois critérios seguintes:

a) Se a relação entre o défice orçamental programado ou verificado e o produto interno bruto excede um valor de referência, excepto:
– se essa relação tiver baixado de forma substancial e contínua e tiver atingido um nível que se aproxime do valor de referência;
– ou, em alternativa, se o excesso em relação ao valor de referência for meramente excepcional e temporário e se aquela relação continuar perto do valor de referência.

b) Se a relação entre a dívida pública e o produto interno bruto excede um valor de referência, excepto se essa relação se encontrar em diminuição significativa e se estiver a aproximar, de forma satisfatória, do valor de referência.

Os valores de referência encontram-se especificados no protocolo relativo ao procedimento aplicável em caso de défice excessivo, anexo ao presente Tratado.

3. Se um Estado-membro não cumprir os requisitos constantes de um ou de ambos estes critérios, a Comissão preparará um relatório. O relatório da Comissão analisará igualmente se o défice orçamental excede as despesas públicas de investimento e tomará em consideração todos os outros factores pertinentes, incluindo a situação económica e orçamental a médio prazo desse Estado-membro.

A Comissão pode ainda preparar um relatório se, apesar de os requisitos estarem a ser preenchidos de acordo com os critérios enunciados, for de opinião de que existe um risco de défice excessivo em determinado Estado-membro.

4. O comité a que se refere o artigo 109.°-C formulará um parecer sobre o relatório da Comissão.

5. Se a Comissão considerar que em determinado Estado-membro existe ou poderá ocorrer um défice excessivo, enviará um parecer ao Conselho.

6. O Conselho, deliberando por maioria qualificada, sob recomendação da Comissão, e tendo considerado todas as observações que o Estado-membro interessado pretenda fazer, decidirá, depois de ter avaliado globalmente a situação, se existe ou não um défice excessivo.

7. Sempre que, nos termos do n.° 6, o Conselho decida que exime um défice excessivo, dirigirá recomendações ao Estado-membro em causa com o objectivo de pôr fim àquela situação num dado prazo. Sem prejuízo do disposto no n.° 8, essas recomendações não serão tornadas públicas.

8. Sempre que verificar que, na sequência das suas recomendações, não foram tomadas medidas eficazes no prazo estabelecido, o Conselho pode tornar públicas as suas recomendações.

9. Se um Estado-membro persistir em não pôr em prática as recomendações do Conselho, este pode decidir notificar esse Estado-membro para, num dado prazo, tomar medidas destinadas a reduzir o défice para um nível que o Conselho considere necessário para obviar à situação.

Nesse caso, o Conselho pode pedir ao Estado-membro em causa que lhe apresente relatórios de acordo com um calendário específico, a fim de analisar os esforços de ajustamento desse Estado-membro.

10. O direito de intentar acções previsto nos artigos 169.° e 170.° não pode ser exercido no âmbito dos n.ᵒˢ 1 a 9 do presente artigo.

11. Se um Estado-membro não cumprir uma decisão tomada nos termos do n.° 9, o Conselho pode decidir aplicar, ou eventualmente intensificar, uma ou mais das seguintes medidas:
- exigir que o Estado-membro em causa divulgue informações complementares, a determinar pelo Conselho, antes de emitir obrigações e títulos;
- convidar o Banco Europeu de Investimento a reconsiderar a sua política de empréstimos em relação ao Estado-membro em causa;
- exigir do Estado-membro em causa a reconstituição, junto da comunidade, de um depósito não remunerado de montante apropriado, até que, na opinião do Conselho, o défice excessivo tenha sido corrigido;
- impor multas de importância apropriada.

O presidente do Conselho informará o Parlamento Europeu das decisões tomadas.

12. O Conselho revogará parte ou a totalidade das decisões a que se referem os n.ᵒˢ 6 a 9 e 11 na medida em que considere que o défice excessivo no Estado-membro em causa foi corrigido. Se o Conselho tiver previamente tornado públicas as suas recomendações, deve, logo que a decisão tomada ao abrigo do n.° 8 tiver sido revogada, fazer uma declaração pública de que deixou de existir um défice excessivo no Estado-membro em causa.

13. Ao tomar as decisões do Conselho a que se referem os n.ᵒˢ 7 a 9, 11 e 12, este delibera sob recomendação da Comissão, por maioria de dois terços dos votos dos seus membros, ponderados nos termos do n.° 2 do artigo 148.°, com exclusão dos votos do representante do Estado-membro em causa.

14. O protocolo relativo ao procedimento aplicável em caso de défice excessivo, anexo ao presente Tratado, contém outras disposições relacionadas com a aplicação do procedimento descrito no presente artigo.

O Conselho, deliberando por unanimidade, sob proposta da Comissão, e após consulta do Parlamento Europeu e do BCE, aprovará as disposições apropriadas, que substituirão o referido protocolo.

[Ver Regulamento (CE) N.° 3605/93 do Conselho de 22 de Novembro de 1993 relativo à aplicação do Protocolo sobre o procedimento relativo aos défices excessivos anexo ao Tratado que institui a Comunidade Europeia – JOL 332 de 31-12-1993 (pág. 151)]

[Ver Regulamento (CE) N.° 1467/97 do Conselho de 7 de Julho de 1997 relativo à aceleração e clarificação da aplicação do procedimento relativo aos défices excessivos – JOL 209 de 02/08/1997 (pág. 139)]

CAPÍTULO II
A Política Monetária

ARTIGO 105.°

1. O objectivo primordial do SEBC é a manutenção da estabilidade dos preços. Sem prejuízo do objectivo da estabilidade dos preços, o SEBC apoiará as políticas económicas gerais na Comunidade tendo em vista contribuir para a realização dos objectivos da Comunidade tal como se encontram definidos no artigo 2.°. O SEBC actuará de acordo com o princípio de uma economia de mercado aberto e de livre concorrência,

incentivando a repartição eficaz dos recursos e observando os princípios definidos no artigo 3.º-A.

2. As atribuições fundamentais cometidas ao SEBC são:
– a definição e execução da política monetária da comunidade;
– a realização de operações cambiais compatíveis com o disposto no artigo 109.º;
– a detenção e gestão das reservas cambiais oficiais dos Estados--membros;
– a promoção do bom funcionamento dos sistemas de pagamentos.

3. O terceiro travessão do n.º 2 não obsta à detenção e gestão, pelos governos dos Estados-membros, de saldos de tesouraria em divisas.

4. O BCE será consultado:
– sobre qualquer proposta de acto comunitário nos domínios das suas atribuições;
– pelas autoridades nacionais sobre qualquer projecto de disposição legal nos domínios das suas atribuições, mas nos limites e condições definidas pelo Conselho de acordo com o procedimento previsto no n.º 6 do artigo 106.º.

O BCE pode apresentar pareceres sobre questões do âmbito das suas atribuições às competentes Instituições ou organismos da Comunidade ou às autoridades nacionais.

[Ver Decisão (98/415/CE) do Conselho de 29-6-1998 relativa à consulta do BCE pelas autoridades nacionais sobre projectos de disposições legais – JOL 189/42 de 3-7-1998 (pág. 289)]

5. O SEBC contribuirá para a boa condução das políticas desenvolvidas pelas autoridades competentes no que se refere à supervisão prudencial das instituições de crédito e à estabilidade do sistema financeiro.

6. O Conselho, deliberando por unanimidade, sob proposta da Comissão e após consulta do BCE, e depois de ter recebido parecer favorável do Parlamento Europeu, pode conferir ao BCE atribuições específicas no que diz respeito às políticas relativas à supervisão prudencial das instituições de crédito e de outras instituições financeiras, com excepção das empresas de seguros.

ARTIGO 105.º-A
(106.º)

1. O BCE tem o direito exclusivo de autorizar a emissão de notas de banco da Comunidade. O BCE e os bancos centrais nacionais podem

emitir essas notas. As notas de banco emitidas pelo BCE e pelos bancos centrais nacionais são as únicas com curso legal na comunidade.

[Ver Decisão (1999/33/CE) do BCE de 7-7-1998 relativa às denominações, especificações, reprodução, troca e retirada de circulação das notas em euros – JOL 8/36 de 14-1-1999 (pág. 187)]

2. Os Estados-membros podem emitir moedas metálicas, sem prejuízo da aprovação, pelo BCE, do volume da respectiva emissão. O Conselho, deliberando de acordo com o procedimento previsto no artigo 189.°-C e após consulta do BCE, pode adoptar medidas para harmonizar as denominações e especificações técnicas de todas as moedas metálicas destinadas à circulação, na medida do necessário para permitir a sua fácil circulação dentro da Comunidade.

[Ver Regulamento (CE) n.° 975/98 do Conselho de 3 de Maio de 1998 relativo aos valores faciais e às especificações técnicas das moedas em euros destinadas a circulação – JOL 139 de 11-5-98 (pág. 181)]

[Ver Regulamento 423/1999 do Conselho de 22-2-1999 que altera o Regulamento (CE) n.° 975/98 relativo aos valores faciais e às especificações técnicas das moedas em euros destinadas a circulação – JOL 52/2 de 27-2-1999 (pág. 185)]

[Ver Decisões adicionais sobre as notas de banco em euros – Frankfurt, 13 de Outubro de 1998 (pág. 192)]

ARTIGO 106.°
(107.°)

1. O SEBC é constituído pelo BCE e pelos bancos centrais nacionais.
2. O BCE tem personalidade jurídica.
3. O SEBC é dirigido pelos órgãos de decisão do BCE, que são o Conselho do BCE e a Comissão executiva.
4. Os estatutos do SEBC constam de um protocolo anexo ao presente Tratado.

[Ver Estatutos do SEBC (pág. 223)]

5. Os n.ᵒˢ 1, 2 e 3 do artigo 5.°, os artigos 17.°, 18.°, o n.° 1 do artigo 19.°, os artigos 22.°, 23.°, 24.°, 26.°, os n.ᵒˢ 2, 3, 4 e 6 do artigo 32.°, o n.° 1, alínea *a*), do artigo 33.° e o artigo 36.° dos estatutos do SEBC podem ser alterados pelo Conselho, deliberando, quer por maioria quali-

ficada, sob recomendação do BCE, após consulta da Comissão, quer por unanimidade, sob proposta da Comissão e após consulta do BCE. Em qualquer dos casos, é necessário o parecer favorável do Parlamento Europeu.

6. O Conselho, deliberando por maioria qualificada, quer sob proposta da Comissão e após consulta do Parlamento Europeu e do BCE, quer deliberando sob recomendação do BCE e após consulta do Parlamento Europeu e da Comissão, adoptará as disposições a que se referem o artigo 4.º, o n.º 4 do artigo 5.º, o n.º 2 do artigo 19.º, o artigo 20.º, o n.º 1 do artigo 28.º, o n.º 2 do artigo 29.º, o n.º 4 do artigo 30.º e o n.º 3 do artigo 34.º dos estatutos do SEBC.

ARTIGO 107.º
(108.º)

No exercício dos poderes e no cumprimento das atribuições e deveres que lhes são conferidos pelo presente Tratado e pelos estatutos do SEBC o BCE, os bancos centrais nacionais, ou qualquer membro dos respectivos órgãos de decisão não podem solicitar ou receber instruções das Instituições ou organismos comunitários, dos governos dos Estados--membros ou de qualquer outra entidade. As Instituições e organismos comunitários, bem como os governos dos Estados-membros, comprometem-se a respeitar este princípio e a não procurar influenciar os membros dos órgãos de decisão do BCE ou dos bancos centrais nacionais no exercício das suas funções.

ARTIGO 108.º
(109.º)

Cada um dos Estados-membros assegurará, o mais tardar até à data da instituição do SEBC a compatibilidade da respectiva legislação nacional, incluindo os estatutos do seu banco central nacional, com o presente Tratado e com os estatutos do SEBC.

ARTIGO 108.º-A
(110.º)

1. Para o desempenho das atribuições cometidas ao SEBC o BCE, de acordo com as disposições do presente Tratado e nas condições definidas nos estatutos do SEBC:

– adopta regulamentos na medida do necessário para a execução das funções definidas no primeiro travessão do n.° 1 do artigo 3.°, no n.° 1 do artigo 19.°, no artigo 22.° ou no n.° 2 do artigo 25.° dos estatutos do SEBC e nos casos previstos nos actos do Conselho referidos no n.° 6 do artigo 106.°;
– toma as decisões necessárias para o desempenho das atribuições cometidas ao SEBC ao abrigo do presente Tratado e dos estatutos do SEBC;
– formula recomendações e emite pareceres.

2. O regulamento tem carácter geral. É obrigatório em todos os seus elementos e directamente aplicável em todos os Estados-membros.

As recomendações e os pareceres não são vinculativos.

A decisão é obrigatória em todos os seus elementos para os destinatários que ela designar.

Os artigos 190.°, 191.° e 192.° são aplicáveis aos regulamentos e decisões do BCE.

O BCE pode decidir publicar as suas decisões, recomendações e pareceres.

3. Nos limites e condições fixados pelo Conselho, de acordo com o procedimento previsto no n.° 6 do artigo 106.°, o BCE pode aplicar multas ou sanções pecuniárias temporárias às empresas em caso de incumprimento de obrigações decorrentes dos seus regulamentos e decisões.

[Ver Regulamento (CE) n.° 2532/98 do Conselho de 23-11-1998 relativo ao poder do BCE de impor sanções – JOL 318/4 de 23-11-1998 (pág. 297)]

ARTIGO 109.°
(111.°)

1. Em derrogação do disposto no artigo 228.°, o Conselho, deliberando por unanimidade, sob recomendação do BCE ou da Comissão, e após consulta do BCE, numa tentativa para chegar a um consenso com este último, compatível com o objectivo da estabilidade dos preços, e após consulta do Parlamento Europeu, de acordo com os mecanismos processuais referidos no n.° 3, pode celebrar acordos formais relativos a um sistema de taxas de câmbio do ecu em relação às moedas não comunitárias. O Conselho, deliberando por maioria qualificada, sob recomendação do BCE ou da Comissão, e após consulta do BCE, numa tentativa para chegar a um consenso com este último compatível com o objectivo da estabilidade dos preços, pode adoptar, ajustar ou abandonar as taxas centrais do

ecu no sistema de taxas de câmbio. O presidente do Conselho informará o Parlamento Europeu acerca da adopção, ajustamento ou abandono das taxas centrais do ecu.

2. Na falta de um sistema de taxas de câmbio em relação a uma ou mais moedas não comunitárias a que se refere o n.º 1, o Conselho, deliberando por maioria qualificada, quer sob recomendação da Comissão, e após consulta do BCE, quer sob recomendação do BCE, pode formular orientações gerais para uma política de taxas de câmbio em relação a essas moedas. Essas orientações gerais não podem prejudicar o objectivo primordial do SEBC de manutenção da estabilidade dos preços.

[Ver Resolução do Conselho Europeu do Luxemburgo [13-12-97] sobre política cambial e representação externa (pág. 381)]

3. Em derrogação do disposto no artigo 228.º, sempre que a Comunidade tiver de negociar acordos relativos a questões monetárias ou ao regime cambial com um ou mais estados ou organizações internacionais, o Conselho, deliberando por maioria qualificada, sob recomendação da Comissão, e após consulta do BCE, decide sobre os mecanismos para a negociação e para a celebração dos referidos acordos. Esses mecanismos devem assegurar que a comunidade expresse uma posição única. A Comissão será plenamente associada a essas negociações.

Os acordos celebrados de acordo com o presente número vinculam as Instituições da comunidade, o BCE e os Estados-membros.

[Ver Decisão do Conselho (98/683/CE) de 23-11-1998 relativa aos aspectos cambiais relacionados com o franco CFA e o franco das Comores – JOL 320/58 de 28-11-1998 (pág. 413)]

[Ver Decisão do Conselho (98/744/CE) de 21-12-1998 relativa aos aspectos cambiais relacionados com o escudo cabo-verdiano – JOL 358/111 de 21-12-1998 (pág. 417)]

[Ver Decisão do Conselho (1999/95/CE) de 31-12-1998 relativa ao regime monetário aplicável nas circunscrições territoriais francesas de S.Pedro e Miquelon e de Mayotte – JOL 30/29 de 4-2-1999 (pág. 421)]

[Ver Decisão do Conselho (1999/96/CE) de 31-12-1998 relativa à posição a adoptar pela Comunidade no que diz respeito a um acordo sobre as relações monetárias com o Principado do Mónaco – JOL 30/31 de 4-2-1999 (pág. 401)]

[Ver Decisão do Conselho (1999/97/CE) de 31-12-1998 relativa à posição a adoptar pela Comunidade no que diz respeito a um acordo

sobre as relações monetárias com a República de São Marino – JOL 30/33 de 4-2-1999 (pág. 409)]

[Ver Decisão do Conselho (1999/98/CE) de 31-12-1998 relativa à posição a adoptar pela Comunidade no que diz respeito a um acordo sobre as relações monetárias com a Cidade do Vaticano – JOL 30/35 de 4-2-1999 (pág. 405)]

4. Sem prejuízo do disposto no n.º 1, o Conselho, deliberando por maioria qualificada, sob proposta da Comissão, e após consulta do BCE, decide sobre a posição da Comunidade ao nível internacional relativamente às questões que se revistam de especial interesse para a União Económica e Monetária e, deliberando por unanimidade, decide sobre a sua representação de acordo com a repartição de competências prevista nos artigos 103.º e 105.º.

[Ver Resolução do Conselho Europeu do Luxemburgo [13-12-97] sobre política cambial e representação externa (pág. 381)]

[Ver Relatório ao Conselho Europeu [Viena 11/12-12-1998] acerca do estado de adiantamento da preparação para a terceira fase da UEM, nomeadamente no que se refere à representação externa da Comunidade (pág. 333)]

5. Sem prejuízo da competência comunitária e dos acordos da comunidade relativos à União Económica e Monetária, os Estados-membros podem negociar nas instâncias internacionais e celebrar acordos internacionais.

CAPÍTULO III
Disposições Institucionais

ARTIGO 109.º-A
(112.º)

1. O Conselho do BCE é composto pelos membros da Comissão Executiva do BCE e pelos governadores dos bancos centrais nacionais.

2. *a)* A Comissão Executiva é composta pelo presidente, pelo vice-presidente e por quatro vogais.

b) O presidente, o vice-presidente e os vogais da Comissão executiva são nomeados, de entre personalidades de reconhecida competência e com experiência profissional nos domínios monetário ou bancário, de comum acordo pelos governos dos Estados-membros, a nível de Chefes de Estado ou de governo, sob recomendação do Conselho e após este ter consultado o Parlamento Europeu e o Conselho do BCE.

A duração do respectivo mandato é de oito anos, não renováveis.

Só nacionais dos Estados-membros podem ser membros da Comissão Executiva.

[Ver Decisão (98/345/CE) tomada de comum acordo pelos governos dos Estados-membros que adoptam a moeda única, a nível de Chefes de Estado ou de governo, de 26 de Maio de 1998, que nomeia o presidente, o vice-presidente e os vogais da Comissão Executiva do Banco Central Europeu JOL no L 154 de 28/05/1998 (pág. 221)]

ARTIGO 109.°-B
(113.°)

1. O presidente do Conselho e um membro da Comissão podem participar, sem direito de voto, nas reuniões do Conselho do BCE.

O presidente do Conselho pode submeter moções à deliberação do Conselho do BCE.

2. O presidente do BCE será convidado a participar nas reuniões do Conselho sempre que este delibere sobre questões relativas aos objectivos e atribuições do SEBC.

3. O BCE enviará anualmente ao Parlamento Europeu, ao Conselho, à Comissão e ainda ao Conselho Europeu um relatório sobre as actividades do SEBC e sobre a política monetária do ano anterior e do ano em curso. O presidente do BCE apresentará esse relatório ao Conselho e ao Parlamento Europeu, que, com base nesse relatório, pode proceder a um debate de carácter geral.

O presidente do BCE e os outros membros da Comissão Executiva podem, a pedido do Parlamento Europeu ou por sua própria iniciativa, ser ouvidos pelas competentes comissões do Parlamento Europeu.

ARTIGO 109.°-C
(114.°)

1. Com o objectivo de promover a coordenação das políticas dos Estados-membros na medida do necessário ao funcionamento do mercado interno, é instituído um Comité Monetário de natureza consultiva.

O Comité tem as seguintes funções:
- acompanhar a situação monetária e financeira dos Estados-membros e da Comunidade, bem como o sistema geral de pagamentos dos Estados-membros e apresentar regularmente o correspondente relatório ao Conselho e à Comissão;
- formular pareceres, quer a pedido do Conselho ou da Comissão, quer por iniciativa própria, destinados a estas instituições;
- sem prejuízo do disposto no artigo 151.º, contribuir para a preparação dos trabalhos do Conselho a que se referem os artigos 73.º-F e 73.º-G, os n.ºs 2, 3, 4 e 5 do artigo 103.º, os artigos 103.º-A, 104.º-A, 104.º-B, 104.º-C, o n.º 2 do artigo 109.º-E, o n.º 6 do artigo 109.º-F, os artigos 109.º-H e 109.º-I, o n.º 2 do artigo 109.º-J e o n.º 1 do artigo 109.º-K;
- examinar, pelo menos uma vez por ano, a situação relativa aos movimentos de capitais e à liberdade de pagamentos, tal como resultam da aplicação do presente Tratado e das medidas adoptadas pelo Conselho, devendo este exame englobar todas as medidas respeitantes aos movimentos de capitais e aos pagamentos; o Comité informará a Comissão e o Conselho dos resultados deste exame.

Os Estados-membros e a Comissão nomearão, cada um, dois membros do Comité Monetário.

2. No início da terceira fase é instituído um Comité Económico e Financeiro. O Comité Monetário a que se refere o n.º 1 é dissolvido.

O Comité Económico e Financeiro tem as seguintes funções:
- formular pareceres, quer a pedido do Conselho ou da Comissão, quer por iniciativa própria, destinados a estas instituições;
- acompanhar a situação económica e financeira dos Estados-membros e da Comunidade e apresentar regularmente o correspondente relatório ao Conselho e à Comissão, nomeadamente sobre as relações financeiras com países terceiros e instituições internacionais;
- sem prejuízo do disposto no artigo 151.º, contribuir para a preparação dos trabalhos do Conselho a que se referem os artigos 73.º-F e 73.º-G, os n.ºs 2, 3, 4 e 5 do artigo 103.º, os artigos 103.º-A, 104.º-A, 104.º-B, 104.º-C o n.º 6 do artigo 105.º, o n.º 2 do artigo 105.º-A, os n.ºs 5 e 6 do artigo 106.º, os artigos 109.º, 109.º-H, os n.ºs 2 e 3 do artigo 109.º-I e o n.º 2 do artigo 109.º-K, os n.ºs 4 e 5 do artigo 109.º-L, e exercer outras funções consultivas e preparatórias que lhe forem confiadas pelo Conselho;

– examinar, pelo menos uma vez por ano, a situação relativa aos movimentos de capitais e à liberdade de pagamento, tal como resultam da aplicação do Tratado e das medidas do Conselho, devendo este exame englobar todas as medidas respeitantes aos movimentos de capitais e aos pagamentos: O Comité informará a Comissão e o Conselho dos resultados deste exame.

Os Estados-membros, a Comissão e o BCE nomearão, cada um, no máximo dois membros do Comité.

3. O Conselho, deliberando por maioria qualificada sob proposta da Comissão e após consulta do BCE e do Comité a que se refere o presente artigo, estabelecerá disposições pormenorizadas relativas à composição do Comité Económico e Financeiro. O presidente do Conselho informará o Parlamento Europeu dessa decisão.

[Ver Decisão do Conselho (98/743/CE) de 21-12-1998 relativa às disposições pormenorizadas respeitantes à composição do Comité Económico e Financeiro – JOL 358/109 de 21-12-1998 (pág. 203)]

[Ver Decisão do Conselho (1999/8/CE) de 31-12-1998 que adopta os estatutos do Comité Económico e Financeiro – JOL 5/71 de 9-1-1999 (pág. 207)]

4. Além das funções previstas no n.º 2, o Comité, se e enquanto existirem Estados-membros que beneficiem de uma derrogação nos termos dos artigos 109.º-K e 109.º-L, acompanhará a situação monetária e financeira e o sistema geral de pagamentos desses Estados-membros e apresentará regularmente o correspondente relatório ao Conselho e à Comissão.

ARTIGO 109.º-D
(115.º)

O Conselho ou qualquer dos Estados-membros pode solicitar à Comissão que apresente uma recomendação ou uma proposta, conforme o caso, relativamente a questões do âmbito de aplicação do n.º 4 do artigo 103.º, do artigo 104.º-C com excepção do seu n.º 14, dos artigos 109.º, 109.º-J, 109.º-K e dos n.ºˢ 4 e 5 do artigo 109.º-L. A Comissão analisa esse pedido e apresenta sem demora as suas conclusões ao Conselho.

CAPÍTULO IV
Disposições Transitórias

ARTIGO 109.º-E
(116.º)

1. A segunda fase da realização da União Económica e Monetária tem início em 1 de Janeiro de 1994.

2. Antes dessa data:

a) cada Estado-membro deve:
– adoptar, se necessário, medidas adequadas para dar cumprimento às proibições previstas no artigo 73.º-B, sem prejuízo do artigo 73.º-E, no artigo 104.º e n.º 1 do artigo 104.º-A.
– adoptar, se necessário, tendo em vista permitir a avaliação prevista na alínea *b*), programas plurianuais destinados a assegurar a convergência duradoura necessária à realização da União Económica e Monetária, em especial no que se refere à estabilidade dos preços e à solidez das finanças públicas.

b) O Conselho, com base em relatório da Comissão, deve avaliar os progressos alcançados em matéria de convergência económica e monetária, em especial no que diz respeito à estabilidade dos preços e à solidez de finanças públicas, bem como os progressos alcançados com a aplicação da legislação comunitária relativa ao mercado interno.

3. O disposto no artigo 104.º, no n.º 1 do artigo 104.º-A, no n.º 1 do artigo 104.º-B e no artigo 104.º-C, com excepção dos seus n.ºˢ 1, 9, 11 e 14, é aplicável a partir do início da segunda fase.

O disposto no n.º 2 do artigo 103.º-A, nos n.ºˢ 1, 9 e 11 do artigo 104.º-C, nos artigos 105.º, 105.º-A, 107.º, 109.º-A e 109.º-B e nos n.ºˢ 2 e 4 do artigo 109.º-C é aplicável a partir do início da terceira fase.

4. Na segunda fase, os Estados-membros envidarão esforços para evitar défices orçamentais excessivos.

5. No decurso da segunda fase, cada Estado-membro deve, se for caso disso, iniciar o processo conducente à independência do seu banco central nos termos do artigo 108.º.

ARTIGO 109.º-F
(117.º)

1. No início da segunda fase, é instituído e entra em funções um Instituto Monetário Europeu, a seguir designado por IME, que tem per-

sonalidade jurídica e é dirigido e gerido por um Conselho, composto por um presidente e pelos governadores dos bancos centrais nacionais, um dos quais será vice-presidente.

O presidente é nomeado, de comum acordo, pelos governantes dos Estados-membros ao nível de Chefes de Estado ou de governo, sob recomendação do Comité de Governadores dos bancos centrais dos Estados-membros, a seguir designado por Comité de Governadores, ou do Conselho do IME, conforme o caso, e após consulta do Parlamento Europeu e do Conselho. O presidente é escolhido de entre personalidades de reconhecida competência e com experiência profissional nos domínios monetário ou bancário. Só pode ser presidente do IME um nacional dos Estados-membros. O Conselho do IME designa o vice-presidente.

Os estatutos do IME constam de um protocolo anexo ao presente Tratado.

O Comité de Governadores é dissolvido no início da segunda fase.

2. O IME deve:
– reforçar a cooperação entre os bancos centrais nacionais;
– reforçar a coordenação de políticas monetárias dos Estados-membros com o objectivo de garantir a estabilidade dos preços;
– supervisionar o funcionamento do sistema monetário europeu;
– proceder a consultas sobre questões da competência dos bancos centrais nacionais que afectem a estabilidade das instituições e mercados financeiros;
– assumir as atribuições do Fundo Europeu de Cooperação Monetária, que é dissolvido; as modalidades de dissolução constam dos estatutos do IME;
– promover a utilização do ecu e supervisionar a sua evolução, incluindo o bom funcionamento do respectivo sistema de compensação.

3. Para a preparação da terceira fase, o IME deve:
– preparar os instrumentos e procedimentos necessários para a execução de uma política monetária única na terceira fase;
– promover, sempre que necessário, a harmonização das normas e práticas que regulam a recolha, organização e divulgação de estatísticas no domínio das suas atribuições;
– preparar as normas para as operações a realizar pelos bancos centrais nacionais no quadro do SEBC;
– promover a eficácia dos pagamentos tansnacionais;
– supervisionar a preparação técnica das notas de banco denominadas em ecu.

O mais tardar até 31 de Dezembro de 1996, o IME definirá o quadro administrativo, organizativo e logístico necessário para que o SEBC desempenhe as suas atribuições na terceira fase. Esse quadro será submetido a decisão do BCE, aquando da sua instituição.

O IME, deliberando por maioria de dois terços dos membros do respectivo Conselho, pode:
— formular pareceres ou recomendações sobre a orientação global das políticas monetária e cambial, bem como sobre as medidas a elas relativas adoptadas em cada Estado-membro;
— apresentar pareceres ou recomendações aos governos e ao Conselho sobre políticas que possam afectar a situação monetária interna ou externa na Comunidade e, em especial, o funcionamento do Sistema Monetário Europeu;
— formular recomendações às autoridades monetárias dos Estados-membros sobre a condução das respectivas políticas monetárias.

5. O IME, deliberando por unanimidade, pode decidir tornar públicos os seus pareceres e recomendações.

6. O IME será consultado pelo Conselho sobre qualquer proposta de acto comunitário no domínio das suas atribuições.

Nos limites e condições fixados pelo Conselho, deliberando por maioria qualificada, sob proposta da Comissão e após consulta, conforme o caso, do Parlamento Europeu e do IME, este será consultado pelas autoridades dos Estados-membros sobre qualquer projecto de disposição regulamentar no domínio das suas atribuições.

7. O Conselho, deliberando por unanimidade, sob proposta da Comissão, e após consulta do Parlamento Europeu e do IME, pode conferir ao IME outras atribuições relacionadas com a preparação da terceira fase.

8. Sempre que o presente Tratado atribua um papel consultivo ao BCE, as referências ao BCE devem ser entendidas, antes da instituição do BCE, como referências ao IME.

Sempre que o presente Tratado atribua um papel consultivo ao IME, as referências ao IME devem ser entendidas, até 1 de Janeiro de 1994, como referências ao Comité de Governadores.

9. Durante a segunda fase, a sigla BCE utilizada nos artigos 173.º, 175.º, 176.º, 177.º, 180.º e 215.º deve ser entendida como uma referência ao IME.

ARTIGO 109.º-G
(118.º)

A composição do cabaz de moedas do ecu permanece inalterada. A partir do início da terceira fase, o valor do ecu é irrevogavelmente fixado de acordo com o disposto no n.º 4 do artigo 109.º-L.

ARTIGO 109.º-H
(119.º)

1. Se algum Estado-membro se encontrar em dificuldade, ou sob grave ameaça de dificuldades relativamente à sua balança de pagamentos, quer estas resultem de um desequilíbrio global da sua balança, quer do tipo de divisas de que dispõe, e se tais dificuldades forem susceptíveis de, designadamente, comprometer o funcionamento do mercado ou a progressiva realização da sua política comercial comum, a Comissão procederá imediatamente à análise da situação desse Estado, bem como da acção que ele empreendeu ou pode empreender, nos termos do presente Tratado, recorrendo a todos os meios de que dispõe. A Comissão indicará as medidas cuja adopção recomenda ao estado em causa.

Se a acção empreendida por um Estado-membro e as medidas sugeridas pela Comissão não se afigurarem suficientes para remover as dificuldades ou ameaças de dificuldades existentes, a Comissão recomendará ao Conselho, após consulta do Comité a que se refere o artigo 109.º-C a concessão de assistência mútua e os métodos adequados para o efeito.

A Comissão manterá o Conselho regularmente informado da situação e da maneira como esta evolui.

2. O Conselho, deliberando por maioria qualificada, concederá a assistência mútua; adoptará as directivas ou decisões, fixando as condições e modalidades dessa assistência, que pode assumir, designadamente, a forma de:

a) Acção concertada junto de outras organizações internacionais a que os Estados-membros podem recorrer;

b) Medidas necessárias para evitar desvio de tráfego, sempre que o Estado em dificuldades mantenha ou restabeleça restrições quantitativas relativamente a países terceiros;

c) Concessão de créditos limitados por parte de outros Estados--membros, sob condição de que estes dêem o seu acordo.

3. Se a assistência mútua recomendada pela Comissão não for concedida pelo Conselho ou se a assistência mútua concedida e as me-

didas tomadas forem insuficientes, a Comissão autorizará o Estado em dificuldades a tomar medidas de protecção, de que fixará as condições e modalidades.

O Conselho, deliberando por maioria qualificada, pode revogar esta autorização e modificar estas condições e modalidades.

4. Sem prejuízo do disposto no n.º 6 do artigo 109.º-K, o presente artigo deixa de ser aplicável a partir do início da terceira fase.

ARTIGO 109.º-I
(120.º)

1. Em caso de crise súbita na balança de pagamentos e se não for imediatamente tomada uma decisão, na acepção do n.º 2 do artigo 109.º-H, o Estado-membro em causa pode, a título cautelar, tomar as medidas de protecção necessárias. Estas devem provocar o mínimo de perturbações no funcionamento do mercado comum e não exceder o estritamente indispensável para sanar as dificuldades súbitas que se tenham manifestado.

2. A Comissão e os outros Estados-membros devem ser informados destas medidas de protecção, o mais tardar no momento da sua entrada em vigor. A Comissão pode recomendar ao Conselho a concessão de assistência mútua nos termos do artigo 109.º-H.

3. Sob parecer da Comissão, e após consulta do Comité a que se refere o artigo 109.º-C, o Conselho, deliberando por maioria qualificada, pode decidir que o Estado em causa deve modificar, suspender ou suprimir as medidas de protecção acima referidas.

4. Sem prejuízo do disposto no n.º 6 do artigo 109.º-K, o presente artigo deixa de ser aplicável a partir do início da terceira fase.

ARTIGO 109.º-J
(121.º)

1. A Comissão e o IME apresentarão relatórios ao Conselho sobre os progressos alcançados pelos Estados-membros no cumprimento das suas obrigações relativas à realização da União Económica e Monetária. Esses relatórios devem conter um estudo da compatibilidade da legislação nacional de cada Estado-membro, incluindo os estatutos do seu banco central nacional com o disposto nos artigos 107.º e 108.º do presente Tratado e nos estatutos do SEBC. Os relatórios analisarão

igualmente a realização de um elevado grau de convergência sustentável com base na observância, por cada Estado-membro, dos seguintes critérios:
- a realização de um elevado grau de estabilidade dos preços, que será expresso por uma taxa de inflação que esteja próxima da taxa, no máximo, dos três Estados-membros com melhores resultados em termos de estabilidade dos preços;
- a sustentabilidade das suas finanças públicas, que será traduzida pelo facto de ter alcançado uma situação orçamental sem défice excessivo, determinado nos termos do n.º 6 do artigo 104.º-C;
- a observância, durante pelo menos dois anos, das margens normais de flutuação previstas no mecanismo de taxas de câmbio do sistema monetário europeu, sem ter procedido a uma desvalorização em relação à moeda de qualquer outro Estado-membro;
- o carácter duradouro da convergência alcançada pelo Estado-membro e da sua participação no mecanismo de taxas de câmbio do Sistema Monetário Europeu deve igualmente reflectir-se nos níveis das taxas de juros a longo prazo.

Os quatro critérios a que se refere o presente número e os respectivos períodos durante os quais devem ser respeitados vêm desenvolvidos num protocolo anexo ao presente Tratado. Os relatórios da Comissão e do IME devem ter, de igual modo, em conta o desenvolvimento do ecu, os resultados da integração dos mercados, o nível e a evolução da balança de transacções correntes e a análise da evolução dos custos unitários de trabalho e de outros índices de preços.

2. Com base nestes relatórios, o Conselho, deliberando por maioria qualificada sob recomendação da Comissão, avaliará:
- relativamente a cada Estado-membro, se preenche as condições necessárias para a adopção de uma moeda única;
- se a maioria dos Estados-membros preenche as condições necessárias para a adopção de uma moeda única, e transmitirá, sob a forma de recomendação, as suas conclusões ao Conselho, reunido a nível de Chefes de Estado ou de governo. O Parlamento Europeu será consultado e transmitirá o seu parecer ao Conselho, reunido a nível de Chefes de Estado ou de governo.

3. Tendo em devida conta os relatórios a que se refere o n.º 1 e o parecer do Parlamento Europeu a que se refere o n.º 2, o Conselho, reunido a nível de Chefes de Estado ou de governo, deliberando por maioria qualificada, o mais tardar até 31 de Dezembro de 1996:
- decidirá, com base nas recomendações do Conselho a que se refere

o n.° 2, se a maioria dos Estados-membros satisfaz as condições necessárias para a adopção de uma moeda única;
- decidirá se é conveniente que a Comunidade passe para a terceira fase e, em caso afirmativo,
- fixará a data para o início da terceira fase.

4. Se, no final de 1997, não tiver sido fixada a data para o início da terceira fase, esta tem início em 1 de Janeiro de 1999. Até 1 de Julho de 1998, o Conselho, reunido a nível de Chefes de Estado ou de governo, e depois de repetido o procedimento previsto nos nrs. 1 e 2, com excepção do segundo travessão do n.° 2, tendo em conta os relatórios a que se refere o n.° 1 e o parecer do Parlamento Europeu, e deliberando por maioria qualificada, com base nas recomendações do Conselho a que se refere o n.° 2, confirmará quais os Estados-membros que satisfaçam as condições necessárias para a adopção de uma moeda única.

[Ver Revogação das decisões sobre défice excessivo e declaração do Ecofin de 1-5-1998 (pág. 70, 84)]

[Ver Decisão do Conselho (98/317/CE) de 3 de Maio de 1998 nos termos do n.° 4 do artigo 109.°J do Tratado relativa aos Estados-membros que preenchem as condições para adoptar a moeda única – JOL 139 de 11/05/1998 (pág. 89)]

ARTIGO 109.°-K
(122.°)

1. Se tiver sido tomada a decisão de fixar a data, de acordo com o disposto no n.° 3 do artigo 109.°-J, o Conselho, com base nas suas recomendações a que se refere o n.° 2 do artigo 109.°-J, deliberando por maioria qualificada, sob recomendação da Comissão, decidirá se alguns Estados-membros e, em caso afirmativo, quais devem beneficiar de uma derrogação tal como definida no n.° 3 do presente artigo. Esses Estados--membros serão adiante designados por Estados-membros que beneficiam de uma derrogação.

Se o Conselho tiver confirmado quais os Estados-membros que satisfazem as condições necessárias para a adopção de uma moeda única, de acordo com o disposto no n.° 4 do artigo 109.°-J, os Estados-membros que não satisfaçam essas condições beneficiarão de uma derrogação tal como definida no n.° 3 do presente artigo. Esses Estados-membros serão adiante designados por "Estados-membros que beneficiam de uma der-rogação".

2. Pelo menos de dois em dois anos, ou a pedido de um Estado-membro que beneficie de uma derrogação, a Comissão e o BCE apresentarão relatórios ao Conselho, de acordo com o procedimento previsto no n.º 1 do artigo 109.º-J. Após ter consultado o Parlamento Europeu e debatida a questão no Conselho, reunido a nível de Chefes de Estado ou de governo, o Conselho, deliberando por maioria qualificada, sob proposta da Comissão, decidirá quais são os Estados-membros que beneficiam de uma derrogação que preenchem as condições necessárias com base nos critérios fixados no n.º 1 do artigo 109.º-J, e revogará as derrogações dos Estados-membros em causa.

3. A derrogação prevista no n.º 1 implica que os seguintes artigos não sejam aplicáveis ao Estado-membro em causa: n.ºˢ 9 e 11 do artigo 104.º-C, n.ºˢ 1, 2, 3 e 5 do artigo 105.º, artigos 105.º-A, 108.º-A, 109.º e n.º 2, alínea b) do artigo 109.º-A.

A exclusão desse Estado-membro e do seu banco central nacional dos direitos e obrigações no âmbito do SEBC consta do Capítulo IX dos estatutos do SEBC.

4. Nos n.ºˢ 1, 2 e 3 do artigo 105.º, nos artigos 105.º-A, 108.º-A, 109.º e no n.º 2, alínea b), do artigo 109.º-A, por Estados-membros deve entender-se Estados-membros que não beneficiam de uma derrogação.

5. Os direitos de voto dos Estados-membros que beneficiem de uma derrogação serão suspensos em relação às decisões do Conselho a que se referem os artigos do presente Tratado enumerados no n.º 3. Neste caso, em derrogação do disposto no artigo 148.º e no n.º 1 do artigo 189.º-A, a maioria qualificada é definida como dois terços dos votos dos representantes dos Estados-membros que não beneficiam de uma derrogação, ponderados de acordo com o disposto no n.º 2 do artigo 148.º, é exigida a unanimidade desses Estados-membros para todos os actos que exijam unanimidade.

6. O disposto nos artigos 109.º-H e 109.º-I continua a ser aplicável aos Estados-membros que beneficiam de uma derrogação.

ARTIGO 109.º-L
(123.º)

1. Imediatamente após ter sido tomada a decisão sobre a data de início da terceira fase, nos termos do disposto no n.º 3 do artigo 109.º-J ou, se for esse o caso, imediatamente após 1 de Julho de 1998:
 – o Conselho adoptará as disposições a que se refere o n.º 6 do artigo 106.º;

- os governos dos Estados-membros que não beneficiem de uma derrogação nomearão, de acordo com o procedimento previsto no artigo 50.° dos estatutos do SEBC, o presidente, o vice-presidente e os vogais da Comissão executiva do BCE. Se existirem Estados-membros que beneficiem de uma derrogação, o número de membros da Comissão executiva pode ser menor que o previsto n.° 1 do artigo 11.° dos estatutos do SEBC, mas em caso algum será inferior a quatro.

Logo que a Comissão Executiva for nomeada, o SEBC e o BCE consideram-se instituídos e devem preparar-se para o seu pleno funcionamento de acordo com as disposições do presente Tratado e dos estatutos do SEBC. O pleno exercício das suas competências tem início no primeiro dia da terceira fase.

[Ver Decisão (98/345/CE) tomada de comum acordo pelos governos dos Estados-membros que adoptam a moeda única, a nível de Chefes de Estado ou de governo, de 26 de Maio de 1998, que nomeia o presidente, o vice-presidente e os vogais da Comissão Executiva do Banco Central Europeu – JOL n.° 154 de 28/05/1998 (pág. 221)]

2. Logo que o BCE esteja instituído, assumirá, se necessário, as atribuições do IME. O IME entra em liquidação aquando da instituição do BCE; as modalidades de liquidação constam dos estatutos do IME.

3. Sem prejuízo do disposto no n.° 3 do artigo 106.° do presente Tratado, se e enquanto existirem Estados-membros que beneficiem de uma derrogação, o Conselho-Geral do BCE a que se refere o artigo 45.° dos estatutos do SEBC constitui um terceiro órgão de decisão do BCE.

4. Na data de início da terceira fase, o Conselho, deliberando por unanimidade dos Estados-membros que não beneficiem de uma derrogação sob proposta da Comissão, e após consulta do BCE, determina as taxas de conversão às quais as suas moedas ficam irrevogavelmente fixadas, e a taxa, irrevogavelmente fixada, a que o ecu substitui essas moedas, e o ecu será uma moeda de direito próprio. Esta medida, só por si, não modifica o valor externo do ecu. O Conselho, deliberando segundo o mesmo procedimento, toma igualmente as outras medidas necessárias para a rápida introdução do ecu como moeda única desses Estados-membros.

[Ver Regulamento (CE) n.° 1103/97 do Conselho de 17 de Junho de 1997 relativo a certas disposições respeitantes à introdução do euro – JOL 162 de 19-6-97 (pág. 175)]

[Ver Regulamento (CE) n.° 974/98 do Conselho de 3 de Maio de 1998 relativo à introdução do euro (pág. 165)]

[Ver Regulamento n.° 2866/98 do Conselho de 31-12-1998 relativo às taxas de conversão entre o euro e as moedas dos Estados-membros que adoptam o euro – JOL 359/1 de 31-12-1998 (pág. 195)]

5. Se, de acordo com o procedimento no n.° 2 do artigo 109.°-K, for decidido revogar uma derrogação, o Conselho, deliberando por unanimidade dos Estados-membros que não beneficiam de uma derrogação e do Estado-membro em causa, sob proposta da Comissão e após consulta do BCE, fixa a taxa à qual o ecu substitui a moeda do Estado-membro em causa e toma as outras medidas necessárias para a introdução do ecu como moeda única no Estado-membro em causa.

ARTIGO 109.°-M
(**124.°**)

1. Até ao início da terceira fase, cada Estado-membro tratará a sua política cambial como uma questão de interesse comum. Ao fazê-lo, os Estados-membros terão em conta a experiência adquirida no âmbito da cooperação no Sistema Monetário Europeu (SME) e com a evolução do ecu, respeitando as competências existentes.

2. A partir do início da terceira fase e enquanto existirem Estados-membros que beneficiem de uma derrogação, aplica-se à política cambial desses Estados-membros, por analogia, o disposto no n.° 1.

[Ver Resolução (97/C 236/03) do Conselho Europeu sobre a criação de um mecanismo de taxas de câmbio na terceira fase da União Económica e Monetária – Amesterdão, 16 de Junho de 1997 – JOC 236 de 2-8-1997 (pág. 383)]

[Ver Acordo de 1 de Setembro de 1998 entre o Banco Central Europeu e os bancos centrais nacionais dos Estados-membros não participantes na zona do euro que estabelece os procedimentos operacionais relativos ao mecanismo de taxas de câmbio na terceira fase da União Económica e Monetária (98/C 345/05) – JOC 345 de 13-11-1998 (pág. 387)]

[Ver Participação da Dinamarca e da Grécia no Mecanismo de Taxas de Câmbio (MTC II) – Viena, 26/9/98 (pág. 399)]

[Ver Taxas centrais do euro e taxas de intervenção no MTCII – Frankfurt, 31 de Dezembro de 1998 (pág. 400)]

II
PREPARAÇÃO DA UEM

A 3.ª e última fase da UEM, que teve início em 1-1-1999, foi precedida de um conjunto de acções preparatórias onde avulta a total liberalização dos movimentos de capitais.

Sendo uma condição indispensável para a existência de uma união monetária, a liberalização dos movimentos de capitais está consagrada nos artigos 73.°-B a 73.°-G (56.° a 60.°) do Tratado, que se aplicam desde 1-1-1994.

A entrada em vigor daquelas disposições foi o culminar de um processo liberalizador – acompanhando, aliás, um movimento semelhante um pouco por todo o mundo – que teve início com a publicação da Directiva (86/566/CEE) de 1986, a que se seguiu a Directiva (88/361/CEE) de 1988. Esta última estipulava a data limite de 1 de Julho de 1990 para o fim de todas as restrições, com excepção de quatro Estados-membros, entre os quais Portugal, que ainda poderiam manter restrições, em alguns casos, até ao final de 1995. Nenhum Estado-membro utilizou integralmente tal prerrogativa.

• **Ver TCE – artigos 73.°-B – 73.°-G (56.° a 60.°) (pág. 46)**

*

Um segundo elemento também considerado essencial para o funcionamento da UEM é a proibição que recai sobre os bancos centrais nacionais e o Banco Central Europeu de concederem crédito a descoberto aos Estados-membros ou a Instituições comunitárias, tal como decorre do artigo 104.° (101.°) do TCE.

Tendo em vista a constituição de um banco central a nível europeu integrando um sistema de bancos centrais, com estatuto de independência, seria uma violação inaceitável da sua capacidade de acção se fosse obrigado à concessão daquele tipo de créditos, pondo em risco a política monetária comum.

Além disso, a criação monetária daí resultante poderia ter efeitos inflacionistas, o que seria claramente contrário ao objectivo essencial fixado para o Banco Central Europeu pelo artigo 105.° do TCE – a estabilidade de preços.

• **Ver Regulamento (CE) n.° 3603/93 do Conselho de 13 de Dezembro de 1993 (pág. 49)**

*

Na mesma linha, foi proibido o acesso privilegiado às instituições financeiras por parte dos Estados-membros ou das Instituições comunitárias, conforme estipulado no artigo 104.°-A (102.°) do TCE.
- **Ver Regulamento (CE) n.° 3604/93 do Conselho de 13 de Dezembro de 1993 (pág. 55)**

*

Por fim, consta também do texto do Tratado a não responsabilidade da Comunidade ou dos restantes Estados-membros pelos compromissos financeiros assumidos pelas entidades públicas de cada Estado-membro.
- **Ver artigo 104.°-B (103.°) do TCE (pág. 16)**

TRATADO QUE INSTITUI A COMUNIDADE EUROPEIA (EXTRACTO)

(...)

CAPÍTULO IV
Os Capitais e os Pagamentos

ARTIGO 67.º
(eliminado)

1. Os Estados-membros suprimirão, progressivamente, entre si, durante o período de transição, e na medida em que tal for necessário ao bom funcionamento do mercado comum, as restrições aos movimentos de capitais pertencentes a pessoas residentes nos Estados-membros, bem como as discriminações de tratamento em razão da nacionalidade ou da residência das partes, ou do lugar de investimento.

2. Os pagamentos correntes relativos aos movimentos de capitais entre os Estados-membros ficarão livres de quaisquer restrições, o mais tardar no final da primeira fase.

ARTIGO 68.º
(eliminado)

1. Relativamente às matérias visadas no presente capítulo, os Estados-membros concederão, o mais liberalmente possível, as autorizações de câmbio, na medida em que estas ainda sejam necessárias após a entrada em vigor do presente Tratado.

2. No caso de um Estado-membro aplicar a sua regulamentação interna relativa ao mercado de capitais e ao crédito, aos movimentos de capitais liberalizados nos termos do presente capítulo, deve fazê-lo de forma não discriminatória.

3. Os empréstimos destinados a financiar directa ou indirectamente um Estado-membro ou as suas pessoas colectivas territoriais de direito público só podem ser emitidos ou colocados nos outros Estados-membros

quando os Estados-membros interessados tenham chegado a acordo a este respeito. Esta disposição não impede a aplicação do artigo 22.° do protocolo relativo aos estatutos do Banco Europeu de Investimento.

ARTIGO 69.°
(eliminado)

O Conselho, sob proposta da Comissão, que, para o efeito, consultará o Comité Monetário previsto no artigo 105.°, adoptará as directivas necessárias à progressiva execução do disposto no artigo 67.°, deliberando por unanimidade durante as duas primeiras fases e, daí em diante, por maioria qualificada.

ARTIGO 70.°
(eliminado)

1. A Comissão proporá ao Conselho as medidas tendentes à progressiva coordenação das políticas dos Estados-membros em matéria cambial no que respeita aos movimentos de capitais entre esses estados e países terceiros. Para o efeito, o Conselho, deliberando por maioria qualificada, adoptará directivas, esforçando-se por atingir o mais alto grau possível de liberalização. A unanimidade é necessária para as medidas que constituam um recuo quanto à liberalização dos movimentos de capitais.

2. Se a acção empreendida nos termos do número anterior não permitir que se eliminem as divergências entre as regulamentações de câmbio dos Estados-membros, e se tais divergências induzirem as pessoas residentes num dos Estados-membros a utilizarem as facilidades de transferência na Comunidade previstas no artigo 67.°, com o objectivo de iludirem a regulamentação de um dos Estados-membros relativamente a países terceiros, esse estado pode, após consulta dos outros Estados-membros e da Comissão, tomar as medidas adequadas para eliminar tais dificuldades.

Se o Conselho verificar que estas medidas restringem a liberdade de movimentos e capitais na comunidade, para além do que é necessário à eliminação destas dificuldades, pode, deliberando por maioria qualificada, sob proposta da Comissão, decidir que o estado em causa deve modificar ou suprimir essas medidas.

ARTIGO 71.°
(eliminado)

Os Estados-membros esforçar-se-ão por não introduzir qualquer nova restrição de câmbio na comunidade que afecte os movimentos de capital e os pagamentos correntes relativos a tais movimentos e por não tomar mais restritivas as regulamentações já existentes.

Os Estados-membros declaram-se dispostos a ultrapassar o nível da liberalização dos movimentos de capitais previsto nos artigos anteriores, na medida em que a sua situação económica, designadamente o estado da sua balança de pagamentos, lho permita.

A Comissão pode, após consulta do comité monetário, dirigir recomendações aos Estados-membros sobre este assunto.

ARTIGO 72.º
(eliminado)

Os Estados-membros manterão a Comissão informada sobre quaisquer movimentos de capitais, destinados a e provenientes de países terceiros de que tenham conhecimento. A Comissão pode dirigir aos Estados-membros os pareceres que considere adequados para o efeito.

ARTIGO 73.º
(eliminado)

1. No caso de os movimentos de capitais provocarem perturbações no funcionamento do mercado de capitais de um Estado-membro, a Comissão, após consulta do Comité Monetário, autorizará esse estado a tomar medidas de protecção no domínio dos movimentos de capitais, de que fixará as condições e modalidades.

O Conselho pode, deliberando por maioria qualificada revogar esta autorização ou modificar as respectivas condições e modalidades.

2. Todavia, o Estado-membro que se encontre em dificuldades pode tomar, ele próprio, quando tal se revele necessário, as medidas acima referidas, fundamentando-se no carácter secreto ou urgente destas. A Comissão e os Estados-membros devem ser informados de tais medidas, o mais tardar no momento em que elas entrarem em vigor. Neste caso, a Comissão pode, após consulta do Comité Monetário, decidir que o estado em causa deve modificar ou suprimir essas medidas.

ARTIGO 73.º-A
(eliminado)

A partir de 1 de Janeiro de 1994, os artigos 67.º a 73.º são substituídos pelos artigos 73.º-B, 73.º-C, 73.º-D, 73.º-E, 73.º-F e 73.º-G.

ARTIGO 73.°-B
(56.°)

1. No âmbito das disposições do presente capítulo, são proibidas todas as restrições aos movimentos de capitais entre Estados-membros e entre Estados-membros e países terceiros.
2. No âmbito das disposições do presente capítulo, são proibidas todas as restrições aos pagamentos entre Estados-membros e entre Estados-membros e países terceiros.

ARTIGO 73.°-C
(57.°)

1. O disposto no artigo 73.°-B (56.°) não prejudica a aplicação a países terceiros de quaisquer restrições em vigor em 31 Dezembro de 1993 ao abrigo de legislação nacional ou comunitária adoptada em relação à circulação de capitais provenientes ou com destino a países terceiros que envolva investimento directo, incluindo o investimento imobiliário, estabelecimento, prestação de serviços financeiros ou admissão de valores mobiliários em mercados de capitais.
2. Ao mesmo tempo que se esforça por alcançar, em toda a medida do possível, o objectivo da livre circulação de capitais entre Estados-membros e países terceiros, e sem prejuízo dos restantes capítulos do presente Tratado, o Conselho, deliberando por maioria qualificada, sob proposta da Comissão, pode adoptar medidas relativas à circulação de capitais provenientes ou com destino a países terceiros que envolva investimento directo, incluindo o investimento imobiliário, estabelecimento, prestação de serviços financeiros ou admissão de valores mobiliários em mercados de capitais. É exigida unanimidade relativamente às medidas a adoptar ao abrigo do presente número que constituam um retrocesso da legislação comunitária em relação à liberalização dos movimentos de capitais provenientes ou com destino a países terceiros.

ARTIGO 73.°-D
(58.°)

1. O disposto no artigo 73.°-B (56.°) não prejudica o direito de os Estados-membros:
  a) Aplicarem as disposições pertinentes do seu direito fiscal que estabeleçam uma distinção entre contribuintes que não se encontrem em idêntica situação no que se refere ao seu lugar de residência ou ao lugar em que o seu capital é investido;

b) Tomarem todas as medidas indispensáveis para impedir infracções às suas leis e regulamentos, nomeadamente em matéria fiscal e de supervisão prudencial das instituições financeiras, preverem processos de declaração dos movimentos de capitais para efeitos de informação administrativa ou estatística, ou tomarem medidas justificadas por razões de ordem pública ou de segurança pública.

2. O disposto no presente capítulo não prejudica a possibilidade de aplicação de restrições ao direito de estabelecimento que sejam compatíveis com o presente Tratado.

3. As medidas e procedimentos a que se referem os n.º 1 e n.º 2 não devem constituir um meio de discriminação arbitrária, nem uma restrição dissimulada à livre circulação de capitais e pagamentos, tal como definida no artigo 73.º-B.

ARTIGO 73.º-E
(eliminado)

Em derrogação do disposto no artigo 73.º-B, os Estados-membros que, em 31 de Dezembro de 1993, beneficiem de uma derrogação por força do direito comunitário vigente, podem manter, o mais tardar até 31 de Dezembro de 1995, as restrições aos movimentos de capitais autorizadas pela derrogação em vigor naquela data.

ARTIGO 73.º-F
(59.º)

Sempre que, em circunstâncias excepcionais, os movimentos de capitais provenientes ou com destino a países terceiros causem ou ameacem causar graves dificuldades ao funcionamento da União Económica e Monetária, o Conselho, deliberando por maioria qualificada, sob proposta da Comissão e após consulta do BCE, pode tomar medidas de salvaguarda em relação a países terceiros, por um período não superior a seis meses, se essas dificuldades forem estritamente necessárias.

ARTIGO 73.º-G
(60.º)

1. Se, no caso previsto no artigo 228.º-A, for considerada necessária uma acção da Comunidade, o Conselho, de acordo com o procedimento previsto no artigo 228.º-A, pode tomar, relativamente aos países terceiros em causa, as medidas urgentes necessárias em matéria de movimentos de capitais e de pagamentos.

2. Sem prejuízo do disposto no artigo 224.º, e enquanto o Conselho

não tiver tomado medidas ao abrigo do n.º 1, um Estado-membro pode, por razões políticas graves e por motivos de urgência, tomar medidas unilaterais contra um país terceiro relativamente aos movimentos de capitais e aos pagamentos. A Comissão e os outros Estados-membros serão informados dessas medidas, o mais tardar na sua data da sua entrada em vigor.

O Conselho, deliberando por maioria qualificada, sob proposta da Comissão, pode decidir que o Estado-membro em causa deve alterar ou revogar essas medidas. O presidente do Conselho informará o Parlamento Europeu das decisões tomadas pelo Conselho.

ARTIGO 73.º-H
(eliminado)

Até 1 de Janeiro de 1994, serão aplicáveis as seguintes disposições:

1) Cada Estado-membro compromete-se a autorizar que se efectuem na moeda do Estado-membro em que reside o credor ou o beneficiário os pagamentos referentes às trocas de mercadorias, serviços e capitais, bem como as transferências de capitais e de salários, na medida em que a circulação de mercadorias, serviços, capitais e pessoas entre Estados-membros tenha sido liberalizada por força do presente Tratado.

Os Estados-membros declaram-se dispostos a proceder à liberalização dos pagamentos, para além do que é previsto no parágrafo anterior, tanto quanto a sua situação económica, em geral, e o estado da sua balança de pagamentos, em particular, o permitirem.

2) Na medida que as trocas de mercadorias e serviços e os movimentos de capitais sejam apenas limitados por restrições aos pagamentos com eles relacionados, são aplicáveis por analogia, e tendo em vista suprimir progressivamente tais restrições, as disposições constantes do presente capítulo e dos capítulos relativos à eliminação das restrições quantitativas e à liberalização dos serviços.

3) Os Estados-membros comprometem-se a não introduzir entre si quaisquer novas restrições às transferências relativas às transacções de invisíveis enumeradas na lista constante do Anexo III do presente Tratado.

A supressão progressiva das restrições existentes efectuar-se-á nos termos dos artigos 63.º a 65.º, inclusive, na medida em que não seja regulada pelo disposto nos n.º 1 e n.º 2 do presente artigo ou noutras disposições do presente capítulo.

4) Em caso de necessidade, os Estados-membros concertar-se-ão sobre as medidas a tomar para permitir a realização dos pagamentos e transferências referidas no presente artigo; essas medidas não podem prejudicar a realização dos objectivos definidos no presente Tratado.

Jornal Oficial das Comunidades Europeias n.° L 332
de 31/12/1993

REGULAMENTO (CE) N.° 3603/93 DO CONSELHO
de 13 de Dezembro de 1993
que especifica as definições necessárias
à aplicação das proibições enunciadas no artigo 104.°
e no n.° 1 do artigo 104.°-B do Tratado

O CONSELHO DA UNIÃO EUROPEIA,

Tendo em conta o Tratado que institui a Comunidade Europeia e, nomeadamente, o n.° 2 do seu artigo 104.°B,

Tendo em conta a proposta da Comissão [1],

Em cooperação com o Parlamento Europeu [2],

Considerando que o artigo 104.° e no n.° 1 do artigo 104.°-B do Tratado são directamente aplicáveis; que os termos constantes desses artigos podem, e necessário, ser especificados;

Considerando que é conveniente, em especial, especificar os termos «créditos sob a forma de descobertos» e «créditos sob qualquer outra forma» utilizados no artigo 104.° do Tratado, nomeadamente no que se refere ao tratamento a conceder aos créditos existentes em 1 de Janeiro de 1994;

Considerando que é desejável que os bancos centrais nacionais que participem na terceira fase da união económica e monetária (UEM) abordem esta última tendo no seu activo créditos negociáveis e em condições de mercado, a fim de, nomeadamente, conferir a flexibilidade pretendida à política monetária do sistema europeu de bancos centrais (SEBC) e de permitir uma contribuição normal dos diferentes bancos centrais nacionais que participem na união monetária para o rendimento monetário a repartir entre estes;

---

[1] JO n.° C 324 de 1.12.1993, p. 5 e JO n.° C 340 de 17.12.1993, p. 3.
[2] JO n.° C 329 de 6.12.1993 e Decisão de 2 de Dezembro de 1993.

Considerando que os bancos centrais que, após 1 de Janeiro de 1994, detenham ainda, sobre o sector público, créditos não negociáveis ou dotados de condições que não sejam as condições de mercado, deverão poder ser autorizados a transformar posteriormente esses créditos em títulos negociáveis e em condições de mercado;

Considerando que o protocolo relativo a certas disposições relacionadas com o Reino Unido da Grã-Bretanha e da Irlanda do Norte prevê, no seu ponto 11, que o Governo do Reino Unido pode manter a linha de crédito Ways and Means que detém no Banco de Inglaterra enquanto o Reino Unido não passar à terceira fase da UEM; que é conveniente permitir a conversão em títulos negociáveis, de prazo fixo e em condições de mercado, do montante desta linha de crédito se o Reino Unido passar à terceira fase;

Considerando que o protocolo respeitante a Portugal prevê que Portugal fica autorizado a manter a possibilidade concedida às regiões autónomas dos Açores e da Madeira de beneficiarem de uma conta gratuita aberto no Banco de Portugal, nos termos estabelecidos pela lei portuguesa, e que se compromete a desenvolver os seus melhores esforços no sentido de pôr termo à facilidade acima referida logo que possível;

Considerando que os Estados-membros devem adoptar as medidas adequadas para que as proibições previstas no artigo 104.º do Tratado sejam efectiva e plenamente aplicadas; que, nomeadamente, as aquisições efectuadas no mercado secundário não devem servir para iludir o objectivo visado nesse artigo;

Considerando que, dentro dos limites estabelecidos pelo presente regulamento, a aquisição directa, pelo banco central de um Estado-membro, de títulos de dívida negociáveis emitidos pelo sector público de outro Estado-membro não é susceptível de contribuir para eximir o sector público da disciplina dos mecanismos de mercado nos casos em que tais aquisições sejam efectuadas exclusivamente para efeitos de gestão das reservas cambiais;

Considerando que, sem prejuízo do papel atribuído à Comissão nos termos do artigo 169.º do Tratado, cabe ao IME, e, posteriormente, ao Banco Central Europeu, por força do n.º 9 do artigo 109.º-F e do artigo 180.º do Tratado, garantir que os bancos centrais nacionais respeitem as obrigações impostas pelo Tratado;

Considerando que os créditos intradiários dos bancos centrais podem ser úteis para garantir o bom funcionamento dos sistemas de pagamento e que, por conseguinte, os créditos intradiários ao sector público serão compatíveis com os objectivos do artigo 104.º do Tratado desde que se exclua qualquer prorrogação pelo dia seguinte àquele a que se referem;

Considerando que não se devem colocar entraves ao exercício, por parte dos bancos centrais, das funções de caixa geral do Estado (agente fiscal); que, embora a cobrança pelos bancos centrais de cheques a favor do sector público emitidos por terceiros possa implicar ocasionalmente um crédito, não há por esse motivo que considerar que o artigo 104.° proíbe essas cobranças, desde que tais operações se saldem globalmente num crédito ao sector público;

Considerando que a detenção pelos bancos centrais de moeda metálica emitida pelo sector público e inscrita a crédito deste constitui uma forma de crédito sem juros ao sector público; que todavia tal detenção, se apenas incidir sobre montantes limitados, não compromete o princípio enunciado no artigo 104.° do Tratado e pode por conseguinte, dadas as dificuldades que resultariam da proibição total dessa forma de crédito, ser autorizada dentro dos limites fixados no presente regulamento;

Considerando que, na sequência da reunificação, a República Federal da Alemanha se vê confrontada com dificuldades específicas no que respeita à observância do limite imposto aos referidos activos e que, neste caso, há que admitir uma percentagem mais elevada durante um período limitado;

Considerando que o financiamento pelos bancos centrais das obrigações contraídas pelo sector público perante o Fundo Monetário Internacional ou resultante da implementação do mecanismo de apoio financeiro a médio prazo instituído na Comunidade se traduz em créditos sobre o estrangeiro que constituem activos de reserva ou activos equiparáveis a estes últimos; que, por conseguinte, se afigura adequado autorizar esses créditos;

Considerando que as empresas públicas são abrangidas pela proibição prevista no artigo 104.° e no n.° 1 do artigo 104.°-B; que tais empresas se encontram definidas na Directiva 80/723/CEE da Comissão, de 25 de Junho de 1980, relativa à transparência das relações financeiras entre os Estados-membros e as empresas públicas ([1]),

---

([1]) JO n.° L 195, de 29.7.1980, p. 35. Directiva com a última redacção que lhe foi dada pela Directiva 93/84/CEE da Comissão (JO n.° L 254 de 12.10.1993, p. 16).

ADOPTOU O PRESENTE REGULAMENTO:

Artigo 1.º

1. Para efeitos da aplicação do artigo 104.º do Tratado, entende-se por:

   a) Créditos sob a formas de descobertos: qualquer disponibilização de recursos em benefício do sector público que dê origem ou possa dar origem a um saldo de conta devedor;

   b) Créditos sob qualquer outra forma:

       i) qualquer crédito sobre o sector público existente em 1 de Janeiro de 1994, com excepção dos créditos de prazo fixo constituídos antes dessa data,

       ii) qualquer financiamento de obrigações do sector público em relação a terceiros,

       iii) sem prejuízo do n.º 2 do artigo 104.º do Tratado, qualquer operação com o sector público que dê origem ou possa dar origem a um crédito sobre este.

2. Não são considerados títulos de dívida, na acepção do artigo 104.º do Tratado, os títulos adquiridos junto do sector público para assegurar a transformação em títulos negociáveis, de prazo fixo e em condições de mercado:

   – de créditos de prazo fixo constituídos antes de 1 de Janeiro de 1994 e que não sejam negociáveis ou não estejam nas condições de mercado, desde que a data de vencimento dos títulos não seja posterior à dos referidos créditos,

   – do montante da linha de crédito Ways and Means que o Governo do Reino Unido detém no Banco de Inglaterra até à data em que passar, se for caso disso, à terceira fase da UEM.

Artigo 2.º

1. Durante a segunda fase da UEM, não são consideradas como compras directas, na acepção do artigo 104.º do Tratado, as aquisições efectuadas pelo banco central de um Estado-membro, de títulos da dívida negociáveis emitidos pelo sector público de outro Estado-membro, desde que essas aquisições sejam exclusivamente efectuadas para fins de gestão das reservas cambiais.

2. Durante a terceira fase da UEM, não são consideradas como compras directas, na acepção do artigo 104.º do Tratado, as aquisições efectuadas unicamente para efeitos de gestão das reservas cambiais:

   – pelo banco central de um Estado-membro que não participe na terceira fase da UEM, junto do sector público de outro Estado--membro, de títulos negociáveis da dívida deste último,

– pelo banco central europeu ou pelo banco central de um Estado-membro que participe na terceira fase da UEM, junto do sector público de um Estado-membro que não participe na terceira fase, de títulos negociáveis da dívida deste último.

Artigo 3.º

Para efeitos da aplicação do presente regulamento, entende-se por sector público as instituições ou organismos da Comunidade, as administrações centrais, as autoridades regionais ou locais, as outras autoridades públicas e os demais organismos ou empresas públicas dos Estados-membros. Por bancos centrais nacionais, entende-se os bancos centrais dos Estados-membros, bem como o Institut monétaire luxemburgeois.

Artigo 4.º

Os créditos intradiários concedidos pelo banco central europeu ou pelos bancos centrais nacionais ao sector público não são considerados como créditos na acepção do artigo 104.º do Tratado, desde que se limitem ao próprio dia e não possam ser objecto de qualquer prorrogação.

Artigo 5.º

Sempre que o banco central europeu ou os bancos centrais nacionais recebam do sector público, para cobrança, cheques emitidos por terceiros, creditando a conta do sector público antes de o banco sacado ter sido debitado, esse operação não é considerada como crédito na acepção do artigo 104.º do Tratado, desde que, após a recepção do cheque, tenha decorrido um certo lapso de tempo correspondente ao prazo normal de cobrança dos cheques pelo banco central do Estado-membro em questão e que o eventual trânsito dos valores assuma um carácter excepcional, incida sobre um montante pouco significativo e seja eliminado a curto prazo.

Artigo 6.º

A detenção, por parte do banco central europeu ou dos bancos centrais nacionais, de moeda metálica emitida pelo sector público e inscrita a crédito deste não é considerada como crédito, na acepção do artigo 104.º do Tratado, quando o montante desses activos for inferior a 10% da moeda metálica em circulação.

Até 31 de Dezembro de 1996, essa percentagem será de 15% para a Alemanha.

Artigo 7.º

O financiamento pelo banco central europeu ou pelos bancos centrais nacionais das obrigações contraídas pelo sector público para com o Fundo

Monetário Internacional ou das que resultem da aplicação do mecanismo de apoio financeiro a médio prazo instituído pelo Regulamento (CEE) n.º 1969/88 ([1]) não é considerado como crédito na acepção do artigo 104.º do Tratado.

Artigo 8.º

1. Para efeitos da aplicação do artigo 104.º e do n.º 1 do artigo 104.º-B do Tratado, entende-se por empresa pública qualquer empresa sobre a qual os poderes públicos possam exercer, directa ou indirectamente, uma influência dominante, em consequência da propriedade, da participação financeira ou das regras que a regem. Presume-se a existência de influência dominante quando os poderes públicos, directa ou indirectamente, em relação à empresa:

a) Detenham a maioria do capital subscrito da empresa

ou

b) Disponham da maioria dos votos atribuídos à partes sociais emitidas pela empresa

ou

c) Possam designar mais de metade dos membros do órgão de administração, de direcção ou de fiscalização da empresa.

2. Para efeitos da aplicação do artigo 104.º e do n.º 1 do artigo 104.º-B do Tratado, o banco central europeu e os bancos centrais nacionais não são incluídos no conceito de sector público.

Artigo 9.º

O presente regulamento entra em vigor em 1 de Janeiro de 1994.

O presente regulamento é obrigatório em todos os seus elementos e directamente aplicável em todos os Estados-membros.

Feito em Bruxelas, em 13 de Dezembro de 1993.

Pelo Conselho
O Presidente
Ph. MAYSTADT

([1]) Regulamento (CEE) n.º 1969/88 do Conselho, de 24 de Junho de 1988, que estabelece um mecanismo único de apoio financeiro a médio prazo às balanças de pagamentos dos Estados-membros (JO n.º L 178 de 8.7.1988, p. 1)

Jornal Oficial das Comunidades Europeias n.° L 332 de 31.12.1993

REGULAMENTO (CE) N.° 3604/93 DO CONSELHO
de 13 de Dezembro de 1993
que especifica as definições
com vista à aplicação da proibição de acesso privilegiado
enunciada no artigo 104.°-A do Tratado

O CONSELHO DA UNIÃO EUROPEIA,

Tendo em conta o Tratado que institui a Comunidade Europeia e, nomeadamente, o n.° 2 do seu artigo 104.°-A,

Tendo em conta a proposta da Comissão [1],

Em cooperação com o Parlamento Europeu [2],

Considerando que a proibição do acesso privilegiado às instituições financeiras, prevista no artigo 104.°-A do Tratado, é essencial para submeter as operações de financiamento do sector público à disciplina do mercado, contribuindo assim para reforçar a disciplina orçamental; que, além disso, essa proibição coloca os Estados-membros em pé de igualdade no que respeita ao acesso do sector público às instituições financeiras;

Considerando que o Conselho deve especificar as definições com vista à aplicação dessa proibição;

Considerando que os Estados-membros e a Comunidade devem actuar respeitando o princípio de uma economia de mercado aberto e de livre concorrência;

Considerando, em especial, que o presente regulamento não deverá abranger os modos de organização dos mercados que obedeçam a esse princípio;

---

[1] JO n.° C 324 de 1.12.1993, p. 7 e JO n.° C 340 de 17.12.1993, p. 6.
[2] JO n.° C 329 de 6.12.1993 e decisão de 2 de Dezembro de 1993.

Considerando que o presente regulamento não tem por objectivo entravar o funcionamento das instituições financeiras públicas quando este obedeça ao referido princípio;

Considerando que o artigo 104.°-A do Tratado proíbe quaisquer medidas que possibilitem um acesso privilegiado; que há que precisar quais os tipos de actos abrangidos por essa proibição; que não deverão ser abrangidos os compromissos livremente aceites por instituições financeiras no âmbito de relações contratuais;

Considerando que o mesmo artigo prevê que considerações de ordem prudencial podem justificar que se estabeleça uma derrogação ao princípio desta proibição; que, a coberto de considerações de ordem prudencial, as disposições legislativas ou regulamentares ou os actos administrativos não podem, no entanto, ser utilizados para possibilitar um acesso privilegiado dissimulado;

Considerando que as empresas públicas são abrangidas pela mesma proibição; que elas se encontram definidas na Directiva 80/723/CEE da Comissão, de 25 de Junho de 1980, relativa à transparência das relações financeiras entre os Estados-membros e as empresas públicas [1];

Considerando que, por razões relacionadas com a política monetária, as instituições financeiras, e, particularmente, as instituições de crédito, podem ver-se obrigadas a deter créditos sobre o banco central europeu e/ou sobre os bancos centrais nacionais;

Considerando que nem o banco central europeu nem os bancos centrais nacionais podem, enquanto autoridades públicas, tomar medidas que possibilitem um acesso privilegiado; que as regras de mobilização ou de caução de títulos de dívida estabelecidas pelo banco central europeu ou pelos bancos centrais nacionais não devem servir para iludir a proibição de acesso privilegiado;

Considerando que as definições dos diferentes tipos de instituições financeiras, constantes do direito comunitário, devem ser completadas, a fim de evitar quaisquer possibilidades de iludir a proibição, por meio de uma menção referente às instituições que se dediquem a actividades financeiras mas que ainda não tenham sido objecto de uma harmonização a nível comunitário, tais como as sucursais de instituições de países terceiros, as sociedades *holding* ou de *factoring*, os organismos de investimentos colectivo em valores mobiliários (OICVM) não coordenados, as instituições de reforma,

---

[1] JO n.° L 195 de 29.7.1980, p. 35. Directiva com a última redacção que lhe foi dada pela Directiva 93/84/CEE da Comissão (JO n.° L 254 de 12.10.1993, p. 16).

ADOPTOU O PRESENTE REGULAMENTO:

Artigo 1.°

1. Para efeitos da aplicação do artigo 104.°-A do Tratado, entende-se por medidas que possibilitem o acesso privilegiado quaisquer disposições legislativas ou regulamentares ou quaisquer actos jurídicos de natureza vinculativa adoptados no exercício da autoridade pública que:
    - obriguem as instituições financeiras a adquirir ou a deter créditos sobre instituições ou organismos da Comunidade, administrações centrais, autoridades regionais ou locais, outras autoridades públicas ou outros organismos do sector público, ou empresas públicas dos Estados-membros, adiante designados por «sector público»
  ou
    - concedam vantagens fiscais de que apenas possam beneficiar as instituições financeiras ou vantagens financeiras não conformes com os princípios de uma economia de mercado, a fim de favorecer a aquisição ou a detenção de tais créditos por essas instituições.

2. Não são consideradas medidas que possibilitam um acesso privilegiado as que dêem lugar:
    - a obrigações, em condições especiais, que poderão incluir, nomeadamente, uma obrigação de centralização de fundos junto de instituições financeiras públicas, de financiamento da habitação social, sempre que as condições de financiamento da habitação social praticadas a favor do sector público sejam idênticas às dos financiamentos da mesma natureza concedidos para os mesmos fins a mutuários privados,
    - à obrigação de centralização de fundos junto de uma instituição de crédito pública, na medida em que essa obrigação for parte integrante, a partir de 1 de Janeiro de 1994, da organização de uma rede especial de instituições de crédito ou de um regime específico de poupança destinados às famílias e tiver por objectivo introduzir uma segurança financeira em toda a rede ou no regime específico. A utilização desses fundos centralizados deve ser determinada pelos órgãos dirigentes da instituição de crédito pública e efectuar-se em conformidade com o princípio de uma economia de mercado de livre concorrência,
    - a obrigações de financiamento da reparação de danos decorrentes de catástrofes, desde que as condições de financiamento da reparação não sejam mais favoráveis quando os danos são sofridos pelo sector público do que quando estes são sofridos pelo sector privado.

Artigo 2.º

Para efeitos da aplicação do artigo 104.º-A do Tratado, entende-se por considerações de ordem prudencial as considerações subjacentes às disposições legislativas ou regulamentares ou aos actos administrativos nacionais adoptados com base no direito comunitário ou compatíveis com esse direito e que tenham por objectivo promover a solidez das instituições financeiras a fim de reforçar a estabilidade do sistema financeiro no seu conjunto e a protecção dos clientes dessas instituições.

Artigo 3.º

1. Para efeitos da aplicação do artigo 104.º-A do Tratado, entende--se por empresa pública qualquer empresa sobre a qual os poderes públicos possam exercer, directa ou indirectamente, uma influência dominante, em consequência da propriedade, da participação financeira ou das regras que a regem. Presume-se a existência de influência dominante quando os poderes públicos, directa ou indirectamente:

a) Detenham a maioria do capital subscrito da empresa

ou

b) Disponham da maioria dos votos atribuídos às partes sociais emitidas pela empresa

ou

c) Possam designar mais de metade dos membros do órgão de administração, de direcção ou de fiscalização da empresa.

2. Sem prejuízo da sua obrigação, enquanto autoridades públicas, de não tomarem medidas que possibilitem um acesso privilegiado, o banco central europeu e os bancos centrais nacionais não são considerados, para efeitos da aplicação do presente artigo, como fazendo parte do sector público.

3. Por bancos centrais nacionais, entende-se os bancos centrais dos Estados-membros bem como o Institut monétaire luxembourgeois.

Artigo 4.º

1. Para efeitos da aplicação do artigo 104.º A do Tratado, entende-se por instituições financeiras:
   - as instituições de crédito na acepção do primeiro travessão do artigo 1.º da Directiva 77/780/CEE ([1])

([1]) Directiva 77/780/CEE do Conselho, de 12 de Dezembro de 1977, relativa à coordenação das disposições legislativas, regulamentares e administrativas respeitantes ao acesso à actividade dos estabelecimentos de crédito e ao seu exercício (JO n.º L 322

- as empresas de seguros na acepção da alínea *a*) do artigo 1.º da Directiva 92/49/CEE ([1]),
- as empresas de seguros na acepção da alínea *a*) do artigo 1.º da Directiva 92/96/CEE ([2]),
- os OICVM na acepção do n.º 2 do artigo 1.º da Directiva 85/611/CEE ([3]);
- as empresas de investimento na acepção do ponto 2 do artigo 1.º da Directiva 93/22/CEE ([4]),
- as demais empresas ou instituições que tenham uma actividade análoga à das empresas referidas nos travessões anteriores ou cuja actividade principal consista em adquirir activos financeiros ou em transformar créditos financeiros.

2. Não se contam entre as instituições financeiras, na acepção do n.º 1, as seguintes instituições:
- o banco central europeu e os bancos centrais nacionais,
- os serviços financeiros dos Correios sempre que façam parte do sector «administrações públicas» definido nos termos do sistema europeu de contas económicas integradas (SEC) ou sempre que a sua actividade principal seja actuar como agente financeiro da administração pública e
- as instituições que façam parte do sector «administrações públicas» definido nos termos do SEC ou cujo passivo seja inteiramente contabilizado como dívida pública.

---

de 17.12.1977, p. 30). Directiva com a última redacção que lhe foi dada pela Directiva 89/646/CEE (JO n.º L 386 de 30.12.1989, p. 1).

([1]) Directiva 92/49/CEE do Conselho, de 18 de Junho de 1992, relativa à coordenação das disposições legislativas, regulamentares e administrativas respeitantes ao seguro directo não vida (terceira directiva sobre o seguro não vida) (JO n.º L 228 de 11.8.1992, p. 1).

([2]) Directiva 92/96/CEE do Conselho, de 10 de Novembro de 1992, que estabelece a coordenação das disposições legislativas, regulamentares e administrativas relativas ao seguro directo vida (terceira directiva sobre o seguro de vida) (JO n.º L 360 de 9.12.1992, p. 1).

([3]) Directiva 85/611/CEE do Conselho, de 20 de Dezembro de 1985, que coordena as disposições legislativas, regulamentares e administrativas respeitantes a alguns organismos de investimento colectivo em valores mobiliários (OICVM) (JO n.º L 375 de 31.12.1985, p. 3). Directiva alterada pela Directiva 88/220/CEE (JO n.º L 100 de 19.4.1988, p. 31).

([4]) Directiva 93/22/CEE do Conselho, de 10 de Maio de 1993, relativa aos serviços de investimento no domínio dos valores mobiliários (JO n.º L 141, de 11.6.1993, p. 27).

Artigo 5.º

O presente regulamento entra em vigor em 1 de Janeiro de 1994.

O presente regulamento é obrigatório em todos os seus elementos e directamente aplicável em todos os Estados-membros.

Feito em Bruxelas, em 13 de Dezembro de 1993.

Pelo Conselho
O Presidente
Ph. MAYSTADT

III
PROCESSO DE CONVERGÊNCIA

Embora o Tratado previsse a hipótese da 3.ª fase da UEM ter início em 1997, o Conselho Europeu de Madrid de Dezembro de 1995 acabou por fixar definitivamente a data de 1 de Janeiro de 1999, prevista no artigo 109.º-J (121.º) do TCE. As principais decisões sobre os Estados-membros que a integrariam tiveram lugar em 1998.

As condições exigidas para o ingresso na 3.ª fase incluem a adopção de legislação nacional que assegure a proibição de concessão de créditos a descoberto ao Estado por parte do respectivo banco central nacional e o acesso privilegiado ao crédito * bem como o cumprimento dos critérios de convergência previstos no artigo 109.º-J (121.º) do TCE.

Estes critérios dizem respeito a aspectos do comportamento das economias, de política orçamental, monetária e cambial e terão de ser respeitados pelos Estados-membros que ainda não integram a UEM, quando dela quiserem fazer parte.

A taxa de inflação não pode exceder em mais de 1,5% a média das taxas dos três Estados-membros com menor inflação;

O défice orçamental não pode ultrapassar 3% do Produto Interno Bruto(PIB);

A dívida pública não pode ser superior a 60% do PIB;

A taxa de juro de longo prazo não pode exceder em mais de 2% a média das taxas praticadas nos três Estados-membros com menor inflação;

A respectiva moeda deve fazer parte do Mecanismo de Taxas de Câmbio há pelo menos 2 anos.

• **Ver Artigo 109.º-J (121.º) do TCE (pág. 65)**
• **Ver Protocolo relativo aos critérios de convergência a que se refere o artigo 109.º-J do Tratado que institui a Comunidade Europeia (pág. 67)**

*

Entre os critérios referidos, exige-se que o Estado-membro, em avaliação, não se encontre em situação de défice excessivo, isto é, que cumpra os critérios relativos ao défice orçamental e à dívida pública.

---

* Ver secção II.

• **Ver Protocolo relativo ao procedimento aplicável em caso de défice excessivo (pág. 68)**

*

Por isso, o primeiro passo, que foi dado em 1 de Maio de 1998, consistiu na revogação das decisões sobre défices excessivos que ainda impendiam sobre 9 Estados-membros.

• **Ver Revogação das decisões sobre défice excessivo pelo Conselho de 1-5-1998 (pág. 70)**

*

Seguiu-se a apreciação de cada um dos Estados-membros que culminou na decisão de considerar aptos para a 3.ª fase 11 Estados-membros.

• **Ver Decisão do Conselho (98/317/CE) de 3 de Maio de 1998 (pág. 89)**

TRATADO CE

(...)

ARTIGO 109.°-J
(**121.°**)

1. A Comissão e o IME apresentarão relatórios ao Conselho sobre os progressos alcançados pelos Estados-membros no cumprimento das suas obrigações relativas à realização da União Económica e Monetária. Esses relatórios devem conter um estudo da compatibilidade da legislação nacional de cada Estado-membro, incluindo os estatutos do seu banco central nacional com o disposto nos artigos 107.° e 108.° do presente Tratado e nos estatutos do SEBC. Os relatórios analisarão igualmente a realização de um elevado grau de convergência sustentável com base na observância, por cada Estado-membro, dos seguintes critérios:
 – a realização de um elevado grau de estabilidade dos preços, que será expresso por uma taxa de inflação que esteja próxima da taxa, no máximo, dos três Estados-membros com melhores resultados em termos de estabilidade dos preços;
 – a sustentabilidade das suas finanças públicas, que será traduzida pelo facto de ter alcançado uma situação orçamental sem défice excessivo, determinado nos termos do n.° 6 do artigo 104.°-C;
 – a observância, durante pelo menos dois anos, das margens normais de flutuação previstas no mecanismo de taxas de câmbio do sistema monetário europeu, sem ter procedido a uma desvalorização em relação à moeda de qualquer outro Estado-membro;
 – o carácter duradouro da convergência alcançada pelo Estado--membro e da sua participação no mecanismo de taxas de câmbio do Sistema Monetário Europeu deve igualmente reflectir-se nos níveis das taxas de juros a longo prazo.

Os quatro critérios a que se refere o presente número e os respectivos períodos durante os quais devem ser respeitados vêm desenvolvidos num protocolo anexo ao presente Tratado. Os relatórios da Comissão e do IME devem ter, de igual modo, em conta o desenvolvimento do ecu, os resultados da integração dos mercados, o nível e a evolução da balança de transacções correntes e a análise da evolução dos custos unitários de trabalho e de outros índices de preços.

2. Com base nestes relatórios, o Conselho, deliberando por maioria qualificada sob recomendação da Comissão, avaliará:
– relativamente a cada Estado-membro, se preenche as condições necessárias para a adopção de uma moeda única;
– se a maioria dos Estados-membros preenche as condições necessárias para a adopção de uma moeda única, e transmitirá, sob a forma de recomendação, as suas conclusões ao Conselho, reunido a nível de Chefes de Estado ou de governo. O Parlamento Europeu será consultado e transmitirá o seu parecer ao Conselho, reunido a nível de Chefes de Estado ou de governo.

3. Tendo em devida conta os relatórios a que se refere o n.º 1 e o parecer do Parlamento Europeu a que se refere o n.º 2, o Conselho, reunido a nível de Chefes de Estado ou de governo, deliberando por maioria qualificada, o mais tardar até 31 de Dezembro de 1996:
– decidirá, com base nas recomendações do Conselho a que se refere o n.º 2, se a maioria dos Estados-membros satisfaz as condições necessárias para a adopção de uma moeda única;
– decidirá se é conveniente que a Comunidade passe para a terceira fase e, em caso afirmativo,
– fixará a data para o início da terceira fase.

4. Se, no final de 1997, não tiver sido fixada a data para o início da terceira fase, esta tem início em 1 de Janeiro de 1999. Até 1 de Julho de 1998, o Conselho, reunido a nível de Chefes de Estado ou de governo, e depois de repetido o procedimento previsto nos n.ºs 1 e 2, com excepção do segundo travessão do n.º 2, tendo em conta os relatórios a que se refere o n.º 1 e o parecer do Parlamento Europeu, e deliberando por maioria qualificada, com base nas recomendações do Conselho a que se refere o n.º 2, confirmará quais os Estados-membros que satisfaçam as condições necessárias para a adopção de uma moeda única.

Protocolo Anexo ao TCE

PROTOCOLO RELATIVO AOS CRITÉRIOS DE CONVERGÊNCIA A QUE SE REFERE O ARTIGO 109.°-J DO TRATADO QUE INSTITUI A COMUNIDADE EUROPEIA

AS ALTAS PARTES CONTRATANTES,

DESEJANDO fixar as modalidades dos critérios de convergência por que se regerá a Comunidade na tomada de decisão sobre a passagem para a terceira fase da União Económica e Monetária a que se refere o n.° 1, do artigo 109.°-J do presente Tratado,

ACORDAM nas disposições seguintes, que vêm anexas ao presente Tratado:

Artigo 1.°

Por critério de estabilidade dos preços, a que se refere o n.° 1, primeiro travessão do artigo 109.°-J do presente Tratado, entende-se que cada Estado-membro deve registar uma estabilidade de preços sustentável e, no ano que antecede a análise, uma taxa média de inflação que não exceda em mais de 1,5% a verificada, no máximo, nos três Estados-membros com melhores resultados em termos de estabilidade dos preços. A inflação será calculada com base no índice de preços no consumidor (IPC) numa base comparável, tomando em consideração as diferenças nas definições nacionais.

Artigo 2.°

Por critério de situação orçamental, a que se refere o n.° 1, segundo travessão, do artigo 109.°-J do presente Tratado, entende-se que, aquando da análise, o Estado-membro em causa não é objecto de uma decisão do Conselho ao abrigo do disposto no n.° 6, do artigo 104.°-C do presente Tratado que declare verificada a existência de um défice excessivo nesse Estado-membro.

Artigo 3.°

Por critério de participação no mecanismo de taxas de câmbio do Sistema Monetário Europeu, a que se refere o n.° 1, terceiro travessão, do artigo 109.°-J do presente Tratado, entende-se que cada Estado-membro respeitou as margens de flutuação normais previstas no mecanismo de taxas de câmbio do Sistema Monetário Europeu, sem tensões graves durante pelo menos os últimos dois anos anteriores à análise, e nomeadamente não desvalorizou por iniciativa própria a taxa de câmbio central bilateral da sua moeda em relação à moeda de qualquer outro Estado-membro durante o mesmo período.

Artigo 4.°

Por critério de convergência das taxas de juro, a que se refere o n.° 1, quarto travessão, do artigo 109.°-J do presente Tratado, entende-se que, durante o ano que antecede a análise, cada Estado-membro deve ter registado uma taxa de juro nominal média a longo prazo que não exceda em mais de 2% a verificada, no máximo, nos três Estados-membros com melhores resultados em termos de estabilidade dos preços. As taxas de juro serão calculadas com base em obrigações do Estado a longo prazo ou outros títulos semelhantes, tomando em consideração as diferenças nas definições nacionais.

Artigo 5.°

Os dados estatísticos a utilizar para a aplicação do presente Protocolo serão fornecidos pela Comissão.

Artigo 6.°

O Conselho, deliberando por unanimidade, sob proposta da Comissão e após consulta do Parlamento Europeu, do IME ou do BCE conforme o caso, e do Comité a que se refere o artigo 109.°-C, aprovará as disposições necessárias à definição pormenorizada dos critérios de convergência a que se refere o artigo 109.°-J do presente Tratado, que passarão nessa ocasião a substituir o presente Protocolo.

Protocolo Anexo ao TCE

PROTOCOLO RELATIVO AO PROCEDIMENTO APLICÁVEL EM CASO DE DÉFICE EXCESSIVO

AS ALTAS PARTES CONTRATANTES,

DESEJANDO fixar os pormenores do procedimento aplicável em caso de défice excessivo a que se refere o artigo 104.°-C do Tratado que institui a Comunidade Europeia,

ACORDAM nas disposições seguintes, que vêm anexas ao presente Tratado:

Artigo 1.º

Os valores de referência a que se refere o n.º 2, do artigo 104.º-C do presente Tratado são:
- 3% para a relação entre o défice orçamental programado ou verificado e o produto interno bruto a preços de mercado;
- 60% para a relação entre a dívida pública e o produto interno bruto a preços de mercado.

Artigo 2.º

No artigo 104.º-C do presente Tratado e no presente Protocolo, entende-se por:
- orçamental: o que diz respeito ao governo em geral, ou seja, o governo central, o governo regional ou local e os fundos de segurança social, com exclusão das operações comerciais tal como definidas no Sistema Europeu de Contas Económicas Integradas;
- défice: os empréstimos líquidos contraídos, tal como definidos no Sistema Europeu de Contas Económicas Integradas;
- investimento: a formação bruta de capital fixo, tal como definida no Sistema Europeu de Contas Económicas Integradas;
- dívida: a dívida global bruta, em valor nominal, existente no final do exercício, e consolidada pelos diferentes sectores do governo em geral, tal como definido no primeiro travessão.

Artigo 3.º

A fim de garantir a eficácia do procedimento aplicável em caso de défice excessivo, os governos dos Estados-membros serão responsáveis, nos termos desse procedimento, pelos défices do governo em geral, tal como definido no primeiro travessão do artigo 2.º. Os Estados-membros certificar-se-ão de que os procedimentos nacionais na área orçamental lhes permitem cumprir as suas obrigações nesse domínio decorrentes do presente Tratado. Os Estados-membros devem, pronta e regularmente, apresentar à Comissão informações sobre os seus défices programados e verificados e os níveis da sua dívida.

Artigo 4.º

Os dados estatísticos a utilizar para a aplicação do presente Protocolo serão fornecidos pela Comissão.

Conselho – ECOFIN de 1 de Maio de 1998

Comunicado de Imprensa: Bruxelas (01-05-1998) – n.º 7947/98

REVOGAÇÃO DAS DECISÕES SOBRE A EXISTÊNCIA DE UM DÉFICE EXCESSIVO NA BÉLGICA, NA ALEMANHA, NA ESPANHA, NA FRANÇA, NA ITÁLIA, NA ÁUSTRIA, EM PORTUGAL, NA SUÉCIA E NO REINO UNIDO

No âmbito do procedimento relativo aos défices excessivos e no seguimento da recomendação da Comissão, o Conselho revogou as decisões sobre a existência de um défice excessivo nos Estados-Membros acima referidos, no que diz respeito ao ano de 1997.

[Foram publicadas no JOL n.º 139 de 11-5-1998 Decisões de revogação individuais para cada um dos Estados-membros em causa com os números (98/307/CEE) a (98/315/CEE)].

Assim, os Estados-Membros que já não têm um défice excessivo são agora catorze, uma vez que as decisões em questão foram revogadas em 1996, no que respeita à Dinamarca, e em 1997, no que respeita à Finlândia e aos Países Baixos, e que, desde 1994, data em que teve início o procedimento relativo aos défices excessivos, a Irlanda e o Luxemburgo nunca tiveram défices excessivos.

No que se refere a cada decisão de revogação, justificam-se as seguintes conclusões:

BÉLGICA

O défice orçamental belga diminuiu significativamente desde 1993, tendo atingido 2,1% do PIB em 1997, um nível inferior ao valor de referência do Tratado, prevendo-se que diminua para 1,7% do PIB para 1998. O programa de convergência de 1997 da Bélgica aponta para uma redução do défice para 1,4% do PIB em 2000.

O rácio da dívida pública atingiu um nível máximo de 135,2% do PIB em 1993, tendo desde então diminuído todos os anos para se situar em 122,2% em 1997. Espera-se para 1998 uma nova diminuição que, de acordo com as projecções do programa de convergência belga, prosseguirá nos anos seguintes.

A redução do défice e em especial o nível alcançado pelo excedente primário, que se situou em níveis superiores a 5% do PIB desde 1994, contribuíram para colocar o rácio da dívida numa trajectória descendente. Após a adopção do seu programa de convergência, o Governo belga confirmou o seu compromisso de manter o excedente primário a um nível correspondente a cerca de 6% do PIB a médio prazo. Esse excedente primário é essencial para manter o rácio da dívida numa trajectória descendente sustentável.

O défice registou em 1997 um nível inferior ao valor de referência do Tratado; espera-se que assim se mantenha em 1998 e que continue a diminuir a médio prazo; o rácio da dívida pública tem diminuído nos últimos quatro anos e espera-se que continue a diminuir nos próximos anos.

ALEMANHA

O défice orçamental alemão registou um agravamento em 1995 e 1996, ano em que atingiu um valor de 3,4% do PIB. O défice diminuiu para 2,7% do PIB em 1997, um nível inferior ao valor de referência do Tratado, prevendo-se uma nova redução para 2,5% do PIB em 1998. O programa de convergência de 1997 da Alemanha aponta para uma redução do défice para 1,5% do PIB em 2000.

O rácio da dívida pública continuou a aumentar até 1997, ano em que atingiu um valor de 61,3% do PIB. Após um aumento acentuado em 1995, o rácio da dívida excedeu ligeiramente o valor de referência de 60% do PIB em 1996. Espera-se que o rácio da dívida diminua em 1998 e que continue a diminuir nos anos seguintes, de acordo com as projecções do programa de convergência alemão.

As circunstâncias excepcionais da unificação alemã continuam a impor uma elevada sobrecarga ao orçamento alemão. Além disso, a dívida pública alemã inclui responsabilidades relacionadas com a unificação que se elevam a cerca de 10% do PIB.

O défice registou em 1997 um nível inferior ao valor de referência do Tratado; espera-se que assim se mantenha em 1998 e que continue a diminuir a médio prazo; o rácio da dívida foi ligeiramente superior ao valor de referência do Tratado em 1997, prevendo-se que comece a diminuir em 1998 e que volte a situar-se em breve a um nível inferior ao valor de referência do Tratado.

ESPANHA

O défice orçamental em Espanha diminuiu acentuadamente desde 1995, tendo atingido 2,6% do PIB em 1997, um nível inferior ao valor de referência do Tratado, prevendo-se uma nova redução para 2,2%

do PIB em 1998. O programa de convergência de 1997 de Espanha aponta para uma nova redução do défice orçamental para 1,6% do PIB em 2000.

O rácio da dívida pública atingiu um nível máximo de 70,1% do PIB em 1996, tendo diminuído para 68,8% em 1997. Espera-se que continue a diminuir em 1998 e nos anos seguintes, de acordo com as projecções do programa de convergência espanhol.

O défice registou em 1997 um nível inferior ao valor de referência do Tratado; espera-se que assim se mantenha em 1998 e que continue a diminuir a médio prazo; o rácio da dívida está actualmente a diminuir e espera-se que continue a diminuir nos próximos anos.

FRANÇA

O défice orçamental em França diminuiu significativamente desde 1994, tendo atingido 3,0% do PIB em 1997, um nível igual ao valor de referência do Tratado; prevê-se uma nova e pequena redução do défice para 2,9% do PIB em 1998 e o Governo tenciona reduzir o défice para 2,3% do PIB em 1999.

O rácio da dívida pública tem vindo a aumentar e atingiu o nível máximo de 58,0% do PIB em 1997, embora nunca tenha ultrapassado o valor de referência do Tratado de 60% do PIB.

O défice registou em 1997 um nível igual ao valor de referência do Tratado, e espera-se que em 1998 lhe seja inferior; o rácio da dívida pública continua inferior ao valor de referência do Tratado.

ITÁLIA

O défice orçamental em Itália diminuiu significativamente desde 1993, tendo atingido 2,7% do PIB em 1997, um nível inferior ao valor de referência do Tratado; prevê-se uma nova redução do défice para 2,5% do PIB em 1998. O novo programa financeiro de médio prazo (1998-2001) recentemente apresentado pelo Governo Italiano ao Parlamento prevê uma nova redução do défice público geral para 1,5% do PIB em 2000 e 1% do PIB em 2001.

O rácio da dívida pública atingiu um nível máximo de 124,9% do PIB em 1994, tendo desde então diminuído todos os anos para se situar em 121,6% em 1997. O novo programa financeiro de médio prazo prevê uma redução do rácio da dívida para 118,2% do PIB em 1998 e uma nova diminuição nos anos seguintes. Prevê-se que em 2001 o rácio da dívida atinja 107% do PIB. Essa redução será apoiada pelas receitas anuais da privatização que correspondem a 0,5-0,75% do PIB até 2001. O Governo

Italiano anunciou igualmente o seu compromisso de reduzir o rácio da dívida a um nível inferior a 100% em 2003.

A redução do défice e em especial o aumento firme do excedente primário, que atingiu mais de 6% do PIB em 1997, contribuíram para colocar o rácio da dívida numa trajectória descendente. O Governo Italiano confirmou recentemente o seu compromisso de manter o excedente primário a um nível que contribua de forma muito significativa para reduzir o rácio da dívida. Este excedente primário é essencial para manter o rácio da dívida numa trajectória descendente sustentável.

O défice registou em 1997 um nível inferior ao valor de referência do Tratado; espera-se que assim se mantenha em 1998 e que continue a diminuir a médio prazo; o rácio da dívida tem diminuído nos últimos três anos, e espera-se que diminua a um ritmo mais rápido nos próximos anos.

ÁUSTRIA

O défice orçamental na Áustria diminuiu desde 1995, tendo atingido 2,5% do PIB em 1997, um nível inferior ao valor de referência do Tratado, prevendo-se uma nova redução para 2,3% do PIB em 1998. As projecções do programa de convergência actualizado da Áustria de 1997 apontam para uma redução do défice para 1,9% do PIB em 2000.

O rácio da dívida pública atingiu um nível máximo de 69,5% do PIB em 1996, tendo diminuído para 66,1% em 1997. Espera-se para 1998 uma nova redução, a qual segundo as projecções do programa de convergência austríaco actualizado prosseguirá nos anos seguintes.

O défice registou em 1997 um nível inferior ao valor de referência do Tratado; espera-se que assim se mantenha em 1998 e que continue a diminuir a médio prazo; o rácio da dívida pública está actualmente a baixar e espera-se que continue a diminuir nos próximos anos.

PORTUGAL

O défice orçamental português diminuiu significativamente desde 1993, tendo atingido 2,5% do PIB em 1997, um nível inferior ao valor de referência do Tratado, prevendo-se uma nova diminuição para 2,2% do PIB em 1998. O programa de convergência de 1997 de Portugal aponta para uma redução do défice para 1,5% do PIB em 2000.

O rácio da dívida pública atingiu um nível máximo de 65,9% do PIB em 1995, tendo desde então diminuído anualmente para se situar em 62,0% em 1997. Prevê-se que, em 1998, o rácio da dívida pública seja igual a 60% do PIB e espera-se que, a partir de então, se situe abaixo do valor de referência.

O défice registou em 1997 um nível inferior ao valor de referência do Tratado; espera-se que assim se mantenha em 1998 e que continue a diminuir a médio prazo; o rácio da dívida tem diminuído nos últimos dois anos, e espera-se que se situe em breve abaixo do valor de referência.

SUÉCIA

O défice orçamental na Suécia diminuiu significativamente desde 1993, tendo atingido 0,8% do PIB em 1997, nível nitidamente inferior ao valor de referência do Tratado. Prevê-se um excedente de 0,5% do PIB para 1998. As projecções do programa de convergência revisto da Suécia de Abril de 1998 apontam para um saldo orçamental igual a um excedente de 3,5% do PIB em 2001.

O rácio da dívida pública atingiu um nível máximo de 79,0% do PIB em 1994, tendo desde então diminuído todos os anos para se situar em 76,6% em 1997. Espera-se para 1998 uma nova redução do rácio da dívida, a qual, segundo as projecções do programa de convergência sueca de Abril de 1998, prosseguirá nos anos seguintes e se situará em 62,9% do PIB em 2001.

O défice registou em 1997 um nível nitidamente inferior ao valor de referência do Tratado; esperando-se que se venha a registar um excedente orçamental em 1998, o qual deverá aumentar a médio prazo; o rácio da dívida tem diminuído nos últimos três anos, e espera-se que esta evolução se mantenha nos próximos anos.

REINO UNIDO

O défice orçamental no Reino Unido diminuiu significativamente desde 1993, tendo atingido 1,9% do PIB em 1997, nível nitidamente inferior ao valor de referência do Tratado. Prevê-se uma nova redução do défice para 0,6% do PIB em 1998. As projecções do programa de convergência do Reino Unido de 1997 apontam para um excedente orçamental até ao final da década.

O rácio da dívida pública nunca atingiu um nível superior ao valor de referência do Tratado de 60% do PIB; após ter aumentado durante vários anos, diminuiu para 53,4% do PIB em 1997.

O défice registou em 1997 um nível nitidamente inferior ao valor de referência do Tratado; espera-se que assim se mantenha em 1998 e que a médio prazo se passe a verificar um excedente; o rácio da dívida pública mantém-se abaixo do valor de referência do Tratado.

RECOMENDAÇÃO RELATIVA AOS ESTADOS-MEMBROS QUE PARTICIPAM NA UEM

Na sequência dos relatórios da Comissão e do IME, bem como da recomendação pertinente da Comissão e do parecer do Parlamento Europeu, o Conselho adoptou a recomendação relativa às suas conclusões sobre quais os Estados-Membros que preenchem as condições necessárias para a adopção da moeda única em 1 de Janeiro de 1999.

Com base na referida recomendação, são onze os Estados-Membros que preenchem as condições necessárias: Alemanha, Áustria, Bélgica, Espanha, Finlândia, França, Irlanda, Itália, Luxemburgo, Países Baixos e Portugal.

A recomendação assenta na realização de um elevado grau de convergência sustentada com base na observância, por cada Estado-membro, dos seguintes critérios:
- a realização de um elevado grau de estabilidade dos preços, que será expresso por uma taxa de inflação que esteja próxima, no máximo, da taxa dos três Estados-Membros com melhores resultados em termos de estabilidade dos preços;
- a sustentabilidade das suas finanças públicas, que será traduzida pelo facto de ter alcançado uma situação orçamental sem défice excessivo, determinado nos termos do n.° 6 do artigo 104.°-C;
- a observância, durante pelo menos dois anos, das margens normais de flutuação previstas no mecanismo de taxa de câmbio do Sistema Monetário Europeu, sem ter procedido a uma desvalorização em relação à moeda de qualquer outro Estado-membro;
- o carácter duradouro da convergência alcançada pelo Estado-membro e da sua participação no mecanismo de taxa de câmbio do Sistema Monetário Europeu deve igualmente reflectir-se nos níveis das taxas de juro a longo prazo.

Além disso, foi igualmente analisada a compatibilidade entre a legislação nacional de cada Estado-membro, incluindo os estatutos de cada Banco Central nacional, e o estatuto do Sistema Europeu de Bancos Centrais (SEBC).

A recomendação será enviada ao Parlamento Europeu, a fim de que este possa dar o seu parecer na perspectiva da sessão do Conselho reunido a nível de Chefes de Estado e de Governo.

São as seguintes as avaliações constantes da recomendação no que se refere a cada Estado-membro:

BÉLGICA

Na Bélgica, a legislação nacional, incluindo os estatutos do Banco Central nacional, é compatível com o disposto nos artigos 107.° e 108.° do Tratado e com os Estatutos do Sistema Europeu de Bancos Centrais (SEBC).

Em relação ao preenchimento dos critérios de convergência previstos nos quatro travessões do n.° 1 do artigo 109.°-J do Tratado:
- a taxa média de inflação na Bélgica no período de doze meses até Janeiro de 1998 foi de 1,4%, nível inferior ao valor de referência;
- a Bélgica não é objecto de uma decisão do Conselho sobre a existência de um défice orçamental excessivo;
- a Bélgica participou no Mecanismo de Taxas de Câmbio (MTC) durante os últimos dois anos; nesse período, o franco belga (BEF) não esteve sujeito a tensões graves e a Bélgica não desvalorizou, por sua própria iniciativa, a taxa central bilateral do BEF em relação à moeda de qualquer outro Estado-membro;
- no período de doze meses até Janeiro de 1998, as taxas de juro a longo prazo na Bélgica foram, em média, de 5,7%, nível inferior ao valor de referência.

A Bélgica alcançou um elevado grau de convergência sustentada no que se refere aos quatro critérios.

Em consequência, a Bélgica cumpre as condições necessárias para a adopção da moeda única.

ALEMANHA

Na Alemanha, a legislação nacional, incluindo os estatutos do Banco Central nacional, é compatível com o disposto nos artigos 107.° e 108.° do Tratado e com os Estatutos do SEBC.

Em relação ao preenchimento dos critérios de convergência previstos nos quatro travessões do n.° 1 do artigo 109.°-J do Tratado:
- a taxa média de inflação na Alemanha no período de doze meses até Janeiro de 1998 foi de 1,4%, nível inferior ao valor de referência;
- a Alemanha não é objecto de uma decisão do Conselho sobre a existência de um défice orçamental excessivo;
- a Alemanha participou no MTC durante os últimos dois anos; nesse período, o marco alemão (DEM) não esteve sujeito a tensões graves e a Alemanha não desvalorizou, por sua própria iniciativa,

a taxa central bilateral do DEM em relação à moeda de qualquer outro Estado-membro;
- no período de doze meses até Janeiro de 1998, as taxas de juro a longo prazo na Alemanha foram, em média, de 5,6%, nível inferior ao valor de referência.

A Alemanha alcançou um elevado grau de convergência sustentada no que se refere aos quatro critérios.

Em consequência, a Alemanha cumpre as condições necessárias para a adopção da moeda única.

GRÉCIA

Na Grécia, a legislação nacional, incluindo os estatutos do Banco Central nacional, é compatível com o disposto nos artigos 107.º e 108.º do Tratado e com os Estatutos do SEBC.

Em relação ao preenchimento dos critérios de convergência previstos nos quatro travessões do n.º 1 do artigo 109.º-J do Tratado:
- a taxa média de inflação na Grécia no período de doze meses até Janeiro de 1998 foi de 5,2%, nível superior ao valor de referência;
- o Conselho decidiu, em 26 de Setembro de 1994, que existia um défice orçamental excessivo na Grécia, não tendo essa decisão sido revogada;
- a moeda da Grécia não participou no MTC no período de dois anos que terminou em Fevereiro de 1998; nesse período, o dracma grego (GRD) registou uma estabilidade relativa em relação às moedas do MTC, mas esteve sujeito, por vezes, a tensões que foram combatidas através de aumentos temporários das taxas de juro internas e por intervenções nos mercados cambiais. O dracma grego passou a participar no MTC em Março de 1998.
- no período de doze meses até Janeiro de 1998, as taxas de juro a longo prazo na Grécia foram, em média, de 9,8 %, nível superior ao valor de referência.

A Grécia não preenche qualquer dos critérios de convergência referidos nos quatro travessões do n.º 1 do artigo 109.º-J.

Em consequência, a Grécia não cumpre as condições necessárias para a adopção da moeda única.

ESPANHA

Em Espanha, a legislação nacional, incluindo os estatutos do banco Central nacional, é compatível com o disposto nos artigos 107.º e 108.º do Tratado e com os Estatutos do SEBC.

Em relação ao preenchimento dos critérios de convergência previstos nos quatro travessões do n.º 1 do artigo 109.º-J do Tratado:
- a taxa média de inflação em Espanha no período de doze meses até Janeiro de 1998 foi de 1,8%, nível inferior ao valor de referência;
- a Espanha não é objecto de uma decisão do Conselho sobre a existência de um défice orçamental excessivo;
- a Espanha participou no MTC durante os últimos dois anos; nesse período, a peseta espanhola (ESP) não esteve sujeita a tensões graves e a Espanha não desvalorizou, por sua própria iniciativa, a taxa central bilateral da ESP em relação à moeda de qualquer outro Estado-membro;
- no período de doze meses até Janeiro de 1998, as taxas de juro a longo prazo em Espanha foram, em média, de 6,3%, nível inferior ao valor de referência.

A Espanha alcançou um elevado grau de convergência sustentada no que se refere aos quatro critérios.

Em consequência, a Espanha cumpre as condições necessárias para a adopção da moeda única.

FRANÇA

A França tomou todas as medidas necessárias para tornar a sua legislação nacional, incluindo os estatutos do Banco Central nacional, compatível com o disposto nos artigos 107.º e 108.º do Tratado e com os Estatutos do SEBC.

Em relação ao preenchimento dos critérios de convergência previstos nos quatro travessões do n.º 1 do artigo 109.º-J do Tratado:
- a taxa média de inflação em França no período de doze meses até Janeiro de 1998 foi de 1,2%, nível inferior ao valor de referência;
- a França não é objecto de uma decisão do Conselho sobre a existência de um défice orçamental excessivo;
- a França participou no MTC durante os últimos dois anos; nesse período, o franco francês (FRF) não esteve sujeito a tensões graves e a França não desvalorizou, por sua própria iniciativa, a taxa central bilateral do FRF em relação à moeda de qualquer outro Estado-membro;
- no período de doze meses até Janeiro de 1998, as taxas de juro a longo prazo em França foram, em média, de 5,5%, nível inferior ao valor de referência.

A França alcançou um elevado grau de convergência sustentada no que se refere aos quatro critérios.

Em consequência, a França cumpre as condições necessárias para a adopção da moeda única.

IRLANDA

Na Irlanda, a legislação nacional, incluindo os estatutos do Banco Central nacional, é compatível com o disposto nos artigos 107.º e 108.º do Tratado e com os Estatutos do SEBC.

Em relação ao preenchimento dos critérios de convergência previstos nos quatro travessões do n.º 1 do artigo 109.º-J do Tratado:
- a taxa média de inflação na Irlanda no período de doze meses até Janeiro de 1998 foi de 1,2%, nível inferior ao valor de referência;
- durante a segunda fase da UEM, a Irlanda não foi objecto de uma decisão do Conselho sobre a existência de um défice orçamental excessivo;
- a Irlanda participou no MTC durante os últimos dois anos; nesse período, a libra irlandesa (IEP) não esteve sujeita a tensões graves e a sua taxa central bilateral não foi desvalorizada em relação à moeda de qualquer outro Estado-membro; em 16 de Março de 1998, a pedido das autoridades irlandesas, as taxas centrais bilaterais da IEP foram revalorizadas em 3% em relação a todas as outras moedas do MTC;
- no período de doze meses até Janeiro de 1998, as taxas de juro a longo prazo na Irlanda foram, em média, de 6,2%, nível inferior ao valor de referência.

A Irlanda alcançou um elevado grau de convergência sustentada no que se refere aos quatro critérios.

Em consequência, a Irlanda cumpre as condições necessárias para a adopção da moeda única.

ITÁLIA

Em Itália, a legislação nacional, incluindo os estatutos do Banco Central nacional, é compatível com o disposto nos artigos 107.º e 108.º do Tratado e com os Estatutos do SEBC.

Em relação ao preenchimento dos critérios de convergência previstos nos quatro travessões do n.º 1 do artigo 109.º-J do Tratado:
- a taxa média de inflação em Itália no período de doze meses até Janeiro de 1998 foi de 1,8%, nível inferior ao valor de referência;
- a Itália não é objecto de uma decisão do Conselho sobre a existência de um défice orçamental excessivo;

- a Itália aderiu ao MTC em Novembro de 1996; no período de Março a Novembro de 1996, a lira italiana (ITL) registou uma apreciação face às moedas do MTC; desde a sua reintegração no MTC, a ITL não esteve sujeita a tensões graves e a Itália não desvalorizou, por sua própria iniciativa, a taxa central bilateral da ITL em relação à moeda de qualquer outro Estado-membro;
- no período de doze meses até Janeiro de 1998, as taxas de juro a longo prazo em Itália foram, em média, de 6,7%, nível inferior ao valor de referência.

A Itália preenche os critérios de convergência previstos nos primeiro, segundo e quarto travessões do n.º 1 do artigo 109.º-J; quanto ao critério de convergência previsto no terceiro travessão do n.º 1 desse artigo, a ITL, apesar de ter entrado no MTC apenas em Novembro de 1996, registou nos últimos dois anos uma estabilidade suficiente. Por estas razões, a Itália alcançou um elevado grau de convergência sustentada.

Em consequência, a Itália cumpre as condições necessárias para a adopção da moeda única.

LUXEMBURGO

O Luxemburgo tomou todas as medidas necessárias para tornar a sua legislação nacional, incluindo os estatutos do Banco Central nacional, compatível com o disposto nos artigos 107.º e 108.º do Tratado e com os Estatutos do SEBC.

Em relação ao preenchimento dos critérios de convergência previstos nos quatro travessões do n.º 1 do artigo 109.º-J do Tratado:
- a taxa média de inflação no Luxemburgo no período de doze meses até Janeiro de 1998 foi de 1,4%, nível inferior ao valor de referência;
- durante a segunda fase da UEM, o Luxemburgo não foi objecto de uma decisão do Conselho sobre a existência de um défice orçamental excessivo;
- o Luxemburgo participou no MTC durante os últimos dois anos; nesse período o franco luxemburguês (LUF) não esteve sujeito a tensões graves e o Luxemburgo não desvalorizou, por sua própria iniciativa, a taxa central bilateral do LUF em relação à moeda de qualquer outro Estado-membro;
- no período de doze meses até Janeiro de 1998, as taxas de juro a longo prazo no Luxemburgo foram, em média, de 5,6%, a nível inferior ao valor de referência.

O Luxemburgo alcançou um elevado grau de convergência sustentada no que se refere aos quatro critérios.

Em consequência, o Luxemburgo cumpre as condições necessárias para a adopção da moeda única.

PAÍSES BAIXOS

Nos Países Baixos, a legislação nacional, incluindo os estatutos do Banco Central nacional, é compatível com o disposto nos artigos 107.º e 108.º do Tratado e com os Estatutos do SEBC.

Em relação ao preenchimento dos critérios de convergência previstos nos quatro travessões do n.º 1 do artigo 109.º-J do Tratado:
- a taxa média de inflação nos Países Baixos no período de doze meses até Janeiro de 1998 foi de 1,8%, nível inferior ao valor de referência;
- os Países Baixos não são objecto de uma decisão do Conselho sobre a existência de um défice orçamental excessivo;
- os Países Baixos participaram no MTC durante os últimos dois anos; nesse período, o florim neerlandês (NLG) não esteve sujeito a tensões graves e os Países Baixos não desvalorizaram, por sua própria iniciativa, a taxa central bilateral do NLG em relação à moeda de qualquer outro Estado-membro;
- no período de doze meses até Janeiro de 1998, as taxas de juro a longo prazo nos Países Baixos foram, em média, de 5,5%, nível inferior ao valor de referência.

Os Países Baixos alcançaram um elevado grau de convergência sustentada no que se refere aos quatro critérios.

Em consequência, os Países Baixos cumprem as condições necessárias para a adopção da moeda única.

ÁUSTRIA

Na Áustria, a legislação nacional, incluindo os estatutos do Banco Central nacional, é compatível com o disposto nos artigos 107.º e 108.º do Tratado e com os Estatutos do SEBC.

Em relação ao preenchimento dos critérios de convergência previstos nos quatro travessões do n.º 1 do artigo 109.º-J do Tratado:
- a taxa média de inflação na Áustria no período de doze meses até Janeiro de 1998 foi de 1,1%, nível inferior ao valor de referência;
- a Áustria não é objecto de uma decisão do Conselho sobre a existência de um défice orçamental excessivo;
- a Áustria participou no MTC durante os últimos dois anos; nesse período o xelim austríaco (ATS) não esteve sujeito a tensões graves e a Áustria não desvalorizou, por sua própria iniciativa, a taxa

central bilateral do ATS em relação à moeda de qualquer outro Estado-membro:
- no período de doze meses até Janeiro de 1998, as taxas de juro a longo prazo na Áustria foram, em média, de 5,6%, nível inferior ao valor de referência.

A Áustria alcançou um elevado grau de convergência sustentada no que se refere aos quatro critérios.

Em consequência, a Áustria cumpre as condições necessárias para a adopção da moeda única.

PORTUGAL

Em Portugal, a legislação nacional, incluindo os estatutos do Banco Central nacional, é compatível com o disposto nos artigos 107.° e 108.° do Tratado e com os Estatutos do SEBC.

Em relação ao preenchimento dos critérios de convergência previstos nos quatro travessões do n.° 1 do artigo 109.°-J do Tratado:
- a taxa média de inflação em Portugal no período de doze meses até Janeiro de 1998 foi de 1,8%, nível inferior ao valor de referência;
- Portugal não é objecto de uma decisão do Conselho sobre a existência de um défice orçamental excessivo;
- Portugal participou no MTC durante os últimos dois anos; nesse período, o escudo português (PTE) não esteve sujeito a tensões graves e Portugal não desvalorizou, por sua própria iniciativa, a taxa central bilateral do PTE em relação à moeda de qualquer outro Estado-membro;
- no período de doze meses até Janeiro de 1998, as taxas de juro a longo prazo em Portugal foram, em média, de 6,2%, nível inferior ao valor de referência.

Portugal alcançou um elevado grau de convergência sustentada no que se refere aos quatro critérios.

Em consequência, Portugal cumpre as condições necessárias para a adopção da moeda única.

FINLÂNDIA

Na Finlândia, a legislação nacional, incluindo os estatutos do Banco Central nacional, é compatível com o disposto nos artigos 107.° e 108.° do Tratado e com os Estatutos do SEBC.

Em relação ao preenchimento dos critérios de convergência previstos nos quatro travessões do n.° 1 do artigo 109.°-J do Tratado:

- a taxa média de inflação na Finlândia no período de doze meses até Janeiro de 1998 foi de 1,3%, nível inferior ao valor de referência;
- a Finlândia não é objecto de uma decisão do Conselho sobre a existência de um défice orçamental excessivo;
- a Finlândia participa no MTC desde Outubro de 1996; no período de Março a Outubro de 1996, a markka finlandesa (FIM) registou uma apreciação face às moedas do MTC; desde a sua integração no MTC, a FIM não esteve sujeita a tensões graves e a Finlândia não desvalorizou, por sua própria iniciativa, a taxa central bilateral da FIM em relação à moeda de qualquer outro Estado-membro;
- no período de doze meses até Janeiro de 1998, as taxas de juro a longo prazo na Finlândia foram, em média, de 5,9%, nível inferior ao valor de referência.

A Finlândia preenche os critérios de convergência previstos nos primeiro, segundo e quarto travessões do n.º 1 do artigo 109.º-J; no que se refere ao critério de convergência previsto no terceiro travessão do n.º 1 desse artigo, a FIM, apesar de ter entrado no MTC apenas em Outubro de 1996, registou nos últimos dois anos uma estabilidade suficiente. Por estas razões, a Finlândia alcançou um elevado grau de convergência sustentada.

Em consequência, a Finlândia cumpre as condições necessárias para a adopção da moeda única.

SUÉCIA

Na Suécia, a legislação nacional, incluindo os estatutos do Banco Central nacional, não é compatível com o disposto nos artigos 107.º e 108.º do Tratado nem com os Estatutos do SEBC.

Em relação ao preenchimento dos critérios de convergência previstos nos quatro travessões do n.º 1 do artigo 109.º-J do Tratado:
- a taxa média de inflação na Suécia no período de doze meses até Janeiro de 1998 foi de 1,9%, nível inferior ao valor de referência;
- a Suécia não é objecto de uma decisão do Conselho sobre a existência de um défice orçamental excessivo;
- a moeda da Suécia nunca participou no MTC; nos dois anos em análise a coroa sueca (SEK) flutuou face às moedas do MTC em reflexo, entre outros factores, da ausência de um objectivo para a taxa de câmbio;

– no período de doze meses até Janeiro de 1998, as taxas de juro a longo prazo na Suécia foram, em média, de 6,5%, nível inferior ao valor de referência.

A Suécia preenche os critérios de convergência previstos nos primeiro, segundo e quarto travessões do n.° 1 do artigo 109.°-J, mas não preenche o critério de convergência previsto no terceiro travessão do n.° 1 desse artigo.

Em consequência, a Suécia não cumpre as condições necessárias para a adopção da moeda única.

Nos termos da recomendação, considerando que, em conformidade com as disposições pertinentes do Tratado, o Reino Unido notificou o Conselho de que não tenciona passar para a terceira fase da UEM em 1 de Janeiro de 1999, e a Dinamarca notificou o Conselho de que não participará na terceira fase da UEM, não é necessário que o Conselho proceda a uma avaliação para apurar se o Reino Unido e a Dinamarca preenchem as condições necessárias para a adopção da moeda única.

DECLARAÇÃO DO CONSELHO ECOFIN E DOS MINISTROS REUNIDOS NESSE CONSELHO, QUE ACOMPANHA A RECOMENDAÇÃO ACIMA APRESENTADA

1. Em 1 de Janeiro de 1999, o euro será uma realidade, assinalando o termo de um processo que culmina com o preenchimento das condições económicas necessárias para ser lançado com êxito. O Conselho (ECOFIN) e os Ministros reunidos no âmbito desse Conselho congratulam-se com os progressos significativos realizados em todos os Estados-Membros na consecução da estabilidade dos preços e na consolidação das finanças públicas. O processo de convergência contribuiu para um elevado grau de estabilidade cambial e para taxas de juro historicamente baixas, e, por conseguinte, para a melhoria da situação das condições económicas nos nossos países.

2. A passagem à moeda única aumenta ainda mais as condições favoráveis a um crescimento forte, sustentado e não inflacionista, gerador de emprego e propício a um aumento do nível de vida. Tal passagem elimina o risco cambial entre os Estados-Membros participantes, reduz os custos de transacção, cria um mercado financeiro mais vasto e eficiente e aumenta a transparência dos preços e a concorrência, constituindo assim o passo decisivo para um verdadeiro mercado único.

3. Nós, os Ministros, estamos firmemente empenhados em tomar as medidas necessárias para concretizar todos os benefícios da União

Monetária e Económica e do mercado único no interesse de todos os nossos cidadãos. Tais medidas incluem uma coordenação mais estreita das políticas económicas. Estamos convictos de que a aplicação plena das conclusões dos Conselhos Europeus de Dublim, Amesterdão e Luxemburgo constitui uma base sólida que permitirá alcançar definitivamente um elevado grau de estabilidade financeira e assegurar o bom funcionamento da UEM.

4. Nos próximos anos, um crescimento forte, sustentado e não inflacionista continuará a assentar, em todos os Estados-Membros, na convergência económica. Além disso, a solidez e a sustentabilidade das finanças públicas constituem pré-condições para o crescimento e para um nível de emprego mais elevado. O Pacto de Estabilidade e Crescimento proporciona os meios para garantir a consecução deste objectivo e para aumentar, nos orçamentos nacionais, a margem de manobra para enfrentar os desafios futuros.

5. Em conformidade com esse Pacto, começaremos a aplicar, em 1 de Julho de 1998, o Regulamento relativo ao reforço da supervisão das situações orçamentais e à supervisão e coordenação das políticas económicas, de acordo com os seguintes princípios:

- Estamos empenhados em garantir que os objectivos dos orçamentos nacionais estabelecidos para 1998 sejam plenamente alcançados, se necessário empreendendo atempadamente uma acção correctiva;
- O Conselho acorda em analisar rapidamente as intenções dos Estados-Membros em matéria orçamental para 1999, à luz do quadro e dos objectivos do Pacto de Estabilidade e Crescimento;
  Relativamente a estes dois primeiros pontos, os Ministros dos Estados participantes na zona do euro decidiram efectuar reuniões informais, ao longo dos próximos meses, a fim de dar início ao respectivo trabalho de acompanhamento, em conformidade com a Resolução do Conselho Europeu do Luxemburgo;
- Se as condições económicas evoluírem de forma mais favorável do que o previsto, os Estados-Membros tirarão partido desse facto para reforçar a consolidação orçamental, de modo a alcançar uma situação das finanças públicas próxima do equilíbrio ou excedentária, de acordo com o objectivo a médio prazo constante dos compromissos do Pacto de Estabilidade e Crescimento;
- Quanto mais elevados forem os rácios dívida/PIB dos Estados--Membros participantes, maiores deverão ser os seus esforços para os reduzir rapidamente. Para tal, além da manutenção de exce-

dentes primários a níveis adequados, de acordo com os compromissos e os objectivos consignados no Pacto de Estabilidade e Crescimento, deverão igualmente ser introduzidas outras medidas destinadas a reduzir o endividamento bruto. Além disso, as estratégias de gestão da dívida deverão reduzir a vulnerabilidade dos orçamentos;

– Cada um dos ministros compromete-se a apresentar, o mais tardar até ao final do ano de 1998, programas nacionais de estabilidade ou de convergência que reflictam estes elementos importantes.

6. O Conselho reafirma que a responsabilidade pela consolidação orçamental continua a caber aos Estados-Membros e que, em conformidade com o disposto no n.º 1 do artigo 104.º-B do TCE, a Comunidade, em particular, não será responsável pelos compromissos dos Estados--Membros, nem assumirá esses compromissos. Sem prejuízo dos objectivos e disposições do Tratado, é ponto assente que a União Económica e Monetária enquanto tal não poderá ser invocada para justificar transferências financeiras específicas.

7. A nossa acção em matéria de consolidação orçamental será completada por esforços acrescidos no sentido de melhorar a eficácia das nossas economias, de modo a contribuir para um ambiente favorável ao crescimento, um elevado nível de emprego e a coesão social. Neste contexto, esperamos vir a reunir-nos dentro em breve com os parceiros sociais para debater a União Económica e Monetária. Juntamente com os parceiros sociais e todas as outras partes interessadas, tomaremos todas as iniciativas que se revelarem necessárias para o estabelecimento de condições propícias à luta contra o desemprego, especialmente o desemprego dos jovens, o desemprego de longa duração e o desemprego das pessoas pouco qualificadas. No espírito das conclusões do Conselho Europeu do Luxemburgo, comprometemo-nos a desempenhar o nosso papel na rápida aplicação dos planos nacionais para o emprego, elaborados à luz das orientações em matéria de política de emprego. O Conselho (ECOFIN) analisará esses planos, contribuindo assim para a preparação da Cimeira Europeia de Cardiff e dos Conselhos Europeus ulteriores.

8. Consideraremos especialmente importante tornar o crescimento mais gerador de emprego. Por conseguinte, colocaremos a tónica, designadamente, nas seguintes reformas estruturais:

– tornar mais eficazes os mercados de produtos, do trabalho e de capitais;
– melhorar a adaptabilidade dos mercados do trabalho a fim de que estes reflictam melhor a evolução dos salários e da produtividade;

– garantir que os sistemas nacionais de ensino e formação sejam eficazes e correspondam às possibilidades de emprego;
– tentar incentivar o espírito empresarial, nomeadamente através do combate aos entraves administrativos que se lhe deparam;
– facilitar o acesso aos mercados de capitais e aos fundos de capital de risco, nomeadamente para as pequenas e médias empresas;
– aumentar a eficácia fiscal e evitar uma concorrência fiscal nociva;
– tratar todos os aspectos relativos aos regimes de segurança social na perspectiva do envelhecimento demográfico.

9. O Conselho tenciona estabelecer, respeitando plenamente o princípio da subsidiariedade, um procedimento simplificado de acompanhamento da evolução das reformas económicas. A partir do próximo ano, a preparação das orientações gerais de política económica assentará em avaliações sucintas, pela Comissão e pelos Estados-Membros, dos progressos realizados e dos planos nacionais em matéria de mercados de produtos e de capitais, bem como dos planos para o emprego.

Jornal Oficial das Comunidades Europeias n.º L 139
de 11/05/1998

DECISÃO DO CONSELHO
de 3 de Maio de 1998
nos termos do n.º 4 do artigo 109.º-J do Tratado
(98/317/CE)

O CONSELHO DA UNIÃO EUROPEIA, reunido a nível de chefes de Estado e de Governo,
Tendo em conta o Tratado que institui a Comunidade Europeia, e nomeadamente o n.º 4 do seu artigo 109.º-J,
Tendo em conta o relatório da Comissão,
Tendo em conta o relatório do Instituto Monetário Europeu,
Tendo em conta as recomendações do Conselho de 1 de Maio de 1998,
Tendo em conta o parecer do Parlamento Europeu [1],
(1) Considerando que, nos termos do n.º 4 do artigo 109.º-J do Tratado, a terceira fase da União Económica e Monetária (UEM) tem início em 1 de Janeiro de 1999;
(2) Considerando que, nos termos do n.º 2 do artigo 109.º-J do Tratado e com base nos relatórios apresentados pela Comissão e pelo Instituto Monetário Europeu (IME) sobre os progressos realizados pelos Estados-membros no cumprimento das suas obrigações relativas à realização da UEM, o Conselho avaliou, em 1 de Maio de 1998, relativamente a cada Estado-membro, se este preenche as condições necessárias para a adopção de uma moeda única e recomendou ao Conselho, reunido a nível de chefes de Estado e de Governo, que confirmasse as seguintes conclusões:

BÉLGICA
Na Bélgica, a legislação nacional, incluindo os estatutos do banco central nacional, é compatível com o disposto nos artigos 107.º e 108.º

---

[1] Parecer emitido em 2 de Maio de 1998.

do Tratado e com os estatutos do Sistema Europeu de Bancos Centrais (SEBC).

Em relação ao preenchimento dos critérios de convergência previstos nos quatro travessões do n.º 1 do artigo 109.º-J do Tratado:
- a taxa média de inflação na Bélgica no período de doze meses até Janeiro de 1998 foi de 1,4%, nível inferior ao valor de referência.
- a Bélgica não é objecto de uma decisão do Conselho sobre a existência de um défice orçamental excessivo,
- a Bélgica participou no mecanismo de taxas de câmbio (MTC) durante os últimos dois anos; nesse período, o franco belga (BEF) não esteve sujeito a tensões graves e a Bélgica não desvalorizou, por sua própria iniciativa, a taxa central bilateral do BEF em relação à moeda de qualquer outro Estado-membro,
- no período de doze meses até Janeiro de 1998, as taxas de juro a longo prazo na Bélgica foram, em média, de 5,7%, nível inferior ao valor de referência.

A Bélgica alcançou um elevado grau de convergência sustentada no que se refere aos quatro critérios.

Em consequência, a Bélgica cumpre as condições necessárias para a adopção da moeda única.

ALEMANHA

Na Alemanha, a legislação nacional, incluindo os estatutos do banco central nacional, é compatível com o disposto nos artigos 107.º e 108.º do Tratado e com os estatutos do SEBC.

Em relação ao preenchimento dos critérios de convergência previstos nos quatro travessões do n.º 1 do artigo 109.º-J do Tratado:
- a taxa média de inflação na Alemanha no período de doze meses até Janeiro de 1998 foi de 1,4%, nível inferior ao valor de referência,
- a Alemanha não é objecto de uma decisão do Conselho sobre a existência de um défice orçamental excessivo,
- a Alemanha participou no MTC durante os últimos dois anos; nesse período, o marco alemão (DEM) não esteve sujeito a tensões graves e a Alemanha não desvalorizou, por sua própria iniciativa, a taxa central bilateral do DEM em relação à moeda de qualquer outro Estado-membro,
- no período de doze meses até Janeiro de 1998, as taxas de juro a longo prazo na Alemanha foram, em média, de 5,6%, nível inferior ao valor de referência.

A Alemanha alcançou um elevado grau de convergência sustentada no que se refere aos quatro critérios.

Em consequência, a Alemanha cumpre as condições necessárias para a adopção da moeda única.

GRÉCIA

Na Grécia, a legislação nacional, incluindo os estatutos do banco central nacional, é compatível com o disposto nos artigos 107.° e 108.° do Tratado e com os estatutos do SEBC.

Em relação ao preenchimento dos critérios de convergência previstos nos quatro travessões do n.° 1 do artigo 109.°-J do Tratado:
– a taxa média de inflação na Grécia no período de doze meses até Janeiro de 1998 foi de 5,2%, nível superior ao valor de referência,
– o Conselho decidiu, em 26 de Setembro de 1994, que existia um défice orçamental excessivo na Grécia, não tendo essa decisão sido revogada,
– a moeda da Grécia não participou no MTC no período de dois anos que terminou em Fevereiro de 1998; nesse período, o dracma grego (GRD) registou uma estabilidade relativa em relação às moedas do MTC, mas esteve sujeito, por vezes, a tensões que foram combatidas através de aumentos temporários das taxas de juro internas e por intervenções nos mercados cambiais. O dracma grego passou a participar no MTC em Março de 1998,
– no período de doze meses até Janeiro de 1998, as taxas de juro a longo prazo na Grécia foram, em média, de 9,8%, nível superior ao valor de referência.

A Grécia não preenche qualquer dos critérios de convergência referidos nos quatro travessões do n.° 1 do artigo 109.°-J.

Em consequência, a Grécia não cumpre as condições necessárias para a adopção da moeda única.

ESPANHA

Em Espanha, a legislação nacional, incluindo os estatutos do banco central nacional, é compatível com o disposto nos artigos 107.° e 108.° do Tratado e com os estatutos do SEBC.

Em relação ao preenchimento dos critérios de convergência previstos nos quatro travessões do n.° 1 do artigo 109.°-J do Tratado:
– a taxa média de inflação em Espanha no período de doze meses até Janeiro de 1998 foi de 1,8%, nível inferior ao valor de referência,

- a Espanha não é objecto de uma decisão do Conselho sobre a existência de um défice orçamental excessivo,
- a Espanha participou no MTC durante os últimos dois anos; nesse período, a peseta espanhola (ESP) não esteve sujeita a tensões graves e a Espanha não desvalorizou, por sua própria iniciativa, a taxa central bilateral da ESP em relação à moeda de qualquer outro Estado-membro,
- no período de doze meses até Janeiro de 1998, as taxas de juro a longo prazo em Espanha foram, em média, de 6,3%, nível inferior ao valor de referência.

A Espanha alcançou um elevado grau de convergência sustentada no que se refere aos quatro critérios.

Em consequência, a Espanha cumpre as condições necessárias para a adopção da moeda única.

FRANÇA

A França tomou todas as medidas necessárias para tornar a sua legislação nacional, incluindo os estatutos do banco central nacional, compatível com o disposto nos artigos 107.º e 108.º do Tratado e com os estatutos do SEBC.

Em relação ao preenchimento dos critérios de convergência previstos nos quatro travessões do n.º 1 do artigo 109.º-J do Tratado:
- a taxa média de inflação em França no período de doze meses até Janeiro de 1998 foi de 1,2%, nível inferior ao valor de referência,
- a França não é objecto de uma decisão do Conselho sobre a existência de um défice orçamental excessivo,
- a França participou no MTC durante os últimos dois anos; nesse período, o franco francês (FRF) não esteve sujeito a tensões graves e a França não desvalorizou, por sua própria iniciativa, a taxa central bilateral do FRF em relação à moeda de qualquer outro Estado-membro,
- no período de doze meses até Janeiro de 1998, as taxas de juro a longo prazo em França foram, em média, de 5,5%, nível inferior ao valor de referência.

A França alcançou um elevado grau de convergência sustentada no que se refere aos quatro critérios.

Em consequência, a França cumpre as condições necessárias para a adopção da moeda única.

IRLANDA

Na Irlanda, a legislação nacional, incluindo os estatutos do banco central nacional, é compatível com o disposto nos artigos 107.º e 108.º do Tratado e com os estatutos do SEBC.

Em relação ao preenchimento dos critérios de convergência previstos nos quatro travessões do n.º 1 do artigo 109.º-J do Tratado:
- a taxa média de inflação na Irlanda no período de doze meses até Janeiro de 1998 foi de 1,2%, nível inferior ao valor de referência,
- durante a segunda fase da UEM, a Irlanda não foi objecto de uma decisão do Conselho sobre a existência de um défice orçamental excessivo,
- a Irlanda participou no MTC durante os últimos dois anos; nesse período, a libra irlandesa (IEP) não esteve sujeita a tensões graves e a sua taxa central bilateral não foi desvalorizada em relação à moeda de qualquer outro Estado-membro; em 16 de Março de 1998, a pedido das autoridades irlandesas, as taxas centrais bilaterais da IEP foram revalorizadas em 3% em relação a todas as outras moedas do MTC,
- no período de doze meses até Janeiro de 1998, as taxas de juro a longo prazo na Irlanda foram, em média, de 6,2%, nível inferior ao valor de referência.

A Irlanda alcançou um elevado grau de convergência sustentada no que se refere aos quatro critérios.

Em consequência, a Irlanda cumpre as condições necessárias para a adopção da moeda única.

ITÁLIA

Em Itália, a legislação nacional, incluindo os estatutos do banco central nacional, é compatível com o disposto nos artigos 107.º e 108.º do Tratado e com os estatutos do SEBC.

Em relação ao preenchimento dos critérios de convergência previstos nos quatro travessões do n.º 1 do artigo 109.º-J do Tratado:
- a taxa média de inflação em Itália no período de doze meses até Janeiro de 1998 foi de 1,8%, nível inferior ao valor de referência,
- a Itália não é objecto de uma decisão do Conselho sobre a existência de um défice orçamental excessivo,
- a Itália aderiu ao MTC em Novembro de 1996; no período de Março a Novembro de 1996, a lira italiana (ITL) registou uma apreciação face às moedas do MTC; desde a sua reintegração no MTC, a ITL não esteve sujeita a tensões graves e a Itália não desvalorizou, por sua própria iniciativa, a taxa central bilateral da ITL em relação à moeda de qualquer outro Estado-membro,

- no período de doze meses até Janeiro de 1998, as taxas de juro a longo prazo em Itália foram, em média, de 6,7% nível inferior ao valor de referência.

A Itália preenche os critérios de convergência previstos nos primeiro, segundo e quarto travessões do n.º 1 do artigo 109.º-J; quanto ao critério de convergência previsto no terceiro travessão do n.º 1 desse artigo, a ITL, apesar de ter entrado no MTC apenas em Novembro de 1996, registou nos últimos dois anos uma estabilidade suficiente. Por estas razões, a Itália alcançou um elevado grau de convergência sustentada.

Em consequência, a Itália cumpre as condições necessárias para a adopção da moeda única.

LUXEMBURGO

O Luxemburgo tomou todas as medidas necessárias para tornar a sua legislação nacional, incluindo os estatutos do banco central nacional, compatível com o disposto nos artigos 107.º e 108.º do Tratado e com os estatutos do SEBC.

Em relação ao preenchimento dos critérios de convergência previstos nos quatro travessões do n.º 1 do artigo 109.º-J do Tratado:
- a taxa média de inflação no Luxemburgo no período de doze meses até Janeiro de 1998 foi de 1,4%, nível inferior ao valor de referência,
- durante a segunda fase da UEM, o Luxemburgo não foi objecto de uma decisão do Conselho sobre a existência de um défice orçamental excessivo,
- o Luxemburgo participou no MTC durante os últimos dois anos; nesse período o franco luxemburguês (LUF) não esteve sujeito a tensões graves e o Luxemburgo não desvalorizou, por sua própria iniciativa, a taxa central bilateral do LUF em relação à moeda de qualquer outro Estado-membro,
- no período de doze meses até Janeiro de 1998, as taxas de juro a longo prazo no Luxemburgo foram, em média, de 5,6%, a nível inferior ao valor de referência.

O Luxemburgo alcançou um elevado grau de convergência sustentada no que se refere aos quatro critérios.

Em consequência, o Luxemburgo cumpre as condições necessárias para a adopção da moeda única.

PAÍSES BAIXOS

Nos Países Baixos, a legislação nacional, incluindo os estatutos do banco central nacional, é compatível com o disposto nos artigos 107.º e 108.º do Tratado e com os estatutos do SEBC.

Em relação ao preenchimento dos critérios de convergência previstos nos quatro travessões do n.º 1 do artigo 109.º-J do Tratado:
- a taxa média de inflação nos Países Baixos no período de doze meses até Janeiro de 1998 foi de 1,8% nível inferior ao valor de referência,
- os Países Baixos não são objecto de uma decisão do Conselho sobre a existência de um défice orçamental excessivo,
- os Países Baixos participaram no MTC durante os últimos dois anos; nesse período, o florim neerlandês (NLG) não esteve sujeito a tensões graves e os Países Baixos não desvalorizaram, por sua própria iniciativa, a taxa central bilateral do NLG em relação à moeda de qualquer outro Estado-membro,
- no período de doze meses até Janeiro de 1998, as taxas de juro a longo prazo nos Países Baixos foram, em média, de 5,5%, nível inferior ao valor de referência.

Os Países Baixos alcançaram um elevado grau de convergência sustentada no que se refere aos quatro critérios.

Em consequência, os Países Baixos cumprem as condições necessárias para a adopção da moeda única.

ÁUSTRIA

Na Áustria, a legislação nacional, incluindo os estatutos do banco central nacional, é compatível com o disposto nos artigos 107.º e 108.º do Tratado e com os estatutos do SEBC.

Em relação ao preenchimento dos critérios de convergência previstos nos quatro travessões do n.º 1 do artigo 109.º-J do Tratado:
- a taxa média de inflação na Áustria no período de doze meses até Janeiro de 1998 foi de 1,1% nível inferior ao valor de referência,
- a Áustria não é objecto de uma decisão do Conselho sobre a existência de um défice orçamental excessivo,
- a Áustria participou no MTC durante os últimos dois anos; nesse período o xelim austríaco (ATS) não esteve sujeito a tensões graves e a Áustria não desvalorizou, por sua própria iniciativa, a taxa central bilateral do ATS em relação à moeda de qualquer outro Estado-membro,

– no período de doze meses até Janeiro de 1998, as taxas de juro a longo prazo na Áustria foram, em média, de 5,6%, nível inferior ao valor de referência.

A Áustria alcançou um elevado grau de convergência sustentada no que se refere aos quatro critérios.

Em consequência, a Áustria cumpre as condições necessárias para a adopção da moeda única.

PORTUGAL

Em Portugal, a legislação nacional, incluindo os estatutos do banco central nacional, é compatível com o disposto nos artigos 107.° e 108.° do Tratado e com os estatutos do SEBC.

Em relação ao preenchimento dos critérios de convergência previstos nos quatro travessões do n.° 1 do artigo 109.°-J do Tratado:
- a taxa média de inflação em Portugal no período de doze meses até Janeiro de 1998 foi de 1,8%, nível inferior ao valor de referência,
- Portugal não é objecto de uma decisão do Conselho sobre a existência de um défice orçamental excessivo;
- Portugal participou no MTC durante os últimos dois anos; nesse período, o escudo português (PTE) não esteve sujeito a tensões graves e Portugal não desvalorizou, por sua própria iniciativa, a taxa central bilateral do PTE em relação à moeda de qualquer outro Estado-membro,
- no período de doze meses até Janeiro de 1998, as taxas de juro a longo prazo em Portugal foram, em média, de 6,2%, nível inferior ao valor de referência.

Portugal alcançou um elevado grau de convergência sustentada no que se refere aos quatro critérios.

Em consequência, Portugal cumpre as condições necessárias para a adopção da moeda única.

FINLÂNDIA

Na Finlândia, a legislação nacional, incluindo os estatutos do Banco central nacional, é compatível com o disposto nos artigos 107.° e 108.° do Tratado e com os estatutos do SEBC.

Em relação ao preenchimento dos critérios de convergência previstos nos quatro travessões do n.° 1 do artigo 109.°-J do Tratado:
- a taxa média de inflação na Finlândia no período de doze meses até Janeiro de 1998 foi de 1,3%, nível inferior ao valor de referência,

- a Finlândia não é objecto de uma decisão do Conselho sobre a existência de um défice orçamental excessivo,
- a Finlândia participa no MTC desde Outubro de 1996; no período de Março a Outubro de 1996, a marca finlandesa (FIM) registou uma apreciação face às moedas do MTC; desde a sua integração no MTC, a FIM não esteve sujeita a tensões graves e a Finlândia não desvalorizou, por sua própria iniciativa, a taxa central bilateral da FIM em relação à moeda de qualquer outro Estado-membro,
- no período de doze meses até Janeiro de 1998, as taxas de juro a longo prazo na Finlândia foram, em média, de 5,9%, nível inferior ao valor de referência.

A Finlândia preenche os critérios de convergência previstos nos primeiro, segundo e quarto travessões do n.° 1 do artigo 109.°-J; no que se refere ao critério de convergência previsto no terceiro travessão do n.° 1 desse artigo, a FIM, apesar de ter entrado no MTC apenas em Outubro de 1996, registou nos últimos dois anos uma estabilidade suficiente. Por estas razões, a Finlândia alcançou um elevado grau de convergência sustentada.

Em consequência, a Finlândia cumpre as condições necessárias para a adopção da moeda única.

SUÉCIA

Na Suécia, a legislação nacional, incluindo os estatutos do banco central nacional, não é compatível com o disposto nos artigos 107.° e 108.° do Tratado nem com os Estatutos do SEBC.

Em relação ao preenchimento dos critérios de convergência previstos nos quatro travessões do n.° 1 do artigo 109.°-J do Tratado:
- a taxa média de inflação na Suécia no período de doze meses até Janeiro de 1998 foi de 1,9%, nível inferior ao valor de referência,
- a Suécia não é objecto de uma decisão do Conselho sobre a existência de um défice orçamental excessivo;
- a moeda da Suécia nunca participou no MTC; nos dois anos em análise a coroa sueca (SEK) flutuou face às moedas do MTC em reflexo, entre outros factores, da ausência de um objectivo para a taxa de câmbio,
- no período de doze meses até Janeiro de 1998, as taxas de juro a longo prazo na Suécia foram, em média, de 6,5%, nível inferior ao valor de referência.

A Suécia preenche os critérios de convergência previstos nos primeiro, segundo e quarto travessões do n.º 1 do artigo 109.º-J, mas não preenche o critério de convergência previsto no terceiro travessão do n.º 1 desse artigo.

Em consequência, a Suécia não cumpre as condições necessárias para a adopção da moeda única;

(3) Considerando que o Conselho, reunido a nível de chefes de Estado e de Governo, após ter procedido a uma avaliação global relativamente a cada Estado-membro, tendo em conta os supramencionados relatórios da Comissão e do IME, o parecer do Parlamento Europeu e as recomendações do Conselho de 1 de Maio de 1998, entende que a Bélgica, a Alemanha, a Espanha, a França, a Irlanda, a Itália, o Luxemburgo, os Países Baixos, a Áustria, Portugal e a Finlândia preenchem as condições necessárias para a adopção de uma moeda única;

(4) Considerando que a Grécia e a Suécia não preenchem, nesta fase, as condições necessárias para a adopção de uma moeda única; que a Grécia e a Suécia beneficiarão por conseguinte de uma derrogação tal como definida no artigo 109.º-K do Tratado;

(5) Considerando que, nos termos do ponto 1 do Protocolo n.º 11 do Tratado, o Reino Unido notificou o Conselho de que não tenciona passar para a terceira fase da UEM em 1 de Janeiro de 1999; que, por força desta notificação, os pontos 4 a 9 do Protocolo n.º 11 estabelecem as disposições aplicáveis ao Reino Unido se e enquanto o Reino Unido não tiver passado para a terceira fase;

(6) Considerando que, nos termos do ponto 1 do Protocolo n.º 12 do Tratado e da Decisão tomada pelos chefes de Estado e de Governo em Edimburgo em Dezembro de 1992, a Dinamarca notificou o Conselho de que não participará na terceira fase da UEM; que, por força desta notificação, serão aplicáveis à Dinamarca todos os artigos e disposições do Tratado e dos estatutos do SEBC que fazem referência a derrogações;

(7) Considerando que, por força das notificações supramencionadas, não era necessário que o Conselho procedesse à avaliação prevista no n.º 2 do artigo 109.º-J em relação ao Reino Unido e à Dinamarca,

ADOPTOU A PRESENTE DECISÃO:

Artigo 1.º

A Bélgica, a Alemanha, a Espanha, a França, a Irlanda, a Itália, o Luxemburgo, os Países Baixos, a Áustria, Portugal e a Finlândia preenchem as condições necessárias para a adopção da moeda única em 1 de Janeiro de 1999.

Artigo 2.º
Os Estados-membros são os destinatários da presente decisão.

Artigo 3.º
A presente decisão será publicada no Jornal Oficial das Comunidades Europeias.

Feito em Bruxelas, em 3 de Maio de 1998.

Pelo Conselho
O Presidente

T. BLAIR

IV
COORDENAÇÃO DAS POLÍTICAS ECONÓMICAS E PACTO DE ESTABILIDADE

Os princípios gerais a que obedece o acompanhamento e coordenação das políticas económicas decorre dos artigos 102.°-A e 103.° (98.° e 99.°) do TCE.

O procedimento baseia-se na elaboração de Orientações Gerais para a política económica a ser prosseguida por cada Estado-membro. O Conselho acompanha a execução das políticas nacionais e avalia da sua compatibilidade com as Orientações Gerais, podendo emitir recomendações aos Estados-membros sempre que detecte divergências que possam comprometer o funcionamento da UEM.

- **Ver artigos 102.°-A e 103.° (98.° e 99.°) do TCE (pág. 107)**

*

Com o início da UEM em 1 de Janeiro de 1999 surgiu um novo enquadramento para as economias dos Estados-membros nela integrados.

Tentando dar um maior relevo ao pilar 'económico' – por contraposição ao pilar 'monetário' da UEM – foi aprovada uma Resolução que pretende estimular a criação de emprego na Comunidade recorrendo quer a acções nacionais (no mercado de trabalho, na educação ou medidas carácter fiscal, ver pontos 3. e 4.) quer comunitárias (ver pontos 7. e 9.) – em conjunção, de resto, com o novo Título do Tratado CE relativo ao emprego, introduzido pelo Tratado de Amesterdão – artigos 125.° a 130.°.

- **Ver Resolução (97/C 236/02) do Conselho Europeu relativa ao Crescimento e ao Emprego (pág. 113)**

*

O novo quadro em que as economias passam a funcionar conduziu igualmente à necessidade de uma maior coordenação das políticas económicas nacionais, de forma a evitar comportamentos divergentes ou incoerentes. Neste sentido, a Resolução aprovada no Luxemburgo em Dezembro de 1997 estabeleceu directrizes para a elaboração das Orientações Gerais da política económica – previstas no artigo 103.° (99.°) do TCE – de formas a torná-las mais operativas e eficazes (ver ponto 4.).

Por outro lado, visto que nem todos os Estados-membros integram a UEM, foi decidido que os ministros das finanças dos Estados que dela

fazem parte se reunam informalmente para discutir assuntos relativos à moeda única (conhecido como Ecofin-11, Euro-11 ou Conselho do euro). Ver ponto 6.
• **Ver Resolução do Conselho Europeu do Luxemburgo de 13-12-97 (pág. 117)**

*

Na sequência daquela Resolução foi apresentado um Relatório ao Conselho de Viena de Dezembro de 1998 onde se pormenoriza o processo de coordenação das políticas económicas incluindo o acompanhamento da evolução da taxa de câmbio do euro; da evolução salarial e dos mercados de trabalho em cada Estado-membro; a aplicação dos programas de emprego; etc.
• **Ver Relatório ao Conselho Europeu de Viena de 11/12-12-1998 (pág. 121)**

*

Conforme decorre dos artigos 104.°-C (104.°) e 109.°-E (116.°), a partir da 3.ª fase da UEM o controlo dos défices orçamentais passa a ser obrigatório e sujeito a sanções, caso seja declarado excessivo.
• **Ver artigo 104.°-C (104.°) TCE (pág. 109)**

O Pacto de Estabilidade e Crescimento, composto por uma Decisão política e dois Regulamentos, trata exaustivamente desses aspectos.

A Decisão política estabelece as linhas gerais que são desenvolvidas nos dois regulamentos que a acompanham. Em especial, os Estados-membros afirmaram o seu empenhamento político em respeitar o limite de 3% para os défices orçamentais, constante do artigo 104.°-C (104.°).

Além disso, comprometeram-se ainda a prosseguir um objectivo de médio prazo para o défice de modo a obter situações de equilíbrio ou de saldo orçamental positivo nos períodos de maior crescimento económico, a fim de permitir o aumento do défice nos períodos de crise, sem que seja ultrapassado o referido limite.

Por outro lado – e de particular importância – acordaram em não invocar a situação de carácter excepcional, definida no n.° 3 do artigo 2.° do Regulamento n.° 1467/97, quando a redução do PIB for inferior a 0,75%.(ver ponto 7)
• **Ver Resolução (97/C 236/01) do Conselho Europeu sobre o Pacto de Estabilidade e Crescimento (pág. 125)**

O Regulamento n.º 1466/97 estabelece as regras que pretendem reforçar a coordenação e supervisão das políticas económicas – prevista no artigo 103.º (99.º) do TCE – onde se inclui a supervisão das situações orçamentais.

A coordenação e supervisão processa-se com base em Programas de Estabilidade – para os Estados-membros integrantes da UEM – ou Programas de Convergência – para os não membros – que foram apresentados até Março de 1999 e serão anualmente actualizados.

Deles consta um conjunto pré-definido de informações: a trajectória de ajustamento para o objectivo de médio prazo do défice orçamental; a evolução da relação défice/PIB e dívida/PIB; as medidas de política económica tomadas ou a tomar; a evolução previsível da economia; as despesas de investimento público; etc.

A avaliação, feita com base nos Programas, poderá determinar a emissão de recomendações dirigidas aos Estados-membros.

• **Ver Regulamento (CE) n.º 1466/97 relativo ao reforço da supervisão das situações orçamentais e à supervisão e coordenação das políticas económicas (pág. 129)**

*

O Regulamento n.º 1467/97 regulamenta vários conceitos deixados em aberto no artigo 104.º-C (104.º) do TCE.

Em primeiro lugar define o que deve entender-se por 'situação excepcional e temporária' – referida na alínea *a*) do n.º 2 do artigo 104.º-C (104.º) – como sendo uma situação incontrolável pelo Estado-membro em causa ou recessão grave com redução do PIB igual ou superior a 2%. Mesmo que não seja este o caso, é possível impedir a declaração de défice excessivo desde que se demonstre, com outros elementos, o carácter excepcional da situação (cf. n.º 3 do artigo 2.º do Regulamento n.º 1467/97), não podendo esquecer-se, porém, o compromisso político acima referido de não invocar a excepcionalidade quando a redução do PIB seja inferior a 0,75%.

Em segundo lugar, são regulamentados os procedimentos e os prazos em que se concretiza o acompanhamento e a supervisão. Decorrido cerca de um ano sobre a ocorrência do défice podem aplicar-se as primeiras sanções. As multas, porém, só serão efectivadas no 4.º ano seguinte à ocorrência do défice.

Por fim, define-se o montantes das sanções ou multas a aplicar aos Estados-membros que permanecem em situação de défice excessivo para além dos prazos admitidos. A sanção, eventualmente convertível em multa, é constituída por um depósito que inclui uma parte fixa, correspondente a 0,2% do PIB, e uma parte variável correspondente a um décimo da diferença entre o défice do ano anterior e os 3% do valor de referência.

• **Ver Regulamento (CE) n.º 1467/97 relativo à aceleração e clarificação da aplicação do procedimento relativo aos défices excessivos (pág. 139)**

*

O artigo 104.º-C (104.º) do TCE fora já objecto de uma regulamentação anterior (Regulamento n.º 3605/93) onde haviam sido definidos vários conceitos e determinados os prazos de apresentação de informações. É, nomeadamente, o caso das datas de 1 de Setembro e 1 de Março como limite para a apresentação dos dados relativos aos défices programados e verificados em cada ano.

O Regulamento n.º 1467/97 faz para ele várias remissões.

• **Ver Regulamento (CE) n.º 3605/93 relativo à aplicação do Protocolo sobre o procedimento relativo aos défices excessivos anexo ao Tratado que institui a Comunidade Europeia (pág. 151)**

TRATADO QUE INSTITUI A COMUNIDADE EUROPEIA (EXTRACTO)

(...)

TÍTULO VI (VII)
A Política Económica e Monetária

CAPÍTULO I
Política Económica

ARTIGO 102.°-A
(98.°)

Os Estados-membros conduzirão as suas políticas económicas no sentido de contribuir para a realização dos objectivos da comunidade, tal como se encontram definidos no artigo 2.°, e no âmbito das orientações gerais a que se refere o n.° 2 do artigo 103.°. Os Estados-membros e a comunidade actuarão de acordo com o princípio de uma economia de mercado aberto e de livre concorrência, favorecendo uma repartição eficaz dos recursos, e em conformidade com os princípios estabelecidos no artigo 3.°-A.

ARTIGO 103.°
(99.°)

1. Os Estados-membros consideram ser as suas políticas económicas uma questão de interesse comum e coordená-las-ão no Conselho, de acordo com o disposto no artigo 102.°-A.

2. O Conselho, deliberando por maioria qualificada, sob recomendação da Comissão, elaborará um projecto de orientações gerais das políticas económicas dos Estados-membros e da comunidade e apresentará um relatório ao Conselho europeu com as suas conclusões.

O Conselho Europeu, deliberando com base no relatório do Conselho, discutirá uma conclusão sobre as orientações gerais das políticas económicas dos Estados-membros e da Comunidade.

Com base nessa conclusão, o Conselho, deliberando por maioria qualificada, aprovará uma recomendação que estabeleça essas orientações gerais. O Conselho informará o Parlamento Europeu da sua recomendação.

3. A fim de garantir uma coordenação mais estreita das políticas económicas e uma convergência sustentada dos comportamentos das economias dos Estados-membros, o Conselho, com base em relatórios apresentados pela Comissão, acompanhará a evolução económica em cada Estado-membro e na Comunidade e verificará a compatibilidade das políticas económicas com as orientações gerais a que se refere o n.º 2, procedendo regularmente a uma avaliação global da situação.

Para efeitos desta supervisão multilateral, os Estados-membros enviarão outras informações à Comissão acerca das medidas importantes por eles tomadas das suas políticas económicas e quaisquer outras informações que considerem necessárias.

4. Sempre que se verificar, no âmbito do procedimento a que se refere o n.º 3, que as políticas económicas de determinado Estado-membro não são compatíveis com as grandes orientações a que se refere o n.º 2 ou que são susceptíveis de comprometer o bom funcionamento da União Económica e Monetária, o Conselho, deliberando por maioria qualificada, sob recomendação da Comissão, pode dirigir as recomendações necessárias ao Estado-membro em causa. O Conselho, deliberando por maioria qualificada, sob proposta da Comissão, pode decidir tornar públicas as suas recomendações.

O presidente do Conselho e a Comissão apresentarão um relatório ao Parlamento Europeu sobre os resultados da supervisão multilateral. O presidente do Conselho pode ser convidado a comparecer perante a competente Comissão do Parlamento Europeu, se o Conselho tiver tornado públicas as suas recomendações.

5. O Conselho, deliberando de acordo com o procedimento previsto no artigo 189.º-C pode aprovar as regras do procedimento de supervisão multilateral a que se referem os n.º 3 e n.º 4 do presente artigo.

(...)

ARTIGO 104.°-C
(104.°)

1. Os Estados-membros devem evitar défices orçamentais excessivos.

2. A Comissão acompanhará a evolução da situação orçamental e do montante da dívida pública nos Estados-membros, a fim de identificar desvios importantes. Examinará, em especial o cumprimento da disciplina orçamental com base nos dois critérios seguintes:

   a) Se a relação entre o défice orçamental programado ou verificado e o produto interno bruto excede um valor de referência, excepto:
   – se essa relação tiver baixado de forma substancial e contínua e tiver atingido um nível que se aproxime do valor de referência;
   – ou, em alternativa, se o excesso em relação ao valor de referência for meramente excepcional e temporário e se aquela relação continuar perto do valor de referência.

   b) Se a relação entre a dívida pública e o produto interno bruto excede um valor de referência, excepto se essa relação se encontrar em diminuição significativa e se estiver a aproximar, de forma satisfatória, do valor de referência.

   Os valores de referência encontram-se especificados no protocolo relativo ao procedimento aplicável em caso de défice excessivo, anexo ao presente Tratado.

3. Se um Estado-membro não cumprir os requisitos constantes de um ou de ambos estes critérios, a Comissão preparará um relatório. O relatório da Comissão analisará igualmente se o défice orçamental excede as despesas públicas de investimento e tomará em consideração todos os outros factores pertinentes, incluindo a situação económica e orçamental a médio prazo desse Estado-membro.

   A Comissão pode ainda preparar um relatório se, apesar de os requisitos estarem a ser preenchidos de acordo com os critérios enunciados, for de opinião de que existe um risco de défice excessivo em determinado Estado-membro.

4. O comité a que se refere o artigo 109.°-C formulará um parecer sobre o relatório da Comissão.

5. Se a Comissão considerar que em determinado Estado-membro existe ou poderá ocorrer um défice excessivo, enviará um parecer ao Conselho.

6. O Conselho, deliberando por maioria qualificada, sob recomendação da Comissão, e tendo considerado todas as observações que o Estado-

-membro interessado pretenda fazer, decidirá, depois de ter avaliado globalmente a situação, se existe ou não um défice excessivo.

7. Sempre que, nos termos do n.º 6, o Conselho decida que exime um défice excessivo, dirigirá recomendações ao Estado-membro em causa com o objectivo de pôr fim àquela situação num dado prazo. Sem prejuízo do disposto no n.º 8, essas recomendações não serão tornadas públicas.

8. Sempre que verificar que, na sequência das suas recomendações, não foram tomadas medidas eficazes no prazo estabelecido, o Conselho pode tornar públicas as suas recomendações.

9. Se um Estado-membro persistir em não pôr em prática as recomendações do Conselho, este pode decidir notificar esse Estado-membro para, num dado prazo, tomar medidas destinadas a reduzir o défice para um nível que o Conselho considere necessário para obviar à situação.

Nesse caso, o Conselho pode pedir ao Estado-membro em causa que lhe apresente relatórios de acordo com um calendário específico, a fim de analisar os esforços de ajustamento desse Estado-membro.

10. O direito de intentar acções previsto nos artigos 169.º e 170.º não pode ser exercido no âmbito dos n.ºs 1 a 9 do presente artigo.

11. Se um Estado-membro não cumprir uma decisão tomada nos termos do n.º 9, o Conselho pode decidir aplicar, ou eventualmente intensificar, uma ou mais das seguintes medidas:
- exigir que o Estado-membro em causa divulgue informações complementares, a determinar pelo Conselho, antes de emitir obrigações e títulos;
- convidar o Banco Europeu de Investimento a reconsiderar a sua política de empréstimos em relação ao Estado-membro em causa;
- exigir do Estado-membro em causa a reconstituição, junto da comunidade, de um depósito não remunerado de montante apropriado, até que, na opinião do Conselho, o défice excessivo tenha sido corrigido;
- impor multas de importância apropriada.

O presidente do Conselho informará o Parlamento Europeu das decisões tomadas.

12. O Conselho revogará parte ou a totalidade das decisões a que se referem os n.ºs 6 a 9 e 11 na medida em que considere que o défice excessivo no Estado-membro em causa foi corrigido. Se o Conselho tiver previamente tornado públicas as suas recomendações, deve, logo que a decisão tomada ao abrigo do n.º 8 tiver sido revogada, fazer uma declaração pública de que deixou de existir um défice excessivo no Estado-membro em causa.

13. Ao tomar as decisões do Conselho a que se referem os n.ᵒˢ 7 a 9, 11 e 12, este delibera sob recomendação da Comissão, por maioria de dois terços dos votos dos seus membros, ponderados nos termos do n.º 2 do artigo 148.º, com exclusão dos votos do representante do Estado-membro em causa.

14. O protocolo relativo ao procedimento aplicável em caso de défice excessivo, anexo ao presente Tratado, contém outras disposições relacionadas com a aplicação do procedimento descrito no presente artigo.

O Conselho, deliberando por unanimidade, sob proposta da Comissão, e após consulta do Parlamento Europeu e do BCE, aprovará as disposições apropriadas, que substituirão o referido protocolo.

Jornal Oficial das Comunidades Europeias n.º C 236
de 02/08/1997

RESOLUÇÃO DO CONSELHO EUROPEU
relativa ao crescimento e ao emprego
Amesterdão, 16 de Junho de 1997
(97/C 236/02)

O CONSELHO EUROPEU,

RECORDANDO as conclusões do Conselho Europeu de Essen, a iniciativa da Comissão «Acção para o Emprego – um Pacto de Confiança» e a Declaração de Dublim relativa ao Emprego,

ADOPTOU AS SEGUINTES ORIENTAÇÕES:

INTRODUÇÃO

1. É imperativo dar um novo impulso para continuar a atribuir sem ambiguidade ao emprego a mais alta prioridade na agenda política da União Europeia. A União Económica e Monetária e o Pacto de Estabilidade e Crescimento reforçarão o mercado interno e promoverão um ambiente macroeconómico não inflacionista com taxas de juros baixas, favorecendo assim as condições para o crescimento económico e a criação de oportunidades de emprego. Além disso, é necessário fortalecer a relação entre uma União Económica e Monetária bem sucedida e sustentável, um mercado interno que funcione adequadamente e o emprego. Para esse efeito, um dos objectivos prioritários deverá ser a promoção da existência de uma mão-de-obra qualificada, com formação e susceptível de se adaptar, e de velar para que os mercados de trabalho fiquem aptos para reagir à evolução da economia. É necessário que as reformas estruturais tenham um âmbito global, por oposição a medidas limitadas ou pontuais, por forma a abordar coerentemente a complexa questão dos incentivos à criação e ocupação de postos de trabalho.

As políticas económicas e sociais reforçam-se mutuamente. Os sistemas de protecção social devem ser modernizados de forma a melhorar o seu funcionamento, a fim de contribuírem para a competitividade, o emprego e o crescimento, estabelecendo assim uma base duradoura para a coesão social.

Esta abordagem, associada a políticas baseadas na estabilidade, constitui o fundamento de uma economia assente nos princípios da inserção, da solidariedade e da justiça, e num ambiente sustentável, capaz de beneficiar todos os cidadãos. A eficiência económica e a inserção social são aspectos complementares de uma sociedade europeia mais coesa a que todos aspiramos.

Tendo em conta esta declaração de princípio, o Conselho Europeu convida todos os agentes socioeconómicos, incluindo as autoridades nacionais, regionais e locais, bem como os parceiros sociais, a assumir plenamente as suas responsabilidades no âmbito das respectivas esferas de actividade.

DESENVOLVIMENTO DO PILAR ECONÓMICO

2. O Tratado que institui a Comunidade Europeia, nomeadamente os artigos 102.°-A e 103.°, prevê a estreita coordenação das políticas económicas dos Estados-membros, tal como referido no seu artigo 3.°-A. Embora a principal responsabilidade no combate ao desemprego caiba aos Estados--membros, deveríamos reconhecer a necessidade de aumentar a eficácia e, simultaneamente, alargar o conteúdo desta coordenação, dando especial atenção às políticas de emprego. Para tanto, vários passos se tornam necessários.

3. Serão reforçadas e desenvolvidas as orientações gerais das políticas económicas, a fim de fazer delas um instrumento eficaz para assegurar uma convergência sustentada dos desempenhos económicos dos Estados-membros. No quadro de políticas macroeconómicas sãs e sustentáveis, e com base numa avaliação da situação económica na União Europeia e em cada um dos Estados-membros, será dada maior atenção à melhoria da competitividade europeia como condição necessária para o crescimento e o emprego por forma a proporcionar, nomeadamente, mais oportunidades de emprego aos cidadãos da Europa. Neste contexto, deverá ser dada especial atenção à eficiência do mercado do trabalho e dos bens e serviços, à inovação tecnológica e à capacidade de criação de emprego das pequenas e médias empresas. Deverá ser dada também a máxima atenção aos sistemas de educação e formação, incluindo a aprendizagem ao longo da vida, aos incentivos ao trabalho previstos nos sistemas fiscais e de protecção social e à redução dos encargos extra-salariais, por forma a aumentar a empregabilidade.

4. Os sistemas fiscais e de protecção social deverão ser mais favoráveis ao emprego, melhorando assim o funcionamento dos mercados de trabalho. O Conselho Europeu salienta a importância de os Estados-mem-

bros criarem um ambiente fiscal que estimule a iniciativa empresarial e a criação de emprego. Estas e outras políticas de emprego passarão a ser uma parte essencial das orientações gerais, tendo em conta as políticas nacionais de emprego e as boas práticas resultantes dessas políticas.

5. Ao formular as orientações gerais, o Conselho deverá pois ter em conta os programas de emprego plurianuais, tal como previsto no processo preconizado em Essen, a fim de reforçar a ênfase dada ao emprego. O Conselho poderá dirigir as recomendações necessárias aos Estados-membros, nos termos do n.º 4 do artigo 103.º do Tratado.

6. Esta coordenação mais estreita das políticas económicas complementará o processo previsto num novo título do Tratado relativo ao emprego, que prevê a criação de um Comité do Emprego, que deverá trabalhar em estreita cooperação com o Comité da Política Económica. O Conselho deverá procurar concretizar de imediato essas disposições. Em ambos os processos, o Conselho Europeu exercerá o seu papel de integração e orientação, nos termos do Tratado.

7. A União Europeia deverá complementar as medidas nacionais através de uma análise sistemática de todas as políticas comunitárias pertinentes em curso, incluindo as redes transeuropeias e os programas de investigação e desenvolvimento, a fim de garantir a sua orientação para a criação de emprego e para o crescimento económico, respeitando simultaneamente as perspectivas financeiras e o acordo interinstitucional.

8. O Conselho Europeu acordou numa acção concreta para realizar os maiores progressos possíveis na realização definitiva do mercado interno: tornar as regras mais eficazes, resolver as principais distorções dos mercados que ainda subsistem, evitar uma concorrência fiscal prejudicial, remover entraves sectoriais à integração do mercado e realizar um mercado interno para benefício de todos os cidadãos.

9. Considerando que, nos termos do artigo 198.º-E do Tratado, o Banco Europeu de Investimento tem por missão contribuir, recorrendo ao mercado de capitais e utilizando os seus próprios recursos, para o desenvolvimento equilibrado e harmonioso do mercado comum no interesse da Comunidade, reconhece-se o papel importante do Banco Europeu de Investimento e do Fundo Europeu de Investimento na criação de emprego através de oportunidades de investimento na Europa. Insta-se o Banco Europeu de Investimento a reforçar as suas actividades nesta área, promovendo projectos de investimento que se coadunem com os princípios e práticas de boa gestão bancária, e mais especialmente a:
— analisar o estabelecimento de um mecanismo para o financiamento de projectos de alta tecnologia de pequenas e médias empresas,

em cooperação com o Fundo Europeu de Investimento, recorrendo eventualmente a capital de risco com a participação do sector bancário privado,
- analisar as possibilidades de intervenção nos sectores da educação, saúde, meio urbano e protecção do ambiente,
- intensificar as suas intervenções no sector das grandes redes de infra-estruturas estudando a possibilidade de conceder empréstimos a muito longo prazo, principalmente para os grandes projectos prioritários adoptados em Essen.

10. Convida-se a Comissão a formular as propostas adequadas a fim de assegurar que, quando o Tratado que institui a Comunidade Europeia do Carvão e do Aço caducar, em 2002, as receitas das reservas existentes sejam utilizadas para um fundo de investigação destinado aos sectores relacionados com a indústria do carvão e do aço.

11. Esta estratégia global maximizará os esforços de promoção do emprego e da inserção social e de combate ao desemprego. Ao fazê-lo, a promoção do emprego, a protecção e segurança dos trabalhadores será combinada com a necessidade de melhorar o funcionamento dos mercados de trabalho, o que contribui igualmente para o bom funcionamento da União Económica e Monetária.

UM EMPENHO RENOVADO

12. O Conselho Europeu convida todas as partes, designadamente os Estados-membros, o Conselho e a Comissão, a executarem estas disposições com vigor e empenho.

As possibilidades oferecidas aos parceiros sociais pelo capítulo social, que foi integrado no novo Tratado, deverão servir de base aos trabalhos do Conselho em matéria de emprego. O Conselho Europeu recomenda o diálogo social e a plena utilização da legislação comunitária em vigor sobre consulta dos parceiros sociais, inclusive, sempre que oportuno, em processos de reestruturação e tendo em conta as práticas nacionais.

13. O conjunto destas políticas permitirá aos Estados-membros mobilizar as forças da construção europeia para coordenar eficazmente as suas políticas económicas no âmbito do Conselho, por forma a criar mais emprego e a preparar uma terceira fase da União Económica e Monetária bem sucedida e sustentável, nos termos do Tratado. O Conselho Europeu pede aos parceiros sociais que assumam plenamente as suas responsabilidades no âmbito das respectivas áreas de actividade.

Conclusões da Presidência
Luxemburgo, 12 e 13 de Dezembro de 1997

ANEXO I

RESOLUÇÃO DO CONSELHO EUROPEU
relativa à coordenação das políticas económicas
na terceira fase da UEM e aos artigos 109.° e 109.°-B do Tratado

O Conselho Europeu, reunido no Luxemburgo em 13 de Dezembro de 1997,
Recordando as conclusões do Conselho Europeu de Amesterdão, nomeadamente sobre a forma de melhorar os procedimentos de coordenação económica e sobre os meios eficazes para implementar os artigos 109.° e 109.°-B do Tratado,
Recordando a Resolução do Conselho Europeu de Amesterdão relativa ao Pacto de Estabilidade e Crescimento,
Recordando a Resolução do Conselho Europeu de Amesterdão relativa ao Crescimento e ao Emprego, e recordando as conclusões da sua reunião no Luxemburgo, na qual aprovou o relatório do Conselho de 1 de Dezembro de 1997,
Decide:

I. Coordenação das políticas económicas na terceira fase da UEM

1. A União Económica e Monetária criará um vínculo mais forte entre as economias dos Estados-Membros da zona do euro, que partilharão uma política monetária única e uma só taxa de câmbio. É provável que se venha a registar uma convergência mais acentuada da evolução conjuntural. Todavia, as políticas económicas e a determinação do nível dos salários permanecem na esfera de competência nacional, sob reserva do disposto no artigo 104.°-C e no Pacto de Estabilidade e Crescimento. A evolução das economias nacionais influenciará as condições monetárias na zona do euro na medida do seu impacto sobre as perspectivas de

inflação nessa mesma zona. Esta é a razão fundamental pela qual a passagem à moeda única implicará uma supervisão e uma coordenação mais estreitas, a nível da Comunidade, no tocante às políticas económicas dos Estados-Membros da zona do euro.

2. Será igualmente forte a interdependência económica e monetária em relação aos Estados-Membros que não participem na zona do euro: todos eles participam no mercado único. Por conseguinte, a necessidade de assegurar uma maior convergência e um funcionamento harmonioso do mercado único implica que todos os Estados-Membros sejam incluídos na coordenação das políticas económicas. Acresce que a interdependência será particularmente forte se os Estados-Membros que não participem na zona do euro participarem no novo mecanismo de taxas de câmbio, conforme se espera dos países que beneficiam de uma derrogação.

3. A coordenação reforçada das políticas económicas deverá ter plenamente em conta os aspectos da evolução económica e as políticas económicas a nível nacional que sejam susceptíveis de influenciar as condições monetárias e financeiras em toda a zona do euro ou o bom funcionamento do mercado interno. Este objectivo implica:

– o estreito acompanhamento da evolução macroeconómica registada nos Estados-Membros, a fim de garantir a convergência sustentada, e da evolução cambial do euro,
– a supervisão das situações e políticas orçamentais, de acordo com o Tratado e o Pacto de Estabilidade e Crescimento,
– o acompanhamento das políticas estruturais dos Estados-Membros relativas aos mercados de trabalho, de bens e de serviços, bem como das tendências em matéria de custos e preços, em especial na medida em que afectem as possibilidades de realização de um crescimento sustentado e não inflacionista e a criação de emprego, e
– o fomento de reformas fiscais com o objectivo de aumentar a eficiência e desencorajar uma concorrência fiscal prejudicial.

A coordenação reforçada das políticas económicas deverá obedecer ao princípio da subsidiariedade consagrado no Tratado, observar as prerrogativas dos governos nacionais na determinação das suas políticas estruturais e orçamentais, sob reserva do disposto no Tratado e no Pacto de Estabilidade e Crescimento, respeitar a independência do Sistema Europeu de Bancos Centrais na persecução do seu objectivo primordial de manutenção da estabilidade dos preços e o papel do Conselho ECOFIN como órgão decisório central no que diz respeito à coordenação económica, e respeitar as tradições nacionais e as competências e responsabilidades dos parceiros sociais no processo de formação dos salários.

4. A fim de assegurar o bom funcionamento da UEM, o Conselho, a Comissão e os Estados-Membros são chamados a aplicar integral e eficazmente os instrumentos previstos no Tratado em matéria de coordenação das políticas económicas. Para esse efeito, as orientações gerais das políticas económicas, adoptadas nos termos do n.º 2 do artigo 103.º, deverão ser desenvolvidas de modo a constituírem um instrumento eficaz para assegurar a convergência sustentada dos Estados-Membros. Deverão fornecer directrizes mais concretas e específicas para cada país e dar maior ênfase às medidas destinadas a reforçar o potencial de crescimento dos Estados-Membros, aumentando assim o emprego. Por esse motivo, as referidas orientações gerais deverão passar a destacar mais a melhoria da competitividade, a eficácia dos mercados de trabalho, de bens e de serviços, a educação e a formação, bem como o objectivo de tornar os sistemas tributários e de protecção social mais incentivadores do emprego.

No quadro da coordenação reforçada, será apreciada a compatibilidade das políticas económicas nacionais e da respectiva execução com as orientações gerais das políticas económicas e o correcto funcionamento da UEM. As políticas económicas e a evolução económica de cada Estado--membro e da Comunidade serão acompanhadas no quadro da supervisão multilateral nos termos do n.º 3 do artigo 103.º. Prestar-se-á especial atenção a que seja dado rapidamente um alerta, não apenas em caso de situações orçamentais que sejam consideradas preocupantes nos termos do Pacto de Estabilidade e Crescimento, mas também no caso de ocorrência de fenómenos que, a manterem-se, possam pôr em risco a estabilidade, a competitividade e a futura criação de emprego. Para o efeito, espera-se que o Conselho venha a demonstrar uma maior predisposição para dirigir a um Estado-membro as necessárias recomendações, nos termos do n.º 4 do artigo 103.º, sempre que as políticas económicas deste não forem compatíveis com as orientações gerais das políticas económicas. Por seu lado, o Estado-membro em causa deverá comprometer-se a tomar as medidas atempadas e eficazes que entenda necessárias para dar resposta às recomendações do Conselho. Além disso, os Estados--Membros deverão comprometer-se a proceder a uma troca de informações rápida e completa sobre os aspectos da sua evolução económica e as suas intenções em matéria de política económica que tenham impacto transfronteiras.

5. O acompanhamento da situação económica e o debate sobre política económica deveriam passar a constituir regularmente um dos pontos

da ordem de trabalhos das sessões informais do Conselho ECOFIN. A fim de estimular um debate aberto e franco, o Conselho ECOFIN deveria reunir-se de quando em quando em sessão restrita (Ministro mais 1), especialmente no âmbito da supervisão multilateral.

6. Por força do Tratado, o Conselho ECOFIN ([1]) é o centro de coordenação das políticas económicas dos Estados-Membros, dispondo de poder de decisão nos domínios pertinentes. Mais concretamente, o Conselho ECOFIN é o único órgão competente para formular e adoptar as orientações gerais das políticas económicas, que constituem o principal instrumento de coordenação económica.

Este papel determinante do Conselho ECOFIN no fulcro do processo de coordenação e de tomada de decisões em matéria económica consagra a unidade e a coesão da Comunidade. Os Ministros dos Estados que participem na zona do euro podem reunir-se a título informal para debater questões relacionadas com as responsabilidades específicas que partilham em matéria de moeda única. A Comissão e, se for caso disso, o Banco Central Europeu são convidados a participar nas reuniões.

Cada vez que estiverem em jogo questões de interesse comum, estas serão debatidas pelos Ministros de todos os Estados-Membros.

Em todos os casos em que tenham de ser tomadas decisões, o Conselho ECOFIN tomá-las-á em conformidade com os procedimentos previstos no Tratado.

II.

(...) *[Ver Resolução do Conselho Europeu do Luxemburgo [13-12-97] sobre política cambial e representação externa (pág. 381)]*

([1]) A Declaração n.º 3 do Tratado de Maastricht afirma que, para efeitos da aplicação das disposições a que se refere o Título VI desse Tratado, respeitante à política económica e monetária, será mantida a prática habitual, segundo a qual o Conselho se reúne na sua formação de Ministros da Economia e das Finanças sem prejuízo do disposto nos n.ºs 2 a 4 do artigo 109.º-J e no n.º 2 do artigo 109.º-K.

Conselho Europeu de Viena
de 11/12-12-1998

ANEXO II

**RELATÓRIO AO CONSELHO EUROPEU
sobre a coordenação das políticas económicas**

Necessidade de coordenar as políticas económicas

1. A passagem para a terceira fase da União Económica e Monetária criará um vínculo mais forte entre as economias dos Estados-Membros que adoptam o euro. Estes partilharão uma política monetária única e uma só taxa de câmbio. Todavia, as políticas económicas e a determinação dos salários permanecem na esfera de competência nacional, sob reserva do disposto no artigo 104.°-C do Tratado e no Pacto de Estabilidade e Crescimento. Na medida em que tem repercussões nas perspectivas de inflação na zona do euro, a evolução económica a nível nacional influenciará as condições monetárias nessa mesma zona. Esta é a razão fundamental pela qual a passagem a uma moeda única exigirá um reforço da supervisão e da coordenação, pela Comunidade, das políticas económicas dos Estados-Membros da zona do euro. Além disso, a estreita coordenação deverá ter por objectivo estabelecer um equilíbrio adequado na conjugação de políticas, contribuindo deste modo para a realização dos objectivos da Comunidade enunciados no artigo 2.° do Tratado.

2. Existirá igualmente uma forte interdependência económica e monetária com os Estados-Membros não participantes, dado que todos eles participam no mercado único. Por conseguinte, a necessidade de assegurar uma maior convergência e o bom funcionamento do mercado único implica que todos os Estados-Membros sejam integrados na coordenação das políticas económicas. Acresce que a interdependência será particularmente forte para os Estados-Membros que não façam parte da zona do euro e participem no novo mecanismo de taxas de câmbio.

Acordo sobre a coordenação das políticas económicas

3. O Conselho ECOFIN reconheceu a necessidade de reforçar a coordenação das políticas económicas nacionais, tendo analisado esta questão aprofundadamente no seu relatório ao Conselho Europeu reunido no Luxemburgo em Dezembro de 1997. Este, por sua vez, aprovou o relatório e adoptou uma resolução relativa, nomeadamente, à coordenação das políticas económicas na terceira fase da UEM. Além disso, o Conselho Europeu, reunido em Cardiff em Junho último, considerando que os benefícios da UEM e do Mercado Único europeu para todos os cidadãos da Europa só poderão ser plenamente realizados com uma estratégia de promoção do emprego através do aumento da competitividade e da coesão económica e social num contexto de estabilidade macroeconómica, definiu as grandes linhas da estratégia da União Europeia de prossecução das reformas económicas, a fim de promover o crescimento, a prosperidade, o emprego e a inserção social, e congratulou-se com a determinação dos Estados-Membros em garantirem uma coordenação eficaz das suas políticas económicas.

Áreas para a coordenação das políticas económicas

4. Entretanto, foram criados e estão a ser experimentados quase todos os elementos da coordenação das políticas económicas. As medidas tomadas têm sido bem sucedidas, em especial desde que o Conselho iniciou um verdadeiro processo de coordenação numa base anual. Respeitando embora o princípio da subsidiariedade, o Conselho estará plenamente atento à evolução e às políticas económicas a nível nacional, incluindo as políticas salariais, tendo em conta o seu contributo para a realização dos objectivos da Comunidade. O Conselho concentrará os seus esforços nas políticas susceptíveis de influenciar a situação monetária e financeira no conjunto da zona do euro e a taxa de câmbio do euro ou de afectar o bom funcionamento do mercado interno e a situação da Comunidade em matéria de investimento, emprego e crescimento. Este objectivo implica:
  – estreito acompanhamento da evolução macroeconómica registada nos Estados-Membros, a fim de garantir uma convergência sustentada,
  – o estreito acompanhamento da evolução da taxa de câmbio do euro e de outras moedas da UE, tendo em conta que, em geral, esta deve ser considerada como o resultado de todas as restantes políticas económicas,

- a supervisão reforçada das situações e políticas orçamentais, de acordo com o Tratado e o Pacto de Estabilidade e Crescimento,
- o acompanhamento da evolução dos salários nominais e reais à luz das orientações gerais das políticas económicas,
- o estreito acompanhamento dos planos nacionais de emprego, em particular no que respeita às políticas activas do mercado de trabalho, de acordo com as orientações para as políticas de emprego e o intercâmbio das melhores práticas,
- o acompanhamento das políticas estruturais dos Estados-Membros relativas aos mercados de trabalho, de produtos e de serviços, bem como das tendências em matéria de custos e preços, em especial na medida em que afectem as possibilidades de realização de um crescimento não inflacionista sustentado e a criação de emprego.

Modalidades da coordenação das políticas económicas

5. O Conselho aplicará plena e eficazmente os instrumentos previstos no Tratado em matéria de coordenação das políticas económicas. A sua actividade será articulada em torno das orientações gerais das políticas económicas, adoptadas de acordo com o n.º 2 do artigo 103.º. Estas orientações serão aprofundadas para que passem a constituir um instrumento eficaz que garanta a convergência sustentada entre os Estados-Membros. As políticas e a evolução económicas em cada um dos Estados-Membros e na Comunidade serão acompanhadas de perto, no âmbito da supervisão multilateral de acordo com o n.º 3 do artigo 103.º do Tratado, e avaliadas em função das orientações gerais das políticas económicas.

Se necessário, e de acordo com o n.º 4 do artigo 103.º, o Conselho dirigirá recomendações a um Estado-membro caso as suas políticas económicas não sejam compatíveis com as orientações gerais das políticas económicas ou sejam susceptíveis de comprometer o bom funcionamento da UEM.

6. O Grupo "Euro 11" foi criado para atender às necessidades especiais de coordenação entre os Estados-Membros que participam na zona do euro e já se reuniu por diversas vezes, tendo desenvolvido um diálogo profícuo. Em Setembro de 1998, os Estados-Membros não participantes foram também convidados para debater questões de interesse comum.

7. Para que a Comunidade registe uma evolução económica harmoniosa na terceira fase da UEM será também necessário que o Conselho e o Banco Central Europeu mantenham um diálogo permanente e profícuo, que associe a Comissão e respeite plenamente a independência do SEBC.

O Conselho e o Grupo "Euro 11" já encetaram esse diálogo, estando prontos a prossegui-lo sempre que necessário.

8. No intuito de promover um diálogo profícuo e de informar os parceiros sociais europeus sobre o quadro da política macroeconómica orientada para a estabilidade, o Conselho ECOFIN tem-nos convidado regularmente para uma troca de opiniões.

Aplicação das novas modalidades de coordenação das políticas económicas

9. A par dos trabalhos normais relacionados com as orientações gerais das políticas económicas, o Conselho passou, a partir da Primavera deste ano, a acompanhar de perto os planos nacionais de emprego. De acordo com as directrizes do Conselho Europeu de Cardiff, o Conselho estabelecerá ainda um procedimento simplificado segundo o qual os Estados-Membros e a Comissão elaborarão relatórios sucintos no final do ano, nas respectivas áreas de competência, sobre os mercados de produtos e de capitais. Respeitando embora plenamente o princípio da subsidiariedade, este procedimento contribuirá para o intercâmbio das melhores práticas e permitirá completar as informações já disponíveis nos planos de acção nacionais de emprego e nos programas de estabilidade e convergência. Este procedimento será aplicado pela primeira vez no corrente ano.

10. De acordo com a declaração de 1 de Maio, o Conselho procedeu, neste Verão, a uma análise aprofundada da evolução actual e projectada das políticas orçamentais dos Estados-Membros. Neste momento, o Conselho está a analisar os programas de estabilidade e de convergência com vista a avaliar a sua conformidade com as orientações gerais das políticas económicas, com os requisitos do Pacto de Estabilidade e Crescimento e com os compromissos assumidos pelo Conselho na sua declaração do dia 1 de Maio.

11. Os resultados da análise desses diferentes relatórios deverão ser tidos em conta na actualização anual das orientações gerais das políticas económicas e contribuir para que estas se transformem num instrumento eficaz e central do processo de coordenação das políticas económicas.

12. Será necessário prosseguir os esforços no sentido de implementar plenamente as orientações e atender devidamente ao novo enquadramento político no momento da passagem para a terceira fase da UEM. A ambição de assegurar uma coordenação eficaz das políticas económicas exigirá uma participação mais activa de todos os intervenientes neste processo, nomeadamente dos Ministros reunidos no Grupo "Euro 11", do Conselho e dos Chefes de Estado ou de Governo.

Jornal Oficial das Comunidades Europeias n.º C 236
de 02/08/1997

RESOLUÇÃO DO CONSELHO EUROPEU
sobre o Pacto de Estabilidade e Crescimento
Amesterdão, 17 de Junho de 1997
(97/C 236/01)

I. O Conselho Europeu, reunido em Madrid em Dezembro de 1995, confirmou a importância fundamental de se assegurar a disciplina orçamental na terceira fase da União Económica e Monetária (UEM). Em Florença, seis meses mais tarde, o Conselho Europeu reiterou este ponto de vista e em Dublim, em Dezembro de 1996, chegou a acordo sobre os principais elementos do Pacto de Estabilidade e Crescimento. Na terceira fase da UEM, os Estados-membros deverão evitar défices orçamentais excessivos e generalizados: esta constitui claramente uma obrigação decorrente do Tratado [1]. O Conselho Europeu salienta a importância de se manter uma situação de estabilidade nas finanças públicas para reforçar as condições necessárias à estabilidade dos preços e a um forte crescimento sustentável que conduza à criação de emprego. É igualmente necessário assegurar que as políticas orçamentais nacionais apoiem políticas monetárias orientadas para a estabilidade. O apoio ao objectivo de situações orçamentais sãs, próximas do equilíbrio ou excedentárias permitirá a todos os Estados-membros enfrentarem as flutuações cíclicas normais, mantendo o défice orçamental dentro do valor de referência de 3% do PIB.

II. Na reunião de Dublim, de Dezembro de 1996, o Conselho Europeu solicitou a preparação de um Pacto de Estabilidade e Crescimento de acordo com os princípios e procedimentos do Tratado. Esse Pacto de

---

[1] Nos termos do artigo 5.º do Protocolo n.º 11, esta obrigação não se aplica ao Reino Unido, excepto se este avançar para a terceira fase, continuando a aplicar-se-lhe a obrigação do n.º 4 do artigo 109.º-E do Tratado que institui a Comunidade Europeia, de envidar esforços para evitar défices orçamentais excessivos.

Estabilidade e Crescimento não altera de modo algum os requisitos para a participação na terceira fase da UEM, quer no primeiro grupo ou numa data posterior. Os Estados-membros continuam a ser responsáveis pelas suas políticas orçamentais nacionais, de acordo com as disposições do Tratado, competindo-lhes tomar as medidas necessárias para assumir as suas responsabilidades de acordo com essas disposições.

III. O Pacto de Estabilidade e Crescimento, que prevê tanto medidas preventivas como medidas dissuasivas, é constituído pela presente resolução e por dois regulamentos do Conselho, um relativo ao reforço da supervisão das situações orçamentais e à supervisão e coordenação das políticas económicas e o outro relativo à aceleração e clarificação da aplicação do procedimento relativo aos défices excessivos.

IV. O Conselho Europeu convida solenemente todas as partes, nomeadamente os Estados-membros, o Conselho e a Comissão das Comunidades Europeias, a executarem o Tratado e o Pacto de Estabilidade e Crescimento estrita e atempadamente. A presente resolução fornece uma firme orientação política às partes que executarem o Pacto de Estabilidade e Crescimento.

Para esse efeito, o Conselho Europeu acordou nas seguintes orientações:

OS ESTADOS-MEMBROS

1. Comprometem-se a respeitar o objectivo orçamental a médio prazo de assegurar situações próximas do equilíbrio ou excedentárias, estabelecido nos seus programas de estabilidade ou de convergência e a tomar as medidas de correcção orçamental que considerarem necessárias para alcançar os objectivos dos respectivos programas de estabilidade e convergência, sempre que possuam informações que indiquem a existência ou a probabilidade de afastamento significativo desses objectivos;

2. São convidados a tornar públicas, por iniciativa própria, as recomendações que o Conselho lhes fizer nos termos do n.° 4 do artigo 103.°;

3. Comprometem-se a tomar as medidas de correcção orçamental que considerem necessárias para alcançar os objectivos dos seus programas de estabilidade ou de convergência logo que recebam um pré--aviso sob a forma de recomendação do Conselho nos termos do n.° 4 do artigo 103.°;

4. Lançarão sem demora as medidas de correcção orçamental que considerem necessárias logo que recebam informações que indiquem o risco de um défice excessivo;

5. Tomarão medidas de correcção dos défices excessivos o mais rapidamente possível após estes se terem verificado; a correcção desta situação deverá ser concluída o mais tardar durante o ano seguinte à identificação do défice excessivo, a menos que se verifiquem circunstâncias especiais;

6. São convidados a tornar públicas, por iniciativa própria, as recomendações efectuadas nos termos do n.º 7 do artigo 104.º-C;

7. Comprometem-se a não invocar o benefício do n.º 3 do artigo 2.º do regulamento do Conselho relativo à aceleração e clarificação do procedimento relativo aos défices excessivos, a menos que se encontrem em situação de grave recessão; na avaliação da gravidade do abrandamento da actividade económica, os Estados-membros, regra geral, utilizarão como referência uma descida anual do PIB real de, pelo menos, 0,75%.

A COMISSÃO

1. Exercerá o seu direito de iniciativa nos termos do Tratado de modo a facilitar o funcionamento estrito, atempado e eficaz do Pacto de Estabilidade e Crescimento;

2. Apresentará sem demora os relatórios, pareceres e recomendações necessários à adopção de decisões do Conselho ao abrigo dos artigos 103.º e 104.º-C, o que facilitará o funcionamento eficaz do sistema de alerta rápido assim como o rápido lançamento e a aplicação estrita do procedimento previsto para os défices excessivos;

3. Compromete-se a elaborar um relatório nos termos do n.º 3 do artigo 104.º-C sempre que exista um risco de défice excessivo ou sempre que o défice orçamental programado ou verificado exceda o valor de referência de 3% do PIB, accionando assim o procedimento previsto no n.º 3 do artigo 104.º-C;

4. Compromete-se, na eventualidade de considerar que um défice superior a 3 % do PIB não é excessivo e de esta opinião ser diferente da manifestada pelo Comité Económico e Financeiro, a justificar por escrito ao Conselho as razões da sua posição;

5. Compromete-se a, mediante pedido do Conselho nos termos do artigo 109.º-D, apresentar, regra geral, uma recomendação de decisão do Conselho, a título do n.º 6 do artigo 104.º-C, relativa à existência de um défice excessivo.

O CONSELHO

1. Está empenhado numa execução rigorosa e atempada de todos os elementos do Pacto de Estabilidade e Crescimento, no âmbito da sua competência; o Conselho tomará o mais rapidamente possível as decisões necessárias nos termos dos artigos 103.º e 104.º-C;

2. É instado a considerar como limites máximos os prazos para aplicação do procedimento relativo aos défices excessivos; nomeadamente, deliberando nos termos do n.º 7 do artigo 104.º-C, o Conselho deverá recomendar que as situações de défice excessivo sejam corrigidas o mais rapidamente possível após se terem verificado e, o mais tardar, no ano seguinte ao da respectiva identificação, a menos que se verifiquem circunstâncias especiais;

3. É convidado a impor sempre sanções se um Estado-membro participante não tomar as medidas necessárias para pôr termo à situação de défice excessivo, tal como recomendado pelo Conselho;

4. É instado a exigir um depósito não remunerado, sempre que o Conselho decida impor sanções a um Estado-membro participante, nos termos do n.º 11 do artigo 104.º-C;

5. É instado a transformar sempre o depósito em multa dois anos depois da decisão de impor sanções nos termos do n.º 11 do artigo 104.º-C, excepto se, do ponto de vista do Conselho, o défice excessivo tiver sido corrigido;

6. É convidado a declarar sempre por escrito as razões que justificam uma decisão de não actuar, se, em determinada fase dos procedimentos relativos aos défices excessivos ou à supervisão das situações orçamentais, não tiver actuado com base numa recomendação da Comissão, devendo, nesse caso, tornar públicos os votos de cada Estado-membro.

Jornal Oficial das Comunidades Europeias n.º L 209
de 02/08/1997

REGULAMENTO (CE) N.º 1466/97 DO CONSELHO
de 7 de Julho de 1997
relativo ao reforço da supervisão das situações orçamentais
e à supervisão e coordenação das políticas económicas

O CONSELHO DA UNIÃO EUROPEIA,

Tendo em conta o Tratado que institui a Comunidade Europeia e, nomeadamente, o n.º 5 do seu artigo 103.º,
Tendo em conta a proposta da Comissão,
Deliberando nos termos do artigo 189.º-C do Tratado,

(1) Considerando que o Pacto de Estabilidade e Crescimento se baseia no objectivo de manter finanças públicas sãs como meio de reforçar as condições propícias à estabilidade dos preços e a um forte crescimento sustentável conducente à criação de emprego;

(2) Considerando que o Pacto de Estabilidade e Crescimento compreende o presente regulamento, que se destina a reforçar a supervisão das situações orçamentais e a supervisão e coordenação das políticas económicas, o Regulamento (CE) n.º 1467/97 do Conselho, que se destina a acelerar e a clarificar a aplicação do procedimento relativo aos défices excessivos, e a Resolução do Conselho Europeu, de 17 de Junho de 1997, sobre o Pacto de Estabilidade e Crescimento, em que, nos termos do artigo D do Tratado da União Europeia, foram estabelecidas directrizes políticas firmes tendo em vista uma aplicação rigorosa e atempada do Pacto de Estabilidade e Crescimento e nomeadamente a adesão ao objectivo de médio prazo que visa alcançar situações orçamentais próximas do equilíbrio ou excedentárias e com o qual todos os Estados-membros se comprometeram e a adopção das medidas orçamentais correctivas que os mesmos Estados considerem necessárias para cumprir os objectivos dos seus programas de estabilidade e convergência sempre que tenham informações

que indiciem um desvio significativo, observado ou previsível, em relação aos objectivos orçamentais de médio prazo;

(3) Considerando que na terceira fase da União Económica e Monetária (UEM), o artigo 104.°-C do Tratado vincula claramente os Estados--membros a evitarem défices orçamentais excessivos; que, nos termos do artigo 5.° do Protocolo n.° 11 do Tratado relativo a certas disposições relacionadas com o Reino Unido da Grã-Bretanha e da Irlanda do Norte, o n.° 1 do artigo 104.°-C não é aplicável ao Reino Unido a não ser que este passe para a terceira fase; que a obrigação prevista no n.° 4 do artigo 109.°-E de envidar esforços para evitar défices excessivos continuará a ser aplicável ao Reino Unido;

(4) Considerando que a adesão ao objectivo de médio prazo de manter situações orçamentais próximas do equilíbrio ou excedentárias permitirá aos Estados-membros gerir as flutuações cíclicas normais mantendo ao mesmo tempo o défice orçamental dentro do valor de referência de 3% do PIB;

(5) Considerando que é conveniente complementar o procedimento de supervisão multilateral revisto nos n.ᵒˢ 3 e 4 do artigo 103.° com um sistema de alerta rápido, nos termos do qual o Conselho alertará rapidamente um Estado-membro para a necessidade de tomar as medidas orçamentais correctivas para evitar que um défice orçamental se torne excessivo;

(6) Considerando que o procedimento de supervisão multilateral previsto nos n.ᵒˢ 3 e 4 do artigo 103.° deverá além disso continuar a acompanhar todos os aspectos da evolução económica em cada Estado-membro e na Comunidade bem como a compatibilidade das políticas económicas com as orientações económicas gerais a que se refere o n.° 2 do artigo 103.°; que, para o acompanhamento dessa evolução, é conveniente que as informações sejam apresentadas sob a forma de programas de estabilidade e convergência;

(7) Considerando que é necessário partir da útil experiência adquirida durante as duas primeiras fases da União Económica e Monetária com a aplicação dos programas de convergência;

(8) Considerando que os Estados-membros que adoptarem a moeda única, adiante designados «Estados-membros participantes», serão aqueles que, nos termos do artigo 109.°-J, tiverem atingido um elevado grau de convergência sustentável e, em especial, uma situação sustentável em matéria de finanças públicas; que nesses Estados-membros será necessário preservar situações orçamentais sólidas para assegurar a estabilidade dos preços e reforçar as condições propícias ao crescimento sustentado da pro-

dução e do emprego; que é necessário que os Estados-membros, participantes apresentem programas de médio prazo, adiante designados «programas de estabilidade»; que é necessário definir os principais elementos desses programas;

(9) Considerando que os Estados-membros que não adoptarem a moeda única, adi ante designados «Estados-membros não participantes», terão que prosseguir políticas orientadas para um grau mais elevado de convergência sustentada; que é necessário que os Estados-membros não participantes apresentem programas de médio prazo, adiante designados «programas de convergência», que é necessário definir os principais elementos desses programas;

(10) Considerando que, na sua resolução de 16 de Junho de 1997 sobre a criação de um mecanismo de taxas de câmbio na terceira fase da União Económica e Monetária, o Conselho Europeu emitiu directrizes políticas firmes segundo as quais é estabelecido um mecanismo de taxa de câmbio na terceira fase da UEM, adiante designado MTC II; que as moedas dos Estados-membros não participantes que adiram ao MTC II terão uma taxa central em relação ao euro, propiciando assim um ponto de referência para avaliar a adequação das suas políticas; que o MTC II também contribuirá para proteger estes últimos Estados-membros e os Estados--membros participantes de pressões injustificadas nos mercados cambiais; que, para permitir uma supervisão apropriada pelo Conselho, os Estados--membros não participantes que não adiram ao MTC II deverão em todo o caso apresentar, nos respectivos programas de convergência, políticas orientadas para a estabilidade, evitando assim distorções das taxas de câmbio reais e flutuações excessivas das taxas de câmbio nominais;

(11) Considerando que a convergência duradoura dos dados económicos de base é um requisito prévio para a estabilidade sustentável das taxas de câmbio;

(12) Considerando que é necessário fixar um calendário para a apresentação dos programas de estabilidade e dos programas de convergência, bem como das respectivas actualizações;

(13) Considerando que, no interesse da transparência e de um debate público esclarecido, é necessário que os Estados-membros divulguem os seus programas de estabilidade e de convergência;

(14) Considerando que, na análise e acompanhamento dos programas de estabilidade e em particular do seu objectivo orçamental de médio prazo ou da trajectória de ajustamento programada para esse objectivo, o Conselho deverá ter em conta as pertinentes características cíclicas e estruturais da economia de cada Estado-membro;

(15) Considerando que neste contexto se deverá prestar especial atenção aos desvios significativos das situações orçamentais em relação ao objectivo de manter os orçamentos próximos do equilíbrio ou excedentários; que é conveniente um alerta rápido do Conselho para evitar que o défice orçamental de um Estado-membro se torne excessivo; que, em caso de derrapagem orçamental persistente, será conveniente que o Conselho reforce a sua recomendação e a torne pública; que o Conselho pode fazer recomendações aos Estados-membros não participantes sobre as medidas a tomar para cumprirem os seus programas de convergência;

(16) Considerando que os programas de convergência e estabilidade conduzem ao cumprimento das condições de convergência económica referidas no artigo 104.º-C do Tratado,

ADOPTOU O PRESENTE REGULAMENTO:

SECÇÃO 1
Objecto de definições

Artigo 1.º

O presente regulamento estabelece as normas que regulam o conteúdo, a apresentação, o exame e o acompanhamento dos programas de estabilidade e dos programas de convergência, no âmbito da supervisão multilateral a exercer pelo Conselho para evitar, numa fase precoce, a ocorrência de défices orçamentais excessivos e promover a supervisão e coordenação das políticas económicas.

Artigo 2.º

Para efeitos do presente regulamento, entende-se por «Estados-membros participantes», os Estados-membros que adoptarem a moeda única nos termos do Tratado e por «Estados-membros não participantes», os Estados-membros que a não adoptarem.

SECÇÃO 2
Programas de estabilidade

Artigo 3.º

1. Cada um dos Estados-membros participantes apresentará ao Conselho e à Comissão as informações necessárias ao exercício da supervisão multilateral regular prevista no artigo 103.º do Tratado, sob a forma de um «programa de estabilidade» que proporcione uma base essencial para a estabilidade dos preços e um crescimento sustentável forte que conduza à criação de emprego.

2. O programa de estabilidade incluirá as seguintes informações:
	a) O objectivo a médio prazo de uma situação orçamental próxima do equilíbrio ou excedentária e uma trajectória de ajustamento que conduza ao objectivo fixado para o excedente/défice orçamental e a evolução prevista do rácio da dívida pública;
	b) As principais hipóteses relativas à evolução previsível da economia e de outras importantes variáveis económicas susceptíveis de influenciar a realização do programa de estabilidade, nomeadamente a despesa com o investimento público, o crescimento do PIB em termos reais, o emprego e a inflação;
	c) Uma descrição das medidas orçamentais e de outras medidas de política económica adoptadas e/ou propostas para a realização dos objectivos do programa e, no caso das principais medidas orçamentais, uma avaliação dos seus efeitos quantitativos no orçamento;
	d) Uma análise das implicações das alterações das principais hipóteses económicas sobre a situação orçamental e de endividamento.
	3. As informações relativas à trajectória da evolução do rácio do excedente/défice orçamental e do rácio da dívida pública, bem como as principais hipóteses de natureza económica a que se referem as alíneas *a)* e *b)* do n.º 2, serão estabelecidas numa base anual e abrangerão, para além do ano em curso e do ano precedente, pelo menos os três anos seguintes.

Artigo 4.º

1. Os programas de estabilidade serão apresentados antes de 1 de Março de 1999. Após essa data, serão apresentados anualmente programas actualizados. Um Estado-membro que adopte a moeda única numa fase posterior deverá apresentar um programa de estabilidade no prazo de seis meses a contar da data da decisão do Conselho relativa à sua participação na moeda única.
	2. Os Estados-membros tornarão públicos os seus programas de estabilidade e os respectivos programas actualizados.

Artigo 5.º

1. Com base em avaliações efectuadas pela Comissão e pelo comité previsto no artigo 109.º-C do Tratado, o Conselho examinará, no quadro da supervisão multilateral prevista no artigo 103.º, se o objectivo orçamental a médio prazo fixado no programa de estabilidade oferece uma margem de segurança para garantir a prevenção de um défice excessivo, se as hipóteses de natureza económica em que o programa se baseia são realistas e se as medidas tomadas e/ou propostas são suficientes para

completar a trajectória de ajustamento programada a fim de alcançar o objectivo orçamental a médio prazo. O Conselho examinará ainda se o conteúdo do programa de estabilidade promove uma coordenação mais estreita das políticas económicas e se as políticas económicas do Estado--membro em causa são compatíveis com as orientações gerais de política económica.

2. O Conselho procederá ao exame do programa de estabilidade referido no n.° 1, o mais tardar no prazo de dois meses a contar da data da sua apresentação. O Conselho, deliberando sob recomendação da Comissão e após consulta ao comité previsto no artigo 109.°-C, emitirá um parecer sobre o programa. Se, nos termos do artigo 103.°, considerar que os objectivos e o conteúdo de um programa devem ser reforçados, o Conselho convidará, no seu parecer, o Estado-membro em causa a ajustar o respectivo programa.

3. Os programas de estabilidade actualizados serão examinados pelo comité previsto no artigo 109.°-C, com base em avaliações da Comissão; se necessário, os programas actualizados podem igualmente ser examinados pelo Conselho, nos termos dos n.ᵒˢ 1 e 2 do presente artigo.

Artigo 6.°

1. No âmbito da supervisão multilateral prevista no n.° 3 do artigo 103.°, o Conselho acompanhará a aplicação dos programas de estabilidade com base nas informações fornecidas pelos Estados-membros participantes e nas avaliações da Comissão e do comité previsto no artigo 109.°-C, nomeadamente com o objectivo de identificar qualquer desvio significativo, efectivo ou previsível, da situação orçamental em relação ao objectivo a médio prazo, ou em relação à respectiva trajectória de ajustamento, tal como previsto no programa relativo ao excedente/défice orçamental.

2. Se identificar um desvio significativo da situação orçamental em relação ao objectivo orçamental de médio prazo, ou em relação à respectiva trajectória de ajustamento, o Conselho, a fim de lançar um alerta rápido para evitar a ocorrência de um défice excessivo, apresentará, nos termos do n.° 4 do artigo 103.°, uma recomendação ao Estado--membro em causa para que esse tome as medidas de ajustamento necessárias.

3. Se, posteriormente, na sua actividade de acompanhamento, o Conselho considerar que persiste ou se agravou o desvio da situação orçamental em relação ao objectivo orçamental de médio prazo, ou em relação à respectiva trajectória de ajustamento, o Conselho apresentará

então, nos termos do n.º 4 do artigo 103.º, uma recomendação ao Estado-membro em causa para que este tome imediatamente medidas correctivas, podendo, nos termos daquele artigo, tornar pública a sua recomendação.

SECÇÃO 3
Programas de convergência

Artigo 7.º

1. Cada um dos Estados-membros não participantes apresentará ao Conselho e à Comissão as informações necessárias ao exercício da supervisão multilateral regular prevista no artigo 103.º do Tratado, sob a forma de um «programa de convergência» que proporcione uma base essencial para a estabilidade dos preços e um crescimento sustentável forte que conduza à criação de emprego.

2. O programa de convergência incluirá as seguintes informações, em especial no que se refere às variáveis relacionadas com os critérios de convergência:

a) O objectivo a médio prazo de uma situação orçamental próxima do equilíbrio ou excedentária e uma trajectória de ajustamento que conduza ao objectivo fixado para o excedente/défice orçamental; a evolução prevista do rácio da dívida pública; os objectivos da política monetária a médio prazo; a relação entre esses objectivos e a estabilidade dos preços e da taxa de câmbio;

b) As principais hipóteses relativas à evolução previsível da economia e de outras importantes variáveis económicas susceptíveis de influenciar a realização do programa de convergência, nomeadamente a despesa com o investimento público, o crescimento do PIB em termos reais, o emprego e a inflação;

c) Uma descrição das medidas orçamentais e de outras medidas de política económica adoptadas e/ou propostas para a realização dos objectivos do programa e, no caso das principais medidas orçamentais, uma avaliação dos seus efeitos quantitativos no orçamento;

d) Uma análise das implicações das alterações das principais hipóteses económicas sobre a situação orçamental e de endividamento.

3. As informações relativas à trajectória da evolução do rácio do excedente/défice orçamental e do rácio da dívida pública, bem como as principais hipóteses de natureza económica a que se referem as alíneas *a)* e *b)* do n.º 2, serão estabelecidas numa base anual e abrangerão, para além do ano em curso e do ano precedente, pelo menos os três anos seguintes.

Artigo 8.º

1. Os programas de convergência serão apresentados antes de 1 de Março de 1999. Após essa data, serão apresentados anualmente programas actualizados.

2. Os Estados-membros tornarão públicos os seus programas de convergência e os respectivos programas actualizados.

Artigo 9.º

1. Com base em avaliações efectuadas pela Comissão e pelo comité previsto no artigo 109.º-C do Tratado, o Conselho examinará, no quadro da supervisão multilateral prevista no artigo 103.º, se o objectivo orçamental a médio prazo fixado no programa de convergência oferece uma margem de segurança para garantir a prevenção de um défice excessivo, se as hipóteses de natureza económica em que o programa se baseia são realistas e se as medidas tomadas e/ou propostas são suficientes para completar a trajectória de ajustamento programada a fim de alcançar o objectivo orçamental a médio prazo e uma convergência sustentada.

O Conselho examinará ainda se o conteúdo do programa de convergência promove uma coordenação mais estreita das políticas económicas e se as políticas económicas do Estado-membro em causa são compatíveis com as orientações gerais de política económica.

2. O Conselho procederá ao exame do programa de convergência referido no n.º 1, o mais tardar no prazo de dois meses a contar da data da sua apresentação. O Conselho, deliberando sob recomendação da Comissão e após consulta ao comité previsto no artigo 109.º-C, emitirá um parecer sobre o programa. Se, nos termos do artigo 103.º, considerar que os objectivos e o conteúdo de um programa devem ser reforçados, o Conselho convidará, no seu parecer, o Estado-membro em causa a ajustar o respectivo programa.

3. Os programas de convergência actualizados serão examinados pelo comité previsto no artigo 109.º-C com base em avaliações da Comissão; se necessário, os programas actualizados podem igualmente ser examinados pelo Conselho, nos termos dos n.ᵒˢ 1 e 2 do presente artigo.

Artigo 10.º

1. No âmbito da supervisão multilateral prevista no n.º 3 do artigo 103.º, o Conselho acompanhará a aplicação dos programas de convergência com base nas informações fornecidas pelos Estados-membros não participantes nos termos do n.º 2, alínea *a*), do artigo 7.º do presente

regulamento e nas avaliações da Comissão e do comité previsto no artigo 109.°-C, nomeadamente com o objectivo de identificar qualquer desvio significativo, efectivo ou previsível, da situação orçamental em relação ao objectivo a médio prazo, ou em relação à respectiva trajectória de ajustamento, tal como previsto no programa relativo ao excedente/défice orçamental.

Além disso, o Conselho acompanhará as políticas económicas dos Estados-membros não participantes em função dos objectivos do programa de convergência, a fim de garantir que as suas políticas estejam orientadas para a estabilidade e de evitar, assim, distorções das taxas de câmbio reais e excessivas flutuações das taxas de câmbio nominais.

2. Se identificar um desvio significativo da situação orçamental em relação ao objectivo orçamental de médio prazo, ou em relação à respectiva trajectória de ajustamento, o Conselho, a fim de lançar um alerta rápido para evitar a ocorrência de um défice excessivo apresentará, nos termos do n.° 4 do artigo 103.°, uma recomendação ao Estado-membro em causa para que este tome as medidas de ajustamento necessárias.

3. Se, posteriormente, na sua actividade de acompanhamento, o Conselho considerar que persiste ou se agravou o desvio da situação orçamental em relação ao objectivo orçamental de médio prazo, ou em relação à respectiva trajectória de ajustamento, o Conselho apresentará então, nos termos do n.° 4 do artigo 103.°, uma recomendação ao Estado-membro em causa para que este tome imediatamente medidas correctivas, podendo, nos termos daquele artigo, tornar pública a sua recomendação.

SECÇÃO 4
Disposições comuns

Artigo 11.°

O Conselho procederá à avaliação global prevista no n.° 3 do artigo 103.° do Tratado, no âmbito da supervisão multilateral prevista no presente regulamento.

Artigo 12.°

O presidente do Conselho e a Comissão incluirão nos seus relatórios para o Parlamento Europeu, nos termos do n.° 4, segundo parágrafo, do artigo 103.°, os resultados da supervisão multilateral realizada no âmbito do presente regulamento.

Artigo 13.º

O presente regulamento entra em vigor em 1 de Julho de 1998.

O presente regulamento é obrigatório em todos os seus elementos e directamente aplicável em todos os Estados-membros.

Feito em Bruxelas, em 7 de Julho de 1997.

Pelo Conselho
O Presidente

J.-C. JUNCKER

Jornal Oficial das Comunidades Europeias n.º L 209
de 02/08/1997

REGULAMENTO (CE) N.º 1467/97 DO CONSELHO
de 7 de Julho de 1997
relativo à aceleração e clarificação da aplicação
do procedimento relativo aos défices excessivos

O CONSELHO DA UNIÃO EUROPEIA,

Tendo em conta o Tratado que institui a Comunidade Europeia e, nomeadamente, o n.º 14, segundo parágrafo, do seu artigo 104.º-C,
Tendo em conta a proposta da Comissão,
Tendo em conta o parecer do Parlamento Europeu,
Tendo em conta o parecer do Instituto Monetário Europeu,

(1) Considerando que é necessário acelerar e clarificar o procedimento relativo aos défices excessivos referido no artigo 104.º-C do Tratado a fim de dissuadir os défices orçamentais excessivos e, caso se verifiquem, assegurar a sua rápida correcção; que as disposições do presente regulamento, adoptadas para o efeito acima enunciado nos termos do n.º 14, segundo parágrafo, do artigo 104.º-C, constituem, em conjugação com as do Protocolo n.º 5 do Tratado, um novo conjunto integrado de normas para a aplicação do artigo 104.º-C;

(2) Considerando que o Pacto de Estabilidade e Crescimento se baseia num objectivo de finanças públicas sãs como meio de reforçar as condições de estabilidade dos preços e de um crescimento sustentável forte conducente à criação de emprego;

(3) Considerando que o Pacto de Estabilidade e Crescimento compreende o presente regulamento, o Regulamento (CE) n.º 1466/97 do Conselho, relativo ao reforço da supervisão das situações orçamentais e à supervisão e coordenação das políticas económicas, e a Resolução do Conselho Europeu, de 17 de Junho de 1997, sobre o Pacto de Estabilidade e Crescimento, em que nos termos do artigo D do Tratado da União

Europeia, foram estabelecidas directrizes políticas firmes tendo em vista uma aplicação rigorosa e atempada do Pacto de Estabilidade e Crescimento e nomeadamente a adesão ao objectivo de médio prazo que visa alcançar situações orçamentais próximas do equilíbrio ou excedentárias e com o qual todos os Estados-membros se comprometeram e a adopção das medidas orçamentais correctivas que os mesmos Estados considerem necessárias para cumprir os objectivos dos seus programas de estabilidade e convergência sempre que tenham informações que indiciem um desvio significativo, observado ou previsível, em relação aos objectivos orçamentais de médio prazo;

(4) Considerando que na terceira fase da União Económica e Monetária (UEM), o artigo 104.°-C vincula claramente os Estados-membros a evitarem défices orçamentais excessivos; que, nos termos do artigo 5.° do Protocolo n.° 11 do Tratado, os n.ᵒˢ 1, 9 e 11 do artigo 104.°-C não são aplicáveis ao Reino Unido a não ser que este passe para a terceira fase; que a obrigação prevista no n.° 4 do artigo 109.°-E de envidar esforços para evitar défices orçamentais excessivos continuará a aplicar-se ao Reino Unido;

(5) Considerando que a Dinamarca, invocando o n.° 1 do Protocolo n.° 12 do Tratado notificou, no contexto da Decisão de Edimburgo de 12 de Dezembro de 1992, de que não participará na terceira fase; que, por conseguinte, nos termos do n.° 2 do referido protocolo, os n.ᵒˢ 9 e 11 do artigo 104.°-C não se aplicarão à Dinamarca;

(6) Considerando que na terceira fase da UEM os Estados-membros permanecem responsáveis pelas respectivas políticas orçamentais nacionais, subordinadas às disposições do Tratado; que os Estados-membros tomarão as medidas necessárias ao cumprimento das suas obrigações nos termos do Tratado;

(7) Considerando que a adesão ao objectivo de médio prazo de manter situações orçamentais próximas do equilíbrio ou excedentárias, a que todos os Estados-membros se comprometeram, contribui para a criação de condições adequadas à estabilidade dos preços e a um crescimento sustentado que conduza à criação de emprego em todos os Estados-membros, e permitir-lhes-á gerir as flutuações cíclicas normais, mantendo simultaneamente o défice orçamental dentro do valor de referência de 3% do PIB;

(8) Considerando que para que a UEM funcione correctamente é necessário que a convergência dos resultados económicos e orçamentais dos Estados-membros que adoptaram a moeda única, adiante designados «Estados-membros participantes», se revele estável e duradoura; que na

terceira fase da UEM a disciplina orçamental é necessária para salvaguardar a estabilidade dos preços;

(9) Considerando que, nos termos do n.º 3 do artigo 109.º-K do Tratado, os n.ºs 9 e 11 do artigo 104.º-C são aplicáveis apenas aos Estados-membros participantes;

(10) Considerando que é necessário definir o conceito de ultrapassagem excepcional e temporária do valor de referência previsto no n.º 2, alínea a), do artigo 104.º-C; que o Conselho deverá, nessa matéria, ter em conta, designadamente, as previsões orçamentais plurianuais fornecidas pela Comissão;

(11) Considerando que o relatório da Comissão previsto no n.º 3 do artigo 104.º-C analisará igualmente se o défice orçamental excede as despesas públicas de investimento e tomará em consideração todos os outros factores pertinentes, incluindo a situação económica e orçamental a médio-prazo desse Estado-membro;

(12) Considerando que é necessário estabelecer prazos para a aplicação do procedimento relativo aos défices excessivos, a fim de garantir uma aplicação rápida e eficaz; que, nesse contexto, é necessário ter em conta o facto de o exercício orçamental do Reino Unido não coincidir com o ano civil;

(13) Considerando que deve ser precisada a forma como podem ser impostas as sanções previstas no artigo 104.º-C, com o objectivo de garantir uma aplicação eficaz do referido procedimento;

(14) Considerando que a supervisão reforçada ao abrigo do Regulamento (CE) n.º 1466/97 do Conselho, juntamente com o acompanhamento das situações orçamentais pela Comissão, nos termos do n.º 2 do artigo 104.º-C, contribuirão para uma aplicação rápida e eficaz do procedimento relativo aos défices excessivos;

(15) Considerando que, à luz das considerações precedentes, no caso de um Estado-membro participante não tomar medidas eficazes para corrigir um défice excessivo, parece viável e adequado estabelecer um período global máximo de dez meses entre a data de notificação dos valores que indicam a existência de um défice excessivo e, se for caso disso, a decisão de imposição de sanções, a fim de pressionar o Estado-membro participante em causa a tomar essas medidas; que, nesse caso, e se o procedimento tiver início no mês de Março, poderiam ser impostas sanções no mesmo ano civil em que o procedimento teve início;

(16) Considerando que a recomendação do Conselho com vista à correcção de um défice excessivo ou as fases posteriores do procedimento relativo aos défices excessivos deveriam ser previsíveis para o Estado-

-membro em causa, o qual entretanto teria recebido um aviso no quadro de um sistema de alerta rápido; que a gravidade de um défice excessivo durante a terceira fase deverá exigir uma acção imediata por parte de todos os interessados;

(17) Considerando que é oportuno suspender o procedimento relativo ao défice excessivo caso o Estado-membro em causa tome medidas adequadas em resposta a uma recomendação dirigida nos termos do n.° 7 do artigo 104.°-C ou a uma notificação emitida nos termos do n.° 9 do artigo 104.°-C, a fim de incentivar os Estados-membros a agirem em conformidade; que o período de tempo durante o qual o procedimento será suspenso não deverá ser incluído no prazo máximo de dez meses entre a data em que é comunicada a existência de um défice excessivo e a imposição de sanções; que é oportuno retomar imediatamente o procedimento se as medidas previstas não estiverem a ser aplicadas ou se revelarem inadequadas;

(18) Considerando que, para conferir ao procedimento relativo aos défices excessivos um efeito suficientemente dissuasivo, deverá ser exigido ao Estado-membro participante em causa um depósito não remunerado de montante adequado, quando o Conselho decida impor uma sanção;

(19) Considerando que o estabelecimento de sanções numa escala pré-definida favorece a segurança jurídica; que é adequado fixar o montante do depósito em função do PIB do Estado-membro participante em causa;

(20) Considerando que, no caso de a constituição de um depósito não remunerado não induzir o Estado-membro em causa a corrigir o seu défice excessivo atempadamente, se deverão intensificar as sanções; que, nessas circunstâncias, é conveniente converter o depósito em multa;

(21) Considerando que a tomada de medidas adequadas por parte do Estado-membro participante em causa constitui o primeiro passo para a anulação das sanções; que a existência de progressos significativos na correcção do défice excessivo deverá permitir retirar as sanções, nos termos do n.° 12 do artigo 104.°-C; que só se deverá proceder à anulação de todas as sanções impostas quando o défice excessivo tiver sido totalmente corrigido;

(22) Considerando que o Regulamento (CE) n.° 3605/93 do Conselho, de 22 de Novembro de 1993, relativo à aplicação do Protocolo n.° 5 sobre o procedimento relativo aos défices excessivos anexo ao Tratado que institui a Comunidade Europeia estabelece normas pormenorizadas para a comunicação de dados orçamentais pelos Estados-membros;

(23) Considerando que, nos termos do n.° 8 do artigo 109.°-F, sempre que o Tratado preveja uma função consultiva do Banco Central Europeu (BCE), as referências ao BCE devem ser consideradas como referências ao Instituto Monetário Europeu, até à criação do BCE,

ADOPTOU O PRESENTE REGULAMENTO:

SECÇÃO 1
Definições e avaliações

Artigo 1.º

1. O presente regulamento estabelece as disposições para acelerar e clarificar a aplicação do procedimento relativo aos défices excessivos, com o objectivo de evitar défices orçamentais excessivos e, caso venham a ocorrer, de os corrigir rapidamente.

2. Para efeitos do presente regulamento, entende-se por «Estados--membros participantes», os Estados-membros que adoptarem a moeda única nos termos do Tratado e por «Estados-membros não participantes», os Estados-membros que a não adoptarem.

Artigo 2.º

1. Considerar-se-á que o carácter excessivo do défice orçamental em relação ao valor de referência é excepcional e temporário, na acepção do n.º 2, alínea a), segundo travessão, do artigo 104.º-C, quando resulte de uma circunstância excepcional não controlável pelo Estado-membro em causa e que tenha um impacto significativo na situação das finanças públicas, ou quando resulte de uma recessão económica grave.

Além disso, considera-se temporário o carácter excessivo do défice em relação ao valor de referência se as previsões orçamentais fornecidas pela Comissão indicarem que o défice se situará abaixo do valor de referência, uma vez cessada a circunstância excepcional ou a recessão económica grave.

2. Ao preparar o relatório previsto no n.º 3 do artigo 104.º-C, a Comissão, regra geral, só considerará excepcional o carácter excessivo do défice em relação ao valor de referência resultante de uma recessão económica grave, quando se verifique uma redução anual do PIB real de, pelo menos, 2%.

3. Ao decidir, nos termos do n.º 6 do artigo 104.º-C e com base numa recomendação da Comissão, sobre a existência de um défice excessivo, o Conselho tomará em consideração na sua avaliação global, quaisquer observações apresentadas pelo Estado-membro que demonstrem que uma redução anual do PIB real inferior a 2% tem contudo um carácter excepcional à luz de outros elementos justificativos, em especial, relativos ao carácter abrupto da recessão ou a um decréscimo acumulado da produção relativamente à evolução tendencial verificada no passado.

SECÇÃO 2
Aceleração do procedimento relativo aos défices excessivos

Artigo 3.º

1. No prazo de duas semanas a contar da adopção pela Comissão de um relatório nos termos do n.º 3 do artigo 104.º-C, o Comité Económico e Financeiro emitirá um parecer nos termos do n.º 4 do artigo 104.º-C.

2. Tendo em plena consideração o parecer referido no n.º 1, a Comissão, se considerar que existe uma situação de défice excessivo, emitirá um parecer e uma recomendação ao Conselho nos termos dos n.ºs 5 e 6 do artigo 104.º-C.

3. O Conselho decide sobre a existência de uma situação de défice excessivo nos termos do n.º 6 do artigo 104.º-C, no prazo de três meses a contar das datas de notificação previstas nos n.ºs 2 e 3 do artigo 4.º do Regulamento (CE) n.º 3605/93. Se, nos termos do n.º 6 do artigo 104.º-C, decidir que existe uma situação de défice excessivo, o Conselho fará simultaneamente recomendações ao Estado-membro em causa nos termos do n.º 7 do artigo 104.º-C.

4. A recomendação do Conselho formulada nos termos do n.º 7 do artigo 104.º-C estabelecerá um prazo máximo de quatro meses para o Estado-membro em causa tomar medidas eficazes. A recomendação do Conselho estabelecerá igualmente um prazo para a correcção da situação de défice excessivo, que deverá ser realizada no ano seguinte à sua identificação, salvo se se verificarem circunstâncias especiais.

Artigo 4.º

1. As decisões do Conselho de tornar públicas as suas recomendações, em que se estabelece que não foram tomadas medidas eficazes nos termos do n.º 8 do artigo 104.º-C, devem ser tomadas imediatamente a seguir ao termo do prazo fixado nos termos do n.º 4 do 3.º do presente regulamento.

2. Para determinar se foram tomadas medidas eficazes na sequência das recomendações formuladas nos termos do n.º 7 do artigo 104.º-C, o Conselho baseará a sua decisão nas decisões anunciadas publicamente pelo governo do Estado-membro em causa.

Artigo 5.º

As decisões do Conselho de notificar os Estados-membros participantes em causa para que estes tomem medidas destinadas a reduzir o défice, nos termos do n.º 9 do artigo 104.º-C, serão adoptadas no prazo de um mês a contar da data da decisão do Conselho que tiver estabelecido não terem sido tomadas medidas eficazes nos termos do n.º 8 do artigo 104.º-C.

Artigo 6.º

Sempre que estiverem reunidas as condições necessárias para aplicar o n.º 11 do artigo 104.º-C, o Conselho imporá sanções, nos termos dessa mesma disposição. Essa decisão será tomada, o mais tardar, no prazo de dois meses a contar da decisão do Conselho que notifica o Estado-membro participante em causa para tomar medidas nos termos do n.º 9 do artigo 104.º-C.

Artigo 7.º

Se os Estados-membros participantes não cumprirem as sucessivas decisões do Conselho nos termos dos n.º[os] 7 e 9 do artigo 104.º-C, a decisão do Conselho de impor sanções, nos termos do n.º 11 do artigo 104.º-C, será tomada no prazo de dez meses a contar das datas de notificação previstas no Regulamento (CE) n.º 3605/93, tal como referido no n.º 3 do artigo 3.º do presente regulamento. Recorrer-se-á a um procedimento acelerado no caso de um défice programado de forma deliberada e que o Conselho decida ser excessivo.

Artigo 8.º

As decisões do Conselho de intensificar as sanções, nos termos do n.º 11 do artigo 104.º-C, à excepção da conversão dos depósitos em multas prevista no artigo 14.º do presente regulamento, serão tomadas, o mais tardar, no prazo de dois meses a contar das datas de notificação previstas no Regulamento (CE) n.º 3605/93. As decisões do Conselho de revogar parte ou a totalidade das decisões que tomou por força do n.º 12 do artigo 104.º-C serão tomadas o mais rapidamente possível e, em qualquer caso, o mais tardar no prazo de dois meses a contar das datas de notificação previstas no Regulamento (CE) n.º 3605/93.

SECÇÃO 3
Suspensão e acompanhamento

Artigo 9.º

1. O procedimento relativo aos défices excessivos será suspenso:
– e o Estado-membro em causa cumprir as recomendações feitas nos termos do n.º 7 do artigo 104.º-C;
– se o Estado-membro participante em causa cumprir as notificações efectuadas nos termos do n.º 9 do artigo 104.º-C.

2. O período de suspensão do procedimento não será tido em conta nem no período de dez meses referido no artigo 7.º, nem no período de dois meses referido no artigo 6.º do presente regulamento.

Artigo 10.º

1. A Comissão e o Conselho acompanharão a aplicação das medidas tomadas:
   – pelo Estado-membro em causa em resposta às recomendações formuladas nos termos do n.º 7 do artigo 104.º-C;
   – pelo Estado-membro participante em causa em resposta a notificações efectuadas nos termos do n.º 9 do artigo 104.º-C.

2. Se as medidas não estiverem a ser aplicadas pelos Estados-membros participantes ou se, na opinião do Conselho, se revelarem inadequadas, o Conselho tomará uma decisão de imediato, respectivamente, nos termos do n.º 9 ou do n.º 11 do artigo 104.º-C.

3. Se os dados verificados nos termos do Regulamento (CE) n.º 3605/93 indicarem que uma situação de défice excessivo não foi corrigida pelo Estado-membro participante no prazo especificado quer nas recomendações formuladas nos termos do n.º 7 do artigo 104.º-C, quer nas notificações efectuadas nos termos do n.º 9 do artigo 104.º-C, o Conselho tomará uma decisão de imediato, respectivamente nos termos do n.º 9 ou do n.º 11 do artigo 104.º-C.

SECÇÃO 4
Sanções

Artigo 11.º

Sempre que o Conselho decidir aplicar sanções a um Estado-membro participante por força do n.º 11 do artigo 104.º-C, será exigida, regra geral, a constituição de um depósito não remunerado. O Conselho pode decidir complementar este depósito através das medidas previstas nos primeiro e segundo travessões do n.º 11 do artigo 104.º-C.

Artigo 12.º

1. Quando o défice excessivo resultar do não cumprimento do critério relativo à relação do défice orçamental referida no n.º 2, alínea a), do artigo 104.º-C, o montante do primeiro depósito incluirá uma componente fixa, correspondente a 0,2% do PIB, e uma componente variável correspondente a um décimo da diferença entre o défice expresso em percentagem do PIB no ano anterior e os 3% do valor de referência do PIB.

2. Em cada um dos anos seguintes, e até que a decisão sobre a existência de um défice excessivo seja revogada, o Conselho avaliará se o Estado-membro participante em causa tomou medidas efectivas em res-

posta à notificação do Conselho nos termos do n.º 9 do artigo 104.º-C. Nessa avaliação anual, o Conselho decidirá, nos termos do n.º 11 do artigo 104.º-C e sem prejuízo do disposto no artigo 13.º do presente regulamento, intensificar as sanções, a não ser que o Estado-membro participante em causa tenha cumprido o estabelecido na notificação do Conselho. O montante do depósito adicional deverá ser igual a um décimo da diferença entre o défice expresso como percentagem do PIB no ano anterior e os 3% do valor de referência do PIB.

3. Qualquer dos depósitos a que se referem os n.ºs 1 e 2 não deverá exceder o limite máximo de 0,5% do PIB.

Artigo 13.º

O depósito será, regra geral, convertido numa multa pelo Conselho, nos termos do n.º 11 do artigo 104.º-C, se, dois anos após a data da decisão de impor ao Estado-membro participante a constituição de um depósito, o Conselho considerar que o défice excessivo não foi corrigido.

Artigo 14.º

Nos termos do n.º 12 do artigo 104.º-C, o Conselho revogará as sanções referidas no primeiro e segundo travessões do n.º 11 do artigo 104.º-C, consoante a relevância dos progressos registados pelo Estado--membro participante em causa na correcção do défice excessivo.

Artigo 15.º

Nos termos do n.º 12 do artigo 104.º-C, o Conselho revogará todas as sanções em vigor se a decisão relativa à existência de um défice excessivo for revogada. As multas impostas por força do artigo 13.º do presente regulamento não serão reembolsadas ao Estado-membro em causa.

Artigo 16.º

Os depósitos referidos nos artigos 11.º e 12.º do presente regulamento devem ser constituídos junto da Comissão. Os juros desses depósitos, bem como o produto das multas referidas no artigo 13.º do presente regulamento, constituem outras receitas referidas no artigo 201.º do Tratado e serão distribuídos pelos Estados-membros participantes que não tenham um défice excessivo, tal como determinado nos termos do n.º 6 do artigo 104.º-C, proporcionalmente à sua participação no PNB total dos Estados-membros elegíveis.

SECÇÃO 5
Disposições finais e transitórias

Artigo 17.º

Para efeitos do presente regulamento e enquanto o exercício orçamental no Reino Unido não coincidir com o ano civil, as disposições das secções 2, 3 e 4 do presente regulamento serão aplicadas no Reino Unido nos termos do anexo.

Artigo 18.º

O presente regulamento entra em vigor em 1 de Janeiro de 1999.

O presente regulamento é obrigatório em todos os seus elementos e directamente aplicável em todos os Estados-membros.

Feito em Bruxelas, em 7 de Julho de 1997.

Pelo Conselho
O Presidente

J. C. JUNCKER

ANEXO
PRAZOS APLICÁVEIS AO REINO UNIDO

1. Com o objectivo de garantir tratamento igual a todos os Estados--membros, ao tomar as decisões referidas nas secções 2, 3 e 4 do presente regulamento, o Conselho deverá ter em conta o exercício orçamental diferente do Reino Unido, a fim de tomar decisões relativas ao Reino Unido num momento do seu exercício orçamental semelhante àquele em que as decisões tiverem sido ou vierem a ser tomadas em relação a outros Estados-membros.

2. As disposições especificadas na Coluna I INFRA serão substituídas pelas disposições especificadas na Coluna II.

Coluna I	Coluna II
«três meses a contar das datas de notificação fixadas nos n.ᵒˢ 2 e 3 do artigo 4.º do Regulamento (CE) n.º 3605/93.» (n.º 3 do artigo 3.º)	«cinco meses a contar do final do exercício orçamental em que ocorreu o défice
«no ano seguinte à sua identificação» (n.º 4 do artigo 3.º)	«exercício orçamental consecutivo à sua identificação»
«dez meses a contar das datas de notificação previstas no Regulamento (CE) n.º 3605/93, tal como referido no n.º 3 do artigo 3.º do presente regulamento» (artigo 7.º)	«doze meses a contar do final do exercício orçamental em que ocorreu o défice»
«no ano anterior» (n.º 1 do artigo 12.º)	«no exercício orçamental anterior»

Jornal Oficial das Comunidades Europeias n.º L 332 de 31/12/1993

REGULAMENTO (CE) N.º 3605/93 DO CONSELHO
de 22 de Novembro de 1993
relativo à aplicação do Protocolo
sobre o procedimento relativo aos défices excessivos
anexo ao Tratado que institui a Comunidade Europeia

O CONSELHO DA UNIÃO EUROPEIA,

Tendo em conta o Tratado que institui a Comunidade Europeia, e, nomeadamente, o n.º 14, terceiro parágrafo, do seu artigo 104.º-C,

Tendo em conta a proposta da Comissão,

Tendo em conta o parecer do Parlamento Europeu

Considerando que o Protocolo sobre o procedimento relativo aos défices excessivos define os termos «orçamental», «défice» e «investimento» por referência ao sistema europeu de contas económicas integradas (SEC); que são necessárias definições precisas que façam referência aos códigos de nomenclatura do SEC; que essas definições podem ser sujeitas a revisão no âmbito da necessária harmonização das estatísticas nacionais ou por outras razões; que qualquer revisão do SEC será decidida pelo Conselho, de acordo com as regras de competência e de procedimento fixadas no Tratado;

Considerando que a definição de dívida constante do protocolo sobre o procedimento relativo aos défices excessivos necessita de ser pormenorizada por meio de uma referência aos códigos de nomenclatura do SEC;

Considerando que a Directiva 89/130/CEE, Euratom do Conselho, de 13 de Fevereiro de 1989, relativa à harmonização da determinação do produto nacional bruto a preços de mercado, estabelece uma definição pormenorizada e adequada de produto interno bruto a preços de mercado;

Considerando que, nos termos do protocolo sobre o procedimento relativo aos défices excessivos, cabe à Comissão fornecer os dados estatísticos a utilizar no referido procedimento;

Considerando que são necessárias regras pormenorizadas para instituir um processo de notificação rápida e regular dos Estados-membros à Comissão, relativamente aos seus défices programados e verificados e ao nível da sua dívida;

Considerando que, nos termos dos n.ᵒˢ 2 e 3 do artigo 104.°-C do Tratado, a Comissão acompanhará a evolução da situação orçamental e do montante da dívida pública nos Estados-membros e examinará o cumprimento da disciplina orçamental com base em critérios que assentam no défice orçamental e na dívida pública; que a Comissão, no caso de um Estado-membro não cumprir os requisitos de um desses critérios ou de ambos, terá em conta todos os factores pertinentes; que a Comissão deve analisar se existe um risco de défice excessivo num Estado-membro,

ADOPTOU O PRESENTE REGULAMENTO:

SECÇÃO 1
Definições

Artigo 1.°

1. Para efeitos da aplicação do protocolo sobre o procedimento relativo aos défices excessivos e do presente regulamento, os termos constantes dos números seguintes são definidos de acordo com o sistema europeu de contas económicas integradas (SEC). Os códigos entre parênteses referem-se ao SEC, segunda edição.

2. Orçamental significa o que diz respeito ao sector administrações públicas (S60) subdividido nos subsectores administração central (S61), administrações locais (S62) e administrações de segurança social (S63), com excepção das operações comerciais, tal como definidos no SEC.

A exclusão das operações comerciais significa que o sector administrações públicas (S60) engloba apenas as unidades institucionais que, a título de função principal, produzem serviços não mercantis.

3. O défice (excedente) orçamental constitui a necessidade de financiamento (capacidade de financiamento) (N5) do sector administrações públicas (S60), tal como definida no SEC. Os juros incluídos no défice orçamental são os juros (R41), tal como definidos no SEC.

4. O investimento público consiste na formação bruta de capital fixo (P41) do sector administrações públicas (S60), tal como definida no SEC.

5. A dívida pública é o valor nominal da totalidade das responsabilidades brutas em curso no final do ano do sector administrações públicas (S60), com excepção das responsabilidades cujos activos financeiros cor-

respondentes são detidos pelo sector administrações públicas (S60). A dívida pública é constituída pelas responsabilidades das administrações públicas nas categorias seguintes: numerário e depósitos (F20 e F30), títulos a curto prazo (F40), obrigações (F50), outros créditos a curto prazo (F79), bem como outros créditos a médio e longo prazo (F89), de acordo com as definições do SEC.

O valor nominal do montante de uma responsabilidade no final do ano é o respectivo valor facial. O valor nominal de uma responsabilidade indexada corresponde ao seu valor facial ajustado pelo reforço de capital relacionado com a indexação, verificado no final do ano.

As responsabilidades expressas em moeda estrangeira serão convertidas em moeda nacional à taxa representativa do mercado cambial no último dia útil de cada ano.

Artigo 2.º

O produto interno bruto é o produto interno bruto a preços de mercado (PIB pm), tal como definido no artigo 2.º da Directiva 89/130/CEE, Euratom.

Artigo 3.º

1. Os valores do défice orçamental programado são os valores estabelecidos para o ano em curso pelos Estados-membros, em conformidade com as decisões mais recentes das suas autoridades orçamentais.

2. Os valores do défice orçamental verificado e do nível da dívida pública verificada são os resultados estimados, semidefinitivos ou definitivos, para um ano já decorrido.

SECÇÃO 2
Regras e âmbito de aplicação da notificação

Artigo 4.º

1. A partir do início do ano de 1994, os Estados-membros notificarão à Comissão os seus défices orçamentais programados e verificados, bem como o nível da sua dívida pública verificada, duas vezes por ano, a primeira vez antes de 1 de Março do ano em curso (ano n) e a segunda vez antes de 1 de Setembro desse mesmo ano n.

2. Antes de 1 de Março do ano n, os Estados-membros:
   – notificarão à Comissão o seu défice orçamental programado para o ano n, a estimativa mais recente do seu défice orçamental verificado no ano n-1 e os seus défices orçamentais verificados nos anos n-2, n-3 e n-4,

– comunicarão simultaneamente à Comissão, para os anos n, n-1 e n-2, os correspondentes défices orçamentais das suas contas públicas, de acordo com a definição mais habitual no Estado-membro, e os valores que explicam a transição entre esse défice orçamental das contas públicas e o seu défice orçamental. Os valores que demonstram esta transição, a fornecer à Comissão, incluirão nomeadamente os valores relativos à necessidade de financiamento dos subsectores S61, S62 e S63,
– notificarão à Comissão uma estimativa do nível da sua dívida pública verificada no final do ano n-1 e o nível da sua dívida pública verificada nos anos n-2, n-3 e n-4,
– comunicarão simultaneamente à Comissão, para os anos n-1 e n-2, os valores que explicam a contribuição do seu défice orçamental e dos outros factores pertinentes para a variação do nível da sua dívida pública.

3. Antes de 1 de Setembro do ano n, os Estados-membros:
– notificarão à Comissão o seu défice orçamental programado para o ano n, actualizado, bem como o défice orçamental verificado nos anos n-1, n-2, n-3 e n-4, e darão cumprimento ao disposto no segundo travessão do n.º 2,
– notificarão à Comissão o nível da sua dívida pública verificada nos anos n-1, n-2, n-3 e n-4 e darão cumprimento ao disposto no quarto travessão do n.º 2.

4. Os valores do défice orçamental programado, notificados à Comissão nos termos do disposto nos n.ºs 2 e 3, serão expressos em moeda nacional e em anos orçamentais.

Os valores do défice orçamental verificado e do nível da dívida pública verificada, notificados à Comissão nos termos do disposto nos n.ºs 2 e 3, serão expressos em moeda nacional e em anos civis, com excepção das estimativas mais recentes para o ano n-1, que poderão ser expressas em anos orçamentais.

Caso o ano orçamental não coincida com o ano civil, os Estados-membros notificarão igualmente à Comissão os seus valores do défice orçamental verificado e do nível da dívida pública verificada, por anos orçamentais, para os dois anos orçamentais que precedem o ano orçamental em curso.

Artigo 5.º

Os Estados-membros comunicarão à Comissão, segundo as modalidades referidas nos n.ºs 1, 2 e 3 do artigo 4.º, os valores relativos às suas despesas de investimento público e de juros.

Artigo 6.º

Os Estados-membros apresentarão à Comissão uma previsão do seu produto interno bruto para o ano n, bem como o montante do seu produto interno bruto verificado nos anos n-1, n-2, n-3 e n-4, nos mesmos prazos que os referidos no n.º 1 do artigo 4.º.

Artigo 7.º

Em caso de revisão do SEC, a decidir pelo Conselho de acordo com as regras de competência e de procedimento fixadas no Tratado, a Comissão introduzirá as novas referências ao SEC nos artigos 1.º e 4.º.

Artigo 8.º

O presente regulamento entra em vigor em 1 de Janeiro de 1994.

O presente regulamento é obrigatório em todos os seus elementos e directamente aplicável em todos os Estados-membros.

Feito em Bruxelas, em 22 de Novembro de 1993.

Pelo Conselho
O Presidente
Ph. MAYSTADT

V
EURO

O texto do Tratado refere-se sempre à moeda europeia como ECU. Foi, no entanto, entendido que se trata de uma designação genérica e não de um nome em sentido próprio. Na verdade ECU é apenas uma sigla da expressão inglesa *'European Currency Unit'*. O Conselho Europeu de Madrid, de Dezembro de 1995, decidiu que o nome da moeda única europeia seria Euro.

O mesmo Conselho adoptou o calendário final da UEM e da introdução do euro. A 3.ª fase foi definitivamente fixada em 1 de Janeiro de 1999 e a data para o início da circulação de notas e moedas euro a partir de 1 de Janeiro de 2002.
- **Ver Conselho Europeu de Madrid de Dezembro de 1995 (pág. 163)**

*

Com a introdução do euro em 1 de Janeiro de 1999 foi necessário, antes de tudo, definir o seu estatuto jurídico, tanto mais que iria coexistir com a circulação de notas e moedas nacionais.

O Regulamento n.º 974/98 determinou, nomeadamente:
- que o euro substitui as moedas nacionais dos Estados-membros que integram a UEM a partir de 1 de Janeiro de 1999, e será dividido em 100 cêntimos;
- que as unidades monetárias nacionais passam, desde essa data, a ser entendidas como subdivisões do euro, à taxa de conversão fixada;
- que quaisquer instrumentos jurídicos em que se faça referência a unidades monetárias nacionais é equivalente a uma referência ao euro.
- **Ver Regulamento (CE) n.º 974/98 relativo à introdução do euro (pág. 165)**

*

O passo seguinte consistiu na regulamentação dos procedimentos de conversão entre o euro e as moedas nacionais.
- A taxa de conversão tem de exprimir o valor de um euro em relação a cada uma das moedas nacionais dos Estados-membros

participantes com uma precisão de seis algarismos significativos e sem arredondamento ou truncagem.
- A conversão entre duas unidades monetárias nacionais implica uma primeira conversão para euros e uma segunda conversão para a outra unidade monetária, usando sempre as respectivas taxas de conversão.
- Os valores finais, tanto em euros como em uma unidade monetária nacional, serão arredondados para a subdivisão mais próxima, usando as regras habituais.
• **Ver Regulamento (CE) n.º 1103/97 relativo a certas disposições respeitantes à introdução do euro (pág. 175)**

*

Definido o estatuto jurídico e as regras de conversão, procedeu-se à especificação técnica das moedas e notas de euro.
O Regulamento n.º 975/98 definiu as dimensões, peso, composição e serrilhas das 8 moedas a serem cunhadas, tendo as moedas de 10 e 50 cêntimos sido objecto de uma alteração posterior.
• **Ver Regulamento (CE) n.º 975/98 relativo aos valores faciais e às especificações técnicas das moedas em euros destinadas a circulação (pág. 181)**
• **Ver Regulamento (CE) n.º 423/1999 que altera o Regulamento (CE) n.º 975/98 relativo aos valores faciais e às especificações técnicas das moedas em euros destinadas a circulação (pág. 185)**

*

Idêntico procedimento foi feito, pelo BCE, para as 7 notas em euro com valores faciais entre 5 e 500 euros.
• **Ver Decisão (BCE/1998/6) do Banco Central Europeu (1999/33/CE) relativa às denominações, especificações, reprodução, troca e retirada de circulação das notas em euros (pág. 187)**

*

Posteriormente foram tomadas algumas decisões adicionais relativas às notas em euro.
Estimou-se a quantidade de notas euro a emitir que deverá rondar os 13 mil milhões.
• **Ver Decisões adicionais sobre as notas de banco em euro (pág. 192)**

*

Foi também decidido que cada banco central assegurará a conversão entre notas nacionais dos vários Estados participantes na UEM à taxa de conversão fixa.
- **Ver A troca de notas nacionais de outros Estados-membros participantes por bancos centrais nacionais participantes (pág. 193)**

*

Em 31 de Dezembro de 1998, tal como previsto, foi por fim fixada a taxa de conversão para cada uma das moedas em relação ao euro.
- **Ver Regulamento (CE) n.º 2866/98 relativo às taxas de conversão entre o euro e as moedas dos Estados-membros que adoptam o euro (pág. 195)**

CONSELHO EUROPEU DE MADRID
12-12-1995

I. Cenário de introdução da moeda única

1. O Conselho Europeu confirma que a terceira fase da União Económica e Monetária terá início em 1 de Janeiro de 1999, de acordo com os critérios de convergência, o calendário, os protocolos e os procedimentos estabelecidos no Tratado.

O Conselho Europeu confirma que um elevado grau de convergência económica constitui uma condição prévia para a consecução do objectivo do Tratado de criar uma moeda única estável.

2. A denominação da nova moeda é um elemento importante na preparação da passagem para a moeda única, visto determinar em parte a aceitabilidade pública da União Económica e Monetária. O Conselho Europeu considera que a denominação da moeda única deve ser a mesma em todas as línguas oficiais da União Europeia, tomando em consideração a existência de vários alfabetos; deve ser simples e simbolizar a Europa.

Por conseguinte, o Conselho Europeu decide que Euro será a denominação dada à moeda europeia a partir do início da terceira fase. Euro será a sua denominação completa e não um simples prefixo a antepor às denominações das moedas nacionais.

A denominação específica Euro substituirá a expressão genérica ECU utilizada no Tratado para referir a unidade monetária europeia.

Os Governos dos quinze Estados-Membros determinaram que esta decisão constitui a interpretação aprovada e definitiva das disposições pertinentes do Tratado.

3. Como passo decisivo na clarificação do processo de introdução da moeda única, o Conselho Europeu adopta o cenário de introdução da moeda única, constante do Anexo 1, com base no relatório elaborado, a seu pedido, pelo Conselho, em concertação com a Comissão e com o Instituto Monetário Europeu. O Conselho Europeu constata com satisfação que o cenário é compatível com o relatório do IME sobre a introdução da moeda única.

4. O cenário garante a transparência e a aceitabilidade, fortalece a credibilidade e reforça a irreversibilidade do processo. É tecnicamente exequível e visa proporcionar a necessária segurança jurídica, minimizar os custos da adaptação e evitar distorções de concorrência. De acordo com o cenário de introdução, o Conselho, reunido a nível de chefes de Estado e de Governo, confirmará, o mais cedo possível durante 1998, quais os Estados-Membros que cumprem as condições necessárias para a adopção da moeda única. O Banco Central Europeu (BCE) deverá ser criado com suficiente antecedência para que possa completar os preparativos e iniciar plenamente as suas actividades em 1 de Janeiro de 1999.

5. A terceira fase terá início em 1 de Janeiro de 1999, com a fixação irrevogável das taxas de conversão entre as moedas dos países participantes, entre si, e com o Euro. A partir desta data, a política monetária e a de taxas de câmbio serão executadas em Euro, promover-se-á a utilização do Euro nos mercados cambiais e os Estados-Membros participantes emitirão em Euro a nova dívida negociável.

6. Em 1 de Dezembro de 1999, entrará em vigor um regulamento do Conselho, cujos trabalhos técnicos preparatórios deverão estar concluídos em finais de 1996, o mais tardar, e que estabelecerá o quadro jurídico para a utilização do Euro a partir daquela data, altura em que se transformará numa moeda de direito próprio e que deixará de existir o cabaz oficial do ECU. Este regulamento estabelecerá, enquanto subsistirem diferentes unidades monetárias, uma equivalência juridicamente vinculativa entre o Euro e as unidades monetárias nacionais. A substituição das moedas nacionais pelo Euro não alterará, por si só, a continuidade dos contratos, salvo disposição em contrário destes. No caso de contratos expressos com referência ao cabaz oficial do ECU da Comunidade Europeia, nos termos do Tratado, a substituição pelo Euro far-se-á à taxa de câmbio de um para um, salvo disposição em contrário do contrato.

7. O mais tardar em 1 de Janeiro de 2002, entrarão em circulação as notas de banco e as moedas metálicas Euro, conjuntamente com as notas e moedas nacionais. O mais tardar seis meses depois, as moedas nacionais serão integralmente substituídas pelo Euro em todos os Estados-Membros participantes e a introdução ficará concluída. No entanto, as notas e moedas nacionais poderão ainda continuar a ser cambiadas por notas e moedas nos Bancos Centrais nacionais.

8. O Conselho Europeu insta o Conselho ECOFIN para que acelere os trabalhos técnicos necessários à implementação do cenário de introdução hoje adoptado. Definir-se-á igualmente as características das notas e moedas em Euro nos diferentes alfabetos da União.

Jornal Oficial das Comunidades Europeias n.º L 139
de 11.5.98

REGULAMENTO (CE) N.º 974/98 DO CONSELHO
de 3 de Maio de 1998
relativo à introdução do euro

O CONSELHO DA UNIÃO EUROPEIA,

Tendo em conta o Tratado que institui a Comunidade Europeia e, nomeadamente, o n.º 4, terceiro período, do seu artigo 109.º-L,
Tendo em conta a proposta da Comissão
Tendo em conta o parecer do Banco Central Europeu
Tendo em conta o parecer do Parlamento Europeu

(1) Considerando que o presente regulamento define as disposições do direito monetário dos Estados-membros que adoptaram o euro; que o Regulamento (CE) n.º 1103/97 do Conselho, de 17 de Junho 1997, relativo a certas disposições respeitantes à introdução do euro, já estabeleceu disposições relativas à estabilidade dos contratos, à substituição nos instrumentos jurídicos das referências ao ecu por referências ao euro e às regras de arredondamento; que a introdução do euro diz respeito às operações correntes de toda a população dos Estados-membros participantes; que, a fim de assegurar uma transição equilibrada, em especial para os consumidores, deverão ser estudadas outras medidas para além das estabelecidas no presente regulamento e no Regulamento (CE) n.º 1103/97;

(2) Considerando que, na reunião do Conselho Europeu de Madrid, realizada em 15 e 16 de Dezembro de 1995, foi decidido que o termo «ECU» utilizado no Tratado para fazer referência à unidade monetária europeia é um termo genérico; que os Governos dos quinze Estados-membros acordaram em comum que esta decisão constitui a interpretação acordada e definitiva das disposições pertinentes do Tratado; que a designação dada à moeda europeia será «euro»; que o euro, enquanto moeda dos Estados-membros participantes, será dividido em 100 subunidades designadas

«cent»; que a definição da designação «cent» não impede a utilização de variantes deste termo que sejam de uso comum nos Estados-membros; que, além disso, o Conselho Europeu considerou que a designação da moeda única deve ser a mesma em todas as línguas oficiais da União Europeia, tendo em conta a existência de diferentes alfabetos;

(3) Considerando que o Conselho, deliberando nos termos do n.º 4, terceiro período, do artigo 109.º-L do Tratado, deve tomar as medidas necessárias para a rápida introdução do euro, para além da fixação das taxas de conversão;

(4) Considerando que, sempre que um Estado-membro se torne um Estado-membro participante nos termos do n.º 2 do artigo 109.º-K do Tratado, o Conselho, de acordo com o n.º 5 do artigo 109.º-L do Tratado, tomará as outras medidas necessárias para a rápida introdução do euro como moeda única desse mesmo Estado-membro;

(5) Considerando que, nos termos do n.º 4, primeiro período, do artigo 109.º-L do Tratado, o Conselho determinará, na data de início da terceira fase, as taxas de conversão às quais as moedas dos Estados-membros participantes ficam irrevogavelmente fixadas e as taxas, irrevogavelmente fixadas, a que o euro substituirá essas moedas;

(6) Considerando que, dada a ausência de risco cambial, quer entre a unidade euro e as unidades monetárias nacionais quer entre as diferentes unidades monetárias nacionais, as disposições legais deverão ser interpretadas em conformidade;

(7) Considerando que o termo «contrato», utilizado na definição do conceito de instrumentos jurídicos, deve incluir todos os tipos de contratos, independentemente do modo por que foram celebrados;

(8) Considerando que, para preparar uma passagem harmoniosa para o euro, é necessário prever um período de transição a decorrer entre a substituição das moedas dos Estados-membros participantes pelo euro e a introdução das notas e moedas expressas em euros; que, durante esse período, as unidades monetárias nacionais serão definidas como subdivisões do euro; que, assim, se estabelece uma equivalência jurídica entre a unidade euro e as unidades monetárias nacionais;

(9) Considerando que, de acordo com o artigo 109.º-G do Tratado e o Regulamento (CE) n.º 1103/97, o euro substituirá o ecu a partir de 1 de Janeiro de 1999 como unidade de conta das instituições das Comunidades Europeias; que o euro constituirá também a unidade de conta do Banco Central Europeu (BCE) e dos bancos centrais dos Estados-membros participantes; que, em conformidade com as conclusões de Madrid, as operações de política monetária serão efectuadas pelo Sistema Europeu

de Bancos Centrais (SEBC) na unidade euro; que tal não impede os bancos centrais nacionais de manterem contas expressas na sua unidade monetária nacional durante o período de transição, nomeadamente para o seu pessoal e para a administração pública;

(10) Considerando que cada um dos Estados-membros participantes pode autorizar a plena utilização da unidade euro no seu território durante o período de transição;

(11) Considerando que, durante o período de transição, os contratos, as leis nacionais e outros instrumentos jurídicos podem ser validamente redigidos na unidade euro ou na unidade monetária nacional; que, durante esse período, nenhuma disposição do presente regulamento afectará a validade de quaisquer referências em quaisquer instrumentos jurídicos a uma unidade monetária nacional;

(12) Considerando que, salvo convenção em contrário, os agentes económicos terão de respeitar a expressão monetária de um instrumento jurídico na execução de todos os actos a efectuar por força desse instrumento;

(13) Considerando que a unidade euro e as unidades monetárias nacionais são unidades da mesma moeda; que deverá ser assegurado que os pagamentos a efectuar no interior de um Estado-membro participante por crédito em conta possam ser feitos na unidade euro ou na respectiva unidade monetária nacional; que as disposições relativas aos pagamentos por crédito em conta deverão igualmente ser aplicáveis aos pagamentos transfronteiras que sejam expressos na unidade euro ou na unidade monetária nacional em que esteja expressa a conta do credor; que é necessário assegurar o funcionamento harmonioso dos sistemas de pagamentos por meio de uma disposição que regule o crédito de contas por instrumentos de pagamento creditados através desses sistemas; que as disposições relativas aos pagamentos por crédito em conta não deverão implicar que os intermediários financeiros sejam obrigados a disponibilizar quer outras facilidades de pagamento quer produtos expressos numa dada unidade do euro; que as disposições relativas aos pagamentos por crédito em conta não impedem os intermediários financeiros de coordenarem a introdução de facilidades de pagamento expressas na unidade euro que assentem numa infra-estrutura técnica comum durante o período de transição;

(14) Considerando que, de acordo com as conclusões do Conselho Europeu de Madrid, a nova dívida pública negociável será emitida na unidade euro pelos Estados-membros participantes a partir de 1 de Janeiro de 1999; que é desejável permitir às entidades emitentes da dívida redenominar na unidade euro a dívida em curso; que as disposições relativas

à redenominação deverão ser de molde a poderem ser também aplicáveis na esfera jurídica de países terceiros; que as entidades emitentes deverão ter a possibilidade de redenominar a dívida em curso se esta estiver expressa numa unidade monetária nacional de um Estado-membro que tiver redenominado uma parte ou a totalidade da dívida em curso das suas administrações públicas; que estas disposições não contemplam a introdução de medidas suplementares destinadas a alterar os termos da dívida em curso a fim de modificar, designadamente, o montante nominal dessa dívida, as quais se regem pela legislação nacional aplicável; que é desejável permitir aos Estados-membros tomarem medidas adequadas para alterar a unidade de conta utilizada nos procedimentos operacionais dos mercados organizados;

(15) Considerando que poderão igualmente ser necessárias outras acções, a nível da Comunidade, a fim de clarificar os efeitos da introdução do euro na aplicação das disposições existentes no direito comunitário, especialmente no que respeita à compensação, à reconversão e às técnicas de efeito similar;

(16) Considerando que qualquer obrigação de utilização do euro só pode ser imposta com base na legislação comunitária; que, nas transacções com o sector público, os Estados-membros participantes podem permitir a utilização da unidade euro; que, de acordo com o cenário de referência aprovado pelo Conselho Europeu na reunião de Madrid, a legislação comunitária que estabelece o calendário para a generalização do uso da unidade euro pode deixar alguma liberdade a cada Estado-membro;

(17) Considerando que, nos termos do artigo 105.°-A do Tratado, o Conselho pode adoptar medidas para harmonizar as denominações e especificações técnicas de todas as moedas metálicas;

(18) Considerando que é necessária uma protecção adequada das notas e moedas contra a contrafacção;

(19) Considerando que as notas e moedas expressas em unidades monetárias nacionais deixarão de ter curso legal o mais tardar seis meses após o final do período de transição; que as limitações aos pagamentos em notas e moedas, estabelecidas pelos Estados-membros por razões de interesse público, não são incompatíveis com o curso legal das notas e moedas expressas em euro desde que existam outros meios legais de pagamento das obrigações pecuniárias;

(20) Considerando que, expirado o período de transição, as referências feitas nos instrumentos jurídicos existentes no final desse período deverão ser entendidas como referências à unidade euro de acordo com as respectivas taxas de conversão; que, por conseguinte, para o efeito não é

necessário alterar a denominação dos instrumentos jurídicos existentes; que as regras relativas ao arredondamento definidas no Regulamento (CE) n.° 1103/97 se aplicarão também às conversões a efectuar no final do período de transição ou após o termo desse período; que, por motivos de clareza, pode ser conveniente que essa alteração da denominação seja efectuada logo que possível;

(21) Considerando que o ponto 2 do Protocolo n.° 11, relativo a certas disposições relacionadas com o Reino Unido da Grã-Bretanha e da Irlanda do Norte, estabelece que, nomeadamente, o ponto 5 desse protocolo será aplicável se o Reino Unido notificar o Conselho de que não tenciona passar para a terceira fase; que o Reino Unido notificou o Conselho, em 16 de Outubro de 1996, de que não tenciona passar para a terceira fase; que o ponto 5 estabelece que, nomeadamente, o n.° 4 do artigo 109.°-L do Tratado não será aplicável ao Reino Unido;

(22) Considerando que a Dinamarca, referindo-se ao ponto 1 do Protocolo n.° 12, relativo a certas disposições respeitantes à Dinamarca, notificou, no contexto da decisão de Edimburgo de 12 de Dezembro de 1992, que não participará na terceira fase; que, por conseguinte, de acordo com o ponto 2 desse protocolo, serão aplicáveis à Dinamarca todos os artigos e disposições do Tratado e dos Estatutos do SEBC que fazem referência a derrogações;

(23) Considerando que, em conformidade com o n.° 4 do artigo 109.°-L do Tratado, a moeda única só será introduzida nos Estados-membros que não beneficiem de uma derrogação;

(24) Considerando que, por conseguinte, o presente regulamento será aplicável em conformidade com o artigo 189.° do Tratado, sob reserva do disposto nos Protocolos n. 11 e 12 e no n.° 1 do artigo 109.°-K,

ADOPTOU O PRESENTE REGULAMENTO:

PARTE I

Definições

Artigo 1.°

Para efeitos do presente regulamento, entende-se por:
- «Estados-membros participantes», ou seja, a Bélgica, a Alemanha, a Espanha, a França, a Irlanda, a Itália, o Luxemburgo, os Países Baixos, a Áustria, Portugal e a Finlândia,
- «instrumentos jurídicos», as disposições legais e regulamentares, os actos administrativos, as decisões judiciais, os contratos, os actos jurídicos unilaterais, os instrumentos de pagamento que não

sejam notas nem moedas, bem como outros instrumentos com efeitos jurídicos,
- «taxa de conversão», a taxa de conversão irrevogavelmente fixada, adoptada pelo Conselho, nos termos do n.° 4, primeiro período, do artigo 109.°-L do Tratado, para a moeda de cada Estado-membro participante,
- «unidade euro», a unidade monetária referida no segundo período do artigo 2.°,
- «unidades monetárias nacionais», as unidades das moedas dos Estados-membros participantes, tal como definidas na véspera do início da terceira fase da União Económica e Monetária,
- «período de transição», o período que tem início em 1 de Janeiro de 1999 e que termina em 31 de Dezembro de 2001,
- «redenominação», a alteração da unidade em que o montante da dívida em curso está expresso, de uma unidade monetária nacional para a unidade euro, tal como definida no artigo 2.°, sem que isso acarrete a alteração de quaisquer outros termos da dívida, alteração essa que se rege pela legislação nacional.

PARTE II
Substituição das moedas dos Estados-membros participantes pelo euro

Artigo 2.°
A partir de 1 de Janeiro de 1999, a moeda dos Estados-membros participantes é o euro. A respectiva unidade monetária é um euro. Cada euro dividir-se-á em cem cent.

Artigo 3.°
O euro substitui a moeda de cada Estado-membro participante.

Artigo 4.°
O euro é a unidade de conta do Banco Central Europeu (BCE) e dos bancos centrais dos Estados-membros participantes.

PARTE III
Disposições transitórias

Artigo 5.°
Os artigos 6.°, 7.°, 8.° e 9.° são aplicáveis durante o período de transição.

Artigo 6.º

1. O euro é também dividido nas unidades monetárias nacionais de acordo com as taxas de conversão. Mantêm-se as subdivisões das unidades monetárias nacionais. A legislação monetária dos Estados-membros participantes continua a ser aplicável, sob reserva do disposto no presente regulamento.

2. Sempre que, num instrumento jurídico, se fizer referência a uma unidade monetária nacional, essa referência tem a mesma validade que teria uma referência à unidade euro de acordo com as taxas de conversão.

Artigo 7.º

A substituição das moedas dos Estados-membros participantes pelo euro não altera, por si só, a denominação dos instrumentos jurídicos existentes à data dessa substituição.

Artigo 8.º

1. Os actos a executar por força de instrumentos jurídicos que determinem a utilização de uma unidade monetária nacional ou que sejam expressos numa unidade monetária nacional devem ser executados nessa unidade monetária nacional; os actos a executar por força de instrumentos jurídicos que determinem a utilização da unidade euro ou que sejam expressos na unidade euro devem ser executados nessa unidade.

2. O n.º 1 é aplicável sob reserva do que tiver sido acordado entre as partes.

3. Não obstante o n.º 1, qualquer montante expresso quer na unidade euro quer na unidade monetária nacional de um determinado Estado-membro participante e pagável nesse Estado-membro por crédito em conta do credor, pode ser pago pelo devedor quer na unidade euro quer nessa unidade monetária nacional. Esse montante deve ser creditado na conta do credor na unidade monetária dessa conta, sendo todas as conversões efectuadas às taxas de conversão.

4. Não obstante o n.º 1, cada Estado-membro participante pode tomar as medidas que se revelem necessárias para:
   – redenominar na unidade euro a dívida em curso emitida pelas administrações públicas desse Estado-membro, tal como definidas no Sistema Europeu de Contas Integradas, expressa na respectiva unidade monetária nacional e emitida nos termos da respectiva legislação nacional. Se um Estado-membro tiver tomado tal medida, as entidades emitentes podem redenominar na unidade euro

a dívida expressa na unidade monetária nacional desse Estado-membro, salvo se a redenominação for expressamente vedada nos termos do contrato; esta disposição aplica-se tanto à dívida emitida pelas administrações públicas de um Estado-membro como às obrigações e outros títulos de dívida negociáveis nos mercados de capitais, bem como aos instrumentos do mercado monetário, emitidos por outros devedores,
– permitir a alteração da unidade de conta dos respectivos procedimentos operacionais, substituindo a unidade monetária nacional pela unidade euro, por parte de:

a) mercados em que se efectuam regularmente operações de negociação, compensação e liquidação quer de quaisquer instrumentos enumerados na secção B do anexo da Directiva 93/22/CEE do Conselho, de 10 de Maio de 1993, relativa aos serviços de investimento no domínio dos valores mobiliários, quer de mercadorias,

b) sistemas em que se efectuam regularmente operações de negociação, compensação e liquidação de pagamentos.

5. Para além das disposições referidas no n.º 4, os Estados-membros participantes apenas podem aprovar outras disposições que imponham a utilização da unidade euro de acordo com um calendário estabelecido pela legislação comunitária.

6. As disposições legais nacionais dos Estados-membros participantes que autorizem ou imponham operações de compensação, de reconversão ou técnicas com efeitos similares são aplicáveis às obrigações pecuniárias, independentemente da unidade monetária em que são expressas, desde que essa unidade monetária seja o euro ou uma unidade monetária nacional, sendo todas as conversões efectuadas às taxas de conversão.

Artigo 9.º

As notas e moedas expressas numa unidade monetária nacional mantêm, dentro dos respectivos limites territoriais, o curso legal que tinham na véspera da entrada em vigor do presente regulamento.

PARTE IV
Notas e moedas expressas em euro
Artigo 10.º

A partir de 1 de Janeiro de 2002, o BCE e os bancos centrais dos Estados-membros participantes porão em circulação notas expressas em euro. Sem prejuízo do artigo 15.º, essas notas expressas em euro serão as únicas notas com curso legal em todos esses Estados-membros.

Artigo 11.º

A partir de 1 de Janeiro de 2002, os Estados-membros participantes emitirão moedas expressas em euro ou em cent, que respeitem as denominações e as especificações técnicas que o Conselho possa adoptar nos termos do n.º 2, segundo período, do artigo 105.º-A do Tratado. Sem prejuízo do artigo 15.º, essas moedas serão as únicas moedas com curso legal em todos esses Estados-membros. À excepção da autoridade emissora e das pessoas especificamente designadas pela legislação nacional do Estado-membro emissor, ninguém poderá ser obrigado a aceitar mais de cinquenta moedas num único pagamento.

Artigo 12.º

Os Estados-membros participantes adoptam as sanções adequadas no que diz respeito à contrafacção e à falsificação de notas e moedas expressas em euros.

PARTE V
Disposições finais

Artigo 13.º

Os artigos 14.º, 15.º e 16.º são aplicáveis a partir do final do período de transição.

Artigo 14.º

As referências às unidades monetárias nacionais em instrumentos jurídicos existentes no final do período de transição são consideradas referências à unidade euro, aplicando-se as respectivas taxas de conversão. As regras de arredondamento estabelecidas no Regulamento (CE) n.º 1103/97 são aplicáveis.

Artigo 15.º

1. As notas e moedas expressas numa das unidades monetárias nacionais referidas no n.º 1 do artigo 6.º mantêm o seu curso legal, dentro dos respectivos limites territoriais, até seis meses após o final do período de transição, podendo esse período ser reduzido pela legislação nacional.

2. Cada Estado-membro participante pode, por um período máximo de seis meses após o final do período de transição, estabelecer regras para a utilização das notas e moedas expressas na respectiva unidade monetária nacional, tal como referida no n.º 1 do artigo 6.º, e tomar todas as medidas necessárias para facilitar a sua retirada da circulação.

Artigo 16.º

De acordo com a legislação ou as práticas nos Estados-membros participantes, os respectivos emissores de notas e moedas devem continuar a aceitar, contra o euro e à taxa de conversão aplicável, as notas e moedas por eles emitidas anteriormente.

PARTE VI
Entrada em vigor

Artigo 17.º

O presente regulamento entra em vigor em 1 de Janeiro de 1999.

O presente regulamento é obrigatório em todos os seus elementos e directamente aplicável em todos os Estados-membros, de acordo com o Tratado, sob reserva do disposto nos Protocolos n.ºs 11 e 12 e no n.º 1 do artigo 109.º-K.

Feito em Bruxelas, em 3 de Maio de 1998.

Pelo Conselho
O Presidente

G. BROWN

Jornal Oficial das Comunidades Europeias n.º L 162
de 19.6.97

REGULAMENTO (CE) N.º 1103/97 DO CONSELHO
de 17 de Junho de 1997
relativo a certas disposições respeitantes à introdução do euro

O CONSELHO DA UNIÃO EUROPEIA,

Tendo em conta o Tratado que institui a Comunidade Europeia e, nomeadamente, o seu artigo 235.º,
Tendo em conta a proposta da Comissão,
Tendo em conta o parecer do Parlamento Europeu,
Tendo em conta o parecer do Instituto Monetário Europeu,

(1) Considerando que, na reunião de Madrid realizada em 15 e 16 de Dezembro de 1995, o Conselho Europeu confirmou que a terceira fase da União Económica e Monetária terá início em 1 de Janeiro de 1999, tal como previsto no n.º 4 do artigo 109.º-J do Tratado; que os Estados-membros que adoptarem o euro como moeda única em conformidade com o Tratado são definidos, para os efeitos do presente regulamento, como «Estados-membros participantes»;

(2) Considerando que, na reunião do Conselho Europeu em Madrid, foi decidido que o termo «ecu» utilizado pelo Tratado para fazer referência à unidade monetária europeia é um termo genérico; que os Governos dos quinze Estados-membros acordaram em comum que esta decisão constitui a interpretação aprovada e definitiva das disposições pertinentes do Tratado; que a designação dada à moeda europeia será «euro»; que o euro, enquanto moeda dos Estados-membros participantes, será dividido em 100 subunidades designadas «cent»; que, além disso, o Conselho Europeu considerou que a designação da moeda única deve ser a mesma em todas as línguas oficiais da União Europeia, tendo em conta a existência de diferentes alfabetos;

(3) Considerando que, a fim de definir o enquadramento jurídico do euro, o Conselho adoptará, com base no n.º 4, terceiro período, do artigo 109.º-L do Tratado, um regulamento relativo à introdução do euro, logo que sejam conhecidos os Estados-membros participantes; que o Conselho, deliberando na data de início da terceira fase nos termos do n.º 4, primeiro período, do artigo 109.º-L do Tratado, determinará as taxas de conversão irrevogavelmente fixadas;

(4) Considerando que, para o funcionamento do mercado comum e a transição para a moeda única, é necessário proporcionar segurança jurídica aos cidadãos e às empresas de todos os Estados-membros no que diz respeito a certas disposições respeitantes à introdução do euro, com bastante antecedência em relação ao início da terceira fase; que esta segurança jurídica num estádio antecipado permitirá que os cidadãos e as empresas se preparem para actuarem em boas condições;

(5) Considerando que o n.º 4, terceiro período, do artigo 109.º-L do Tratado, que permite ao Conselho, deliberando por unanimidade dos Estados-membros participantes, tomar outras medidas necessárias para a rápida introdução da moeda única, apenas pode servir de fundamento jurídico quando tiver sido confirmado, nos termos do n.º 4 do artigo 109.º-J do Tratado, quais os Estados-membros que satisfazem as condições necessárias para a adopção de uma moeda única; que é por conseguinte necessário utilizar o artigo 235.º como fundamento jurídico para as disposições cuja adopção é urgente por razões de segurança jurídica; que, consequentemente, o presente regulamento e o referido regulamento relativo à introdução do euro estabelecerão, conjuntamente, o enquadramento jurídico do euro, cujos princípios foram acordados pelo Conselho Europeu em Madrid; que a introdução do euro diz respeito às operações correntes de toda a população dos Estados-membros participantes; que, a fim de assegurar uma transição equilibrada, em especial para os consumidores, deverão ser estudadas outras medidas para além das estabelecidas no presente regulamento e no que será adoptado ao abrigo do n.º 4, terceiro período, do artigo 109.º-L do Tratado;

(6) Considerando que o ecu, tal como referido no artigo 109.º-G do Tratado e definido no Regulamento (CE) n.º 3320/94 do Conselho, de 22 de Dezembro de 1994, relativo à codificação da legislação comunitária vigente respeitante à definição do ecu após a entrada em vigor do Tratado da União Europeia, deixará de ser definido como um cabaz de moedas em 1 de Janeiro de 1999 e o euro se tornará uma moeda de pleno direito; que a decisão do Conselho relativa à adopção das taxas de conversão não alterará por si só o valor externo do ecu; que tal significa que um ecu,

enquanto cabaz de moedas, se tornará um euro; que o Regulamento (CE) n.° 3320/94 deixa por conseguinte de ter objecto, devendo por isso ser revogado; que, no que diz respeito às referências ao ecu contidas em instrumentos jurídicos, se presume que as partes acordaram referir-se ao ecu tal como referido no artigo 109.°-G do Tratado e definido no regulamento acima referido, que essa presunção deve ser iludível tendo em conta as intenções das partes;

(7) Considerando que, segundo um princípio de direito geralmente aceite, a estabilidade dos contratos e outros instrumentos jurídicos não é prejudicada pela introdução de uma nova moeda; que o princípio da liberdade contratual deve ser respeitado; que o princípio da estabilidade deve ser compatível com o que as partes possam ter acordado em relação à introdução do euro; que, para reforçar a segurança jurídica e a clareza, é conveniente confirmar expressamente que o princípio da estabilidade dos contratos e de outros instrumentos jurídicos se aplicará entre as antigas moedas nacionais e o euro, por um lado, e entre o ecu, tal como referido no artigo 109.°-G do Tratado e definido no Regulamento (CE) n.° 3320/94, e o euro, por outro; que tal implica nomeadamente que, no caso de instrumentos com taxa de juro fixa, a introdução do euro não altera a taxa de juro nominal a pagar pelo devedor; que as disposições relativas à estabilidade apenas podem atingir o objectivo de proporcionar segurança jurídica e transparência aos agentes económicos, especialmente aos consumidores, se entrarem em vigor o mais rapidamente possível;

(8) Considerando que a introdução do euro constitui uma alteração da legislação monetária de cada Estado-membro participante; que o reconhecimento da legislação monetária dos Estados é um princípio universalmente aceite; que a confirmação expressa do princípio da estabilidade implicará o reconhecimento da estabilidade dos contratos e outros instrumentos jurídicos nas ordens jurídicas de países terceiros;

(9) Considerando que o termo «contrato», utilizado na definição do conceito de instrumentos jurídicos, deve incluir todos os tipos de contratos, independentemente do modo por que foram celebrados;

(10) Considerando que o Conselho, deliberando nos termos do n.° 4, primeiro período, do artigo l09.°-L do Tratado, determinará as taxas de conversão do euro em relação a cada uma das moedas nacionais dos Estados-membros participantes; que essas taxas de conversão deverão ser utilizadas para qualquer conversão entre o euro e as unidades monetárias nacionais ou entre as diferentes unidades monetárias nacionais; que o resultado de todas as conversões entre unidades monetárias na-

cionais deverá ser definido por meio de um algoritmo pré-estabelecido; que a utilização de taxas inversas de conversão implicaria o arredondamento das taxas e poderia acarretar imprecisões significativas, nomeadamente quando estivessem em causa montantes elevados;

(11) Considerando que a introdução do euro implica o arredondamento dos montantes pecuniários; que é necessário conhecer com antecedência as regras relativas ao arredondamento, quer para o funcionamento do mercado comum, quer para possibilitar uma preparação atempada e uma transição harmoniosa para a União Económica e Monetária; que tais regras não afectam a utilização nos cálculos intermédios de quaisquer práticas, convenções ou disposições nacionais de arredondamento que permitam um grau mais elevado de precisão;

(12) Considerando que, para se assegurar um grau elevado de precisão nas operações de conversão, as taxas de conversão deverão ser definidas com seis algarismos significativos; que por «taxa com seis algarismos significativos» se deverá entender uma taxa com seis algarismos contados a partir da esquerda, a começar no primeiro algarismo diferente de zero,

ADOPTOU O PRESENTE REGULAMENTO:

Artigo 1.º

Para efeitos do presente regulamento, entende-se por:
- «Instrumentos jurídicos», as disposições legais e regulamentares, os actos administrativos, as decisões judiciais, os contratos, os actos jurídicos unilaterais, os instrumentos de pagamento que não sejam notas nem moedas, bem como outros instrumentos com efeitos jurídicos,
- «Estados-membros participantes», os Estados-membros que adoptarem a moeda única em conformidade com o Tratado,
- «Taxas de conversão», as taxas de conversão irrevogavelmente fixadas, que o Conselho adoptar nos termos do n.º 4, primeiro período, do artigo 109.º-L do Tratado,
- «Unidades monetárias nacionais», as unidades das moedas dos Estados-membros participantes, tal como definidas na véspera do início da terceira fase da união económica e monetária,
- «Unidade euro», a unidade da moeda única tal como definida no regulamento relativo à introdução do euro, que entrará em vigor no primeiro dia da terceira fase da união económica e monetária.

Artigo 2.º

1. Todas as referências feitas num instrumento jurídico ao ecu, tal como referido no artigo 109.º-G do Tratado e definido no Regulamento (CE) n.º 3320/94, são substituídas por referências ao euro, à taxa de um euro por um ecu. Presume-se que as referências ao ecu feitas num instrumento jurídico, sem essa definição, constituem referências ao ecu tal como referido no artigo 109.º-G do Tratado e definido no Regulamento (CE) n.º 3320/94, podendo esta presunção ser ilidida tendo em conta as intenções das partes.

2. É revogado o Regulamento (CE) n.º 3320/94.

3. O presente artigo é aplicável a partir de 1 de Janeiro de 1999 em conformidade com a decisão tomada nos termos do n.º 4 do artigo 109.º-J do Tratado.

Artigo 3.º

A introdução do euro não tem por efeito alterar qualquer termo previsto num instrumento jurídico, nem eximir ou dispensar da execução de qualquer obrigação decorrente de um instrumento jurídico, nem proporcionar a uma parte o direito de unilateralmente modificar ou pôr termo a esse instrumento jurídico. O presente artigo é aplicável sob reserva do que tiver sido acordado entre as partes.

Artigo 4.º

1. As taxas de conversão adoptadas exprimem o valor de um euro em relação a cada uma das moedas nacionais dos Estados-membros participantes e incluem seis algarismos significativos.

2. Nas operações de conversão, as taxas de conversão não podem ser arredondadas nem truncadas.

3. As taxas de conversão devem ser utilizadas para as conversões entre a unidade euro e as unidades monetárias nacionais e vice-versa. Não devem ser utilizadas taxas inversas calculadas a partir das taxas de conversão.

4. Os montantes pecuniários a converter de uma unidade monetária nacional para outra unidade monetária nacional devem ser previamente convertidos num montante pecuniário expresso em unidades euro, o qual pode ser arredondado para, pelo menos, três casas decimais, sendo subsequentemente convertido na outra unidade monetária nacional. Não pode ser utilizado outro método de cálculo, salvo se produzir os mesmos resultados.

Artigo 5.º

Os montantes pecuniários a pagar ou a contabilizar quando se efectua um arredondamento após uma conversão para a unidade euro nos termos do artigo 4.º devem ser arredondados, por excesso ou por defeito, para o cent mais próximo. Os montantes pecuniários a pagar ou a contabilizar convertidos para uma unidade monetária nacional devem ser arredondados, por excesso ou por defeito, para a subunidade mais próxima ou, na ausência de uma subunidade, para a unidade mais próxima ou, de acordo com a legislação ou as práticas nacionais, para um múltiplo ou fracção da subunidade ou unidade monetária nacional. Caso a aplicação da taxa de conversão resulte num valor exactamente intermédio, o montante deve ser arredondado por excesso.

Artigo 6.º

O presente regulamento entra em vigor no dia seguinte ao da sua publicação no Jornal Oficial das Comunidades Europeias.

O presente regulamento é obrigatório em todos os seus elementos e directamente aplicável em todos os Estados-membros.

Feito no Luxemburgo, em 17 de Junho de 1997.

Pelo Conselho
O Presidente

A. JORRITSMA-LEBBINK

Jornal Oficial das Comunidades Europeias n.º L 139 de 11.5.98

REGULAMENTO (CE) N.º 975/98 DO CONSELHO
de 3 de Maio de 1998
relativo aos valores faciais e às especificações técnicas das moedas em euros destinadas a circulação

O CONSELHO DA UNIÃO EUROPEIA,

Tendo em conta o Tratado que institui a Comunidade Europeia e, nomeadamente, o n.º 2 do seu artigo 105.º-A,
Tendo em conta a proposta da Comissão,
Tendo em conta o parecer do Banco Central Europeu,
Deliberando nos termos do artigo 189.º-C do Tratado,

(1) Considerando que, na reunião do Conselho Europeu de Madrid, de 15 e 16 de Dezembro de 1995, foram decididas as condições de transição para a moeda única, que prevêem a introdução de moedas em euros o mais tardar até 1 de Janeiro de 2002; que a data exacta para a emissão de moedas em euros será determinada quando o Conselho adoptar o seu regulamento relativo à introdução do euro, imediatamente após a decisão dos Estados-membros sobre a adopção do euro como moeda única, a tomar o mais cedo possível em 1998;

(2) Considerando que, nos termos do n.º 2 do artigo 105.º-A do Tratado, os Estados-membros podem emitir moedas metálicas, sem prejuízo da aprovação do volume da respectiva emissão pelo Banco Central Europeu (BCE) e que o Conselho, deliberando nos termos do artigo 189.º-C e após consulta do BCE, pode adoptar medidas para harmonizar as denominações e especificações técnicas de todas as moedas metálicas destinadas a circulação, na medida do necessário para permitir a sua fácil circulação na Comunidade;

(3) Considerando que o Instituto Monetário Europeu indicou que os valores faciais das notas e das moedas metálicas deverão necessariamente assegurar a facilidade dos pagamentos em numerário de montantes expressos em euros e cents;

(4) Considerando que os directores das Casas da Moeda da Comunidade Europeia receberam um mandato do Conselho para estudar e elaborar uma proposta exaustiva relativa a um sistema europeu único de cunhagem de moeda; que apresentaram um relatório em Novembro de 1996 e um relatório revisto em Fevereiro de 1997, indicando os valores faciais e as especificações técnicas (diâmetro, espessura, peso, cor, composição e bordos) das novas moedas em euros;

(5) Considerando que o novo sistema europeu único de cunhagem deverá induzir a confiança pública e comportar inovações tecnológicas que o tornem seguro, fiável e eficaz;

(6) Considerando que a aceitação do novo sistema pelo público constitui um dos principais objectivos do sistema europeu de cunhagem da Comunidade; que a confiança pública no novo sistema dependerá das características físicas das moedas em euros, que deverão ter uma utilização o mais fácil possível;

(7) Considerando que se consultaram associações de consumidores, a União Europeia de Cegos e representantes do sector das máquinas de venda automática, a fim de tomar em conta os requisitos específicos de categorias importantes de utilizadores de moedas; que, a fim de garantir uma transição harmoniosa para o euro e de facilitar a aceitação do novo sistema de moedas pelos utilizadores, será necessário garantir uma distinção fácil entre as moedas através de características visuais e tácteis;

(8) Considerando que o conhecimento e a familiarização com as novas moedas em euros deverão ser facilitados pelo estabelecimento de uma correlação entre o seu diâmetro e o seu valor facial;

(9) Considerando a necessidade de garantir certas características especiais de segurança, a fim de reduzir a possibilidade de falsificação das moedas de 1 e 2 euros, tendo em conta o seu elevado valor; que a técnica de fabrico de moedas compostas por três camadas e com uma combinação de duas cores diferentes é a que garante actualmente maiores condições de segurança;

(10) Considerando que a aposição das moedas de uma face europeia e de uma face nacional expressa adequadamente a ideia de união monetária europeia entre os Estados-membros, e poderá aumentar significativamente o grau de aceitação das moedas;

(11) Considerando que em 30 de Junho de 1994, o Parlamento Europeu e o Conselho adoptaram a Directiva 94/27/CE que limita a utilização

do níquel em determinados produtos, reconhecendo que o níquel pode provocar alergias, em certas condições; que as moedas não estão abrangidas pela referida directiva; que, todavia, alguns Estados-membros utilizam já uma liga isenta de níquel – designada por ouro nórdico – no seu actual sistema de cunhagem, por questões relacionadas com a saúde pública; que parece ser desejável uma redução do teor de níquel das moedas ao efectuar-se a passagem para um novo sistema de cunhagem;

(12) Considerando que, assim sendo, é conveniente dar em princípio seguimento à proposta dos directores das Casas da Moeda, adaptando-a apenas na medida do necessário para ter especialmente em conta as exigências específicas de categorias importantes de utilizadores de moedas e a necessidade de reduzir o teor de níquel nas moedas;

(13) Considerando que, de entre todas as especificações técnicas prescritas para as moedas em euros, apenas o valor relativo à espessura se reveste de carácter indicativo, uma vez que a espessura real de uma moeda depende do diâmetro e do peso que forem determinados,

ADOPTOU O PRESENTE REGULAMENTO:

Artigo 1.º

A primeira série de moedas em euros será composta por oito valores faciais entre 1 cent e 2 euros, com as seguintes especificações técnicas:

Valor facial (euro)	Diâmetro em mm	Espessura em mm*	Peso em gramas	Forma	Cor	Composição	Bordo
2	25,75	1,95	8,5	Redonda	Parte externa branca Parte interna amarela	Cobre-níquel (Cu75Ni25) Três camadas Latão de níquel/níquel/ /latão de níquel CuZn20Ni5/Ni12/ /CuZn20Ni5	Inscrição no bordo Serrilhado fino
1	23,25	2,125	7,5	Redonda	Parte externa amarela Parte interna branca	Latão de níquel (CuZn20Ni5) Três camadas Cu75Ni25/Ni7/ /Cu75Ni25	Serrilhado descontínuo

Valor facial (euro)	Diâmetro em mm	Espessura em mm*	Peso em gramas	Forma	Cor	Composição	Bordo
0,50	24,25	1,88**	7,8	Redonda	Amarela	"Ouro nórdico" Cu89A15Zn5Sn1	Rebordos com serrilha ou estrias (fine scallops)**
0,20	22,25	1,63	5,7	"Flor espanhola" (Redonda com entalhes no bordo)	Amarela	"Ouro nórdico" Cu89A15Zn5Sn1	Liso
0,10	19,75	1,51	4,1	Redonda	Amarela	"Ouro nórdico" Cu89A15Zn5Sn1	Rebordos com serrilha ou estrias (fine scallops)**
0,05	21,25	1,36	3,9	Redonda	Cor de cobre	Aço revestido a cobre	Liso
0,02	18,75	1,36	3	Redonda	Cor de cobre	Aço revestido a cobre	Liso com uma serrilha
0,01	16,25	1,36	2,3	Redonda	Cor de cobre	Aço revestido a cobre	Liso

Artigo 2.º

O presente regulamento entra em vigor em 1 de Janeiro de 1999.

O presente regulamento é obrigatório em todos os seus elementos e directamente aplicável em todos os Estados-membros, nos termos do Tratado e sob reserva do disposto no n.º 1 do artigo 109.º-K e dos Protocolos n.ºs 11 e 12.

Feito em Bruxelas, em 3 de Maio de 1998.

Pelo Conselho

O Presidente

G. BROWN

(*) Os valores relativos à espessura têm carácter indicativo.

(**) Alterações introduzidas pelo Regulamento n.º 423/1999 de 22-2-1999 – JOL 52 de 27-2-1999.

Jornal Oficial das Comunidades Europeias n.° L 52 de 27.2.1999

REGULAMENTO (CE) N.° 423/1999 DO CONSELHO
de 22 de Fevereiro de 1999
que altera o Regulamento (CE) n.° 975/98
relativo aos valores faciais e às especificações técnicas
das moedas em euros destinadas a circulação

O CONSELHO DA UNIÃO EUROPEIA,

Tendo em conta o Tratado que institui a Comunidade Europeia e, nomeadamente, o n.° 2 do seu artigo 105.°-A,
Tendo em conta a proposta da Comissão ([1]),
Tendo em conta o parecer do Banco Central Europeu ([2]),
Deliberando nos termos do artigo 189.°-C do Tratado ([3]),

Considerando que o artigo 1.° do Regulamento (CE) n.° 975/98 ([4]) que estabelece as especificações técnicas dos oito valores faciais incluídos nas primeiras séries das moedas em euros; que os directores das Casas da Moeda desenvolveram, com base no Regulamento (CE) n.° 975/98, especificações mais pormenorizadas, necessárias para a cunhagem;

Considerando que o sector da venda automática, após ter examinado as referidas especificações pormenorizadas, solicitou um aumento do peso das moedas de 50 cêntimos a fim de garantir uma maior diferenciação dessas moedas e reduzir os riscos de fraude; que a União Europeia de Cegos, após ter testado amostras das primeiras séries produzidas, se queixou do

---

([1]) JO C 296 de 24.9.1998, p. 10.
([2]) Parecer emitido em 16 de Novembro de 1998.
([3]) Parecer do Parlamento Europeu de 18 de Novembro de 1998 (JO C 379 de 7.12.1998), posição comum do Conselho de 21 de Dezembro de 1998 (ainda não publicada no Jornal Oficial) e decisão do Parlamento Europeu de 9 de Fevereiro de 1999.
([4]) JO L 139 de 11.5.1998, p. 6.

serrilhado do bordo das moedas de 50 e de 10 cêntimos, que não eram idênticos ao das amostras por ela aceite durante o processo de consulta que precedeu a adopção do Regulamento (CE) n.º 975/98; que, a fim de garantir a aceitação do novo sistema pelos utilizadores, é desejável aceder aos pedidos do sector da venda automática e da União Europeia de Cegos; que, para satisfazer os pedidos do sector da venda automática, é necessário aumentar o peso da moeda de 50 cêntimos de 7 para 7,8 g.; que, para satisfazer o pedido da União Europeia de Cegos e evitar quaisquer riscos de má interpretação no futuro, é desejável alterar a definição do bordo das moedas de 50 e de 10 cêntimos de «serrilhado grosso» para «rebordos com serrilha ou estrias «(fine scallops)», que reflecte melhor o bordo inicialmente aceite pela União Europeia de Cegos para estas duas moedas;

Considerando que é essencial circunscrever as alterações das especificações técnicas ao peso da moeda de 50 cêntimos e ao bordo das moedas de 10 e de 50 cêntimos a fim de não comprometer o calendário de cunhagem e a introdução das moedas em euros em 1 de Janeiro de 2002,

ADOPTOU O PRESENTE REGULAMENTO:

Artigo 1.º

No artigo 1.º do Regulamento (CE) n.º 975/98 o quadro é alterado do modo seguinte:

1. A quarta linha, correspondente à moeda de 50 cêntimos é alterada do modo seguinte:

   a) Na terceira coluna, «1,69» é substituído por «1,88»;
   b) Na quarta coluna, «7» é substituído por «7,8»;
   c) Na oitava coluna, a expressão «serrilhado grosso» é substituída pela expressão «rebordos com serrilha ou estrias (fine scallops)»;

2. Na oitava coluna da sexta linha, correspondente à moeda de 10 cêntimos, a expressão «serrilhado grosso» é substituída pela expressão «rebordos com serrilha ou estrias (fine scallops)».

Artigo 2.º

O presente regulamento entra em vigor em 1 de Janeiro de 1999.

O presente regulamento é obrigatório em todos os seus elementos e directamente aplicável em todos os Estados-membros, nos termos do Tratado, mas sob reserva do disposto no n.º 1 do artigo 109.º-K e nos Protocolos n.º 11 e 12.

Feito no Luxemburgo, em 22 de Fevereiro de 1999.

Pelo Conselho
O Presidente
H.-F. von PLOETZ

Jornal Oficial das Comunidades Europeias n.° L 836 de 14.1.1999

DECISÃO DO BANCO CENTRAL EUROPEU
de 7 de Julho de 1998
relativa às denominações, especificações, reprodução, troca e retirada de circulação das notas em euros
(BCE/1998/6) (1999/33/CE)

O CONSELHO DO BANCO CENTRAL EUROPEU,

Tendo em conta o Tratado que institui a Comunidade Europeia (a seguir designado «Tratado») e, nomeadamente, o n.° 1 do seu artigo 105.°-A e o artigo 16.° dos Estatutos do Sistema Europeu de Bancos Centrais e do Banco Central Europeu (a seguir designados «Estatutos»),

Tendo em conta o Regulamento (CE) n.° 974/98 do Conselho, de 3 de Maio de 1998, relativo à introdução do euro ([1]) e, nomeadamente, os seus artigos 10.° e 16.°,

Considerando que as disposições do n.° 1 do artigo 105.°-A do Tratado, do artigo 16.° dos Estatutos e do artigo 10.° do Regulamento (CE) n.° 974/98 carecem de desenvolvimento quanto aos pormenores relativos às denominações e especificações técnicas das notas em euros; considerando que tais pormenores poderão ser definidos através de uma decisão do Conselho do Banco Central Europeu, publicada no Jornal Oficial das Comunidades Europeias para informação;

Considerando que o Regulamento (CE) n.° 975/98 do Conselho, de 3 de Maio de 1998, relativo ao valor facial e às especificações técnicas das moedas em euros destinadas à circulação ([2]) estabelece que o valor facial das moedas variará entre 1 cent e 2 euros; considerando que o

---

([1]) JO L 139 de 11.5.1998, p. 1.
([2]) JO L 139 de 11.5.1998, p. 6.

valor facial das notas em euros deverá ter em conta o valor facial das moedas em euros;

Considerando que a presente decisão tem em conta os trabalhos preparatórios realizados pelo Instituto Monetário Europeu (a seguir designado «IME») e, nomeadamente, no que se refere ao grafismo das notas, os resultados de um concurso realizado entre desenhadores de notas a nível europeu; considerando que, no âmbito desses trabalhos preparatórios, foram efectuadas consultas às diversas associações europeias de utilizadores por forma a tomar em conta as suas necessidades específicas em termos visuais e técnicos e a facilitar o reconhecimento e a aceitação dos novos valores faciais e especificações por parte dos utilizadores; considerando que o Banco Central Europeu (a seguir designado «BCE») é o titular exclusivo do direito de reprodução do desenho das notas em euros, originalmente detido pelo IME;

Considerando que é necessário estabelecer alguns princípios comuns, ao abrigo dos quais seja permitida a reprodução dos desenhos das notas para fins comerciais; considerando que o BCE poderá delegar nos bancos centrais nacionais (a seguir designados «BCN») dos Estados-membros participantes os poderes necessários para a concessão de autorizações ad hoc para a reprodução dos desenhos das notas; considerando que, como regra geral, a reprodução dos desenhos das notas a que se refere a presente decisão será autorizada, inter alia, para fins educativos;

Considerando que importa instituir um regime comum ao abrigo do qual os BCN dos Estados-membros participantes possam proceder à substituição de notas em euros que estejam mutiladas ou danificadas; considerando que a necessidade de instituir um regime comum também se aplica à retirada definitiva de circulação das notas quando estas tiverem que ser substituídas por notas novas; considerando que a publicação de avisos no Jornal Oficial das Comunidades Europeias poderá ser acompanhada de outras formas de publicação por forma a facilitar o reconhecimento por parte do público,

ADOPTOU A PRESENTE DECISÃO:

Artigo 1.º
Valor facial e especificações

1.1. A primeira série de notas em euros incluirá sete valores faciais que variam entre 5 euros e os 500 euros, alusivos ao tema «épocas e estilos da Europa», com as seguinte especificações de base:

Valor facial (EUR)	Dimensões	Cor predominante	Desenho
5	120 x 62 mm	Cinzento	Clássico
10	127 x 67 mm	Vermelho	Românico
20	133 x 72 mm	Azul	Gótico
50	140 x 77 mm	Cor-de-laranja	Renascentista
100	147 x 82 mm	Verde	Barroco e Rococó
200	153 x 82 mm	Amarelo torrado	Arquitectura em ferro e vidro
500	160 x 82 mm	Púrpura	Arquitectura moderna do séc. XX

1.2. As sete denominações na série de notas em euros contêm a representação de pórticos e janelas na face e pontes no verso. Todas as sete denominações são típicas dos diferentes períodos artísticos europeus acima referidos. Outros elementos do desenho incluem: o símbolo da União Europeia, o nome da moeda nos alfabetos romano e grego, as iniciais do Banco Central Europeu nas várias línguas oficiais da União, o símbolo © para indicar a protecção do direito de reprodução e a assinatura do presidente do BCE.

Artigo 2.º
Reprodução

2.1. O direito exclusivo de reprodução das notas especificadas no artigo 1.º da presente decisão pertence ao BCE.

2.2. É autorizada a reprodução no todo ou em parte de uma nota especificada no artigo 1.º da presente decisão, sem recurso a um procedimento específico, nos seguintes casos:

a) Para fotografias, desenhos, quadros e filmes e, de um modo geral, para imagens em que a tónica de base da imagem não sejam as notas propriamente ditas, desde que as notas sejam utilizadas apenas como um elemento da acção ou do enquadramento, sem qualquer imagem de grande plano dos desenhos das notas;

b) Para reproduções impressas apenas de um lado e
– num material que não possa ser confundido com papel ou
– que tenham dimensões superiores ou iguais a 24 centímetros de comprimento e 12 centímetros de largura, ou inferiores ou iguais a oito centímetros de comprimento e quatro centímetros de largura.

2.3. Qualquer outra reprodução no todo ou em parte de uma nota deverá ser autorizada *i*) pelo BCN do Estado-membro participante no qual esteja localizado o requerente, por delegação de e em conformidade com as políticas do BCE, ou *ii*) pelo BCE, para requerentes localizados fora dos Estados-membros participantes.

2.4. A autorização geral de reprodução referida nos números anteriores, poderá ser cancelada em caso de conflito com os direitos morais inalienáveis do autor dos desenhos das notas.

Artigo 3.º
Substituição de notas mutiladas ou danificadas

3.1. Os BCN dos Estados-membros participantes substituirão, a pedido, as notas em euros com curso legal que estejam mutiladas ou danificadas nos seguintes casos:

a) Quando o requerente apresentar mais de 50% da nota;

b) Quando o requerente apresentar 50% ou menos, da nota, desde que prove que as partes em falta foram destruídas.

3.2. A substituição de notas mutiladas ou danificadas exige:

a) Identificação do requerente, em caso de dúvida quanto à sua legitimidade como portador das notas e sobre a autenticidade das mesmas;

b) Em caso de suspeita fundada de que terá sido cometido um delito ou de que a nota terá sido intencionalmente mutilada ou danificada, explicação escrita relativa à causa da mutilação ou dano ou sobre o sucedido às partes em falta na nota;

c) Explicação escrita sobre o tipo de mancha, contaminação ou impregnação, no caso de serem apresentadas notas com manchas de tinta, contaminadas ou impregnadas;

d) Declaração escrita sobre a causa e o tipo de neutralização, quando as notas forem apresentadas por instituições de crédito, no caso de terem sido descoloradas por dispositivos anti-roubo activados;

e) Pagamento, por parte do requerente, da taxa que o BCE poderá fixar em caso de análises dispendiosas levadas a cabo pelos BCN.

Artigo 4.º
Retirada de notas de circulação

A retirada de circulação de um tipo ou série de notas em euros será regulamentada por uma Decisão do Conselho, publicada para informação geral no Jornal Oficial das Comunidades Europeias e noutros meios de comunicação. Esta decisão abrangerá, no mínimo, os seguintes aspectos:

– tipo ou série de notas em euros a ser retirado de circulação,

- duração do período previsto para a substituição,
- data em que o tipo ou a série de notas em euros perderá o seu curso legal,
- tratamento dado às notas em euros que forem apresentadas depois de findo o período de retirada e/ou cessação de curso legal.

Artigo 5.º
Disposição final

A presente decisão será publicada no Jornal Oficial das Comunidades Europeias.

Feito em Frankfurt am Main, em 7 de Julho de 1998.

O Presidente do BCE

Willem F. DUISENBERG

Frankfurt, 13 de Outubro de 1998

DECISÕES ADICIONAIS SOBRE AS NOTAS DE BANCO EM EURO

(Tradução da responsabilidade do Banco de Portugal)

SERÃO IMPRESSAS 13 MIL MILHÕES DE NOTAS DE BANCO EM EURO

No dia 1 de Janeiro de 2002 (data de lançamento) terão sido impressas 13 mil milhões de notas em euro nos onze Estados-membros participantes. Esta estimativa, que está desagregada em estimativas por país, será actualizada anualmente. Os bancos centrais nacionais poderão agora iniciar as suas ordens de impressão com base nesta estimativa. A produção em massa das notas de banco em euro terá inicio no primeiro trimestre de 1999.

SERÁ CRIADO UM CENTRO DE ANÁLISE DE CONTRAFACÇÕES DE MOEDA

O BCE criará um centro de análise de contrafacções que investigará todas as notas de banco em euro falsas. Os dados estatísticos e técnicos relevantes serão armazenados numa base de dados, a qual será concebida de forma a incluir também dados semelhantes sobre contrafacção de moedas metálicas em euro. O conteúdo da base de dados será disponibilizado a todos os bancos centrais nacionais dos países da UE e às respectivas autoridades responsáveis pela aplicação da lei envolvidas no combate à contrafacção.

European Central Bank
Press Division
Kaiserstrasse 29 D – 60311 Frankfurt am Main

Frankfurt, 3 de Novembro de 1998

A TROCA DE NOTAS NACIONAIS DE OUTROS ESTADOS-MEMBROS PARTICIPANTES POR BANCOS CENTRAIS NACIONAIS PARTICIPANTES

(Tradução da responsabilidade do Banco de Portugal)

O euro será a moeda dos Estados-membros participantes a partir do dia 1 de Janeiro de 1999, passando as unidades de moedas nacionais a serem sub-unidades do euro. As notas e moedas em euro não estarão disponíveis até 1 de Janeiro de 2002. A fim de assegurar a substituição entre as unidades de moedas nacionais, o Conselho do BCE decidiu que cada banco central nacional participante deverá tornar possível, pelo menos num local, a troca de notas em circulação em outros Estados-membros participantes por notas e moedas nacionais, à taxa de conversão oficial. Os bancos centrais nacionais podem limitar o número e/ou o valor total de notas que estão preparados para aceitar numa determinada transacção ou em cada dia. Os bancos centrais nacionais poderão também decidir aceitar que os bancos comerciais e agências de câmbios lhes submetam notas de outros Estados-membros participantes para efeito de repatriação para o banco central emissor. Os trabalhos preparatórios em curso nos bancos centrais nacionais relativamente à troca e repatriação ficarão concluídos antes do início de Dezembro de 1998.

European Central Bank
Press Division
Kaiserstrasse 29 D – 60311 Frankfurt am Main

Jornal Oficial das Comunidades Europeias n.º L 359
de 31.12.98

REGULAMENTO (CE) N.º 2866/98 DO CONSELHO
de 31 de Dezembro de 1998
relativo às taxas de conversão entre o euro
e as moedas dos Estados-membros que adoptam o euro

O CONSELHO DA UNIÃO EUROPEIA,

Tendo em conta o Tratado que institui a Comunidade Europeia e, nomeadamente, o n.º 4, primeiro período, do seu artigo 109.º L,
Tendo em conta a proposta da Comissão,
Tendo em conta o parecer do Banco Central Europeu [1],

(1) Considerando que, de acordo com o n.º 4 do artigo 109.º-J do Tratado, a terceira fase da União Económica e Monetária tem início em 1 de Janeiro de 1999; que o Conselho, reunido a nível de chefes de Estado e de Governo, confirmou em 3 de Maio de 1998 que a Bélgica, a Alemanha, a Espanha, a França, a Irlanda, a Itália, o Luxemburgo, os Países Baixos, a Áustria, Portugal e a Finlândia preenchem as condições necessárias para a adopção da moeda única em 1 de Janeiro de 1999 [2];

(2) Considerando que, de acordo com o Regulamento (CE) n.º 974/98 do Conselho, de 3 de Maio de 1998, relativo à introdução do euro [3], o euro será a moeda dos Estados-membros que adoptem a moeda única a partir de 1 de Janeiro de 1999; que a introdução do euro requer a adopção das taxas de conversão a que o euro substituirá as moedas nacionais, bem como das taxas a que o euro se subdividirá em unidades monetárias

---

[1] JO C 412 de 31.12.1998, p. 1.
[2] Decisão 98/317/CE do Conselho, de 3 de Maio de 1998, nos termos do artigo 109.º-J do Tratado (JO L 139 de 11.5.1998, p. 30).
[3] JO L 139 de 11.5.1998, p. 1.

nacionais; que as taxas de conversão mencionadas no artigo 1.º são as taxas definidas no terceiro travessão do artigo 1.º do Regulamento (CE) n.º 974/98;

(3) Considerando que, de acordo com o Regulamento (CE) n.º 1103/97 do Conselho, de 17 de Junho de 1997, relativo a certas disposições respeitantes à introdução do euro ([1]), todas as referências feitas num instrumento legal ao ecu são substituídas por referências ao euro, à taxa de um euro por um ecu; que, de acordo com o n.º 4, segundo período, do artigo 109.º-L do Tratado, a adopção das taxas de conversão não modifica, só por si, o valor externo do ecu; que isto é assegurado pela adopção, enquanto taxas de conversão, das taxas de câmbio do ecu face às moedas dos Estados-membros que adoptam o euro, calculadas pela Comissão em 31 de Dezembro de 1998 segundo o sistema estabelecido para o cálculo das taxas oficiais diárias do ecu;

(4) Considerando que os ministros dos Estados-membros que adoptam o euro como sua moeda única, os governadores dos Bancos Centrais desses Estados-membros, a Comissão e o Instituto Monetário Europeu//Banco Central Europeu emitiram dois comunicados sobre a determinação e a adopção das taxas de conversão irrevogáveis do euro em, respectivamente, 3 de Maio ([2]) e 26 de Setembro de 1998;

(5) Considerando que o Regulamento (CE) n.º 1103/97 estabelece que as taxas de conversão adoptadas exprimem o valor de um euro em relação a cada uma das moedas nacionais dos Estados-membros que adoptam o euro; que, a fim de assegurar um elevado grau de rigor, estas taxas incluirão seis algarismos significativos e não serão fixadas quaisquer taxas inversas ou taxas bilaterais entre as moedas dos Estados-membros que adoptam o euro,

ADOPTOU O PRESENTE REGULAMENTO:

Artigo 1.º

As taxas de conversão irrevogavelmente fixadas entre o euro e as moedas dos Estados-membros que adoptam o euro são as seguintes:

([1]) JO L 162 de 19.6.1997, p. 1.
([2]) JO C 160 de 27.5.1998, p. 1.

1 euro

= 40,3399 francos belgas
= 1,95583 marcos alemães
= 166,386 pesetas espanholas
= 6,55957 francos franceses
= 0,787564 libras irlandesas
= 1 936,27 liras italianas
= 40,3399 francos luxemburgueses
= 2,20371 florins neerlandeses
= 13,7603 xelins austríacos
= 200,482 escudos portugueses
= 5,94573 marcas finlandesas

Artigo 2.º

O presente regulamento entra em vigor em 1 de Janeiro de 1999. O presente regulamento é obrigatório em todos os seus elementos e directamente aplicável em todos os Estados-membros.

Feito em Bruxelas, em 31 de Dezembro de 1998.

Pelo Conselho
O Presidente

R. EDLINGER

VI
COMITÉ ECONÓMICO E FINANCEIRO

O início da UEM implica duas alterações no quadro institucional comunitário. A primeira diz respeito ao Comité Monetário que é substituído pelo Comité Económico e Financeiro (CEF), conforme estipula o n.° 2 do artigo 109.°-C (114.°) do TCE.

Entre as suas funções, de carácter consultivo, inclui-se o acompanhamento da situação económica e financeira dos Estados-membros.

Os pormenores da composição do CEF foram decididos em Dezembro de 1998. Os Estados-membros, a Comissão e o BCE nomeiam cada um dois membros do Comité.

• **Ver Decisão do Conselho (98/743/CE) de 21 de Dezembro de 1998 relativa às disposições pormenorizadas respeitantes à composição do Comité Económico e Financeiro (pág. 203)**

*

No mesmo mês foram adoptados os Estatutos do Comité.

• **Ver Decisão do Conselho (1999/8/CE) de 31 de Dezembro de 1998 que adopta os estatutos do Comité Económico e Financeiro (pág. 207)**

Jornal Oficial das Comunidades Europeias n.° L 358
de 31.12.98

DECISÃO DO CONSELHO
de 21 de Dezembro de 1998
relativa às disposições pormenorizadas
respeitantes à composição do Comité Económico e Financeiro
(98/743/CE)

O CONSELHO DA UNIÃO EUROPEIA,

Tendo em conta o Tratado que institui a Comunidade Europeia, e, nomeadamente o n.° 3 do artigo 109.°-C,
Tendo em conta a proposta da Comissão [1],
Tendo em conta o parecer do Banco Central Europeu [2],
Tendo em conta o parecer do Comité Monetário [3],

(1) Considerando que o Tratado prevê a instituição de um Comité Económico e Financeiro no início da terceira fase da União Económica e Monetária;

(2) Considerando que o Tratado impõe que o Conselho adopte as disposições pormenorizadas respeitantes à composição do Comité Económico e Financeiro; que os Estados-membros, a Comissão e o Banco Central Europeu nomearão, cada um, no máximo, dois membros do Comité;

(3) Considerando que as funções do Comité Económico e Financeiro estão previstas no n.° 2 do artigo 109.°-C do Tratado; que essas funções incluem o acompanhamento da situação económica e financeira

---

[1] JO C 125 de 23.4.1998, p. 17.
[2] Parecer emitido em 26 de Novembro de 1998.
[3] Parecer emitido em 17 de Novembro de 1998.

dos Estados-membros e da Comunidade e a apresentação regular do correspondente relatório ao Conselho e à Comissão, nomeadamente sobre as relações financeiras com países terceiros e instituições internacionais; que o Comité Económico e Financeiro contribuirá para a preparação dos trabalhos do Conselho, designadamente no que diz respeito às recomendações necessárias no âmbito da supervisão multilateral, à adopção das orientações económicas gerais previstas no artigo 103.° do Tratado, e às decisões necessárias para efeitos do procedimento relativo aos défices excessivos previsto no artigo 104.°-C do Tratado; que, dada a natureza e a importância destas funções, é essencial que os membros do Comité e os membros suplentes sejam escolhidos de entre os peritos que possuam elevada competência no domínio da economia e das finanças;

(4) Considerando que o Conselho Europeu do Luxemburgo, de 12 e 13 de Dezembro de 1997, concluiu, na Resolução sobre a coordenação das políticas económicas na terceira fase da UEM ([1]), que o Comité Económico e Financeiro constituirá o quadro para a preparação e posterior condução do diálogo, a nível de altos funcionários, entre o Conselho e o Banco Central Europeu; que estes funcionários virão dos bancos centrais nacionais, do BCE e das administrações nacionais;

(5) Considerando que se entende por «administração» os serviços dos ministros que compõem o Conselho reunido na sua formação de Ministros da Economia e das Finanças.

(6) Considerando que a participação no Comité de funcionários do Banco Central Europeu e dos bancos centrais nacionais se deve realizar sem prejuízo do disposto no artigo 107.° do Tratado,

DECIDE:

Artigo 1.°

Os Estados-membros, a Comissão e o Banco Central Europeu nomearão, cada um, dois membros do Comité Económico e Financeiro, podendo igualmente nomear dois membros suplentes do Comité.

Artigo 2.°

Os membros do Comité e os seus suplentes serão escolhidos de entre peritos que possuam elevada competência no domínio da economia e das finanças.

([1]) JO C 35 de 2.2.1998, p. 1.

Artigo 3.º

Os dois membros nomeados pelos Estados-membros serão escolhidos, respectivamente, de entre altos funcionários da administração e do banco central nacional. Os suplentes serão escolhidos nas mesmas condições.

Artigo 4.º

A presente decisão será publicada no Jornal Oficial das Comunidades Europeias.

A presente decisão produz efeitos a partir de 1 de Janeiro de 1999.

Feito em Bruxelas, em 21 de Dezembro de 1998.

Pelo Conselho
O Presidente

M. BARTENSTEIN

Jornal Oficial das Comunidades Europeias n.º L 5 de 9.1.1999

DECISÃO DO CONSELHO
de 31 de Dezembro de 1998

que adopta os estatutos do Comité Económico e Financeiro

(1999/8/CE)

O CONSELHO DA UNIÃO EUROPEIA,

Tendo em conta o Tratado que institui a Comunidade Europeia, e, nomeadamente o seu artigo 153.º,

Tendo em conta o parecer da Comissão,

Considerando que, em conformidade com o n.º 2 do artigo 109.º-C do Tratado, deve ser instituído um Comité Económico e Financeiro no início da terceira fase;

Considerando que, em 21 de Dezembro de 1998, o Conselho adoptou uma decisão sobre a composição do Comité Económico e Financeiro [1];

Recordando que, em 16 de Junho de 1997, o Conselho Europeu adoptou uma resolução sobre a criação de um mecanismo de taxas de câmbio na terceira fase da União Económica e Monetária [2];

Recordando que, em 13 de Dezembro de 1997, o Conselho Europeu adoptou uma resolução relativa à coordenação das políticas económicas na terceira fase da União Económica e Monetária e aos artigos 109.º e 109.º-B do Tratado [3];

Recordando que, nas referidas resoluções, foi previsto um determinado papel para o Comité Económico e Financeiro;

Considerando, por conseguinte, que há que adoptar os estatutos do Comité Económico e Financeiro,

---

[1] JO L 358 de 31.12.1998, p. 109.
[2] JO C 236 de 2.8.1997, p. 5.
[3] JO C 35 de 2.2.1998, p. 1.

DECIDE:

Artigo 1.º

São aprovados os estatutos do Comité Económico e Financeiro. O texto dos estatutos constam do anexo da presente decisão.

Artigo 2.º

A presente decisão será publicada no Jornal Oficial das Comunidades Europeias.

A presente decisão produz efeitos a partir de 1 de Janeiro de 1999.

Feito em Bruxelas, em 31 de Dezembro de 1998.

Pelo Conselho
O Presidente

R. EDLINGER

ANEXO
ESTATUTOS DO COMITÉ ECONÓMICO E FINANCEIRO

Artigo 1.º

O Comité Económico e Financeiro exerce as funções descritas nos n.ºs 2 e 4 do artigo 109.º-C do Tratado que institui a Comunidade Europeia.

Artigo 2.º

O Comité Económico e Financeiro pode nomeadamente:
- ser consultado no âmbito do processo de decisão respeitante ao mecanismo de taxas de câmbio da terceira fase da União Económica e Monetária (MTC II),
- sem prejuízo do artigo 151.º do Tratado, preparar as análises do Conselho sobre a evolução cambial do euro,
- constituir o quadro para a preparação e posterior condução do diálogo entre o Conselho e o Banco Central Europeu (BCE) a nível de altos funcionários dos ministérios, dos bancos nacionais, da Comissão e do BCE.

Artigo 3.º

Os membros do Comité e os respectivos suplentes pautam-se, no exercício das suas funções, pelos interesses gerais da Comunidade.

Artigo 4.º

Os pareceres, relatórios e comunicações são adoptados pela maioria dos membros caso seja solicitada a votação. Cada membro do Comité tem direito a um voto. Contudo, quando se trate de dar conselho ou parecer em relação a questões susceptíveis de serem objecto de posterior decisão do Conselho, os membros dos bancos centrais e da Comissão terão plena participação nos debates, mas não tomarão parte na votação. Além disso, o Comité comunicará as opiniões minoritárias ou dissidentes expressas durante o debate.

Artigo 5.º

O Comité elege por maioria dos seus membros, de entre estes, um presidente para um mandato de dois anos. O mandato de dois anos é renovável. O presidente é eleito de entre os membros que sejam altos funcionários nas administrações nacionais. O presidente delega o seu direito de voto no seu suplente.

Artigo 6.º

Caso se veja impedido de exercer as suas funções, o presidente será substituído pelo vice-presidente do Comité, que é eleito de acordo com as mesmas regras.

Artigo 7.º

Salvo se o Comité decidir em contrário, o suplentes podem assistir às reuniões do Comité. Os suplentes não tomam parte nas votações. Salvo se o Comité decidir em contrário, os suplentes não tomam parte nos debates.

Um membro que se veja impedido de participar numa reunião do Comité pode delegar as suas funções num dos suplentes. Pode igualmente delegar essas funções num outro membro. O presidente e o secretário devem ser informados por escrito antes da reunião em causa. Em circunstâncias excepcionais, o presidente poderá aceitar soluções alternativas.

Artigo 8.º

O Comité pode confiar o estudo de questões específicas aos seus membros suplentes, a subcomités ou a grupos de trabalho. Nesses casos, a presidência será assumida por um membro efectivo ou suplente do Comité, por este nomeado. Os membros do Comité, os seus suplentes e os seus subcomités ou grupos de trabalho podem solicitar a assistência de peritos.

Artigo 9.º

O Comité é convocado pelo presidente, por sua própria iniciativa ou a pedido do Conselho, da Comissão ou de, pelo menos, dois membros do Comité.

Artigo 10.º

O Comité é, regra geral, representado pelo presidente. O presidente pode ser autorizado pelo Comité a apresentar relatórios sobre os debates, bem como observações orais sobre os pareceres e comunicações preparados pelo Comité. O presidente do Comité tem como responsabilidade assegurar as relações do Comité com o Parlamento Europeu.

Artigo 11.º

Os trabalhos do Comité são confidenciais. A mesma regra aplica-se aos trabalhos dos seus suplentes, subcomités e grupos de trabalho.

Artigo 12.º

O Comité é assistido por um secretariado sob a direcção de um secretário. O secretário e o pessoal necessário ao secretariado são disponibilizados pela Comissão. O secretário é nomeado pela Comissão após consulta do Comité. O secretário e o seu pessoal trabalham sob as instruções do Comité, quando exerçam funções no âmbito do Comité.

As despesas do Comité são incluídas nas previsões orçamentais da Comissão.

Artigo 13.º

O Comité adopta o seu regulamento interno.

VII
BCE – INSTITUIÇÃO E REGRAS DE FUNCIONAMENTO

A segunda, e mais importante, alteração institucional trazida pela UEM foi o Banco Central Europeu (BCE) e o Sistema Europeu de Bancos Centrais (SEBC). A sua criação foi prevista no artigo 4.º-A (8.º) do TCE.
O BCE tem a sua sede em Frankfurt, conforme decisão tomada em 1993.
• **Ver Decisão tomada (em 29 de Outubro de 1993) de comum acordo pelos representantes dos Governos dos Estados-membros reunidos a nível de Chefes de Estado ou de Governo relativa à fixação das sedes de determinados organismos e serviços das Comunidades Europeias e da EUROPOL (93/C 323/01) (pág. 215)**

*

Essa decisão foi confirmada por Protocolo anexado ao TCE pelo Tratado de Amesterdão.
• **Ver Protocolo relativo à localização das sedes das Instituições e de certos organismos e serviços das Comunidades Europeias e da EUROPOL (pág. 219)**

*

A efectiva instituição do BCE teve lugar em 1 de Junho de 1998, após a nomeação da primeira Comissão Executiva, conforme estipulado no n.º 1 do artigo 109.º-L (123.º) do TCE. Conforme previsto no artigo 50.º dos Estatutos do SEBC, o vice-presidente foi nomeado por um período de apenas 4 anos e os vogais por períodos que vão dos 2 a 8 anos.
• **Ver Decisão tomada de comum acordo pelos Governos dos Estados-membros que adoptam a moeda única, a nível de Chefes de Estado ou de Governo de 26 de Maio de 1998 que nomeia o presidente, o vice-presidente e os vogais da Comissão Executiva do Banco Central Europeu (98/345/C) (pág. 221)**

*

Os Estatutos que regem a actividade do BCE encontram-se anexados ao TCE.
• **Ver Estatutos do SEBC (pág. 223)**

*

Em Dezembro de 1998 o Conselho do BCE adoptou o seu Regulamento Interno que veio a ser alterado em 22-4-99.
• **Ver Regulamento Interno do BCE (pág. 249)**

*

Tal como previsto no n.º 3 do artigo 109.º-L (123.º) do TCE, e dado que nem todos os Estados-membros integraram a UEM, foi criado o Conselho Geral, como terceiro órgão de decisão do BCE, ao lado do Conselho e da Comissão Executiva.

Têm assento no Conselho Geral do BCE representantes dos bancos centrais de todos os Estados-membros da Comunidade, incluindo daqueles que não integram a UEM. É no seu seio que continua a realizar-se a coordenação das políticas monetárias dos Estados-membros ainda não incluído na UEM.

Em Março de 1999 foi publicado o seu regulamento interno.
• **Ver Regulamento Interno do Conselho Geral do BCE (pág. 261)**

*

Conforme previsto no artigo 2.º do Regulamento Interno do BCE, este fez publicar o calendário das reuniões do Conselho do BCE para o ano de 1999 e 2000 bem como das reuniões do Conselho Geral.
• **Ver Calendário das reuniões do Conselho e Conselho Geral do BCE (pág. 265)**

Jornal Oficial das Comunidades Europeias n.º C 323 de 30/11/1993

DECISÃO TOMADA
em 29 de Outubro de 1993

de comum acordo pelos representantes dos Governos dos Estados-membros reunidos a nível de Chefes de Estado ou de Governo relativa à fixação das sedes de determinados organismos e serviços das Comunidades Europeias e da Europol

(93/C 323/01)

OS REPRESENTANTES DOS GOVERNOS DOS ESTADOS--MEMBROS, REUNIDOS A NÍVEL DE CHEFES DE ESTADO OU DE GOVERNO,

Tendo em conta o artigo 216.º do Tratado que institui a Comunidade Económica Europeia, o artigo 77.º do Tratado que institui a Comunidade Europeia do Carvão e do Aço e o artigo 189.º do Tratado que institui a Comunidade Europeia da Energia Atómica,

Tendo em conta o Regulamento (CEE) n.º 1210/90 do Conselho, de 7 de Maio de 1990, que institui a Agência Europeia do Ambiente e a Rede Europeia de Informação e de Observação do Ambiente [1], e, nomeadamente, o seu artigo 21.º,

Tendo em conta o Regulamento (CEE) n.º 1360/90 do Conselho, de 7 de Maio de 1990, que institui a Fundação Europeia para a Formação [2], e, nomeadamente, o seu artigo 19.º,

Tendo em conta a decisão de 18 de Dezembro de 1991, pela qual a Comissão aprovou a criação do Instituto Comunitário de Inspecção e de

---

[1] JO n.º L 120 de 11.5.1990, p. 1.
[2] JO n.º L 131 de 23.5.1990, p. 1.

Fiscalização Veterinária e Fitossanitária, Tendo em conta o Regulamento (CEE) n.º 302/93 do Conselho, de 8 de Fevereiro de 1993, que institui um Observatório Europeu da Droga e da Toxicodependência ([1]), e, nomeadamente, o seu artigo 19.º,

Tendo em conta o Regulamento (CEE) n.º 2309/93 do Conselho, de 22 de Julho de 1993, que institui, nomeadamente, uma Agência Europeia de Avaliação dos Medicamentos ([2]), e, nomeadamente, o seu artigo 74.º,

Considerando que, dando seguimento ao programa de acção adoptado pela Comissão em 20 de Novembro de 1989, que institui a Carta Comunitária dos Direitos Sociais Fundamentais dos Trabalhadores, o Conselho Europeu previu a criação da Agência para a Saúde e a Segurança no Trabalho, Considerando que o Tratado da União Europeia, assinado em 7 de Fevereiro de 1992 e que entrará em vigor em 1 de Novembro de 1993, prevê a criação do Instituto Monetário Europeu e do Banco Central Europeu,

Considerando que as instituições das Comunidades Europeias prevêem a criação de um Instituto de Harmonização do Mercado Interno (marcas, desenhos e modelos),

Considerando que, dando seguimento às conclusões do Conselho Europeu de Maastricht, os Estados-membros prevêem a celebração de uma Convenção sobre a Europol (Unidade Europeia de Polícia), que criará a Europol e que substituirá igualmente o acordo ministerial de 2 de Junho de 1993, que criou a unidade «Drogas» da Europol;

Considerando que há que fixar a sede destes diferentes organismos e serviços;

Recordando as decisões de 8 de Abril de 1965 e 12 de Dezembro de 1992,

DECIDEM:

Artigo 1.º

a) A Agência Europeia do Ambiente tem a sua sede na região de Copenhaga;

b) A Fundação Europeia para a Formação tem a sua sede em Turim;

c) O Instituto Comunitário de Inspecção e de Fiscalização Veterinária e Fitossanitária terá a sua sede numa cidade da Irlanda a designar pelo Governo irlandês;

([1]) JO n.º L 36 de 12.2.1993, p. 1
([2]) JO n.º L 214 de 24.8.1993, p. 1.

d) O Observatório Europeu da Droga tem a sua sede em Lisboa;

e) A Agência Europeia de Avaliação dos Medicamentos tem a sua sede em Londres;

f) A Agência para a Saúde e a Segurança no Trabalho terá a sua sede em Espanha, numa cidade a designar pelo Governo espanhol;

g) O Instituto Monetário Europeu e o futuro Banco Central Europeu terão a sua sede em Francoforte;

h) O Instituto de Harmonização do Mercado Interno (marcas, desenhos e modelos), incluindo a sua Câmara de Recurso, terá a sua sede em Espanha, numa cidade a designar pelo Governo espanhol;

i) A Europol e a unidade «Drogas» da Europol terão a sua sede em Haia.

Artigo 2.º

A presente decisão, que será publicada no Jornal Oficial das Comunidades Europeias, entra em vigor na data de hoje.

Feito em Bruxelas, em vinte e nove de Outubro de mil novecentos e noventa e três.

PROTOCOLO RELATIVO À LOCALIZAÇÃO DAS SEDES DAS INSTITUIÇÕES E DE CERTOS ORGANISMOS E SERVIÇOS DAS COMUNIDADES EUROPEIAS E DA EUROPOL

OS REPRESENTANTES DOS GOVERNOS DOS ESTADOS-MEMBROS,

Tendo em conta o artigo 216.º do Tratado que institui a Comunidade Europeia, o artigo 77.º do Tratado que institui a Comunidade Europeia do Carvão e do Aço e o artigo 189.º do Tratado que institui a Comunidade Europeia da Energia Atómica,
Tendo em conta o Tratado da União Europeia,
Recordando e confirmando a decisão de 8 de Abril de 1965, e sem prejuízo das decisões relativas à sede de Instituições, organismos e serviços que venham a ser criados,
Acordaram nas disposições seguintes, que vêm anexas ao Tratado da União Europeia e aos Tratados que instituem as Comunidades Europeias,

Artigo único

a) O Parlamento Europeu tem sede em Estrasburgo, onde se realizam as doze sessões plenárias mensais, incluindo a sessão orçamental. As sessões plenárias suplementares realizam-se em Bruxelas. As comissões do Parlamento Europeu reúnem-se em Bruxelas. O Secretariado-Geral do Parlamento Europeu e os seus serviços permanecem no Luxemburgo.

b) O Conselho tem sede em Bruxelas. Durante os meses de Abril, Junho e Outubro, o Conselho realiza as suas sessões no Luxemburgo.

c) A Comissão tem sede em Bruxelas. Os serviços enumerados nos artigos 7.º, 8.º e 9.º da decisão de 8 de Abril de 1965 são estabelecidos no Luxemburgo.

d) O Tribunal de Justiça e o Tribunal de Primeira Instância têm sede no Luxemburgo.

e) O Tribunal de Contas tem sede no Luxemburgo.
f) O Comité Económico e Social tem sede em Bruxelas.
g) O Comité das Regiões tem sede em Bruxelas.
h) O Banco Europeu de Investimento tem sede no Luxemburgo.
i) O Instituto Monetário Europeu e o Banco Central Europeu têm sede em Frankfurt.
j) O Serviço Europeu de Polícia (EUROPOL) tem sede na Haia.

Jornal Oficial das Comunidades Europeias n.° L 154 de 28/05/1998

DECISÃO TOMADA DE COMUM ACORDO PELOS GOVERNOS DOS ESTADOS-MEMBROS QUE ADOPTAM A MOEDA ÚNICA, A NÍVEL DE CHEFES DE ESTADO OU DE GOVERNO
de 26 de Maio de 1998

que nomeia o presidente, o vice-presidente e os vogais da Comissão Executiva do Banco Central Europeu

(98/345/CE)

OS CHEFES DE ESTADO OU DE GOVERNO DOS ESTADOS--MEMBROS DA COMUNIDADE EUROPEIA QUE ADOPTAM A MOEDA ÚNICA,

Sob a presidência de Viktor KLIMA, Chanceler Federal da República da Áustria,

Tendo em conta o Tratado que institui a Comunidade Europeia e, nomeadamente, o n.° 2 do seu artigo 109.°-A e o n.° 1, segundo travessão, do seu artigo 109.°-L, e o artigo 50.° do Protocolo relativo aos Estatutos do Sistema Europeu de Bancos Centrais e do Banco Central Europeu,

Tendo em conta a recomendação do Conselho [1],

Tendo em conta o parecer do Parlamento Europeu [2]

Tendo em conta o parecer do Conselho do Instituto Monetário Europeu [3],

---

[1] JO L 139 de 11.5.1998, p. 36.
[2] Parecer emitido em 13 de Maio de 1998.
[3] Parecer emitido em 5 de Maio de 1998.

DECIDEM:

Artigo 1.º

1. Wim DUISENBERG é nomeado presidente do Banco Central Europeu por um período de oito anos.
2. Christian NOYER é nomeado vice-presidente do Banco Central Europeu por um período de quatro anos.
3. Otmar ISSING é nomeado vogal da Comissão Executiva do Banco Central Europeu por um período de oito anos.
4. Tommaso PADOA-SCHIOPPA é nomeado vogal da Comissão Executiva do Banco Central Europeu por um período de sete anos.
5. Eugenio DOMINGO SOLANS é nomeado vogal da Comissão Executiva do Banco Central Europeu por um período de seis anos.
6. Sirkka HÄMÄLÄINEN é nomeada vogal da Comissão Executiva do Banco Central Europeu por um período de cinco anos.

As nomeações produzem efeitos a contar de 1 de Junho de 1998.

Artigo 2.º

A presente decisão será publicada no Jornal Oficial das Comunidades Europeias.

Feito em Bruxelas, em 26 de Maio de 1998.

O Presidente

V. KLIMA

PROTOCOLO RELATIVO AOS ESTATUTOS DO SISTEMA EUROPEU DE BANCOS CENTRAIS E DO BANCO CENTRAL EUROPEU

AS ALTAS PARTES CONTRATANTES,

Desejando fixar os Estatutos do Sistema Europeu de Bancos Centrais e do Banco Central Europeu a que se refere o artigo 4.°-A do Tratado que institui a Comunidade Europeia,

Acordam nas disposições seguintes, que vêm anexas ao Tratado que institui a Comunidade Europeia:

CAPÍTULO I
Constituição do SEBC

Artigo 1.°
(Sistema Europeu de Bancos Centrais)

1.1 O Sistema Europeu de Bancos Centrais (SEBC) e o Banco Central Europeu (BCE) são instituídos de acordo com o disposto no artigo 4.°-A do presente Tratado; exercerão as suas funções e actividades em conformidade com as disposições do Tratado e dos presentes Estatutos.

1.2 De acordo com o disposto no n.° 1, do artigo 106.° do presente Tratado, o SEBC é constituído pelo BCE e pelos bancos centrais dos Estados-membros (bancos centrais nacionais). O Institut Monétaire Luxembourgeois será o banco central do Luxemburgo. ([1])

CAPÍTULO II
Objectivos e atribuições do SEBC

Artigo 2.°
(Objectivos)

De acordo com o disposto no n.° 1, do artigo 105.° do presente Tratado, o objectivo primordial do SEBC é a manutenção da estabilidade

---

([1]) O Institut Monétaire Luxembourgeois foi substituído pelo Banque Centrale du Luxemburg.

dos preços. Sem prejuízo do objectivo da estabilidade dos preços, o SEBC apoiará as políticas económicas gerais na Comunidade, tendo em vista contribuir para a realização dos objectivos da Comunidade, tal como se encontram fixados no artigo 2.° do presente Tratado. O SEBC actuará de acordo com o princípio de uma economia de mercado aberto e de livre concorrência, incentivando uma repartição eficaz dos recursos e observando os princípios definidos no artigo 3.°-A do presente Tratado.

Artigo 3.°
(Atribuições)

3.1 De acordo com o disposto no n.° 2, do artigo 105.° do presente Tratado, as atribuições básicas fundamentais cometidas ao SEBC são:
– a definição e execução da política monetária da Comunidade;
– a realização de operações cambiais compatíveis com o disposto no artigo 109.° do presente Tratado;
– a detenção e gestão das reservas cambiais oficiais dos Estados--membros;
– a promoção do bom funcionamento dos sistemas de pagamentos.

3.2 De acordo com o disposto no n.° 3, do artigo 105.° do presente Tratado, o terceiro travessão do n.° 3.1 não obsta à detenção e gestão, pelos governos dos Estados-membros, de saldos de tesouraria em divisas.

3.3 De acordo com o disposto no n.° 5, do artigo 105.° do presente Tratado, o SEBC contribuirá para a boa condução das políticas desenvolvidas pelas autoridades competentes no que se refere à supervisão prudencial das instituições de crédito e à estabilidade do sistema financeiro.

Artigo 4.°
(Funções consultivas)

De acordo com o disposto no n.° 4, do artigo 105.° do presente Tratado:
a) O BCE será consultado:
– sobre qualquer proposta de acto comunitário nos domínios das suas atribuições;
– pelas autoridades nacionais sobre qualquer projecto de disposição legal nos domínios das suas atribuições, mas nos limites e condições definidos pelo Conselho de acordo com o procedimento previsto no artigo 42.°;
b) O BCE pode apresentar pareceres sobre questões do âmbito das suas atribuições às competentes Instituições ou organismos comunitários ou às autoridades nacionais.

[Ver Decisão (98/415/CE) do Conselho de 29-6-1998 relativa à consulta do BCE pelas autoridades nacionais sobre projectos de disposições legais – JOL 189/42 de 3-7-1998 (pág. 289)]

Artigo 5.º
(Compilação de informação estatística)

5.1 Para cumprimento das atribuições cometidas ao SEBC, o BCE, coadjuvado pelos bancos centrais nacionais, coligirá a informação estatística necessária, a fornecer, quer pelas autoridades nacionais competentes, quer directamente pelos agentes económicos. Para este efeito, o BCE cooperará com as Instituições ou organismos comunitários e com as autoridades competentes dos Estados-membros ou de países terceiros, bem como com organizações internacionais.

5.2 Os bancos centrais nacionais exercerão, na medida do possível, as funções descritas no n.º 1.

5.3 O BCE promoverá, sempre que necessário, a harmonização das normas e práticas que regulam a recolha, organização e divulgação de estatísticas nos domínios da sua competência.

5.4 O Conselho definirá, de acordo com o procedimento previsto no artigo 42.º, as pessoas singulares e colectivas sujeitas à obrigação de prestar informações, o regime de confidencialidade e as disposições adequadas para a respectiva aplicação.

[Ver Regulamento (CE) n.º 2533/98 do Conselho de 23-11-1998 relativo à compilação de informação estatística pelo BCE – JOL 318/8 de 23-11-1998 (pág. 305)]

[Ver Regulamento (CE) n.º 2819/98 do BCE de 1-12-1998 relativo ao balanço consolidado do sector das instituições financeiras monetárias (BCE/1998/16) – JOL 356/7 de 30-12-1998 (não reproduzido)]

Artigo 6.º
(Cooperação internacional)

6.1 No domínio da cooperação internacional que envolva as atribuições cometidas ao SEBC, o BCE decidirá sobre a forma como o SEBC será representado.

6.2 O BCE e, com o acordo deste, os bancos centrais nacionais podem participar em instituições monetárias internacionais.

[Ver Nomeação de Robert Raymond e de Gerald Grisse como representante permanente do Banco Central Europeu em Washington, com estatuto de observador no Fundo Monetário Internacional – (pág. 337-338)]

6.3 As disposições dos n.ᵒˢ 1 e 2 não prejudicam o disposto no n.º 4, do artigo 109.º do presente Tratado.

CAPÍTULO III
Organização do SEBC

Artigo 7.º
(Independência)

De acordo com o disposto no artigo 107.º do presente Tratado, no exercício dos poderes e no cumprimento das atribuições e deveres que lhes são cometidos pelo presente Tratado e pelos presentes Estatutos, o BCE, os bancos centrais nacionais, ou qualquer membro dos respectivos órgãos de decisão, não podem solicitar ou receber instruções das Instituições ou organismos comunitários, dos governos dos Estados-membros ou de qualquer outra entidade. As Instituições e organismos comunitários, bem como os governos dos Estados-membros, comprometem-se a respeitar este princípio e a não procurar influenciar os membros dos órgãos de decisão do BCE ou dos bancos centrais nacionais no exercício das suas funções.

Artigo 8.º
(Princípio geral)

O SEBC é dirigido pelos órgãos de decisão do BCE.

Artigo 9.º
(O Banco Central Europeu)

9.1 O BCE, que, de acordo com o disposto no n.º 2, do artigo 106.º do presente Tratado, tem uma personalidade jurídica, goza em cada um dos Estados-membros da mais ampla capacidade jurídica reconhecida às pessoas colectivas pelas legislações nacionais, podendo designadamente adquirir ou alienar bens móveis e imóveis e estar em juízo.

9.2 O BCE assegurará que as atribuições cometidas ao SEBC nos n.ᵒˢ 2, 3 e 5 do artigo 105.º do presente Tratado sejam executadas, quer através das suas próprias actividades nos termos dos presentes Estatutos, quer através dos bancos centrais nacionais, nos termos do n.º 1, do artigo 12.º e do artigo 14.º.

9.3 De acordo com o disposto no n.º 3, do artigo 106.º do presente Tratado, os órgãos de decisão do BCE são o Conselho do BCE e a Comissão Executiva.

Artigo 10.º
(O Conselho do BCE)

10.1 De acordo com o disposto no n.º 1, do artigo 109.º-A do presente Tratado, o Conselho do BCE é composto pelos membros da Comissão Executiva e pelos governadores dos bancos centrais nacionais.

10.2 Sem prejuízo do disposto no n.º 3, apenas os membros do Conselho do BCE presentes nas reuniões têm direito a voto. Em derrogação desta norma, o regulamento interno a que se refere o n.º 3 do artigo 12.º pode prever que os membros do Conselho do BCE possam votar por teleconferência. Aquele regulamento deve, por outro lado, prever que um membro do Conselho do BCE impedido de votar durante um longo período possa nomear um suplente para o substituir no Conselho do BCE.

Sem prejuízo do disposto no n.º 3, do presente artigo e no n.º 3, do artigo 11.º, cada membro do Conselho do BCE dispõe de um voto. Salvo disposição em contrário dos presentes Estatutos, o Conselho do BCE delibera por maioria simples. Em caso de empate, o Presidente tem voto de qualidade.

Para que o Conselho do BCE possa deliberar é necessário um quorum de dois terços dos membros. Na falta de quorum, o Presidente pode convocar uma reunião extraordinária, na qual poderão ser tomadas decisões sem o quorum acima mencionado.

10.3 Relativamente a quaisquer decisões a tomar nos termos dos artigos 28.º, 29.º, 30.º, 32.º, 33.º e 51.º, os votos dos membros do Conselho do BCE serão ponderados de acordo com as participações dos bancos centrais nacionais no capital subscrito do BCE. A ponderação dos votos dos membros da Comissão Executiva será igual a zero. Uma decisão que exija maioria qualificada considera-se tomada se os votos a favor representarem pelo menos dois terços do capital subscrito do BCE e provierem de pelo menos metade dos accionistas. Em caso de impedimento de um governador, este pode designar um suplente para exercer o seu voto ponderado.

10.4 O teor dos debates é confidencial. O Conselho do BCE pode decidir tornar público o resultado das suas deliberações.

10.5 O Conselho do BCE reunirá pelo menos dez vezes por ano.

[Ver Calendário da reuniões do Conselho e do Conselho Geral em 1999 e 2000 (pág. 265)]

Artigo 11.º
(A Comissão Executiva)

11.1 De acordo com o disposto no n.º 2, alínea *a*), do artigo 109.º-A do presente Tratado, a Comissão Executiva é composta pelo Presidente, pelo vice-presidente e por quatro vogais.

Os seus membros exercerão as funções a tempo inteiro. Nenhum membro pode, salvo derrogação concedida, a título excepcional, pelo Conselho do BCE, exercer qualquer outra actividade profissional, remunerada ou não.

11.2 De acordo com o disposto no n.º 2, alínea *b*), do artigo 109.º-A do presente Tratado, o Presidente, o vice-presidente e os vogais da Comissão Executiva são nomeados, de entre personalidades de reconhecida competência e com experiência profissional nos domínios monetário ou bancário, de comum acordo pelos governos dos Estados-membros a nível de Chefes de Estado ou de governo, sob recomendação do Conselho e após este ter consultado o Parlamento Europeu e o Conselho do BCE.

A sua nomeação é feita por um período de oito anos e o mandato não é renovável.

Só nacionais dos Estados-membros podem ser membros da Comissão Executiva.

11.3 As condições de emprego dos membros da Comissão Executiva, nomeadamente os respectivos vencimentos, pensões e outros benefícios da segurança social serão regulados por contratos celebrados com o BCE e são fixados pelo Conselho do BCE, sob proposta de um Comité composto por três membros nomeados pelo Conselho do BCE e três membros nomeados pelo Conselho. Os membros da Comissão Executiva não têm direito de voto relativamente aos assuntos referidos no presente número.

11.4 Qualquer membro da Comissão Executiva que deixe de preencher os requisitos necessários ao exercício das suas funções ou tenha cometido falta grave pode ser demitido pelo Tribunal de Justiça, a pedido do Conselho do BCE ou da Comissão Executiva.

11.5 Cada membro da Comissão Executiva presente nas reuniões tem direito a participar na votação e dispõe, para o efeito, de um voto. Salvo disposição em contrário, a Comissão Executiva delibera por maioria simples dos votos expressos. Em caso de empate, o Presidente tem voto de qualidade. Os mecanismos de votação são especificados no regulamento interno previsto no n.º 3, do artigo 12.º.

11.6 A Comissão Executiva é responsável pela gestão das actividades correntes do BCE.

11.7 Em caso de vaga na Comissão Executiva, proceder-se-á à nomeação de um novo membro de acordo com o disposto no n.° 2, do artigo 11.°.

Artigo 12.°
(Responsabilidades dos órgãos de decisão)

12.1 O Conselho do BCE adopta as orientações e toma as decisões necessárias ao desempenho das atribuições cometidas ao SEBC pelo presente Tratado e pelos presentes Estatutos. O Conselho do BCE define a política monetária da Comunidade incluindo, quando for caso disso, as decisões respeitantes a objectivos monetários intermédios, taxas de juro básicas e aprovisionamento de reservas no SEBC, estabelecendo as orientações necessárias à respectiva execução.

A Comissão Executiva executará a política monetária de acordo com as orientações e decisões estabelecidas pelo Conselho do BCE. Para tal, a Comissão Executiva dará as instruções necessárias aos bancos centrais nacionais. Além disso, poderão ser delegadas na Comissão Executiva certas competências, caso o Conselho do BCE assim o decida.

Na medida em que tal seja considerado possível e adequado, e sem prejuízo do disposto no presente artigo, o BCE recorrerá aos bancos centrais nacionais para que estes efectuem operações que sejam do âmbito das atribuições do SEBC.

12.2 A Comissão Executiva preparará as reuniões do Conselho do BCE.

12.3 O Conselho do BCE adoptará um regulamento interno, que determinará a organização interna do BCE e dos seus órgãos de decisão.
Regulamento Interno

12.4 O Conselho do BCE exercerá as funções consultivas a que se refere o artigo 4.°.

12.5 O Conselho do BCE tomará as decisões a que se refere o artigo 6.°.

Artigo 13.°
(O Presidente)

13.1 O Presidente ou, na sua ausência, o vice-presidente, preside ao Conselho do BCE e à Comissão Executiva do BCE.

13.2 Sem prejuízo do disposto no artigo 39.°, o Presidente, ou quem por ele for designado, assegurará a representação externa do BCE.

Artigo 14.°
(Bancos centrais nacionais)

14.1 De acordo com o disposto no artigo 108.° do presente Tratado, cada Estado-membro assegurará, o mais tardar à data da instituição do

SEBC, a compatibilidade da respectiva legislação nacional, incluindo os estatutos do seu banco central nacional, com o presente Tratado e com os presentes Estatutos.

14.2 Os Estatutos dos bancos centrais nacionais devem prever, designadamente, que o mandato de um governador de um banco central nacional não seja inferior a cinco anos.

Um governador só pode ser demitido das suas funções se deixar de preencher os requisitos necessários ao exercício das mesmas ou se tiver cometido falta grave. O governador em causa ou o Conselho do BCE podem interpor recurso da decisão de demissão para o Tribunal de Justiça com fundamento em violação do presente Tratado ou de qualquer norma jurídica relativa à sua aplicação. Esses recursos devem ser interpostos no prazo de dois meses a contar, conforme o caso, da publicação da decisão ou da sua notificação ao recorrente ou, na falta desta, do dia em que o recorrente tiver tomado conhecimento da decisão.

14.3 Os bancos centrais nacionais constituem parte integrante do SEBC, devendo actuar em conformidade com as orientações e instruções do BCE. O Conselho do BCE tomará as medidas adequadas para assegurar o cumprimento das orientações e instruções do BCE e pode exigir que lhe seja prestada toda a informação necessária.

14.4 Os bancos centrais nacionais podem exercer outras funções, além das referidas nos presentes Estatutos, salvo se o Conselho do BCE decidir, por maioria de dois terços dos votos expressos, que essas funções interferem com os objectivos e atribuições do SEBC. Cabe aos bancos centrais nacionais a responsabilidade e o risco pelo exercício dessas funções, que não são consideradas funções do SEBC.

Artigo 15.º
(Obrigação de apresentar relatórios)

15.1 O BCE elaborará e publicará, pelo menos trimestralmente, relatórios sobre as actividades do SEBC.

15.2 Todas as semanas será publicada uma informação sobre a situação financeira consolidada do SEBC.

15.3 De acordo com o disposto no n.º 3, do artigo 109.º-B do presente Tratado, o BCE enviará anualmente ao Parlamento Europeu, ao Conselho, à Comissão e ainda ao Conselho Europeu um relatório sobre as actividades do SEBC e sobre a política monetária do ano anterior e do ano em curso.

15.4 Os relatórios e informações referidos no presente artigo são postos gratuitamente à disposição dos interessados.

Artigo 16.º
(Notas de banco)

De acordo com o disposto no n.º 1, do artigo 105.º-A do presente Tratado, o Conselho do BCE tem o direito exclusivo de autorizar a emissão de notas de banco na Comunidade. O BCE e os bancos centrais nacionais podem emitir essas notas. As notas de banco emitidas pelo BCE e pelos bancos centrais nacionais são as únicas com curso legal na Comunidade.

O BCE respeitará, tanto quanto possível, as práticas existentes relativas à emissão e características das notas de banco.

[Ver Decisão (1999/33/CE) do BCE de 7-7-1998 relativa às denominações, especificações, reprodução, troca e retirada de circulação das notas em euros – JOL 8/36 de 14-1-1999 (pág. 187)]

CAPÍTULO IV
Funções monetárias e operações asseguradas pelo SEBC

Artigo 17.º
(Contas no BCE e nos bancos centrais nacionais)

A fim de realizarem as suas operações, o BCE e os bancos centrais nacionais podem abrir contas em nome de instituições de crédito, de entidades do sector público e de outros intervenientes no mercado e aceitar activos, nomeadamente títulos em conta-corrente, como garantia.

Artigo 18.º
(Operações de *open market* e de crédito)

18.1 A fim de alcançarem os objectivos e de desempenharem as atribuições do SEBC, o BCE e os bancos centrais nacionais podem:
- intervir nos mercados financeiros, quer comprando e vendendo firme (à vista e a prazo) ou ao abrigo de acordos de recompra, quer emprestando ou tomando de empréstimo activos e instrumentos negociáveis, denominados em moedas da Comunidade ou em moedas não comunitárias, bem como metais preciosos;
- efectuar operações de crédito com instituições de crédito ou com outros intervenientes no mercado, sendo os empréstimos adequadamente garantidos.

18.2 O BCE definirá princípios gerais para as operações de *open market* e de crédito a realizar por si próprio ou pelos bancos centrais nacionais, incluindo princípios para a divulgação das condições em que estão dispostos a efectuar essas operações.

[Ver Definição da estratégia da política monetária – Frankfurt, 13 de Outubro de 1998 (pág. 363)]

[Ver Valor referência para o crescimento monetário – Frankfurt, 1 de Dezembro de 1998 (pág. 367)]

[Ver Taxas de juro do BCE aplicáveis no início da terceira fase – Frankfurt, 22 de Dezembro de 1998 (pág. 371)]

[Ver comunicado do BCE de 8-4-99 (pág. 374)]

Artigo 19.º
(Reservas mínimas)

19.1 Sem prejuízo do disposto no artigo 2.º, o BCE pode exigir que as instituições de crédito estabelecidas nos Estados-membros constituam reservas mínimas junto do BCE e dos bancos centrais nacionais, para prossecução dos objectivos de política monetária. Podem ser fixadas pelo Conselho do BCE regras relativas ao cálculo e determinação das reservas mínimas obrigatórias. Em caso de não cumprimento, o BCE pode cobrar juros, a título de penalização, e impor outras sanções de efeito equivalente.

[Ver Regulamento (CE) n.º 2818/98 do BCE de 1-12-1998 relativo à aplicação de reservas mínimas obrigatórias – JOL 356/1 de 30-12-1998 (pág. 349)]

19.2 Para efeitos de aplicação do presente artigo, o Conselho definirá, de acordo com o procedimento previsto no artigo 42.º, a base para as reservas mínimas e os rácios máximos admissíveis entre essas reservas e a respectiva base, bem como as sanções adequadas em casos de não cumprimento.

[Ver Regulamento (CE) n.º 2531/98 do Conselho de 23-11-1998 relativo à aplicação de reservas mínimas obrigatórias pelo BCE – JOL 318/1 de 23-11-1998 (pág. 343)]

Artigo 20.º
(Outros instrumentos de controlo monetário)

O Conselho do BCE pode, por maioria de dois terços dos votos expressos, decidir recorrer a quaisquer outros métodos operacionais de controlo monetário que considere adequados, respeitando o disposto no art. 2.º.

O Conselho define, de acordo com o procedimento previsto no artigo 42.º, o âmbito desses métodos que imponham obrigações a terceiros.

Artigo 21.º
(Operações com entidades do sector público)

21.1 De acordo com o disposto no artigo 104.º do presente Tratado, é proibida a concessão de créditos sob a forma de descobertos ou de qualquer outra forma, pelo BCE ou pelos bancos centrais nacionais, em benefício de Instituições ou organismos da Comunidade, governos centrais, autoridades regionais, locais, ou outras autoridades públicas, outros organismos do sector público ou a empresas públicas dos Estados-membros; é igualmente proibida a compra directa de títulos de dívida a essas entidades, pelo BCE ou pelos bancos centrais nacionais.

21.2 O BCE e os bancos centrais nacionais podem actuar como agentes fiscais das entidades referidas no artigo n.º 21.1.

21.3 As disposições do presente artigo não se aplicam às instituições de crédito de capitais públicos às quais, no contexto da oferta de reservas pelos bancos centrais, será dado, pelos bancos centrais nacionais e pelo BCE, o mesmo tratamento que às instituições de crédito privadas.

Artigo 22.º
(Sistemas de compensação e de pagamentos)

O BCE e os bancos centrais nacionais podem conceder facilidades e o BCE pode adoptar regulamentos, a fim de assegurar a eficiência e a solidez dos sistemas de compensação e de pagamentos no interior da Comunidade e com países terceiros.

Artigo 23.º
(Operações externas)

O BCE e os bancos centrais nacionais podem:
– estabelecer relações com bancos centrais e instituições financeiras de países terceiros e, quando for caso disso, com organizações internacionais;
– comprar e vender, à vista e a prazo, todos os tipos de activos cambiais e metais preciosos. O termo activo cambial inclui os títulos e todos os outros activos expressos na moeda de qualquer país ou em unidades de conta, independentemente da forma como sejam detidos;
– deter e gerir os activos a que se refere o presente artigo;
– efectuar todos os tipos de operações bancárias com países terceiros e com organizações internacionais, incluindo operações activas e passivas.

Artigo 24.º
(Outras operações)

Além das operações decorrentes das suas atribuições, o BCE e os bancos centrais nacionais podem efectuar operações com fins administrativos ou destinadas ao respectivo pessoal.

CAPÍTULO V
A supervisão prudencial

Artigo 25.º
(Supervisão prudencial)

25.1 O BCE pode dar parecer e ser consultado pelo Conselho, pela Comissão e pelas autoridades competentes dos Estados-membros sobre o âmbito e a aplicação da legislação comunitária relativa à supervisão prudencial das instituições de crédito e à estabilidade do sistema financeiro.

25.2 De acordo com uma decisão do Conselho tomada nos termos do n.º 6, do artigo 105.º do presente Tratado, o BCE pode exercer funções específicas no que diz respeito às políticas relativas à supervisão prudencial das instituições de crédito e de outras instituições financeiras, com excepção das empresas de seguros.

CAPÍTULO VI
Disposições financeiras do SEBC

Artigo 26.º
(Contas anuais)

26.1 O exercício do BCE e dos bancos centrais nacionais tem início em 1 de Janeiro e termina em 31 de Dezembro.

26.2 As contas anuais do BCE são elaboradas pela Comissão Executiva de acordo com os princípios fixados pelo Conselho do BCE. As contas são aprovadas pelo Conselho do BCE, e, em seguida, publicadas.

26.3 Para efeitos de análise e de gestão, a Comissão Executiva elaborará um balanço consolidado do SEBC, que incluirá os activos e as responsabilidades, abrangidos pelo SEBC, dos bancos centrais nacionais.

26.4 Para efeitos de aplicação do presente artigo, o Conselho do BCE fixará as regras necessárias para a uniformização dos processos contabilísticos e das declarações das operações efectuadas pelos bancos centrais nacionais.

Artigo 27.º
(Auditoria)

27.1 As contas do BCE e dos bancos centrais nacionais são fiscalizadas por auditores externos independentes, designados mediante recomendação do Conselho do BCE e aprovados pelo Conselho. Os auditores têm plenos poderes para examinar todos os livros e contas do BCE e dos bancos centrais nacionais, assim como para obter informações completas sobre as suas operações.

27.2 O disposto no artigo 188.°-B do presente Tratado é exclusivamente aplicável à análise da eficácia operacional da gestão do BCE.

Artigo 28.°
(Capital do BCE)

28.1 O capital do BCE, operacional no momento da instituição do BCE, é de 5000 milhões de Ecu. Este capital pode ser aumentado por decisão do Conselho do BCE, tomado pela maioria qualificada prevista no n.° 3, do artigo 10.°, nos limites e condições definidos pelo Conselho de acordo com o procedimento previsto no artigo 42.°.

28.2 Os bancos centrais nacionais são os únicos subscritores e detentores do capital do BCE. A subscrição é efectuada de acordo com a tabela de repartição estabelecida de acordo com o disposto no artigo 29.°.

28.3 O Conselho do BCE, deliberando por maioria qualificada, nos termos do n.° 3, do artigo 10.°, determina o montante e a forma de realização do capital.

28.4 Sem prejuízo do disposto no n.° 5, as participações dos bancos centrais nacionais no capital subscrito do BCE não podem ser cedidas, dadas em garantia ou penhoradas.

28.5 Se a tabela de repartição referida no artigo 29.° for adoptada, os bancos centrais nacionais podem transferir entre si as participações de capital necessárias para assegurar que a distribuição dessas participações corresponde à tabela adoptada. O Conselho do BCE determinará os termos e condições dessas transferências.

[Ver Decisão do BCE (1999/32/CE) de 9-6-1998 que adopta as medidas necessárias à realização do capital do BCE (BCE/1998/2) – JOL 8/33 de 14-1-1999 (pág. 277)]

Artigo 29.°
(Tabela de repartição para subscrição de capital)

29.1 Uma vez instituídos o SEBC e o BCE, de acordo com o procedimento a que se refere o n.° 1, do artigo 109.°-L do presente Tratado, é fixada a tabela de repartição para subscrição do capital do BCE. A cada banco central nacional é atribuída uma ponderação nesta tabela, cujo valor é igual à soma de:
  – 50% da parcela do respectivo Estado-membro na população da Comunidade no penúltimo ano antes da instituição do SEBC;
  – 50% da parcela do respectivo Estado-membro no produto interno bruto comunitário a preços de mercado verificados nos últimos cinco anos que precedem o penúltimo ano antes da instituição do SEBC.

As percentagens serão arredondadas por excesso para o múltiplo mais próximo de 0,05%.

29.2 Os dados estatísticos a utilizar na aplicação deste artigo são facultados pela Comissão de acordo com as regras adoptadas pelo Conselho de acordo com o procedimento previsto no artigo 42.º.

[Ver Decisão do Conselho (98/382/CE) de 5-6-1998 relativa aos dados estatísticos a utilizar para a determinação da tabela de repartição para subscrição do capital do BCE – JOL 171/33 de 17-6-1998 (pág. 271)]

29.3 As ponderações atribuídas aos bancos centrais nacionais devem ser adaptadas de cinco em cinco anos após a instituição do SEBC, por analogia com o disposto no n.º 1. A tabela de repartição adaptada produzirá efeitos a partir do primeiro dia do ano seguinte.

29.4 O Conselho do BCE tomará quaisquer outras medidas necessárias à aplicação do presente artigo.

[Ver Decisão do BCE (1999/331/CE) de 1-12-1998 relativa à participação percentual dos bancos centrais nacionais na tabela de repartição para a subscrição do capital do BCE (BCE/1998/13) – JOL 125 de 19.5.1999 (pág. 283)] (¹)

Artigo 30.º
(Transferência de activos de reserva para o BCE)

30.1 Sem prejuízo do disposto no artigo 28.º, o BCE será dotado pelos bancos centrais nacionais de activos de reserva que não sejam moedas comunitárias, Ecu, posições de reserva no FMI nem DSE, até um montante equivalente a 50.000 milhões de Ecu. O Conselho do BCE decidirá quanto à proporção a exigir pelo BCE na sequência da sua instituição e quanto aos montantes a exigir posteriormente. O BCE tem o pleno direito de deter e gerir os activos de reserva para ele transferidos e de os utilizar para os efeitos previstos nos presentes Estatutos.

30.2 As contribuições de cada banco central nacional são fixadas proporcionalmente à respectiva participação no capital subscrito do BCE.

30.3 A cada banco nacional é atribuído pelo BCE um crédito equivalente à sua contribuição. O Conselho do BCE determina a denominação e remuneração desses créditos.

30.4 Além do limite fixado no n.º 1, o BCE pode exigir novas contribuições em activos de reserva, de acordo com o n.º 2, nos limites

---

(¹) A tabela constante dessa decisão actualizou a da Decisão (BCE/1999/31). Ver pág. 246.

e condições definidos pelo Conselho de acordo com o procedimento previsto no artigo 42.°.

30.5 O BCE pode deter e gerir posições de reserva no FMI e DSE, bem como estabelecer o agrupamento em fundo comum destes activos.

30.6 O Conselho do BCE tomará quaisquer outras medidas necessárias à aplicação do presente artigo.

Artigo 31.°
(Activos de reserva detidos pelos bancos centrais nacionais)

31.1 Os bancos centrais nacionais podem efectuar as transacções necessárias ao cumprimento das obrigações por eles assumidas para com organizações internacionais de acordo com o artigo 23.°.

31.2 Todas as restantes operações em activos de reserva, que permaneçam nos bancos centrais nacionais após as transferências mencionadas no artigo 30.°, bem como as transacções efectuadas pelos Estados-membros com os seus saldos de tesouraria em divisas ficam sujeitas, acima de um certo limite, a estabelecer no âmbito do disposto no n.° 3, à aprovação do BCE, a fim de assegurar a sua compatibilidade com as políticas cambial e monetária da Comunidade.

31.3 O Conselho do BCE adoptará orientações com vista a facilitar essas operações.

Artigo 32.°
(Distribuição dos proveitos monetários
dos bancos centrais nacionais)

32.1 Os proveitos que resultem para os bancos centrais nacionais do exercício das funções do SEBC relativas à política monetária (adiante designados por proveitos monetários) serão repartidos no final de cada exercício de acordo com o disposto no presente artigo.

32.2 Sem prejuízo do n.° 3, o montante dos proveitos monetários de cada banco central nacional é igual ao montante dos respectivos proveitos anuais resultantes dos activos detidos em contrapartida das notas em circulação e das responsabilidades decorrentes dos depósitos constituídos pelas instituições de crédito. Esses activos devem ser individualizados pelos bancos centrais nacionais de acordo com orientações a fixar pelo Conselho do BCE.

32.3 Se, após o início da terceira fase, a estrutura das contas dos bancos centrais nacionais não permitir, no entender do Conselho do BCE, a aplicação do n.° 2, o Conselho do BCE pode decidir, por maioria qualificada, e em derrogação do n.º 2, que os proveitos monetários sejam calculados de acordo com um método alternativo, por um período não superior a cinco anos.

32.4 O montante dos proveitos monetários de cada banco central nacional será reduzido no montante equivalente aos juros pagos por esse banco central sobre as responsabilidades decorrentes dos depósitos constituídos pelas instituições de crédito de acordo com o disposto no artigo 19.º.

O Conselho do BCE pode decidir que os bancos centrais nacionais sejam indemnizados por custos resultantes da emissão de notas de banco ou, em circunstâncias excepcionais, por perdas derivadas de operações de política monetária efectuadas por conta do SEBC. A indemnização assumirá uma forma que seja considerada adequada pelo Conselho do BCE; estes montantes podem ser objecto de compensação com os proveitos monetários dos bancos centrais nacionais.

32.5 O total dos proveitos monetários dos bancos centrais nacionais será repartido entre os bancos centrais nacionais proporcionalmente às participações que tiverem realizado no capital do BCE, sem prejuízo das decisões tomadas pelo Conselho do BCE ao abrigo do disposto no n.º 2, do artigo 33.º.

32.6 A compensação e o pagamento dos saldos resultantes da repartição dos proveitos monetários serão efectuados pelo BCE em conformidade com as orientações fixadas pelo Conselho do BCE.

32.7 O Conselho do BCE tomará quaisquer outras medidas necessárias à aplicação do presente artigo.

Artigo 33.º
(Distribuição dos lucros e perdas líquidas do BCE)

33.1 O lucro líquido do BCE será aplicado da seguinte forma:

a) Um montante a determinar pelo Conselho do BCE, que não pode ser superior a 20% do lucro líquido, será transferido para o fundo de reserva geral, até ao limite de 100% do capital;

b) O remanescente do lucro líquido será distribuído aos accionistas do BCE proporcionalmente às participações que tiverem realizado.

33.2 Na eventualidade de o BCE registar perdas, estas poderão ser cobertas pelo fundo de reserva geral do BCE e, se necessário, por decisão do Conselho do BCE, pelos proveitos monetários do exercício financeiro correspondente, proporcionalmente e até aos montantes repartidos entre os bancos centrais nacionais, de acordo com o disposto no n.º 5, do artigo 32.º.

CAPÍTULO VII
Disposições gerais
Artigo 34.º
(Actos jurídicos)

34.1 De acordo com o disposto no artigo 108.º-A do presente Tratado, o BCE:
— adopta regulamentos na medida do necessário para a execução das funções definidas no n.º 1, primeiro travessão, do artigo 3.º, no n.º 1, do artigo 19.º, no artigo 22.º ou no n.º 2, do artigo 25.º, e nos casos que forem previstos no acto do Conselho a que se refere o artigo 42.º;
— toma as decisões necessárias para o desempenho das atribuições cometidas ao SEBC ao abrigo do presente Tratado e dos presentes Estatutos;
— formula recomendações e emite pareceres.

34.2 O regulamento tem carácter geral. É obrigatório em todos os seus elementos e directamente aplicável em todos os Estados-membros. As recomendações e pareceres não são vinculativos.

A decisão é obrigatória em todos os seus elementos para os destinatários que ela designar.

Os artigos 190.º a 192.º do presente Tratado são aplicáveis aos regulamentos e decisões do BCE.

O BCE pode decidir publicar as suas decisões, recomendações e pareceres.

34.3 Nos limites e condições fixados pelo Conselho de acordo com o procedimento previsto no artigo 42.º, o BCE pode aplicar multas ou sanções pecuniárias temporárias às empresas em caso de incumprimento de obrigações decorrentes dos seus regulamentos e decisões.

[Ver Regulamento (CE) n.º 2532/98 do Conselho de 23-11-1998 relativo ao poder do BCE de impor sanções – JOL 318/4 de 23-11-1998 (pág. 297)]

Artigo 35.º
(Fiscalização jurisdicional e assuntos afins)

35.1 Os actos ou omissões do BCE podem ser fiscalizados ou interpretados pelo Tribunal de Justiça nos casos e nas condições estabelecidos no presente Tratado. O BCE pode instaurar processos nos casos e nas condições estabelecidos no presente Tratado.

35.2 Os litígios entre o BCE, por um lado, e os seus credores, devedores ou quaisquer terceiros, por outro, serão resolvidos pelos órgãos jurisdicionais nacionais competentes, sem prejuízo da competência atribuída ao Tribunal de Justiça.

35.3 O BCE está sujeito ao regime de responsabilidade previsto no artigo 215.º do presente Tratado. Os bancos centrais nacionais estão sujeitos aos regimes de responsabilidade previstos nas respectivas legislações nacionais.

35.4 O Tribunal de Justiça é competente para decidir com fundamento em cláusula compromissória constante de um contrato de direito público ou privado celebrado pelo BCE ou por sua conta.

35.5 Qualquer decisão do BCE de intentar uma acção perante o Tribunal de Justiça será tomada pelo Conselho do BCE.

35.6 O Tribunal de Justiça é competente para decidir dos litígios relativos ao cumprimento por um banco central nacional das obrigações decorrentes dos presentes Estatutos. Se o BCE considerar que um banco central nacional não cumpriu qualquer das obrigações que lhe incumbem por força dos presentes Estatutos, formulará sobre a questão um parecer fundamentado, depois de dar ao banco central nacional a oportunidade de apresentar as suas observações. Se o banco central nacional em causa não proceder em conformidade com esse parecer no prazo fixado pelo BCE, este pode recorrer ao Tribunal de Justiça.

Artigo 36.º
(Pessoal)

36.1 O Conselho do BCE, sob proposta da Comissão Executiva, definirá o regime aplicável ao pessoal do BCE.

36.2 O Tribunal de Justiça é competente para decidir sobre todo e qualquer litígio entre o BCE e os seus agentes nos limites e condições previstos no regime que a estes é aplicável.

Artigo 37.º
(Sede)

Até ao final de 1992, será tomada uma decisão sobre a localização da sede do BCE. Esta decisão é tomada de comum acordo pelos governos dos Estados-membros a nível de Chefes de Estado ou de Governo.

[Ver Decisão sobre a localização de sedes de organismos da CE de 29-10-1993 (pág. 215)]

Artigo 38.º
(Segredo profissional)

38.1 Os membros dos órgãos de decisão e o pessoal do BCE e dos bancos centrais nacionais são obrigados, mesmo após a cessação das suas funções, a não divulgar informações que, pela sua natureza, estejam abrangidas pelo segredo profissional.

38.2 As pessoas que tenham acesso a dados abrangidos por legislação comunitária que imponha a obrigação de segredo ficam sujeitas a essa legislação.

Artigo 39.º
(Forma de obrigar o BCE)

O BCE obriga-se perante terceiros pela assinatura do seu Presidente ou de dois membros da Comissão Executiva ou ainda pelas assinaturas de dois membros do pessoal do BCE devidamente autorizados pelo Presidente a assinar em nome do BCE.

Artigo 40.º
(Privilégios e Imunidades)

O BCE goza, no território dos Estados-membros, dos privilégios e Imunidades necessários ao cumprimento da sua missão, nas condições definidas no Protocolo Relativo aos Privilégios e Imunidades das Comunidades Europeias anexo ao Tratado que institui um Conselho único e uma Comissão única das Comunidades Europeias.

CAPÍTULO VIII
Alteração dos estatutos e legislação complementar

Artigo 41.º
(Procedimento de alteração simplificado)

41.1 De acordo com o disposto no n.º 5, do artigo 106.º do presente Tratado, os n.ºs 1, 2 e 3 do artigo 5.º, os artigos 17.º e 18.º, o n.º 1, do artigo 19.º, os artigos 22.º, 23.º, 24.º e 26.º, os n.ºs 2, 3, 4 e 6 do artigo 32.º, o n.º 1, alínea a), do artigo 33.º e o artigo 36.º dos presentes Estatutos podem ser alterados pelo Conselho, deliberando, quer por maioria qualificada, sob recomendação do BCE, e após consulta da Comissão, quer por unanimidade, sob proposta da Comissão e após consulta do BCE. Em qualquer dos casos é exigida a concordância do Parlamento Europeu.

41.2 Qualquer recomendação formulada pelo BCE ao abrigo do disposto no presente artigo exige decisão unânime do Conselho do BCE.

Artigo 42.º
(Legislação complementar)

De acordo com o disposto no n.º 6, do artigo 106.º do presente Tratado, imediatamente após a decisão sobre a data de início da terceira fase, o Conselho, deliberando por maioria qualificada, quer sob proposta da Comissão e após consulta do Parlamento Europeu do BCE, quer sob recomendação do BCE e após consulta do Parlamento Europeu e da Comissão, adoptará as disposições referidas no artigo 4.º, no n.º 4, do artigo 5.º, no n.º 2, do artigo 19.º, no artigo 20.º, no n.º 1, do artigo 28.º, no n.º 2, do artigo 29.º, no n.º 4, do artigo 30.º e no n.º 3, do artigo 34.º dos presentes Estatutos.

CAPÍTULO IX
Disposições transitórias e outras relativas ao SEBC

Artigo 43.º
(Disposições gerais)

43.1 Uma derrogação nos termos do n.º 1, do artigo 109.º-K do presente Tratado implica, no que respeita ao Estado-membro em causa, a exclusão de quaisquer direitos conferidos ou obrigações impostas nas seguintes disposições dos presentes Estatutos: artigos 3.º e 6.º, n.º 2, do artigo 9.º, n.º 1, do artigo 12.º, n.º 3, do artigo 14.º, artigos 16.º, 18.º, 19.º, 20.º, 22.º e 23.º, n.º 2, do artigo 26.º e artigos 27.º, 30.º, 31.º, 32.º, 33.º, 34.º, 50.º e 52.º.

43.2 Os bancos centrais dos Estados-membros que beneficiem de uma derrogação nos termos do n.º 1, do artigo 109.º-K do presente Tratado mantêm em matéria de política monetária os poderes que lhes são atribuídos pela legislação nacional.

43.3 De acordo com o disposto no n.º 4, do artigo 109.º-K do presente Tratado, por Estados-membros deve entender-se Estados-membros que não beneficiam de uma derrogação nas seguintes disposições dos presentes Estatutos: artigo 3.º, n.º 2, do artigo 11.º, artigo 19.º, n.º 2, do artigo 34.º e artigo 50.º.

43.4 Por bancos centrais nacionais deve entender-se bancos centrais de Estados-membros que não beneficiam de uma derrogação nas seguintes disposições dos presentes Estatutos: n.º 2, do artigo 9.º, n.ºs 1 e 3 do artigo 10.º, n.º 1, do artigo 12.º, artigos 16.º, 17.º, 18.º, 22.º, 23.º, 27.º, 30.º, 31.º, 32.º, n.º 2, do artigo 33.º e artigo 52.º.

43.5 Por accionistas deve entender-se, no n.º 3, do artigo 10.º e no n.º 1, do artigo 33.º, bancos centrais dos Estados-membros que não beneficiam de uma derrogação.

43.6 Por capital subscrito do BCE deve entender-se, no n.º 3, do artigo 10.º e no n.º 2, do artigo 30.º, capital do BCE subscrito pelos bancos centrais dos Estados-membros que não beneficiam de uma derrogação.

Artigo 44.º
(Atribuições transitórias do BCE)

O BCE assumirá as atribuições do IME que, em virtude das derrogações de que beneficiem um ou mais Estados-membros, devam ainda ser desempenhadas na terceira fase.

O BCE dará o seu parecer na preparação da revogação das derrogações referidas no artigo 109.°-K do presente Tratado.

Artigo 45.°
(Conselho Geral do BCE)

45.1 Sem prejuízo do disposto no n.° 3, do artigo 106.° do presente Tratado, é constituído um Conselho Geral do BCE como terceiro órgão de decisão do BCE.

45.2 O Conselho Geral é composto pelo Presidente e pelo Vice-Presidente do BCE e pelos Governadores dos bancos centrais nacionais. Os vogais da Comissão Executiva podem participar, sem direito de voto, nas reuniões do Conselho Geral.

45.3 As funções do Conselho Geral são as enumeradas in extenso no artigo 47.° dos presentes Estatutos.

Artigo 46.°
(Regulamento Interno do Conselho Geral)

46.1 O Presidente, ou, na sua ausência, o Vice-Presidente do BCE, preside ao Conselho Geral do BCE.

46.2 Nas reuniões do Conselho Geral podem participar, sem direito de voto, o Presidente do Conselho e um membro da Comissão.

46.3 O Presidente preparará as reuniões do Conselho Geral.

46.4 Em derrogação do n.° 3, do artigo 12.°, o Conselho Geral aprovará o seu regulamento interno.

[Ver Regulamento Interno (Conselho Geral BCE) (pág. 261)]

46.5 O BCE assegurará o Secretariado do Conselho Geral.

Artigo 47.°
(Funções do Conselho Geral)

47.1 O Conselho Geral deve:
– desempenhar as atribuições referidas no artigo 44.°;
– contribuir para as funções consultivas a que se refere o artigo 4.° e o n.° 1, do artigo 25.°.

47.2 O Conselho Geral colaborará:
– na compilação da informação estatística referida no artigo 5.°;
– na elaboração dos relatórios do BCE referidos no artigo 15.°;
– na fixação das regras necessárias ao cumprimento do disposto no artigo 26.°, como referido no seu n.°4;
– na tomada de quaisquer outras medidas necessárias ao cumprimento do disposto no artigo 29.°, como referido no seu n.° 4;

– na definição do regime aplicável ao pessoal do BCE a que se refere o artigo 36.º.

47.3 O Conselho Geral colaborará na preparação necessária para a fixação irrevogável das taxas de câmbio das moedas dos Estados-membros que beneficiem de uma derrogação em relação às moedas ou moeda dos Estados-membros que não beneficiem de uma derrogação, tal como previsto no n.º 5, do artigo 109.º-L do presente Tratado.

47.4 O Conselho Geral será informado pelo Presidente do BCE das decisões do Conselho do BCE.

Artigo 48.º
(Disposições transitórias relativas ao capital do BCE)

De acordo com o disposto no n.º 1, do artigo 29.º, a cada banco central nacional é atribuída uma ponderação na tabela de repartição para subscrição do capital do BCE. Em derrogação do n.º 3, do artigo 28.º, os bancos centrais dos Estados-membros que beneficiem de uma derrogação não são obrigados a realizar o capital que tenham subscrito, a menos que o Conselho Geral, deliberando por uma maioria que represente, no mínimo, dois terços do capital subscrito do BCE e, pelo menos, metade dos accionistas decida que dele terá de ser realizada uma percentagem mínima como contribuição para cobertura dos custos de funcionamento do BCE.

Artigo 49.º
**(Realização diferida do capital das reservas
e das provisões do BCE)**

49.1 Os bancos centrais dos Estados-membros cuja derrogação tenha sido revogada devem realizar a participação no capital do BCE que tenham subscrito nos mesmos termos que os outros bancos centrais dos Estados-membros que não beneficiem de uma derrogação e devem transferir para o BCE activos de reserva, de acordo com o disposto no n.º 1, do artigo 30.º. O montante a transferir será calculado multiplicando o valor em Ecu, às taxas de câmbio correntes, dos activos de reserva que tenham sido transferidos para o BCE nos termos do n.º 1, do artigo 30.º, pelo quociente entre o número de acções já pagas pelo banco central nacional em causa e o número de acções já pagas pelos restantes bancos centrais nacionais.

49.2 Além do pagamento a efectuar em cumprimento do disposto no n.º 1, o banco central em causa deve contribuir para as reservas do BCE, para as provisões equivalentes a reservas e para o montante ainda a afectar às reservas e provisões correspondente ao saldo da conta de lucros e perdas apurado em 31 de Dezembro do ano anterior à revogação da derrogação. O valor da contribuição será calculado multiplicando o montante das reservas, tal como acima definidas e tal como constam do balanço aprovado do BCE, pelo quociente entre o número de acções subscritas pelo banco central em causa e o número de acções já pagas pelos restantes bancos centrais.

Artigo 50.º
(Nomeação inicial dos membros da Comissão Executiva)

Aquando da instalação da Comissão Executiva do BCE, o Presidente, o Vice-Presidente e os vogais da Comissão Executiva serão nomeados de comum acordo pelos governos dos Estados-membros, a nível de Chefes de Estado ou de Governo, sob recomendação do Conselho e após consulta do Parlamento Europeu e do Conselho do IME. O Presidente da Comissão Executiva é nomeado por um período de oito anos. Em derrogação do n.º 2, do artigo 11.º, o Vice-Presidente é nomeado por um período de quatro anos e os vogais são nomeados por períodos de cinco a oito anos. Estas nomeações não são renováveis.

O número de membros da Comissão Executiva pode ser menos que o previsto no n.º 1, do artigo 11.º, mas em caso algum será inferior a quatro.

[Ver Decisão (98/345/CE) tomada de comum acordo pelos governos dos Estados-membros que adoptam a moeda única, a nível de Chefes de Estado ou de governo, de 26 de Maio de 1998, que nomeia o presidente, o vice-presidente e os vogais da Comissão Executiva do Banco Central Europeu JOL n.º L 154 de 28/05/1998 (pág. 221)]

Artigo 51.º
(Derrogação do artigo 32.º)

51.1 Se, após o início da terceira fase, o Conselho do BCE decidir que do cumprimento do disposto no artigo 32.º dos presentes Estatutos resultam significativas alterações nas posições relativas dos bancos centrais nacionais no que se refere aos proveitos, o montante dos proveitos a distribuir ao abrigo do referido artigo deve ser reduzido numa percentagem uniforme não superior a 60% no primeiro exercício subsequente ao início da terceira fase e decrescente de pelo menos 12% em cada um dos exercícios seguintes.

51.2 O disposto no n.º 1 será aplicável, no máximo, durante cinco exercícios completos após o início da terceira fase.

Artigo 52.º
(Câmbio de notas de banco denominadas em moedas da Comunidade)

Após a fixação irrevogável das taxas de câmbio, o Conselho do BCE tomará as providências necessárias para garantir que as notas de banco denominadas em moedas com taxas de câmbio irrevogavelmente fixadas sejam cambiadas pelos bancos centrais nacionais ao seu valor facial.

[Ver Troca de notas nacionais de outros Estados-membros – Frankfurt, 3 de Novembro de 1998 (pág. 193)]

Artigo 53.º
(Aplicabilidade das disposições transitórias)

Se existirem Estados-membros que beneficiem de uma derrogação, e enquanto essa situação se mantiver, são aplicáveis os artigos 43.º a 48.º.

Frankfurt, 1 de Dezembro de 1998

CHAVE PARA SUBSCRIÇÃO DE CAPITAL DO BCE
(Tradução da responsabilidade do Banco de Portugal)

Na sequência da notificação emitida pela Comissão das Comunidades Europeias sobre os dados estatísticos do PIB revistos, foi decidido ajustar as percentagens dos bancos centrais nacionais na chave para subscrição de capital do Banco Central Europeu (BCE) de acordo com as seguintes taxas percentuais:

Nationale Bank van Belgium;/Banque Nationale de Belgique – 2.8658%
Danmarks Nationalbank – 1.6709%
Deutsche Bundesbank – 24.4935%
Bank of Greece – 2.0564%
Banco de España – 8.8935%
Banque de France – 16.8337%
Central Bank of Ireland – 0.8496%
Banca d'Italia – 14.8950%
Banque Centrale du Luxembourg – 0.1492%
De Nederlandsche Bank – 4.2780%
Oesterreichische Nationalbank – 2.3594%
Banco de Portugal – 1.9232%
Suomen Pankki – 1.3970%
Sveriges Riksbank – 2.6537%
Bank of England – 14.6811%

European Central Bank
Press Division
Kaiserstrasse 29, D-60311 Frankfurt am Main

Primeira tabela publicada pelo BCE
CAPITAL SUBSCRIPTION TO THE EUROPEAN CENTRAL BANK

Euro

NCB	Key	Subscribed capital	% to be paid up	Total amount due
Germany	24.4096%	1 220 480 000	100.00%	1 220 480 000
France	16.8703%	843 515 000	100.00%	843 515 000
Italy	14.9616%	748 080 000	100.00%	748 080 000
Spain	8.8300%	441 500 000	100.00%	441 500 000
Netherlands	4.2796%	213 980 000	100.00%	213 980 000
Belgium	2.8885%	144 425 000	100.00%	144 425 000
Austria	2.3663%	118 315 000	100.00%	118 315 000
Portugal	1.9250%	96 250 000	100.00%	96 250 000
Finland	1.3991%	69 955 000	100.00%	69 955 000
Ireland	0.8384%	41 920 000	100.00%	41 920 000
Luxembourg	0.1469%	7 345 000	100.00%	7 345 000
Subtotal – euro NCBs	78.9153%	3 945 765 000		3 945 765 000
United Kingdom	14.7109%	735 545 000	5.00%	36 777 250
Sweden	2.6580%	132 900 000	5.00%	6 645 000
Greece	2.0585%	102 925 000	5.00%	5 146 250
Denmark	1.6573%	82 865 000	5.00%	4 143 250
Subtotal – non euro NCBs	21.0847%	1 054 235 000		52 711 750
Total	100.0000%	5 000 000 000		3 998 476 750

NOTE: **The General Council of the ECB has agreed that non-Euro area NCBs will pay up 5% of their subscriptions to the capital of the ECB. The return generated on this amount of EUR 52.7 million represents their contribution to those operational costs which have arisen from their participation in some activities of the ECB.**

*** Press Office Kaiserstrasse 29, D-60311 Frankfurt am Main Postfach 16 03 19, D-60066 Frankfurt am Main Tel.: +49 (69) 13 44-7455 • Fax: +49 (69) 13 44-7404.

Jornal Oficial das Comunidades Europeias n.º L 125 de 19.5.1999

REGULAMENTO INTERNO DO BANCO CENTRAL EUROPEU, alterado em 22 de Abril de 1999

O CONSELHO DO BANCO CENTRAL EUROPEU,

Tendo em conta o protocolo relativo aos Estatutos do Sistema Europeu de Bancos Centrais e do Banco Central Europeu (a seguir designado «Estatutos») e, nomeadamente, o do seu artigo 12.º-3,

DECIDIU ADOPTAR O PRESENTE REGULAMENTO INTERNO:

CAPÍTULO PRELIMINAR

Artigo 1.º
O Tratado e os Estatutos

O presente regulamento interno tem como objectivo complementar o Tratado que institui a Comunidade Europeia (a seguir designado por «Tratado») e os Estatutos. Os termos constantes do presente regulamento interno têm o significado que lhes for atribuído no Tratado e nos Estatutos.

CAPÍTULO I
O Conselho do BCE

Artigo 2.º
Data e local das reuniões do Conselho do BCE

2.1. A data das reuniões é decidida pelo Conselho, sob proposta do presidente. Em princípio, o Conselho reunirá periodicamente de acordo com um calendário determinado com a devida antecedência pelo Conselho antes do início de cada ano civil.

2.2. O presidente convocará uma reunião do Conselho a pedido de, pelo menos, três membros do Conselho.

2.3. O presidente poderá igualmente convocar reuniões do Conselho sempre que o considere necessário.

2.4. O Concelho deverá normalmente realizar as suas reuniões nas instalações do Banco Central Europeu (a seguir designado por «BCE»).

2.5. As reuniões poderão igualmente decorrer sob a forma de teleconferências, salvo em caso de objecção de, pelo menos, três governadores.

Artigo 3.º
Participação nas reuniões do Conselho do BCE

3.1. Salvo disposição em contrário, apenas os membros do Conselho, o presidente do Conselho da União Europeia e um membro da Comissão das Comunidades Europeias podem assistir às reuniões do Conselho.

3.2. Cada governador poderá normalmente fazer-se acompanhar por uma pessoa durante as partes das reuniões que não se relacionem com deliberações em matéria de política monetária.

3.3. Em caso de impedimento de um governador, este poderá designar, por escrito, um suplente, sem prejuízo do disposto no artigo 4.º. A comunicação escrita deste facto deverá ser enviada ao presidente com a devida antecedência antes da reunião.

3.4. O Conselho, se o julgar conveniente, poderá igualmente convidar outras pessoas a participar nas suas reuniões.

Artigo 4.º
Votação

4.1. Para que o Conselho do BCE possa deliberar, é exigida uma maioria qualificada de dois terços dos seus membros. No caso de inexistência de quorum, o presidente poderá convocar uma reunião extraordinária na qual poderão ser tomadas decisões sem quorum.

4.2. O Conselho procederá à votação a pedido do presidente. O presidente dará igualmente início a um processo de votação a pedido de um membro.

4.3. As abstenções não impedirão a adopção pelo Conselho de decisões tomadas ao abrigo do artigo 41.º-2 dos Estatutos.

4.4. No caso de um membro do Conselho ficar impedido de votar por um período prolongado (de mais de um mês), esse membro poderá designar um suplente que o substitua como membro do Conselho.

4.5. De acordo com o artigo 10.º-3 dos Estatutos, em caso de impedimento de um governador para votar uma decisão a tomar ao abrigo do disposto nos artigos 28.º, 29.º, 30.º, 32.º, 33.º e 51.º dos Estatutos, o suplente que tiver sido por ele designado exercerá o seu voto ponderado.

4.6. O presidente poderá proceder a uma votação secreta a pedido de três membros do Conselho. No caso de os membros do Conselho serem afectados pessoalmente por uma decisão prevista nos artigos 11.°-1, 11.°-3 ou 11.°-4 dos Estatutos, proceder-se-á sempre a uma votação secreta. Nesses casos, os membros em questão não participarão na votação.

4.7. As decisões também poderão ser tomadas por escrito, salvo em caso de objecção de, pelo menos, três membros do Conselho. O procedimento escrito exigirá: *i*) normalmente, um prazo mínimo de cinco dias úteis para que a questão possa ser apreciada por cada um dos membros do Conselho; *ii*) a assinatura pessoal de cada membro do Conselho (ou do seu suplente nos termos do artigo 4.°-4); e *iii*) o registo de qualquer decisão desse tipo na acta da reunião seguinte do Conselho.

Artigo 5.°
Organização das reuniões do Conselho do BCE

5.1. A ordem do dia de cada reunião é aprovada pelo Conselho. A Comissão Executiva deverá elaborar uma ordem do dia provisória a qual será enviada, juntamente com a respectiva documentação, aos membros do Conselho e a outros participantes autorizados com, pelo menos, oito dias de antecedência, excepto em situações de emergência, nas quais a Comissão Executiva deverá agir de acordo com as circunstâncias. O Conselho poderá decidir retirar ou acrescentar rubricas à ordem do dia provisória, sob proposta do presidente ou de um membro do Conselho. A pedido de, pelo menos, três dos seus membros, uma rubrica poderá ser retirada da ordem do dia, caso os respectivos documentos não tenham sido enviados aos referidos membros em tempo útil.

5.2. As actas das reuniões do Conselho serão submetidas à aprovação dos respectivos membros por ocasião da reunião seguinte (ou mais cedo, caso necessário, através de procedimento escrito) e deverão ser assinadas pelo presidente.

CAPÍTULO II
Comissão Executiva

Artigo 6.°
Data e local das reuniões da Comissão Executiva

6.1. A data das reuniões é decidida pela Comissão Executiva, sob proposta do presidente.

6.2. O presidente pode convocar reuniões da Comissão Executiva sempre que o considerar necessário.

Artigo 7.º
Votação

7.1. Para que a Comissão Executiva possa deliberar de acordo com o disposto no artigo 11.º-5 dos Estatutos, é exigida uma maioria qualificada de dois terços dos seus membros. Não existindo quorum, o presidente pode convocar uma reunião extraordinária na qual poderão ser tomadas decisões independentemente da existência de quorum.

7.2. As decisões podem igualmente ser tomadas por procedimento escrito, salvo em caso de objecção de, pelo menos, dois membros da Comissão Executiva.

7.3. Os membros da Comissão Executiva que sejam afectados pessoalmente por uma decisão prevista nos artigos 11.º-1, 11.º-3 ou 11.º-4 dos Estatutos não poderão participar na votação.

Artigo 8.º
Organização das reuniões da Comissão Executiva

A Comissão Executiva decidirá sobre a organização das suas reuniões.

CAPÍTULO III
Organização do Banco Central Europeu

Artigo 9.º
Comités do Sistema Europeu de Bancos Centrais

9.1. Para apoiar o trabalho do Sistema Europeu de Bancos Centrais (a seguir designado «SEBC»), serão instituídos comités do Sistema Europeu de Bancos Centrais (a seguir designados por «comités do SEBC») compostos por representantes do BCE e do banco central nacional de cada Estado-membro participante.

9.2. O Conselho do BCE estipulará os mandatos dos comités do SEBC e designará os respectivos presidentes. Por regra, o presidente será um representante do BCE. Tanto o Conselho como a Comissão Executiva poderão solicitar aos comités SEBC a realização de estudos sobre matérias específicas.

9.3. Os comités SEBC informarão o Conselho através da Comissão Executiva. O Comité de Supervisão Bancária não é obrigado a prestar informações através da Comissão Executiva sempre que agir na qualidade de fórum de consulta em questões que não se relacionem com a execução das funções de supervisão do SEBC definidas no Tratado e nos Estatutos.

9.4. O banco central nacional de cada Estado-membro não participante poderá igualmente designar um representante para participar nas reuniões de um comité do SEBC, desde que tais reuniões digam respeito a matéria que se enquadre no âmbito das competências do Conselho-Geral. Tais representantes poderão ser igualmente convidados a participar em reuniões sempre que tal for considerado conveniente pelo presidente de um comité e pela Comissão Executiva.

9.5. Para questões específicas de interesse directo para a Comissão das Comunidades Europeias poderão ser convidados representantes dos serviços da Comissão para participar nas reuniões dos comités do SEBC. Poderão ser igualmente convidados a participar membros de outras instituições da Comunidade e de terceiras entidades, na medida em que tal se revele oportuno.

9.6. O BCE assegurará apoio administrativo aos comités do SEBC.

Artigo 10.º
Estrutura interna

10.1. Após consulta do Conselho do BCE, a Comissão Executiva tomará uma decisão relativamente ao número, nome e competências respectivas de cada um dos serviços do BCE. Esta decisão será tornada pública.

10.2. Todos os serviços do BCE serão colocados sob a direcção da Comissão Executiva. A Comissão Executiva decidirá acerca das responsabilidades individuais dos seus membros relativamente aos serviços do BCE, devendo informar o Conselho, o Conselho-Geral e o pessoal do BCE das suas decisões. Qualquer destas decisões exige a presença de todos os membros da Comissão Executiva, não podendo ser tomada contra o voto do presidente.

Artigo 11.º
Pessoal do BCE

11.1. Cada membro do pessoal do BCE deverá ser informado acerca da sua posição na estrutura do BCE, da sua linha hierárquica, assim como das responsabilidades que lhe são atribuídas no exercício das suas funções.

11.2. Sem prejuízo do disposto nos artigos 36.º e 47.º dos Estatutos, a Comissão Executiva instituirá regras de organização (a seguir designadas por «circulares administrativas»). Tais regras serão obrigatórias para o pessoal do BCE.

11.3. A Comissão Executiva instituirá e actualizará um Código de Conduta para orientação dos seus membros e para os membros do seu pessoal.

CAPÍTULO IV
Participação do Conselho Geral nas tarefas do Sistema Europeu de Bancos Centrais

Artigo 12.º
Relações entre o Conselho do BCE e o Conselho-Geral

12.1. Ao Conselho-Geral do BCE será dada a oportunidade de apresentar as suas observações antes de o Conselho do BCE aprovar:
- os pareceres previstos nos artigos 4.º e 25.º-1 dos Estatutos,
- as recomendações do BCE em matéria de estatísticas, de acordo com o disposto no artigo 42.º dos Estatutos,
- o relatório anual,
- as regras necessárias à uniformização dos processos contabilísticos e de apresentação das declarações sobre as operações efectuadas pelos bancos centrais nacionais,
- as medidas necessárias à aplicação do artigo 29.º dos Estatutos,
- o regime aplicável ao pessoal do BCE,
- um parecer do BCE no contexto da preparação para a fixação irrevogável das taxas de câmbio, tal como previsto no n.º 5 do artigo 109.º-L do Tratado, ou no que se refere aos actos jurídicos comunitários a adoptar caso seja decidido revogar uma derrogação.

12.2. Sempre que, nos termos do número anterior, for solicitada ao Conselho-Geral a apresentação das suas observações, ser-lhe-á concedido um período de tempo razoável para o fazer, que não deverá ser inferior a dez dias úteis. Em caso de urgência (que deverá ser justificada no pedido), o período poderá ser reduzido para cinco dias úteis. O presidente poderá decidir recorrer a um procedimento escrito.

12.3. De acordo com o disposto no artigo 47.º-4 dos Estatutos, o presidente deverá informar o Conselho-Geral acerca das decisões aprovadas pelo Conselho.

Artigo 13.º
Relações entre a Comissão Executiva e o Conselho-Geral

13.1. O Conselho-Geral do BCE terá oportunidade de apresentar as suas observações antes de a Comissão Executiva:
- executar os actos jurídicos do Conselho do BCE relativamente aos quais, em conformidade com o artigo 12.º-1 supra, é necessária a contribuição do Conselho-Geral,
- aprovar, por força dos poderes delegados pelo Conselho em conformidade com o artigo 12.º-1 dos Estatutos, actos jurídicos rela-

tivamente aos quais, de acordo com o disposto no artigo 12.°-1 do presente regulamento interno, é necessária a contribuição do Conselho-Geral.

13.2. Sempre que, nos termos do número anterior, for solicitada ao Conselho-Geral a apresentação das suas observações, ser-lhe-á concedido um período de tempo razoável para o fazer, que não deverá ser inferior a dez dias úteis. Em caso de urgência (que deverá ser justificada no pedido), o período poderá ser reduzido para cinco dias úteis. O presidente poderá decidir recorrer a um procedimento escrito.

CAPÍTULO V
Disposições processuais específicas

Artigo 14.°
Delegação de poderes

14.1. A delegação de competências do Conselho do BCE na Comissão Executiva, nos termos do último período do segundo parágrafo do artigo 12.°-1 dos Estatutos, deverá ser notificada às partes interessadas ou tornada pública, se for caso disso, relativamente às questões que produzam efeitos legais em relação a terceiros. Os actos que forem adoptados através de delegação de poderes deverão ser prontamente notificados ao Conselho.

14.2. A lista de assinaturas autorizadas do BCE, estabelecida nos termos de decisões aprovadas ao abrigo do artigo 39.° dos Estatutos, deverá ser distribuída às partes interessadas.

Artigo 15.°
Procedimento orçamental

15.1. O Conselho do BCE, agindo sob proposta da Comissão Executiva e em conformidade com os princípios por si estabelecidos, adoptará, até ao final de cada exercício, o orçamento do BCE para o exercício seguinte.

15.2. Para apoio às questões relacionadas com o orçamento do BCE, o Conselho criará um comité orçamental e definirá o seu mandato e respectiva composição.

Artigo 16.°
Apresentação de relatórios e contas anuais

16.1. Compete ao Conselho do BCE a aprovação do relatório anual exigido nos termos do artigo 15.°-3 dos Estatutos.

16.2. É delegada na Comissão Executiva a competência para a aprovação e publicação dos relatórios elaborados trimestralmente nos termos do artigo 15.°-1 dos Estatutos, das situações financeiras semanais consolidadas elaboradas nos termos do artigo 15.°-2 dos Estatutos, do balanço consolidado elaborado nos termos do artigo 26.°-3 dos Estatutos, assim como de outros relatórios.

16.3. A Comissão Executiva deverá, em conformidade com os princípios fixados pelo Conselho, elaborar as contas anuais do BCE no decurso do primeiro mês do exercício seguinte. As contas anuais serão apresentadas ao auditor externo.

16.4. O Conselho aprovará as contas anuais do BCE no primeiro trimestre do ano seguinte. O relatório do auditor externo deverá ser apresentado ao Conselho antes da respectiva aprovação.

Artigo 17.°
Instrumentos jurídicos do BCE

17.1. Os regulamentos do BCE são aprovados pelo Conselho do BCE e assinados, em sua representação, pelo presidente.

17.2. As orientações do BCE são aprovadas pelo Conselho do BCE e posteriormente notificadas numa das línguas oficiais das Comunidades Europeias e assinadas pelo presidente, em representação do Conselho do BCE. As orientações devem indicar os motivos em que se fundamentam. A notificação aos bancos centrais poderá ser efectuada através de telefax, correio electrónico, telex ou carta. Todas as orientações do BCE a publicar oficialmente serão traduzidas nas línguas oficiais das Comunidades Europeias

17.3. O Conselho poderá delegar os seus poderes normativos na Comissão Executiva para efeitos de execução dos seus regulamentos e das suas orientações. O regulamento ou a orientação em causa especificará as matérias a executar, assim como os limites e o âmbito dos poderes delegados.

17.4. As decisões e recomendações do BCE são aprovadas pelo Conselho ou pela Comissão Executiva no âmbito das suas competências, devendo ser assinadas pelo presidente e indicar os motivos em que se fundamentam. As recomendações relativas ao direito comunitário derivado previstas no artigo 42.° dos Estatutos são aprovadas pelo Conselho.

17.5. Sem prejuízo do segundo parágrafo do artigo 44.° e do primeiro travessão do artigo 47.°-1 dos Estatutos, os pareceres do BCE são aprovados pelo Conselho. No entanto, em circunstâncias excepcionais e a não ser que pelo menos três governadores manifestem o desejo de que o Conselho conserve a sua competência para a adopção de pareceres específicos, os pareceres do BCE poderão ser adoptados pela Comissão Executiva, sendo respeitados os comentários formulados pelo Conselho e tida em conta a contribuição do Conselho-Geral. Os pareceres do BCE deverão ser assinados pelo presidente.

17.6. As instruções do BCE são aprovadas pela Comissão Executiva e posteriormente notificadas numa das línguas oficiais das Comunidades Europeias e assinadas em representação da Comissão Executiva pelo presidente ou por dois membros da Comissão Executiva. A notificação aos bancos centrais nacionais poderá ser feita por telefax, correio electrónico, telex ou carta. Todas as instruções do BCE a publicar oficialmente serão traduzidas nas línguas oficiais das Comunidades Europeias.

17.7. Todos os instrumentos jurídicos do BCE são numerados sequencialmente para facilitar a sua identificação. A Comissão Executiva assegurará o arquivo seguro dos originais, notificará os destinatários ou as autoridades nacionais e encarregar-se-á da publicação imediata, no Jornal Oficial das Comunidades Europeias, em todas as línguas oficiais das Comunidades Europeias, quando se trate de regulamentos do BCE, pareceres do BCE sobre projectos de legislação comunitária ou de instrumentos jurídicos do BCE cuja publicação tenha sido expressamente decidida.

17.8. Os princípios estabelecidos no Regulamento n.º 1 do Conselho, de 15 de Abril de 1958, serão aplicados aos actos jurídicos do BCE a que se refere o artigo 34.º dos Estatutos.

Artigo 18.º
Procedimento previsto no n.º 2 do artigo 105.º-A do Tratado

A autorização prevista no n.º 2 do artigo 105.º-A do Tratado é aprovada pelo Conselho do BCE num decisão única aplicável a todos os Estados-membros participantes no decurso do último trimestre de cada ano com efeitos para o ano seguinte.

Artigo 19.º
Aquisições

19.1. Na aquisição de bens e serviços para o BCE, deverão ser respeitados os princípios da publicidade, transparência, igualdade, não discriminação e gestão eficaz.

19.2. Sem prejuízo do princípio da gestão eficaz, poderão ser derrogados os princípios acima enunciados em casos de urgência; por razões de segurança ou sigilo; no caso de haver apenas um único fornecedor; para fornecimentos dos bancos centrais nacionais ao BCE; para garantir a continuidade de um fornecedor; e no caso de aquisição de bens ao Instituto Monetário Europeu (a seguir designado por «IME»).

Artigo 20.º
Selecção, nomeação e promoção do pessoal

20.1. Todos os membros do pessoal serão seleccionados, nomeados e promovidos pela Comissão Executiva.

20.2. Os membros do pessoal serão seleccionados, nomeados e promovidos tomando em devida conta os princípios da qualificação profissional, publicidade, transparência, igualdade de oportunidades e não discriminação. As regras e os procedimentos de recrutamento e de promoção interna serão desenvolvidos através de circulares administrativas.

20.3. A Comissão Executiva poderá recrutar para o BCE membros do pessoal do IME (em processo de liquidação) sem observar regras e procedimentos de recrutamento específicos.

Artigo 21.º
Regime aplicável ao pessoal

21.1. As relações de trabalho entre o BCE e os seus funcionários são determinadas pelo regime aplicável ao pessoal e pelo estatuto do pessoal.

21.2. O regime aplicável ao pessoal é aprovado e alterado pelo Conselho do BCE mediante proposta da Comissão Executiva. O Conselho-Geral deverá ser consultado de acordo com o procedimento previsto no presente regulamento interno.

21.3. O regime aplicável ao pessoal é aplicado através do estatuto do pessoal que é adoptado e alterado pela Comissão Executiva.

21.4. O Comité de Pessoal deverá ser consultado antes da aprovação de um novo regime aplicável ao pessoal ou do estatuto do pessoal. Os seus pareceres são apresentados, respectivamente, ao Conselho ou à Comissão Executiva.

Artigo 22.º
Comunicações e anúncios

As comunicações gerais e o anúncio de decisões tomadas pelos órgãos de decisão do BCE podem ser efectuadas através do Jornal Oficial das Comunidades Europeias e dos serviços de comunicação normalmente utilizados pelos mercados financeiros.

Artigo 23.º
Confidencialidade dos documentos e arquivos do BCE e acesso aos mesmos

23.1. O teor dos debates dos órgãos de decisão do BCE e de qualquer comité ou grupo por eles instituído é confidencial, salvo se o Conselho do BCE autorizar o presidente a tornar públicos os resultados das suas deliberações.

23.2. Todos os documentos elaborados pelo BCE são confidenciais, salvo decisão em contrário do Conselho do BCE. O acesso à documentação e aos arquivos do BCE e à documentação anteriormente conservada nos arquivos do IME será regido pela decisão do Banco Central Europeu de 3 de Novembro de 1998, relativa ao acesso do público à documentação e aos arquivos do Banco Central Europeu (BCE/1998/12).

23.3. O acesso aos documentos mantidos nos arquivos do Comité dos Governadores dos Bancos Centrais dos Estados-Membros da Comunidade Europeia, do IME e do BCE deverá ser livre decorridos 30 anos. Em casos especiais, o Conselho poderá reduzir este período.

CAPÍTULO VI
Disposições finais

Artigo 24.º
Alterações ao presente regulamento interno

O Conselho do BCE poderá alterar o presente regulamento interno. O Conselho poderá propor alterações e a Comissão Executiva poderá aprovar regras complementares no âmbito da sua competência.

Artigo 25.º
Publicação

O presente regulamento interno será publicado no Jornal Oficial das Comunidades Europeias.

Feito em Frankfurt am Main, em 22 de Abril de 1999.

Pelo e em nome do Conselho
O Presidente
Willem F. DUISENBERG

Jornal Oficial das Comunidades Europeias n.° L 75 de 20.3.1999

BANCO CENTRAL EUROPEU
REGULAMENTO INTERNO DO CONSELHO GERAL DO BANCO CENTRAL EUROPEU

O CONSELHO GERAL DO BANCO CENTRAL EUROPEU,

Tendo em conta o Protocolo relativo aos Estatutos do Sistema Europeu de Bancos Centrais e do Banco Central Europeu (a seguir designado por «Estatutos») e, nomeadamente, o seu artigo 46.°-4,

DECIDIU ADOPTAR O PRESENTE REGULAMENTO INTERNO:

Artigo 1.°
O Tratado e os Estatutos

O presente regulamento interno tem como objectivo complementar o Tratado que institui a Comunidade Europeia (a seguir designado por «Tratado») e os Estatutos. Os termos constantes no presente regulamento interno têm o significado que lhes foi atribuído no Tratado e nos Estatutos.

Artigo 2.°
Data e local das reuniões do Conselho Geral

2.1. A data das reuniões será decidida pelo Conselho Geral, sob proposta do presidente.

2.2. O presidente convocará uma reunião do Conselho Geral a pedido de, pelo menos, três membros do Conselho Geral.

2.3. O presidente poderá igualmente convocar reuniões do Conselho Geral sempre que o considere necessário.

2.4. O Conselho Geral deverá normalmente realizar as suas reuniões nas instalações do Banco Central Europeu (BCE).

2.5. As reuniões poderão igualmente decorrer sob a forma de teleconferências, salvo em caso de objecção de, pelo menos, três governadores.

Artigo 3.º
Participação nas reuniões do Conselho Geral

3.1. Salvo disposição em contrário, apenas os membros do Conselho Geral, os restantes membros da Comissão Executiva, o presidente do Conselho da União Europeia e um membro da Comissão Europeia podem assistir às reuniões do Conselho Geral. Cada governador poderá normalmente fazer-se acompanhar por uma pessoa.

3.2. Em caso de impedimento de um membro do Conselho Geral, este poderá designar um suplente para o substituir e votar em seu nome. O presidente deverá ser devidamente notificado deste facto.

3.3. O Conselho Geral, se o julgar conveniente, poderá convidar outras pessoas a participar nas suas reuniões.

Artigo 4.º
Votação

4.1. Para que o Conselho Geral possa deliberar, é exigido um quorum de dois terços dos seus membros ou suplentes.

4.2. Salvo disposição em contrário dos Estatutos, o Conselho Geral delibera por maioria simples.

4.3. As deliberações também poderão ser tomadas por escrito, salvo em caso de objecção de, pelo menos, três membros do Conselho Geral. As deliberações tomadas por procedimento escrito serão exaradas na acta da reunião seguinte do Conselho Geral.

4.4. Sempre que o Conselho Geral, no âmbito das suas competências, formular observações sobre actos jurídicos a aprovar pelo Conselho do BCE ou pela Comissão Executiva, qualquer minoria discordante terá o direito de transmitir o seu parecer divergente a esses órgãos do BCE.

Artigo 5.º
Organização das reuniões do Conselho Geral

5.1. A ordem do dia de cada reunião é aprovada pelo Conselho Geral. O presidente deverá elaborar uma ordem do dia provisória que será enviada, juntamente com a respectiva documentação, aos membros do Conselho Geral e outros participantes autorizados com, pelo menos, oito dias de antecedência, excepto em casos de emergência, nos quais o presidente deverá agir de acordo com as circunstâncias. O Conselho Geral poderá decidir retirar ou acrescentar rubricas à ordem do dia provisória, sob proposta do presidente ou de um membro do Conselho Geral. A pedido de, pelo menos, três membros do Conselho Geral, uma rubrica poderá ser retirada da ordem do dia, caso os respectivos documentos não tenham sido enviados aos referidos membros em tempo útil.

5.2. As actas das reuniões do Conselho Geral serão submetidas à aprovação dos respectivos membros por ocasião da reunião seguinte (ou mais cedo, caso necessário, através de procedimento escrito) e deverão ser assinadas pelo presidente.

Artigo 6.º
Relações entre o Conselho Geral, o Conselho do BCE e a Comissão Executiva

6.1. Sem prejuízo das demais responsabilidades do Conselho Geral, incluindo as referidas no artigo 44.º dos estatutos, as funções do Conselho Geral incluirão, em especial, as atribuições enumeradas nos artigos 6.º-2 e 6.º-8.

6.2. O Conselho Geral contribuirá para as funções consultivas do BCE, nos termos dos artigos 4.º e 25.º-1 dos Estatutos.

6.3. O contributo do Conselho Geral para as funções estatísticas do BCE consistirá em:
- reforçar a cooperação entre todos os bancos centrais nacionais da União Europeia, com vista a facilitar o exercício das funções do BCE no domínio da informação estatística,
- contribuir, sempre que necessário, para a harmonização das normas e práticas que regulam a recolha, a compilação e a divulgação de estatísticas por todos os bancos centrais nacionais da União Europeia, e
- apresentar ao Conselho do BCE observações sobre projectos de recomendações do BCE em matéria de estatísticas, previstas no artigo 42.º dos Estatutos, antes da respectiva aprovação.

6.4. O Conselho Geral contribuirá para o cumprimento da obrigação de apresentar relatórios que incumbe ao BCE, nos termos do artigo 15.º dos Estatutos, enviando ao Conselho do BCE observações sobre o relatório anual, antes da respectiva aprovação.

6.5. O Conselho Geral contribuirá para a uniformização das regras contabilísticas e das declarações das operações efectuadas, nos termos do artigo 26.º-4 dos Estatutos, enviando ao Conselho do BCE observações sobre o projecto de regras, antes da respectiva aprovação.

6.6. O Conselho Geral contribuirá para a aprovação de outras medidas previstas no contexto do artigo 29.º-4 dos Estatutos, enviando ao Conselho do BCE observações sobre os projectos de medidas, antes da respectiva aprovação.

6.7. O Conselho Geral contribuirá para a definição do regime aplicável ao pessoal do BCE, enviando ao Conselho do BCE observações sobre o projecto de regime aplicável ao pessoal, antes da respectiva aprovação.

6.8. O Conselho Geral colaborará na preparação para a fixação irrevogável das taxas de câmbio, em aplicação do artigo 47.°-3 dos Estatutos, enviando ao Conselho do BCE as suas observações sobre os projectos de parecer do BCE previstos no n.° 5 do artigo 109.°-L do Tratado e sobre quaisquer outros projectos de parecer do BCE relativos a actos jurídicos comunitários a adoptar sempre que seja revogada uma derrogação ou sejam tomadas as decisões previstas no artigo 10.° do Protocolo n.° 11.

6.9. Sempre que o Conselho Geral for chamado a contribuir para o exercício das funções do BCE nos termos dos números anteriores, ser-lhe-á concedido um período de tempo razoável para o fazer, que não deverá ser inferior a dez dias úteis. Em caso de urgência (que deverá ser justificada no pedido), o período poderá ser reduzido para cinco dias úteis. O presidente poderá decidir recorrer a um procedimento escrito.

6.10. De acordo com o disposto no artigo 47.°-4 dos Estatutos, o presidente deverá informar o Conselho Geral acerca das decisões aprovadas pelo Conselho do BCE.

Artigo 7.°
Instrumentos jurídicos

As decisões previstas nos artigos 46.°-4 e 48.° dos Estatutos e no presente regulamento interno, bem como as recomendações e pareceres aprovados pelo Conselho Geral, nos termos do artigo 44.° dos Estatutos, deverão ser assinados pelo presidente.

Artigo 8.°
Confidencialidade e acesso aos documentos e arquivos do BCE

8.1. O teor dos debates do Conselho Geral e de qualquer comité ou grupo que trate de assuntos da sua competência é confidencial, salvo se o Conselho Geral autorizar o presidente a tornar públicos os resultados das suas deliberações.

8.2. Todos os documentos elaborados pelo Conselho Geral e por qualquer comité ou grupo que trate de assuntos da sua competência são confidenciais, salvo decisão em contrário do Conselho Geral. Tais documentos farão parte integrante da documentação dos arquivos do BCE e os critérios de acesso que lhe são aplicáveis são idênticos aos estabelecidos pelo Conselho do BCE para acesso aos arquivos do BCE.

Artigo 9.º
Vigência

Quando, em conformidade com o n.º 2 do artigo 109.º-K do Tratado, o Conselho da União Europeia tiver revogado todas as derrogações e quando tiverem sido tomadas as decisões previstas no Protocolo n.º 11, o Conselho Geral será dissolvido e o presente regulamento interno deixará de ser aplicável.

Artigo 10.º
Publicação

O presente regulamento interno será publicado no Jornal Oficial das Comunidades Europeias.

Feito em Frankfurt am Main, em 1 de Setembro de 1998.

Pelo Conselho Geral
O Presidente

Willem F. DUISENBERG

Frankfurt, 11 de Setembro de 1998

**CALENDÁRIO DAS REUNIÕES DO CONSELHO
E DO CONSELHO GERAL DO BCE EM 1999**

(Tradução da responsabilidade do Banco de Portugal)

1. Para além das suas reuniões marcadas para 13 de Outubro, 3 de Novembro e 1 de Dezembro de 1998, o Conselho do BCE decidiu agendar uma reunião suplementar para 22 de Dezembro. O propósito desta reunião é completar os trabalhos de preparação restantes. Cumpre recordar que as decisões de política monetária permanecem responsabilidade das autoridades nacionais até ao fim de 1998.

2. O **Conselho do BCE** decidiu que no primeiro ano da Terceira Fase (ou seja, 1999) as suas reuniões deverão, regra geral, ser planeadas de forma a decorrerem à Quinta-feira, **com uma periodicidade quinzenal**, com início a 7 de Janeiro de 1999. Estão previstas excepções a esta regra por forma a fazer face aos períodos de feriados especiais, nomeadamente Páscoa, Corpo de Cristo, ao período de férias de Verão e ao Ano Novo.

Assim, o calendário das reuniões do Conselho é o seguinte:

7 Janeiro 1999	29 Julho 1999
21 Janeiro 1999	(é omitido o dia 12 de Agosto de 1999, devido às férias de Verão)
4 Fevereiro 1999	26 Agosto 1999
18 Fevereiro 1999	9 Setembro 1999
4 Março 1999	23 Setembro 1999
18 Março 1999	7 Outubro 1999
8 Abril 1999	21 Outubro 1999
22 Abril 1999	4 Novembro 1999
6 Maio 1999	18 Novembro 1999
20 Maio 1999	2 Dezembro 1999
2 Junho 1999 (Quarta-feira)	16 Dezembro 1999
17 Junho 1999	5 Janeiro 2000 (Quarta-feira)
1 Julho 1999	20 Janeiro 2000
15 Julho 1999	

3. Além disso, O Conselho Geral acordou que a presente prática das **reuniões do Conselho Geral** deverá ser prosseguida na Terceira fase, ou seja, reuniões **trimestrais** a realizar no mesmo dia das reuniões do Conselho do BCE. O calendário para as reuniões do Conselho Geral é portanto o seguinte:

4 Março 1999	9 Setembro 1999
2 Junho 1999 (Quarta-feira)	2 Dezembro 1999

[Em idêntico comunicado de 1999, foi aprovado o calendário para o ano 2000]
Conselho do BCE

5 de Janeiro 2000 (Quarta-feira)	6 de Julho 2000
20 de Janeiro 2000	20 de Julho 2000
3 de Fevereiro 2000	3 de Agosto 2000
17 de Fevereiro 2000	31 de Agosto 2000
2 de Março 2000	14 de Setembro 2000
16 de Março 2000	5 de Outubro 2000
30 de Março 2000	19 de Outubro 2000
13 de Abril 2000	2 de Novembro 2000
27 de Abril 2000	16 de Novembro 2000
11 de Maio 2000	30 de Novembro 2000
25 de Maio 2000	14 de Dezembro 2000
8 de Junho 2000	4 de Janeiro 2001
21 de Junho 2000 (Quarta-feira)	18 de Janeiro 2001

Conselho Geral

2 Março 2000	14 Setembro 2000
8 Junho 2000	14 Dezembro 2000

VIII
BCE – REALIZAÇÃO DO CAPITAL

O capital operacional do BCE, no momento da sua constituição, foi fixado em 5.000 milhões de euros pelo artigo 28.º dos Estatutos dos BCE. A forma como esse capital é repartido entre os bancos centrais nacionais – que são os únicos subscritores – depende da população e do PIB do respectivo país. Foi, por isso, necessário determinar a forma pormenorizada de fornecer os dados estatísticos requeridos.
• **Ver Decisão do Conselho de 5 de Junho de 1998 relativa aos dados estatísticos a utilizar para a determinação da tabela de repartição para subscrição do capital do Banco Central Europeu (98/382/CE) (pág. 271)**

*

Com base nos dados estatísticos fornecidos pela Comissão, o BCE determinou uma primeira participação percentual de cada banco central no capital do BCE.
• **Ver Decisão do Banco Central Europeu de 9 de Junho de 1998 relativa ao método a utilizar para a determinação da participação percentual dos bancos centrais nacionais na tabela de repartição do capital do Banco Central Europeu (BCE/1998/1) (1999/31/CE) (pág. 275) que veio a ser substituída pela Decisão (BCE/1998/13)**

*

Na mesma data o BCE fez publicar uma primeira tabela onde ficou definida a participação percentual e absoluta de cada banco central no capital do BCE.
• **Ver Decisão do Banco Central Europeu de 9 de Junho de 1998 que adopta as medidas necessárias à realização do capital do Banco Central Europeu (BCE/1998/2) (1999/32/CE) (pág. 277)**

*

Como nem todos os bancos centrais dos Estados-membros integram o SEBC, conforme previsto no artigo 48.º dos Estatutos, foi acordado que os bancos centrais não participantes realizam 5% da sua quota da subscrição do capital do BCE.

• **Ver Decisão do Banco Central Europeu de 1 de Dezembro de 1998 que estabelece as medidas necessárias à realização do capital do capital do Banco Central Europeu pelos bancos centrais nacionais dos Estados-membros não participantes (BCE/1998/14) (1999/285/CE) (pág. 281)**

*

Tal como tinha sido previsto no artigo 2.º da Decisão (BCE/1998/1) (1999/31/CE), em Dezembro de 1998 – perante a alteração dos dados estatísticos fornecidos pela Comissão – foi publicada uma nova Decisão sobre a repartição percentual do capital do BCE entre os bancos centrais nacionais.

• **Ver Decisão do BCE de 1 de Dezembro de 1998 relativa à participação percentual dos bancos centrais nacionais na tabela de repartição para a subscrição do capital do BCE (BCE/1998/13) (1999/331/CE) (pág. 283)**

Jornal Oficial das Comunidades Europeias n.° L 171
de 17.6.98

DECISÃO DO CONSELHO
de 5 de Junho de 1998
relativa aos dados estatísticos a utilizar
para a determinação da tabela de repartição para subscrição
do capital do Banco Central Europeu
(98/382/CE)

O CONSELHO DA UNIÃO EUROPEIA,

Tendo em conta o Tratado que institui a Comunidade Europeia e, nomeadamente, o n.° 2 do artigo 29.° do Protocolo relativo aos Estatutos do Banco Central Europeu e do Sistema Europeu de Bancos Centrais a ele anexo,
Tendo em conta a proposta da Comissão[1],
Tendo em conta o parecer do Parlamento Europeu[2],
Tendo em conta o parecer do Instituto Monetário Europeu[3],
Agindo nos termos do n.° 6 do artigo 106.° do Tratado e do artigo 42.° do citado protocolo,

(1) Considerando que o Banco Central Europeu (BCE) será criado logo que a sua Comissão Executiva seja nomeada;
(2) Considerando que o capital inicial do BCE, que passará a estar operacional no momento da sua criação, é de 5 000 milhões de ecus;
(3) Considerando que os bancos centrais nacionais são os únicos subscritores e detentores do capital do BCE;

---

[1] JO C 118 de 17.4.1998, p. 13.
[2] Parecer emitido em 28 de Maio de 1998.
[3] Parecer emitido em 6 de Abril de 1998.

(4) Considerando que a tabela de repartição para subscrição do capital do BCE será determinada quando for criado o BCE;

(5) Considerando que os dados estatísticos a utilizar na determinação da tabela de repartição serão facultados pela Comissão, de acordo com as regras adoptadas pelo Conselho;

(6) Considerando que devem ser definidas a natureza e as fontes dos dados a utilizar e o método de cálculo da ponderação atribuída na tabela aos bancos centrais nacionais;

(7) Considerando que a Directiva 89/130/CEE, Euratom do Conselho, de 13 de Fevereiro de 1989, relativa à harmonização da determinação do produto nacional bruto a preços de mercado(^{1}), introduz um procedimento para a adopção pelos Estados-membros de dados relativos ao produto interno bruto a preços de mercado; que os Estados-membros devem tomar todas as medidas necessárias para assegurar que estes dados sejam comunicados à Comissão,

ADOPTOU A PRESENTE DECISÃO:

Artigo 1.°

Os dados estatísticos a utilizar na determinação da tabela de repartição para subscrição do capital do BCE serão facultados pela Comissão de acordo com as regras estabelecidas nos artigos seguintes.

Artigo 2.°

A população e o produto interno bruto a preços de mercado, a seguir designado «PIB pm», serão definidos de acordo com o Sistema Europeu de Contas Económicas Integradas (SEC), na versão utilizada para efeitos de aplicação da Directiva 89/130/CEE, Euratom. O PIB pm significa o PIB pm tal como definido no artigo 2.° da citada directiva.

Artigo 3.°

Os dados relativos à população dizem respeito ao ano de 1996. Será utilizada a média da população total no conjunto do ano, nos termos da recomendação do SEC.

(^{1}) JO L 49 de 21.2.1989, p. 26.

Artigo 4.°

Os dados relativos ao PIB pm dizem respeito a cada um dos anos de 1991 a 1995. Os dados relativos ao PIB pm respeitantes a cada Estado-membro serão expressos em moeda nacional, a preços correntes.

Artigo 5.°

Os dados relativos à população serão recolhidos pela Comissão (Eurostat) junto dos Estados-membros.

Artigo 6.°

Os dados relativos ao PIB pm para os anos de 1991 a 1995 serão os resultantes da aplicação da Directiva 89/ /130/CEE, Euratom.

Artigo 7.°

1. A parcela de um Estado-membro na população da Comunidade corresponde à sua parcela na soma das populações dos Estados-membros, expressa, em percentagem.

2. Os dados relativos ao PIB pm relativamente a cada ano e a cada Estado-membro, expressos em moeda nacional, serão convertidos em dados expressos em ecus. A taxa de câmbio utilizada para o efeito corresponde à média das taxas de câmbio de todos os dias úteis durante um ano. A taxa de câmbio diária é a taxa calculada pela Comissão e publicada na série C do Jornal Oficial das Comunidades Europeias.

3. A parcela de um Estado-membro no PIB pm da Comunidade corresponde à sua parcela da soma dos PIB pm dos Estados-membros durante cinco anos, expressa em percentagem.

Artigo 8.°

A ponderação de um banco central nacional na tabela de repartição é igual à média aritmética das parcelas do Estado-membro em causa na população e no PIB pm da Comunidade.

Artigo 9.°

As diferentes etapas do cálculo utilizarão um número suficiente de algarismos para garantir a sua exactidão. A ponderação dos bancos centrais nacionais na tabela de repartição será expressa por um número com quatro casas decimais.

Artigo 10.º

Os dados a que se refere a presente decisão serão comunicados pela Comissão ao BCE, logo que possível após a sua criação.

Feito no Luxemburgo, em 5 de Junho de 1998.

Pelo Conselho
O Presidente

G. BROWN

Jornal Oficial das Comunidades Europeias n.° L 8
de 14.1.1999

BANCO CENTRAL EUROPEU
DECISÃO DO BANCO CENTRAL EUROPEU
de 9 de Junho de 1998
relativa ao método a utilizar para a determinação
da participação percentual dos bancos centrais nacionais
na tabela de repartição do capital do Banco Central Europeu
(BCE/1998/1) (1999/31/CE) *

O CONSELHO DO BANCO CENTRAL EUROPEU,

Tendo em conta o artigo 29.° dos Estatutos do Sistema Europeu de Bancos Centrais e do Banco Central Europeu (a seguir designados «Estatutos»),

Tendo em conta a colaboração do Conselho Geral do Banco Central Europeu de acordo com o disposto no artigo 47.°-2 dos Estatutos,

Considerando que os dados estatísticos a utilizar na determinação da tabela de repartição foram facultados pela Comissão, de acordo com as regras adoptadas pelo Conselho da UE em 5 de Junho de 1998 [1];

Considerando que o Conselho do Banco Central Europeu decidiu – reconhecendo a impossibilidade de interpretar literalmente o artigo 29.°-1 dos Estatutos – aplicar os dados iniciais (não arredondados) da Comissão, expressos em quatro casas decimais, para determinar a ponderação dos bancos centrais nacionais (a seguir designados «BCN») na tabela de repartição do capital do Banco Central Europeu (seguir designado «BCE»), por ser o método mais preciso e, por conseguinte, mais justo;

Considerando que, no caso de os dados da Comissão não perfazerem 100%, a diferença deverá ser compensada acrescentando 0,0001 ponto percentual, por ordem crescente, à(s) ponderação(ões) mais pequena(s), até se alcançar o valor exacto de 100%, caso o total inicial seja inferior a 100%; ou deduzindo 0,0001 ponto percentual, por ordem decrescente,

---

* Substituída pela Decisão (BCE/1998/13). Ver pág. 283.

[1] Ver Decisão 98/382/CE do Conselho de 5 de Junho de 1998 (JO L 171 de 17.6.1998, p. 33).

da(s) ponderação(ões) mais elevada(s) até se atingir o valor exacto de 100%, caso o total inicial seja superior a 100%;

Considerando que os dados fornecidos pela Comissão serão objecto de uma revisão em Outubro de 1998;

Considerando que a ponderação atribuída aos BCN na tabela de repartição do capital do BCE pode ser ajustada caso a revisão dos dados conduza a uma alteração de pelo menos 0,01% da participação de um BCN,

ADOPTOU A PRESENTE DECISÃO:

Artigo 1.º *

A ponderação atribuída aos BCN na tabela de repartição a que se refere o artigo 29.º-1 dos Estatutos é a seguinte:
- Nationale Bank van België/Banque Nationale de Belgique: 2,8885%,
- Danmarks Nationalbank: 1,6573%,
- Deutsche Bundesbank: 24,4096%,
- Banque de Gréce: 2,0585%,
- Banco de España: 8,8300%,
- Banque de France: 16,8703%,
- Central Bank of Ireland: 0,8384%,
- Banca d'Italia: 14,9616%,
- Banque centrale du Luxembourg: 0,1469%,
- De Nederlandsche Bank: 4,2796%,
- Österreichische Nationalbank: 2,3663%,
- Banco de Portugal: 1,9250%,
- Suomen Pankki: 1,3991%,
- Sveriges Riksbank: 2,6580%,
- Bank of England: 14,7109%.

Artigo 2.º

A tabela de repartição pode ser objecto de uma revisão antes do início da terceira fase caso a Comissão forneça, antes do mês de Dezembro de 1998, dados estatísticos revistos, relevantes para a determinação da tabela de repartição, dos quais resulte uma alteração de pelo menos 0,01% na participação de um BCN.

Artigo 3.º

A presente decisão produz efeitos retroactivos a contar de 1 de Junho de 1998. Feito em Frankfurt am Main, em 9 de Junho de 1998.

O Presidente do BCE

Willem F. DUISENBERG

---

* Ver Decisão (BCE/1998/13) pág. 283.

Jornal Oficial das Comunidades Europeias n.° L 8 de 14.1.1999

DECISÃO DO BANCO CENTRAL EUROPEU
de 9 de Junho de 1998

que adopta as medidas necessárias à realização do capital do Banco Central Europeu

(BCE/1998/2) (1999/32/CE)

O CONSELHO DO BANCO CENTRAL EUROPEU,

Tendo em conta os Estatutos do Sistema Europeu de Bancos Centrais e do Banco Central Europeu (a seguir designados «Estatutos» e, nomeadamente, o seu artigo 28.°,

Tendo em conta a Decisão 98/345/CE do Conselho[1] relativa à nomeação dos membros da Comissão Executiva do Banco Central Europeu, que fixa o dia 1 de Junho de 1998 como a data para a instituição do Sistema Europeu de Bancos Centrais (a seguir designado «SEBC») e do Banco Central Europeu (a seguir designado «BCE»),

Tendo em conta a Decisão 1999/31/CE do Banco Central Europeu, de 9 de Junho de 1998, relativa ao método a utilizar para a determinação da participação percentual dos bancos centrais nacionais na tabela de repartição para a subscrição do capital do Banco Central Europeu[2],

Tendo em conta a Decisão n.° 10/98 do Conselho do Instituto Monetário Europeu (a seguir designado «IME» e, nomeadamente, o seu artigo 2.°-5,

Considerando que o BCE foi instituído em 1 de Junho de 1998;

---

[1] JO L 154 de 28.5.1998, p. 33.
[2] Ver página 31 do presente Jornal Oficial.

Considerando que, de acordo com o disposto no artigo 28.º-1 dos Estatutos, o capital do BCE é de 5 000 milhões de ecus e torna-se operacional em 1 de Junho de 1998;

Considerando que, nos termos do n.º 1 do artigo 2.º do Regulamento (CE) n.º 1103/97 do Conselho, o euro substituirá o ecu, à taxa de um euro por ecu a partir de 1 de Janeiro de 1999;

Considerando que, de acordo com o disposto no artigo 28.º-2 dos Estatutos, os bancos centrais nacionais (a seguir designados «BCN») dos Estados-membros da União Europeia são os únicos subscritores e detentores do capital do BCE;

Considerando que, em conformidade com o artigo 28.º-3 dos Estatutos, o Conselho do BCE, deliberando por maioria qualificada, nos termos do artigo 10.º-3 dos Estatutos, determinará o montante e a forma de realização do capital;

Considerando que, de acordo com o disposto no artigo 48.º, em derrogação do artigo 28.º-3 dos Estatutos, os BCN dos Estados-membros que beneficiem de uma derrogação não são obrigados a realizar o capital que tenham subscrito, a menos que o Conselho Geral do BCE, deliberando por uma maioria que represente, no mínimo, dois terços do capital subscrito do BCE e, pelo menos, metade dos detentores do capital, decida que dele terá de ser realizada uma percentagem mínima como contribuição para a cobertura dos custos de funcionamento do BCE; considerando que, de acordo com o Protocolo (n.º 11) relativo a certas disposições relacionadas com o Reino Unido da Grã-Bretanha e da Irlanda do Norte, o Banco de Inglaterra realizará a parte por si subscrita do capital do BCE como contribuição para a cobertura dos custos de funcionamento, nas mesmas condições que os bancos centrais nacionais dos Estados-membros que beneficiem de uma derrogação;

Considerando que, por conseguinte, o capital do BCE será realizado pelos Estados-membros que adoptem a moeda única,

ADOPTOU A PRESENTE DECISÃO:

Artigo 1.º
Montante exigível

1.1. As subscrições dos BCN dos Estados-membros que adoptem a moeda única, calculadas de acordo com a tabela de repartição fixada nos termos do artigo 29.º dos Estatutos, realizar-se-ão na íntegra. Os montantes são exigíveis em 1 de Junho de 1998.

1.2. Os montantes correspondentes a cada BCN constam do anexo à presente decisão.

Artigo 2.º
Forma de realização do capital

2.1. Os montantes devidos ao BCE pelos BCN a título de realização das suas participações no capital subscrito do BCE serão liquidados por forma a que possam ser compensados pelos reembolsos das respectivas contribuições para os recursos financeiros do IME que assim constituirão pagamentos do capital subscrito do BCE.

2.2. Para além dos pagamentos a que se refere o número anterior, os BCN dos Estados-membros que adoptem a moeda única efectuarão o pagamento de qualquer remanescente do capital subscrito mediante transferência do respectivo montante em ecu para o conta ou contas especificadas pela Comissão Executiva, em 1 de Julho de 1998.

2.3. Os BCN dos Estados-membros que adoptem a moeda única remuneram os montantes em dívida à taxa de juro mensal das posições oficiais líquidas do ecu a juros simples para o período compreendido entre 1 de Junho de 1998 e 1 de Julho de 1998. Os montantes dos juros devidos serão liquidados mediante um único pagamento reportado a 1 de Julho de 1998.

Feito em Frankfurt am Maim, em 9 de Junho de 1998.

O presidente do BCE

Willem F. DUISENBERG

ANEXO *
TABELA DE REPARTIÇÃO PARA SUBSCRIÇÃO DO CAPITAL DO BCE

(em ecus)

	Tabela de repartição	Capital subscrito	Montante total exigível	Contribuições para os recursos financeiros do IME	Pagamento devido em 1 de Julho de 1998
Nationale Bank van België/Banque Nationale de Belgique	2,8885%	144 425 000	144 425 000	17 235 643	127 189 357
Deutsche Bundesbank	24,4096%	1 220 480 000	1 220 480 000	138 808 404	1 081 671 596
Banco de España	8,8300%	441 500 000	441 500 000	54 476 907	387 023 093
Banque de France	16,8703%	843 515 000	843 515 000	104 644 800	738 870 200
Central Bank of Ireland	0,8384%	41 920 000	41 920 000	4 924 381	36 995 619
Banca d'Italia	14,9616%	748 080 000	748 080 000	97 565 912	650 514 088
Banque centrale du Luxembourg	0,1469%	7 345 000	7 345 000	923 360	6 421 640
De Nederlandsche Bank	4,2796%	213 980 000	213 980 000	26 161 252	187 818 748
Österreichische Nationalbank	2,3663%	118 315 000	118 315 000	14 162 957	104 152 043
Banco de Portugal	1,9250%	96 250 000	96 250 000	11 387 902	84 862 098
Suomen Pankki	1,3991%	69 955 000	69 955 000	10 160 382	59 794 618
	78,9153%	3 945 765 000	3 945 765 000	480 451 900	3 465 313 100

Capital total subscrito do BCE: 5 000 000 000

---

* Ver Decisão (BCE/1998/13) pág. 283.

Jornal Oficial das Comunidades Europeias n.° L 110 de 28.4.1999

DECISÃO DO BANCO CENTRAL EUROPEU
de 1 de Dezembro de 1998
que estabelece as medidas necessárias à realização do capital do Banco Central Europeu pelos bancos centrais nacionais dos Estados-membros não participantes
(BCE/1998/14) (1999/285/CE)

O CONSELHO GERAL DO BANCO CENTRAL EUROPEU,

Tendo em conta os Estatutos do Sistema Europeu de Bancos Centrais e do Banco Central Europeu (adiante denominados «estatutos») e, nomeadamente, o seu artigo 48.°,

(1) Considerando que o Banco Central Europeu (BCE) foi instituído em 1 de Junho de 1998;

(2) Considerando que o capital do BCE, operacional em 1 de Junho de 1998, é de 5 000 milhões de ecus;

(3) Considerando que os bancos centrais nacionais dos Estados-membros são os únicos subscritores e detentores do capital do BCE;

(4) Considerando que a subscrição do capital do BCE – efectuada nos termos do artigo 1.° da decisão do Banco Central Europeu relativa ao método a utilizar na determinação da participação percentual dos bancos centrais nacionais na tabela de repartição para a subscrição do capital do Banco Central Europeu (BCE/1998/1);

(5) Considerando que o Conselho do BCE determina o montante e a forma de realização do capital;

(6) Considerando que os bancos centrais nacionais dos Estados-membros não participantes não realizam a sua subscrição de capital, salvo se o Conselho Geral do BCE decidir que deve ser realizada uma percentagem mínima, como contribuição para os custos operacionais do BCE;

(7) Considerando que, de acordo com o n.° 1 do artigo 2.° do Regulamento (CE) n.° 1103/97 do Conselho, o euro substitui o ecu na base de 1 para 1 a partir de 1 de Janeiro de 1999,

ADOPTOU A SEGUINTE DECISÃO:

Artigo 1.º
Montante a realizar pelos bancos centrais nacionais dos Estados-membros não participantes

1.1. Os bancos centrais nacionais dos Estados-membros não participantes realizam 5% da sua subscrição do capital do BCE. Os montantes vencem-se em 1 de Junho de 1998.

1.2. O anexo da presente decisão especifica os montantes individuais devidos por cada um dos bancos centrais nacionais dos Estados-membros não participantes.

Artigo 2.º
Forma de realização do capital

Os montantes devidos ao BCE pelos bancos centrais nacionais dos Estados-membros não participantes, nos termos do artigo anterior, serão liquidados por compensação com reembolsos das respectivas contribuições para os recursos financeiros do Instituto Monetário Europeu, constituindo esta liquidação pagamentos do capital subscrito do BCE.

Artigo 3.º
Disposição final

A presente decisão será publicada no Jornal Oficial das Comunidades Europeias.

Feito em Frankfurt am Main, em 1 de Dezembro de 1998.

O Presidente do BCE

Willem F. DUISENBERG

ANEXO

MONTANTES DEVIDOS EM 1 DE JUNHO DE 1998 PELOS BANCOS CENTRAIS NACIONAIS DOS ESTADOS-MEMBROS NÃO PARTICIPANTES, QUE REPRESENTAM 5% DO CAPITAL SUBSCRITO, SEGUNDO AS PONDERAÇÕES ATRIBUÍDAS NA TABELA DE REPARTIÇÃO PARA A SUBSCRIÇÃO DO CAPITAL DO BCE DE 5 000 MILHÕES DE ECUS

(em ecus)

Bancos centrais nacionais dos Estados-membros não participantes	Ponderação	Capital subscrito	Montante a liquidar
Danmarks Nationalbank	1,6709%	83 545 000	4 177 250
Bank of Greece	2,0564%	102 820 000	5 141 000
Sveriges Riksbank	2,6537%	132 685 000	6 634 250
Bank of England	14,6811%	734 055 000	36 702 750

Jornal Oficial das Comunidades Europeias n.º L 125 de 19.5.1999

DECISÃO DO BANCO CENTRAL EUROPEU de 1 de Dezembro de 1998 relativa à participação percentual dos bancos centrais nacionais na tabela de repartição para a subscrição do capital do Banco Central Europeu (BCE/1998/13) (1999/331/CE)

O CONSELHO DO BANCO CENTRAL EUROPEU,

Tendo em conta o artigo 29.º dos Estatutos do Sistema Europeu de Bancos Centrais e do Banco Central Europeu (adiante denominados «Estatutos»),

Considerando que o artigo 2.º da decisão do BCE de 9 de Junho de 1998 relativa ao método a utilizar na determinação da participação percentual dos bancos centrais nacionais na tabela de repartição para a subscrição do capital do Banco Central Europeu (BCE/1998/1)[1] estipula que a tabela de repartição pode ser revista antes do início da 3.ª fase caso a Comissão forneça dados estatísticos revistos a utilizar, até Dezembro de 1998, na determinação da tabela de repartição, dos quais resulte uma alteração de pelo menos 0,01% da participação de um BCN;

Considerando que os dados estatísticos revistos a utilizar na determinação da tabela de repartição foram facultados pela Comissão Europeia em Novembro de 1998, de acordo com as regras adoptadas pelo Conselho da UE em 5 de Junho de 1998 [2];

Considerando que as ponderações atribuídas aos bancos centrais nacionais (BCN) na tabela de repartição devem ser ajustadas se dos dados revistos resultar uma alteração de pelo menos 0,01% da participação de um BCN;

Considerando que, no caso de os dados fornecidos pela Comissão Europeia não perfazerem 100 %, a diferença deve ser compensada acrescentando 0,0001 ponto percentual, por ordem crescente, à(s) participação(ões) mais pequena(s), até se alcançar o valor exacto de 100%, se o total inicial for inferior a 100%,

---

(1) JO L 8 de 14.1.1999, p. 31.
(2) Decisão 98/382/CE do Conselho (JO L 171 de 17.6.1998, p. 33).

ADOPTOU A PRESENTE DECISÃO:

Artigo 1.º

As ponderações atribuídas ao BCN na tabela de repartição a que se refere o artigo 29.º-1 dos Estatutos são as seguintes:

– Nationale Bank van België/Banque Nationale de Belgique	2,8658 %,
– Danmarks Nationalebank	1,6709 %,
– Deutsche Bundesbank	24,4935 %,
– Banco da Grécia	2,0564 %,
– Banco de España	8,8935 %,
– Banque de France	16,8337 %,
– Central Bank of Ireland	0,8496 %,
– Banca d'Italia	14,8950 %,
– Banque cetrale du Luxembourg	0,1492 %,
– De Nederlandsche Bank	4,2780 %,
– Österreichische Nationalbank	2,3594 %,
– Banco de Portugal	1,9232 %,
– Suomen Pankki	1,3970 %,
– Sveriges riksbank	2,6537 %,
– Bank of England	14,6811 %

Artigo 2.º

1. A presente decisão substitui a decisão do BCE de 9 Junho de 1998 relativa ao método a utilizar na determinação da participação percentual dos bancos centrais nacionais na tabela de repartição para a subscrição do capital do Banco Central Europeu (BCE/1998/1).

2. A presente decisão produz efeitos retroactivos a partir de 1 de Junho de 1998. A Comissão Executiva do Banco Central Europeu está, pela presente decisão, autorizada a tomar todas as medidas necessárias para efectuar os ajustamentos dos montantes já liquidados pelos BCN nos termos da decisão do BCE de 9 de Junho de 1998, que adopta as medidas necessárias à realização do capital do Banco Central Europeu (BCE/1998/2).

3. A presente decisão será publicada no Jornal Oficial das Comunidades Europeias.

Feito em Frankfurt am Main, em 1 de Dezembro de 1998.

O Presidente do BCE
Willem F. DUISENBERG

IX
BCE – ENQUADRAMENTO OPERACIONAL

O funcionamento do BCE exige um enquadramento legislativo em diversos domínios.

Um deles diz respeito à obrigatoriedade dos Estados-membros integrantes da UEM consultarem o BCE sempre que pretendam produzir legislação que contenda com as suas atribuições.

• **Ver Decisão do Conselho de 29 de Junho de 1998 relativa à consulta do Banco Central Europeu pelas autoridades nacionais sobre projectos de disposições legais (98/415/CE) (pág. 289)**

*

No que se refere à política de informação, foi definido o estatuto de confidencialidade dos documentos administrativos do BCE.

• **Ver Decisão do BCE de 3 de Novembro de 1998 relativa ao acesso do público à documentação e aos arquivos do BCE (BCE/1998/12) (pág. 293)**

*

Um outro aspecto diz respeito à capacidade do BCE para impor sanções às empresas quando não sejam cumpridas as obrigações decorrentes das suas decisões ou regulamentos e que decorre do n.º 3 do artigo 108.º-A (110.º) do TCE.

• **Ver Regulamento (CE) n.º 2532/98 do Conselho de 23 de Novembro de 1998 relativo ao poder do Banco Central Europeu de impor sanções (pág. 297)**

*

Para o desempenho das suas funções o BCE necessita de coligir informação estatística necessária quer para a política monetária quer para a sua acção de supervisão. As definições e os procedimentos para a sua compilação foram fixadas pelo Regulamento n.º 2533/98.

• **Ver Regulamento (CE) n.º 2533/98 do Conselho de 23 de Novembro de 1998 relativo à compilação de informação estatística pelo Banco Central Europeu (pág. 305)**

Jornal Oficial das Comunidades Europeias n.° L 189 de 3.7.98

DECISÃO DO CONSELHO
de 29 de Junho de 1998
relativa à consulta do Banco Central Europeu pelas autoridades nacionais sobre projectos de disposições legais
(98/415/CE)

O CONSELHO DA UNIÃO EUROPEIA,

Tendo em conta o Tratado que institui a Comunidade Europeia, nomeadamente o n.° 4 do artigo 105.° e o artigo 4.° do Protocolo relativo aos Estatutos do Sistema Europeu de Bancos Centrais e do Banco Central Europeu, a ele anexo,

Tendo em conta a proposta da Comissão [1],

Tendo em conta o parecer do Parlamento Europeu [2],

Tendo em conta o parecer do Instituto Monetário Europeu [3],

Agindo nos termos do n.° 6 do artigo 106.° do Tratado e do artigo 42.° do citado protocolo,

(1) Considerando que o Banco Central Europeu (BCE) será criado logo que a sua Comissão Executiva seja nomeada;

(2) Considerando que o Tratado determina que as autoridades nacionais consultem o BCE sobre qualquer projecto de disposição legal no domínio das suas atribuições; que compete ao Conselho estabelecer os limites e as condições dessa consulta;

(3) Considerando que esta obrigação de consulta do BCE que impende sobre as autoridades nacionais não deve afectar as responsabilidades destas autoridades nas matérias visadas pelos projectos em questão;

---

[1] JO C 118 de 17.4.1998, p. 11.
[2] JO C 195 de 22.6.1998.
[3] Parecer emitido em 6 de Abril de 1998.

que os Estados-membros devem consultar o BCE sobre qualquer projecto de disposição legal nos domínios das suas atribuições, de acordo com o n.º 4 do artigo 105.º do Tratado; que a lista de áreas específicas incluídas no artigo 2.º da presente decisão não é exaustiva; que o sexto travessão do artigo 2.º da presente decisão não prejudica a actual atribuição de competências no que diz respeito às políticas relativas à supervisão prudencial de instituições de crédito e à estabilidade do sistema financeiro;

(4) Considerando que as funções e operações monetárias do Sistema Europeu de Bancos Centrais (SEBC) são definidas nos Estatutos do SEBC e do BCE; que os bancos centrais dos Estados-membros participantes constituem parte integrante do SEBC e devem agir de acordo com as orientações e instruções do BCE; que, na terceira fase da união económica e monetária (UEM), as autoridades dos Estados-membros não participantes devem consultar o BCE sobre os projectos de disposições legais relativas aos instrumentos de política monetária;

(5) Considerando que, enquanto os Estados-membros não participarem na política monetária do SEBC, a presente decisão não se aplica às decisões tomadas pelas autoridades desses Estados-membros no contexto da aplicação da sua política monetária;

(6) Considerando que a consulta do BCE não deve prolongar indevidamente os processos de adopção das disposições legislativas nos Estados--membros; que os prazos em que o BCE deve dar o seu parecer devem, no entanto, permitir-lhe analisar com o devido cuidado os textos que sejam submetidos à sua apreciação; que, em casos de extrema urgência devidamente justificados, devidos, por exemplo, à sensibilidade do mercado, os Estados-membros podem fixar um prazo que seja inferior a um mês e que reflicta a urgência da situação; que, especialmente nestes casos, o diálogo entre as autoridades nacionais e o BCE deve permitir ter em conta os interesses de ambas as partes;

(7) Considerando que, nos termos dos pontos 5 e 8 do Protocolo n.º 11 anexo ao Tratado, a presente decisão não é aplicável ao Reino Unido da Grã-Bretanha e da Irlanda do Norte se e até que esse Estado-membro entre na terceira fase da UEM;

(8) Considerando que, a partir da data da criação do BCE e até ao início da terceira fase da UEM, as autoridades nacionais devem consultar o BCE, ao abrigo da Decisão 93/717/CE ([1]) e do n.º 2 do artigo 109.º-L do Tratado,

---

([1]) JO L 332 de 31.12.1993, p. 14.

ADOPTOU A PRESENTE DECISÃO:

Artigo 1.º

1. Para efeitos da presente decisão, entende-se por:

«Estado-membro participante»: um Estado-membro que tenha adoptado a moeda única nos termos do Tratado;

«projecto de disposição legal»: qualquer disposição que, a partir do momento em que se torne juridicamente vinculativa e de aplicabilidade geral no território de um Estado-membro, crie normas aplicáveis a um número indefinido de casos e dirigidas a um número indefinido de pessoas, singulares ou colectivas.

2. Não se consideram projectos de disposição legal os projectos de normas que tenham por objecto exclusivo a transposição de directivas comunitárias para o direito dos Estados-membros.

Artigo 2.º

1. As autoridades dos Estados-membros consultarão o BCE sobre qualquer projecto de disposição legal nos domínios das suas atribuições, de acordo com o tratado, e nomeadamente sobre: questões monetárias, meios de pagamento, bancos centrais nacionais, recolha, tratamento e divulgação de estatísticas monetárias, financeiras, bancárias e relativas aos sistemas de pagamentos e às balanças de pagamentos, sistemas de pagamento e de liquidação, normas aplicáveis às instituições financeiras, na medida em que influenciem significativamente a estabilidade das instituições e dos mercados financeiros.

2. Além disso, as autoridades dos Estados-membros que não sejam os Estados-membros participantes consultarão o BCE sobre qualquer projecto de disposição legal relativa aos instrumentos de política monetária.

3. Imediatamente após a recepção de um projecto de disposição legal, o BCE notificará as autoridades que o tiverem consultado sobre se, em sua opinião, o projecto em causa se insere na sua área de competência.

Artigo 3.º

1. As autoridades dos Estados-membros que estejam a elaborar uma disposição legal podem, se o considerarem necessário, fixar ao BCE um prazo para a emissão do seu parecer, que não pode ser inferior a um mês a contar da data de recepção, pelo presidente do BCE, da notificação para o efeito.

2. Em caso de extrema urgência, este prazo pode ser encurtado. A autoridade que procede à consulta explicitará, nesse caso, as razões da urgência.

3. O BCE pode solicitar na devida altura a extensão do prazo, até um máximo de quatro semanas suplementares. Este pedido não deve ser indevidamente recusado pela autoridade que procedeu à consulta.

4. No termo do prazo, a ausência de parecer não impedirá o desenrolar da acção por parte da autoridade nacional que procedeu à consulta. No caso de o parecer do BCE ser recebido depois de o prazo ter terminado, os Estados-membros assegurar-se-ão, contudo, de que este será comunicado às autoridades referidas no artigo 4.º.

Artigo 4.º

Os Estados-membros adoptarão as medidas necessárias para garantir o pleno cumprimento da presente decisão. Para o efeito, os Estados-membros assegurar-se-ão de que o BCE seja consultado em devido tempo, por forma a que a autoridade que tenha tomado a iniciativa do projecto de disposição legal tome em consideração o parecer do BCE antes da sua tomada de decisão sobre o respectivo conteúdo, e de que o parecer emitido pelo BCE seja comunicado à autoridade a quem incumbe a adopção da norma em causa, caso esta autoridade seja diferente da que elaborou o projecto de disposição legal.

Artigo 5.º

1. A presente decisão entra em vigor em 1 de Janeiro de 1999.
2. A Decisão 93/717/CE é revogada a partir de 1 de Janeiro de 1999.

Artigo 6.º

Os Estados-membros são os destinatários da presente decisão.

Feito no Luxemburgo, em 29 de Junho de 1998.

Pelo Conselho
O Presidente
R. COOK

Jornal Oficial das Comunidades Europeias n.º L 110 de 28.4.1999

BANCO CENTRAL EUROPEU
DECISÃO DO BANCO CENTRAL EUROPEU
de 3 de Novembro de 1998
relativa ao acesso do público à documentação e aos arquivos do banco central europeu
(BCE/1998/12) (1999/284/CE)

O CONSELHO DO BANCO CENTRAL EUROPEU,

Tendo em conta os Estatutos do Sistema Europeu de Bancos Centrais e do Banco Central Europeu (adiante denominados «estatutos») e, nomeadamente, o n.º 3 do seu artigo 12.º,

Tendo em conta o regulamento interno do Banco Central Europeu (BCE) e, nomeadamente, os n.ºˢ 2 e 3 do seu artigo 23.º,

Considerando que a declaração relativa ao direito de acesso à informação anexa à acta final do Tratado da União Europeia salienta que a transparência do processo decisório reforça o carácter democrático das instituições e a confiança do público na administração;

Considerando que os Conselhos Europeus de Birmingham e de Edimburgo aprovaram um certo número de princípios com vista a promover uma Comunidade mais próxima dos cidadãos;

Considerando que o Conselho Europeu de Copenhaga reafirmou o princípio do maior acesso possível dos cidadãos à informação;

Considerando que os cidadãos têm um interesse legítimo na organização e funcionamento das instituições e dos organismos financiados por fundos públicos;

Considerando que a Decisão n.º 9/97 do Conselho do Instituto Monetário Europeu (IME)([1]) prevê que o público tenha acesso a documentos

---

([1]) JO L 90 de 25.3.1998, p. 43.

administrativos do IME; que o IME entrou em liquidação em 1 de Junho de 1998; que é necessário especificar os princípios que regem o acesso à documentação e aos arquivos do BCE;

Considerando que o Provedor de Justiça Europeu publicou uma decisão no âmbito de um inquérito de iniciativa própria sobre o acesso do público aos documentos ([1]); que as recomendações da referida decisão se aplicam ao IME apenas no que se refere aos documentos administrativos; que as limitações do âmbito de aplicação da decisão são também aplicáveis ao BCE;

Considerando que, nos termos do n.º 4 do artigo 10.º dos estatutos, o teor dos debates do Conselho do BCE é confidencial, mas o Conselho do BCE pode decidir tornar públicos os resultados das suas deliberações;

Considerando que, nos termos do n.º 1 do artigo 23.º do regulamento interno do BCE, o teor dos debates dos órgãos de decisão do BCE e de qualquer comité ou grupo por eles instituídos é confidencial, salvo se o Conselho do BCE autorizar o presidente do BCE a tornar públicos os resultados das suas deliberações;

Considerando que, nos termos do n.º 2 do artigo 23.º do regulamento interno do BCE, todos os documentos elaborados pelo BCE são confidenciais, salvo decisão em contrário do Conselho do BCE;

Considerando que a presente decisão constitui um elemento adicional da política de informação e comunicação do BCE; que normas claras podem favorecer uma boa administração ajudando os responsáveis a dar seguimento com exactidão e rapidez aos pedidos de documentos apresentados pelo público;

Considerando que o BCE, antes de conceder acesso a qualquer documento que contenha informações obtidas junto do banco central de um Estado-membro, consultará esse banco central nacional;

Considerando que, nos termos do n.º 6 do artigo 11.º dos estatutos, a Comissão Executiva é responsável pela gestão das actividades correntes do BCE,

ADOPTOU A SEGUINTE DECISÃO:

Artigo 1.º
Acesso a documentos administrativos

1. O público terá acesso à documentação e aos arquivos de documentos administrativos do BCE, em conformidade com as disposições da presente decisão.

([1]) 616/PUBAC/F/IJH de 20 de Dezembro de 1996.

2. Para efeitos da presente decisão, entende-se por «documento administrativo» qualquer registo, independentemente do seu suporte, que contenha dados existentes e esteja relacionado com a organização e o funcionamento do BCE e ainda qualquer registo relacionado com a organização e o funcionamento do IME.

Artigo 2.º
Pedidos de acesso

Os pedidos de acesso a um documento administrativo são enviados por escrito ao BCE([1]). O BCE diligenciará no sentido de dar seguimento ao pedido. Se o pedidos não for formulado com suficiente precisão ou não contiver elementos que permitam identificar o referido documento, o BCE solicitará ao requerente que complete o seu pedido com informações adicionais.

Artigo 3.º
Formas de acesso, custos, reprodução comercial

1. O requerente tem acesso a um documento administrativo mediante consulta nas instalações do BCE ou mediante envio de uma cópia ao requerente a expensas suas. Será facturada uma taxa de 10 ecus (10 euros a partir de 1 de Janeiro de 1999) pelas cópias de documentos impressos que excedam um total de 100 páginas, acrescida de 0,05 ecu (0,05 euro a partir de 1 de Janeiro de 1999) por folha.

2. O BCE diligenciará no sentido de encontrar uma solução justa para atender os pedidos repetidos do mesmo requerente para o mesmo documento administrativo e os pedidos de um número elevado de documentos ou de documentos muito extensos.

3. O requerente a quem tenha sido concedido acesso a um documento administrativo do BCE, em conformidade com o presente artigo, não está autorizado a reproduzir nem a divulgar o referido documento para fins comerciais através de venda directa sem a autorização prévia do BCE, que pode retirar essa autorização sem ter que o justificar.

Artigo 4.º
Excepções

O acesso a um documento administrativo não pode ser concedido sempre que a sua divulgação possa prejudicar a protecção:
- do interesse público, em particular da segurança pública, das relações internacionais, da estabilidade monetária e das taxas de câmbio, dos procedimentos judiciais e inspecções e inquéritos,

---

([1]) Dirigidos ao Banco Central Europeu, Direcção das Relações Externas, Kaiserstrasse 29, D-60311 Frankfurt am Main.

- do indivíduo e da vida privada,
- dos direitos de autor e do sigilo comercial, bancário e industrial,
- dos interesses financeiros do BCE,
- da confidencialidade solicitada por uma pessoa singular ou colectiva que tenha fornecido qualquer informação contida no documento ou exigida pela legislação aplicável a essa pessoa.

Artigo 5.º
Decisão do pedido, pedido de confirmação, controlo jurisdicional

1. O BCE diligencia no sentido de dar seguimento ao pedido num prazo razoável. O mais tardar no prazo de um mês, o requerente será informado por escrito, pelo director das relações externas do BCE, do deferimento do seu pedido ou da intenção de o indeferir. Neste último caso, o requerente é igualmente informado dos motivos dessa intenção e de que dispõe de um mês para apresentar um pedido de confirmação tendente à revisão da posição, na falta do qual se considera que desistiu do pedido inicial.

2. A ausência de resposta a um pedido no prazo de um mês a contar da data da sua apresentação significa que foi indeferido, salvo se o requerente apresentar, durante o mês seguinte, um pedido de confirmação nos termos acima referidos.

3. As decisões relativas aos pedidos de confirmação são tomadas pela Comissão Executiva do BCE no mês seguinte à recepção do pedido.

4. A decisão de indeferir um pedido de confirmação deve ser devidamente fundamentada. O requerente será notificado por escrito o mais rapidamente possível, sendo simultaneamente informado do disposto nos artigos 138.º-E e 173.º do Tratado que institui a Comunidade Europeia, relativos respectivamente às condições de recurso das pessoas singulares ao Provedor de Justiça e de fiscalização da legalidade dos actos do BCE pelo Tribunal de Justiça.

5. A ausência de resposta no mês seguinte à apresentação de um pedido de confirmação significa que o pedido foi indeferido.

Artigo 6.º
Substituição da Decisão n.º 9/97 do IME

A Decisão n.º 9/97 do Conselho do IME é substituída pela presente decisão com efeitos imediatos.

Feito em Frankfurt am Main, em 3 de Novembro de 1998.

O Presidente do BCE

Willem F. DUISENBERG

Jornal Oficial das Comunidades Europeias n.º L 318
de 27.11.98

REGULAMENTO (CE) N.º 2532/98 DO CONSELHO
de 23 de Novembro de 1998
relativo ao poder do Banco Central Europeu
de impor sanções

O CONSELHO DA UNIÃO EUROPEIA,

Tendo em conta o Tratado que institui a Comunidade Europeia (adiante designado «Tratado»), nomeadamente o n.º 3 do artigo 108.º-A, e o n.º 3 do artigo 34.º do Protocolo n.º 3 relativo aos estatutos do Sistema Europeu de Bancos Centrais e do Banco Central Europeu (adiante designado «Estatutos»),

Tendo em conta a recomendação do Banco Central Europeu (adiante designado «BCE»)[1],

Tendo em conta o parecer do Parlamento Europeu[2],

Tendo em conta o parecer da Comissão[3],

Deliberando nos termos do n.º 6 do artigo 106.º do Tratado e do artigo 42.º dos estatutos e nas condições definidas no n.º 5 do artigo 109.º-K e no n.º 7 do Protocolo n.º 11 relativo a certas disposições relacionadas com o Reino Unido da Grã-Bretanha e da Irlanda do Norte;

(1) Considerando que, nos termos do disposto no n.º 3 do artigo 34.º dos Estatutos, conjugado com o n.º 1 do artigo 43.º dos mesmos Estatutos, com o n.º 8 do Protocolo n.º 11 e com o n.º 2 do Protocolo n.º 12 relativo as certas disposições respeitantes à Dinamarca o presente regulamento, não confere quaisquer direitos nem impõe quaisquer obrigações aos Estados-membros não participantes;

---

[1] JO C 246 de 6.8.1998, p. 9.
[2] JO C 328 de 26.10.1998.
[3] Parecer emitido em 8 de Outubro de 1998.

(2) Considerando que o n.º 3 do artigo 34.º dos estatutos prevê que o Conselho fixe os limites e condições dentro dos quais o BCE pode aplicar multas ou sanções pecuniárias temporárias às empresas em caso de incumprimento de obrigações decorrentes dos seus regulamentos e decisões;

(3) Considerando que as infracções às obrigações decorrentes dos regulamentos e das decisões do BCE se podem verificar em vários domínios de competência do BCE;

(4) Considerando que, a fim de assegurar uma abordagem uniforme em relação à imposição de sanções nos vários domínios de competência do BCE, é desejável que todas as disposições gerais e processuais para a imposição das referidas sanções constem de um único regulamento do Conselho; que outros regulamentos do Conselho prevêem sanções específicas em domínios específicos e remetem para o presente regulamento quanto aos princípios e procedimentos relativos à imposição dessas sanções;

(5) Considerando que, para assegurar a eficácia do regime de aplicação das sanções, o presente regulamento deve permitir ao BCE uma certa discricionariedade, tanto em relação aos procedimentos aplicáveis como à sua aplicação dentro dos limites e condições definidos no presente regulamento;

(6) Considerando que o Sistema Europeu de Bancos Centrais (adiante designado «SEBC») e o BCE foram incumbidos de preparar o seu pleno funcionamento na terceira fase da União Económica e Monetária (adiante designada «terceira fase»); que uma preparação atempada é essencial para permitir ao SEBC nela desempenhar as suas funções; que um elemento essencial dessa preparação consiste na adopção, antes do início da terceira fase, do regime de imposição de sanções a empresas que não cumpram as obrigações impostas pelos regulamentos e decisões do BCE; que é desejável que os intervenientes no mercado sejam informados, logo que possível, das disposições pormenorizadas que o BCE entenda necessário adoptar para a imposição de sanções; que, por conseguinte, é necessário dotar o BCE de poder regulamentar, a partir da data de entrada em vigor do presente regulamento;

(7) Considerando que as disposições do presente regulamento apenas podem ser eficazmente aplicadas se os Estados-membros participantes adoptarem as medidas necessárias para assegurar que as respectivas autoridades tenham poder para assistir o BCE e com ele colaborar plenamente na execução dos processos de infracção previstos no presente regulamento, nos termos do artigo 5.º do Tratado;

(8) Considerando que o BCE recorrerá aos bancos centrais nacionais no desempenho das funções do SEBC, na medida em que tal seja considerado possível e adequado;

(9) Considerando que as decisões previstas no presente regulamento, que imponham obrigações pecuniárias, serão aplicáveis nos termos do artigo 192.º do Tratado,

ADOPTOU O PRESENTE REGULAMENTO:

Artigo 1.º
Definições

Para efeitos do presente regulamento, entende-se por:
1. Estado-membro participante: um Estado-membro que tenha adoptado a moeda única de acordo com o Tratado.
2. Banco central nacional: o banco central de um Estado-membro participante.
3. Empresas: as pessoas singulares ou colectivas, privadas ou públicas, com excepção das pessoas colectivas de direito público actuando no exercício de poderes públicos, de um Estado-membro participante, que estão sujeitas às obrigações decorrentes dos regulamentos e decisões do BCE, incluindo as sucursais ou outros estabelecimentos permanentes localizados num Estado-membro participante, cuja administração central ou sede social se situe fora de um Estado-membro participante.
4. Infracção: o incumprimento por uma empresa de uma obrigação decorrente dos regulamentos ou decisões do BCE.
5. Multa: uma quantia fixa que uma empresa – obrigada a pagar como sanção.
6. Sanções pecuniárias temporárias: quantias que, em caso de infracção contínua, uma empresa – obrigada a pagar como sanção, e que serão calculadas com base em cada dia de infracção contínua, após a empresa em causa ter sido notificada nos termos do n.º 1, segundo parágrafo, do artigo 3.º do presente regulamento, de uma decisão em que se exija a cessação dessa infracção.
7. Sanções: multas e sanções pecuniárias temporárias impostas em consequência de uma infracção.

Artigo 2.º
Sanções

1. Salvo disposição em contrário de regulamentos específicos do Conselho, o BCE pode impor multas e sanções pecuniárias temporárias às empresas, dentro dos seguintes limites:
   a) Multas com o limite máximo de 500 000 euros; e

b) Sanções pecuniárias temporárias com o limite máximo de 10 000 euros por dia de infracção.

As sanções pecuniárias temporárias podem ser impostas durante um período máximo de seis meses após a empresa ser notificada da decisão prevista no n.º 1 do artigo 3.º do presente regulamento.

2. O BCE pautar-se-á pelo princípio da proporcionalidade na decisão de imposição de uma sanção e na determinação da sanção adequada.

3. O BCE ponderará, quando necessário, as seguintes circunstâncias do caso em apreço:

a) Por um lado, a boa fé e o grau de empenhamento da empresa na interpretação e no cumprimento das obrigações decorrentes de um regulamento ou de uma decisão do BCE, bem como o grau de diligência e colaboração demonstrado pela empresa ou, por outro lado, qualquer prova de fraude intencional por parte dos responsáveis da empresa;

b) A gravidade dos efeitos da infracção;

c) A repetição, frequência ou duração da infracção cometida pela empresa;

d) Os benefícios obtidos pela empresa em virtude da infracção;

e) A dimensão económica da empresa; e

f) Sanções anteriormente impostas por outras autoridades à mesma empresa com base nos mesmos factos.

4. Sempre que a infracção consista no incumprimento de uma obrigação, a aplicação de uma sanção não isentará a empresa em causa do seu cumprimento, excepto decisão explícita em contrário, adoptada nos termos do n.º 4 do artigo 3.º.

Artigo 3.º
Normas processuais

1. A decisão de abertura de um processo de infracção será tomada pela Comissão Executiva do BCE, actuando por iniciativa própria ou com base em proposta nesse sentido, apresentada pelo banco central nacional do Estado-membro em cuja jurisdição se verificou a alegada infracção. A mesma decisão pode também ser tomada, por iniciativa própria ou com base em proposta nesse sentido, apresentada pelo BCE, pelo banco central nacional do Estado-membro em cuja jurisdição se verificou a alegada infracção.

A notificação escrita da decisão de abertura de um processo de infracção será dirigida à empresa em causa, à autoridade fiscalizadora competente e ao banco central nacional do Estado-membro em cuja jurisdição se verificou a alegada infracção ou ao BCE. A notificação deverá indicar de forma pormenorizada as alegações contra a empresa e os elementos de prova em que tais alegações se fundamentam. Quando necessário, a decisão exigirá a cessação da alegada infracção e informará a empresa em causa da possibilidade de imposição de sanções pecuniárias temporárias.

2. A decisão a que se refere o n.º 1 pode exigir que a empresa se sujeite a um processo de infracção, no qual, o BCE ou o banco central nacional, consoante o caso, terão o direito de:
   a) Exigir a apresentação de documentos;
   b) Examinar os livros e arquivos da empresa;
   c) Fazer cópias da totalidade ou de excertos dos referidos livros e arquivos; e
   d) Obter explicações orais ou escritas.

Quando uma empresa obstruir a condução do processo de infracção, o Estado-membro participante onde se situam as suas instalações prestará a assistência necessária, incluindo a garantia de acesso do BCE ou do banco central nacional às instalações da empresa, a fim de permitir o exercício dos poderes acima referidos.

3. A empresa em causa terá o direito de ser ouvida pelo BCE ou pelo banco central nacional, consoante o caso. A empresa terá um prazo não inferior a 30 dias para apresentar a sua defesa.

4. A Comissão Executiva do BCE adoptará, no mais curto prazo possível, após apresentação, pelo banco central nacional, de um requerimento que dá início ao processo de infracção, ou depois de ter consultado o banco central nacional do Estado-membro em cuja jurisdição se verificou a alegada infracção, uma decisão fundamentada em que se determine se uma empresa cometeu ou não uma infracção, juntamente com a eventual sanção a impor.

5. A empresa em causa será notificada por escrito da decisão e informada do seu direito de recurso. As autoridades fiscalizadoras competentes e o banco central nacional do Estado-membro em cuja jurisdição se verificou a infracção serão igualmente notificadas da decisão.

6. A empresa em causa terá o direito de recorrer da decisão da Comissão Executiva para o Conselho do BCE. Esse recurso será apresentado no prazo de 30 dias a contar da data de recepção da notificação da decisão e incluirá todas as informações e alegações justificativas. O recurso será interposto por escrito ao Conselho do BCE.

7. Qualquer decisão do Conselho do BCE em resposta a um recurso interposto nos termos do n.º 6 deverá indicar as razões que a fundamentam e ser notificada por escrito à empresa em causa, à autoridade fiscali-

zadora competente dessa empresa e ao banco central nacional do Estado-
-membro em cuja jurisdição se verificou a infracção. A notificação deverá
informar a empresa do seu direito de recurso judicial. Se, no prazo de dois
meses a contar da interposição do recurso, não for tomada qualquer decisão pelo Conselho do BCE, a empresa em causa poderá recorrer judicialmente da decisão da Comissão Executiva, nos termos do Tratado.

8. Não será aplicada qualquer sanção à empresa até a decisão se ter tornado definitiva por:

 a) Decurso do prazo de 30 dias referido no n.º 6 sem que a empresa tenha recorrido da decisão para o Conselho do BCE; ou

 b) O Conselho do BCE ter notificado a empresa da sua decisão, ou ter decorrido o prazo referido no n.º 7 sem que o Conselho do BCE tenha tomado uma decisão.

9. O produto das sanções impostas pelo BCE reverterá para o BCE.

10. Se uma infracção disser exclusivamente respeito a uma função atribuída ao SEBC por força do Tratado e dos estatutos, apenas poderá ser intentado um processo de infracção com base no presente regulamento, independentemente da existência de qualquer lei ou regulamento nacional que preveja um processo distinto. Se a infracção também estiver relacionada com um ou mais domínios que não se enquadrem na esfera de competências do SEBC, o direito de iniciar um processo de infracção com base no presente regulamento será independente de qualquer direito de uma autoridade nacional competente de abrir processos distintos em relação a domínios que não se enquadrem na esfera de competências do SEBC. Esta disposição não prejudica a aplicação do direito penal, nem as competências de supervisão prudencial nos Estados-membros participantes.

11. A empresa suportará as custas do processo de infracção, se tiver sido decidido que cometeu uma infracção.

Artigo 4.º
Prazos

1. O direito de tomar a decisão de abertura de um processo por infracção, nos termos do presente regulamento, prescreve um ano após o conhecimento da existência da alegada infracção pelo BCE ou pelo banco central nacional do Estado-membro em cuja jurisdição se verificou a alegada infracção e, em qualquer caso, cinco anos depois de a infracção se ter verificado ou, em caso de infracção contínua, cinco anos após a sua cessação.

2. O direito de tomar a decisão de impor uma sanção em virtude de uma infracção, nos termos do presente regulamento, prescreve um ano

depois de ter sido tomada a decisão de abertura do respectivo processo, nos termos do n.º 1 do artigo 3.º.

3. O direito de iniciar um processo de execução de sanções prescreve seis meses depois de a decisão se ter tornado executória nos termos do n.º 8 do artigo 3.º.

Artigo 5.º
Recurso judicial

O Tribunal de Justiça das Comunidades Europeias tem plena jurisdição, na acepção do artigo 172.º do Tratado, em matéria de recurso de decisões definitivas de imposição de sanções.

Artigo 6.º
Disposições gerais e poder regulamentar

1. Em caso de conflito entre disposições do presente regulamento e disposições de outros regulamentos do Conselho que autorizem o BCE a impor sanções, prevalecerão as disposições destes últimos.

2. Sob reserva dos limites e condições definidos no presente regulamento, o BCE pode adoptar regulamentos que especifiquem as regras de imposição de sanções nos termos do presente regulamento, bem como directrizes de coordenação e harmonização dos procedimentos relativos à tramitação dos processos por infracção.

Artigo 7.º
Disposições finais

O presente regulamento entra em vigor na data da sua publicação no Jornal Oficial das Comunidades Europeias.

O n.º 2 do artigo 6.º é aplicável a partir da data de entrada em vigor do presente regulamento. Os restantes artigos são aplicáveis a partir de 1 de Janeiro de 1999.

O presente regulamento é obrigatório em todos os seus elementos e directamente aplicável em todos os Estados-membros.

Feito em Bruxelas, em 23 de Novembro de 1998.

Pelo Conselho
O Presidente
R. EDLINGER

Jornal Oficial das Comunidades Europeias n.° L 318
de 27.11.98

REGULAMENTO (CE) N.° 2533/98 DO CONSELHO
de 23 de Novembro de 1998
relativo à compilação de informação estatística
pelo Banco Central Europeu

O CONSELHO DA UNIÃO EUROPEIA,

Tendo em conta o Protocolo n.° 3 relativo aos estatutos do Sistema Europeu de Bancos Centrais e do Banco Central Europeu (adiante designado «estatutos»), e, nomeadamente o n.° 4 do seu artigo 5.°,

Tendo em conta a recomendação do Banco Central Europeu (adiante designado «BCE») [1],

Tendo em conta o parecer do Parlamento Europeu [2],

Tendo em conta o parecer da Comissão [3],

Deliberando nos termos do n.° 6 do artigo 106.° do Tratado que institui a Comunidade Europeia (adiante designado «Tratado») e do artigo 42.° dos estatutos;

(1) Considerando que, nos termos do n.° 1 do artigo 5.° dos estatutos, o BCE, coadjuvado pelos bancos centrais nacionais, deve coligir a informação estatística necessária ao desempenho das funções do Sistema Europeu de Bancos Centrais (adiante designado «SEBC»), junto das autoridades nacionais competentes ou, directamente, junto dos agentes económicos; que, para facilitar o desempenho dessas funções definidas no artigo 105.° do Tratado e, em especial, a condução da política monetária, essa informação estatística é primordialmente utilizada na produção de

---

[1] JO C 246 de 6.8.1998, p. 12.
[2] JO C 328 de 26.10.1998.
[3] Parecer emitido em 8 de Outubro de 1998.

informação estatística agregada, para a qual a identidade de cada um dos agentes económicos é irrelevante, mas que também pode ser utilizada de forma individualizada; que, nos termos do n.º 2 do artigo 5.º dos estatutos, compete aos bancos centrais nacionais exercer, na medida do possível, as funções descritas no n.º 1 do artigo 5.º dos estatutos; que, nos termos do n.º 4 do artigo 5.º dos estatutos, cabe ao Conselho definir as pessoas singulares e colectivas sujeitas à obrigação de prestar informações, o regime de confidencialidade e as disposições adequadas para a respectiva aplicação; que, para esse efeito, os bancos centrais nacionais podem cooperar com outras autoridades competentes, incluindo os institutos nacionais de estatística e os organismos reguladores do mercado, nos termos do n.º 1 do artigo 5.º dos estatutos;

(2) Considerando que, para que a informação estatística seja um instrumento eficaz no desempenho das funções do SEBC, as definições e os procedimentos para a sua compilação devem ser estruturados de modo a que o BCE tenha capacidade e flexibilidade para obter a tempo estatísticas de qualidade elevada que reflictam a evolução das condições económicas e financeiras e tenham em conta o esforço imposto aos inquiridos; que, ao fazê-lo, se deverá atender não apenas ao desempenho das funções do SEBC e à sua independência mas também à redução do esforço imposto aos inquiridos;

(3) Considerando que, por conseguinte, é desejável definir uma população inquirida de referência em termos de categorias de unidades económicas e de aplicações estatísticas envolvidas, à qual se restringirão os poderes do BCE em matéria de estatística e a partir da qual o BCE determinará a população inquirida efectiva através do seu poder regulamentar;

(4) Considerando que é necessária uma população de inquiridos homogénea para a produção do «balanço consolidado do sector das instituições financeiras monetárias» dos Estados-membros participantes, cujo principal objectivo é dotar o BCE de um panorama estatístico global da evolução monetária nos Estados-membros participantes, considerados como um único território económico; que o BCE estabeleceu e mantém uma «lista de instituições financeiras monetárias para fins estatísticos» baseada numa definição comum dessas instituições;

(5) Considerando que a referida definição comum para fins estatísticos especifica que nas instituições financeiras monetárias se incluem as instituições de crédito, tal como definidas pelo direito comunitário, e todas as outras instituições financeiras residentes cuja actividade é receber depósitos e/ou substitutos próximos de depósitos, de entidades que não as instituições financeiras monetárias, bem como conceder crédito e/ou efectuar

investimentos mobiliários por conta própria (pelo menos em termos económicos);

(6) Considerando que, embora não correspondam inteiramente à definição comum para fins estatísticos de instituições financeiras monetárias, as instituições que prestam serviços de cheques postais podem, eventualmente, ser sujeitas às exigências de informação estatística do BCE no domínio das estatísticas monetárias e bancárias e das estatísticas sobre os sistemas de pagamento, uma vez que podem, numa medida significativa, receber depósitos e/ou substitutos próximos de depósitos e realizar actividades próprias dos sistemas de pagamentos;

(7) Considerando que no Sistema Europeu de Contas Nacionais e Regionais de 1995 ([1]) (adiante designado «SEC 95»), o sector das instituições financeiras monetárias inclui, por conseguinte, os subsectores «banco central» e «outras instituições financeiras monetárias» e apenas pode ser alargado mediante a inclusão de categorias de instituições provenientes do subsector «outros intermediários financeiros, excepto sociedades de seguros e fundos de pensões»;

(8) Considerando que as estatísticas relativas à balança de pagamentos, à posição internacional no investimento, aos valores mobiliários, ao dinheiro electrónico e aos sistemas de pagamento são necessárias para permitir que o SEBC desempenhe as suas funções com independência;

(9) Considerando que a utilização dos termos «pessoas singulares e colectivas» no n.º 4 do artigo 5.º dos estatutos deverá ser interpretada de uma forma coerente com as práticas dos Estados-membros no domínio das estatísticas monetárias e bancárias e das estatísticas da balança de pagamentos, englobando também, por conseguinte, entidades que não são nem pessoas singulares nem pessoas colectivas nos termos das respectivas legislações nacionais, mas recaem, no entanto, no âmbito dos subsectores pertinentes do SEC 95; que, deste modo, é possível impor uma obrigação de prestação de informações a entidades como sociedades de pessoas, sucursais, organismos de investimento colectivo em valores mobiliários transferíveis (UCITS) e fundos que, nos termos das respectivas legislações, não gozam de personalidade jurídica; que, nestes casos, a obrigação de prestar informações é imposta às pessoas que, nos termos da legislação nacional aplicável, representam legalmente as entidades em causa;

(10) Considerando que as declarações estatísticas relativas ao balanço das instituições mencionadas no n.º 1 do artigo 19.º dos estatutos

---

([1]) JO L 310 de 30.11.1996, p. 1.

também podem ser utilizadas para calcular as reservas mínimas que essas instituições podem ser obrigadas a constituir;

(11) Considerando que incumbe ao Conselho do BCE definir a distribuição de funções entre o BCE e os bancos centrais nacionais no que se refere à compilação e verificação da informação estatística e à respectiva aplicação, tendo em conta o princípio do n.º 2 do artigo 5.º dos estatutos, bem como as funções que serão assumidas pelas autoridades nacionais dentro dos limites das suas competências, com o objectivo de obter estatísticas de elevada qualidade;

(12) Considerando que, nos primeiros anos de existência da zona da moeda única, os princípios de custo-eficácia poderão determinar que as exigências de informação estatística do BCE sejam satisfeitas através de procedimentos transitórios devido às restrições impostas aos sistemas de recolha de dados; que esse facto pode implicar em especial que, no caso da conta financeira da balança de pagamentos, os dados sobre as posições ou transacções transfronteiras dos Estados-membros participantes, considerados como um único território económico, podem ser compilados, nos primeiros anos de existência da zona da moeda única, utilizando todas as posições ou transacções entre os residentes de um Estado-membro participante e os residentes de outros países;

(13) Considerando que os limites e condições em que o BCE está habilitado a impor sanções às instituições por incumprimento de obrigações decorrentes dos regulamentos e decisões do BCE foram definidos pelo Regulamento (CE) n.º 2532/98 do Conselho, de 23 de Novembro de 1998 relativo ao poder do Banco Central Europeu de impor sanções ([1]), nos termos do n.º 3 do artigo 34.º dos estatutos; que, em caso de conflito entre as disposições do referido regulamento e as que no presente regulamento habilitam o BCE a impor sanções, prevalecerão as disposições do presente regulamento; que as sanções por incumprimento das obrigações definidas no presente regulamento não obstam à possibilidade de o SEBC estabelecer disposições de aplicação adequadas nas relações com as suas contrapartes, incluindo a exclusão total ou parcial de um inquirido das operações de política monetária, em caso de infracção grave à obrigação de fornecimento de informações estatísticas;

(14) Considerando que os regulamentos adoptados pelo BCE nos termos do n.º 1 do artigo 34.º dos estatutos não conferem quaisquer direitos nem impõem quaisquer obrigações aos Estados-membros não participantes;

([1]) Ver página 4 do presente Jornal Oficial.

(15) Considerando que, em cumprimento do n.º 1 do Protocolo n.º 12 relativo a certas disposições respeitantes à Dinamarca e no contexto da Decisão de Edimburgo de 12 de Dezembro de 1992, este país notificou a sua não participação na terceira fase da União Económica e Monetária; que, por conseguinte e nos termos do n.º 2 do referido protocolo, todos os artigos e disposições do Tratado e dos estatutos respeitantes a Estados-membros que beneficiam de uma derrogação serão aplicáveis à Dinamarca;

(16) Considerando que, nos termos do n.º 8 do Protocolo n.º 11 relativo a certas disposições relacionadas com o Reino Unido da Grã-Bretanha e da Irlanda do Norte os n.ᵒˢ 1 e 3 do artigo 34.º dos Estatutos não é aplicável ao Reino Unido, a não ser que este participe na terceira fase da União Económica e Monetária;

(17) Considerando que, embora se reconheça que a informação estatística necessária para satisfazer as exigências de informação estatística do BCE não é a mesma para os Estados-membros participantes e para os não participantes, o artigo 5.º dos estatutos é aplicável tanto aos Estados-membros participantes como aos não participantes; que este artigo, juntamente com o artigo 5.º do Tratado, implica uma obrigação de os Estados-membros conceberem e aplicarem a nível nacional todas as medidas que considerem adequadas para realizar a recolha da informação estatística necessária para satisfazer as exigências de informação estatística do BCE e se prepararem a tempo em matéria de estatística, para se tornarem Estados--membros participantes;

(18) Considerando que os dados estatísticos confidenciais que o BCE e os bancos centrais nacionais devem obter para o desempenho das funções do SEBC devem ser protegidos de modo a obter e a manter a confiança dos inquiridos; que, uma vez adoptado o presente regulamento, deixará de haver motivos para invocar disposições em matéria de confidencialidade que impeçam o intercâmbio de dados estatísticos confidenciais relacionados com as funções do SEBC, sob reserva do disposto na Directiva 95/46/CE do Parlamento Europeu e do Conselho, de 24 de Outubro de 1995, relativa à protecção das pessoas singulares no que diz respeito ao tratamento de dados pessoais e à livre circulação desses dados ([1]);

(19) Considerando que o n.º 1 do artigo 38.º dos estatutos prevê que os membros dos órgãos de decisão e os funcionários do BCE e dos bancos

---

([1]) JO L 281 de 23.11.1995, p. 31.

centrais nacionais ficarão obrigados, mesmo após a cessação das suas funções, a não divulgar informações que, pela sua natureza, estejam abrangidas pelo segredo profissional, e que o n.º 2 do artigo 38.º dos estatutos determina que as pessoas que tenham tido acesso a dados abrangidos por legislação comunitária que imponha a obrigação de segredo ficarão sujeitos a essa legislação;

(20) Considerando que qualquer infracção às regras que vinculam os funcionários do BCE, com dolo ou com negligência, torna esses funcionários passíveis de sanções disciplinares e, eventualmente, de sanções legais por violação do segredo profissional, sob reserva das disposições conjugadas dos artigos 12.º e 18.º do protocolo relativo aos privilégios e imunidades das Comunidades Europeias;

(21) Considerando que a eventual utilização de informação estatística nas funções a desempenhar através do SEBC nos termos do artigo 105.º do Tratado, embora reduza o esforço global de prestação de informações, implica que o regime de confidencialidade definido no presente regulamento deve diferir em alguma medida dos princípios gerais comunitários e internacionais sobre o segredo estatístico e, em especial, das disposições relativas ao segredo estatístico contidas no Regulamento (CE) n.º 322/97 do Conselho, de 17 de Fevereiro de 1997, relativo às estatísticas comunitárias[1]; que, sob reserva deste ponto, o BCE deverá ter em conta os princípios subjacentes às estatísticas comunitárias definidos no artigo 10.º do Regulamento (CE) n.º 322/97;

(22) Considerando que o regime de confidencialidade definido no presente regulamento é aplicável apenas aos dados estatísticos confidenciais transmitidos ao BCE tendo em vista o desempenho das funções do SEBC e que esse regime não afecta as disposições especiais nacionais ou comunitárias relativas à transmissão de outros tipos de informação ao BCE; que as regras sobre o segredo estatístico aplicadas pelos institutos nacionais de estatística e pela Comissão aos dados estatísticos que coligem em seu próprio nome devem ser respeitadas;

(23) Considerando que, para efeitos do n.º 1 do artigo 5.º dos estatutos, o BCE deve cooperar no domínio da estatística com as instituições ou organismos comunitários e com as autoridades competentes dos Estados-membros ou de países terceiros, bem como com organizações internacionais; que o BCE e a Comissão definirão formas adequadas de cooperação em matéria de estatística a fim de desempenharem as suas funções da

---

[1] JO L 52 de 22.2.1997, p. 1.

forma mais eficiente, procurando reduzir ao mínimo o esforço que recai sobre os inquiridos;

(24) Considerando que o SEBC e o BCE foram incumbidos de preparar os requisitos de informação estatística para a zona do euro tendo em vista o seu pleno funcionamento na terceira fase da União Económica e Monetária (adiante designada «terceira fase»); que um elemento essencial dessa preparação consiste na adopção, antes do início da terceira fase, de regulamentos do BCE em matéria de estatística; que é desejável que os intervenientes no mercado sejam informados, durante o ano de 1998, das disposições pormenorizadas que o BCE entenda necessário adoptar para aplicar os seus requisitos de informação estatística; que, por conseguinte, é necessário dotar o BCE de poder regulamentar a partir da data da sua entrada em vigor;

(25) Considerando que as disposições do presente regulamento apenas podem ser eficazmente aplicadas se, nos termos do artigo 5.º do Tratado, todos os Estados-membros participantes, tiverem adoptado as medidas necessárias para assegurar que as respectivas autoridades tenham poder para assistir o BCE e com ele colaborar plenamente na realização da verificação e da recolha coerciva de informação estatística,

ADOPTOU O PRESENTE REGULAMENTO:

Artigo 1.º
Definições

Para efeitos do presente regulamento, entende-se por:

1. «Exigências de informação estatística do BCE»: a informação estatística que os inquiridos são obrigados a fornecer e que é necessária ao desempenho das funções do SEBC.

2. «Inquiridos»: as pessoas singulares e colectivas e as entidades referidas no n.º 3 do artigo 2.º, que estão sujeitas às exigências de informação estatística do BCE.

3. «Estado-membro participante»: um Estado-membro que tenha adoptado a moeda única de acordo com o Tratado.

4. «Residente» e «a residir»: ter um centro de interesse económico no território económico de um país, tal como descrito no anexo A; neste contexto, deve entender-se por «posições transfronteiras» e «transacções transfronteiras», respectivamente, posições e transacções referentes ao activo e/ou passivo de residentes dos Estados-membros participantes, considerados como um único território económico, face aos residentes dos Estados-membros não participantes e/ou aos residentes de países terceiros.

5. «Posição de investimento internacional»: o balanço relativo aos saldos de activos e de passivos financeiros transfronteiras.

6. «Dinheiro electrónico»: um valor monetário depositado electronicamente num dispositivo técnico, incluindo cartões pré-pagos, que pode ser amplamente utilizado para efectuar pagamentos a outras entidades que não o emissor e que não implica necessariamente a utilização de contas bancárias na transacção, mas funciona como um instrumento pré-pago ao portador.

Artigo 2.º
População inquirida de referência

1. Para o cumprimento dos requisitos de informação estatística do BCE, o Banco Central Europeu, coadjuvado pelos bancos centrais nacionais nos termos do n.º 2 do artigo 5.º dos estatutos, terá o direito de coligir a informação estatística necessária, nos limites da população inquirida de referência e do necessário ao desempenho das funções do SEBC.

2. A população inquirida de referência compreenderá os seguintes inquiridos:

a) As pessoas singulares e colectivas incluídas nos subsectores «banco central», «outras instituições financeiras monetárias» e «outros intermediários financeiros, excepto as sociedades de seguros e fundos de pensões», descritos no anexo B, a residir num Estado-membro, na medida necessária ao cumprimento dos requisitos de informação estatística do BCE, em matéria de estatísticas monetárias e bancárias e de estatísticas dos sistemas de pagamentos;

b) Instituições que prestam serviços de cheques postais, na medida necessária ao cumprimento dos requisitos de informação estatística do BCE no domínio das estatísticas monetárias e bancárias e das estatísticas dos sistemas de pagamentos;

c) Pessoas singulares e colectivas a residir num Estado-membro, na medida em que detenham posições transfronteiras ou realizem transacções transfronteiras e que a informação estatística relacionada com essas posições ou transacções seja necessária ao cumprimento dos requisitos de informação estatística do BCE no domínio das estatísticas sobre a balança de pagamentos ou sobre a posição de investimento internacional;

d) Pessoas singulares e colectivas a residir num Estado-membro, na medida em que a informação estatística relativa à sua actividade de emissão de valores mobiliários ou de dinheiro electrónico seja necessária ao cumprimento dos requisitos de informação estatística do BCE.

3. As entidades que estariam abrangidas pelo n.º 2 mas que, de acordo com a legislação do seu país de residência, não tenham a qualidade

de pessoas colectivas nem de agrupamento de pessoas singulares, podendo no entanto ser titulares de direitos e obrigações, são consideradas inquiridos. A obrigação de prestar informações de uma entidade desta natureza será cumprida pelas pessoas que a representem legalmente.

Sempre que uma pessoa colectiva, um agrupamento de pessoas singulares ou uma entidade tal como referida no primeiro parágrafo do presente número tenha uma sucursal residente noutro país, a sucursal será um inquirido, independentemente do local onde esteja situada a sede social, desde que satisfaça as condições definidas no n.º 2, com excepção da necessidade de possuir personalidade jurídica distinta. Independentemente do seu número, as sucursais estabelecidas no mesmo Estado-membro serão consideradas como uma única sucursal, desde que pertençam ao mesmo subsector da economia. A obrigação de prestar informações de uma sucursal será cumprida pelas pessoas que a representam legalmente.

Artigo 3.º
Regras relativas à definição das exigências de informação estatística

Ao definir e impor as suas exigências de informação estatística, o BCE especificará a população inquirida efectiva dentro dos limites da população inquirida de referência definida no artigo 2.º Sem prejuízo do cumprimento dos seus requisitos de informação estatística, o BCE:

a) Reduzirá ao mínimo o esforço de informação recorrendo, nomeadamente e na medida do possível, a estatísticas existentes;

b) Terá em conta as normas estatísticas comunitárias e internacionais;

c) Poderá isentar total ou parcialmente classes específicas de inquiridos das suas obrigações de informação estatística.

Artigo 4.º
Obrigações dos Estados-membros

Os Estados-membros deverão organizar-se no domínio da estatística e cooperar plenamente com o SEBC a fim de assegurar o cumprimento das obrigações decorrentes do artigo 5.º dos estatutos.

Artigo 5.º
Poder regulamentar do BCE

1. O BCE pode adoptar regulamentos para a definição e imposição dos requisitos de informação estatística à população inquirida efectiva dos Estados-membros participantes.

2. Sempre que existam ligações com os requisitos estatísticos da Comissão, o BCE consultará a Comissão a respeito dos projectos de re-

gulamentos, a fim de garantir a coerência necessária à produção de estatísticas que preencham as suas exigências de informação respectivas. O Comité sobre Estatísticas Monetárias, Financeiras e de Balança de Pagamentos participará, dentro dos limites da sua competência, no processo de cooperação entre a Comissão e o BCE.

Artigo 6.º
Direito de verificação e recolha coerciva de informação estatística

1. Se um inquirido residente num Estado-membro participante for suspeito de infracção, na acepção do n.º 2 do artigo 7.º, aos requisitos do presente regulamento, as exigências de informação estatística do BCE, este último e, nos termos do n.º 2 do artigo 5.º dos Estatutos, o banco central nacional do Estado-membro participante envolvido, terão o direito de verificar a exactidão e a qualidade da informação estatística e de proceder à sua recolha coerciva. No entanto, se a informação estatística em causa for necessária para demonstrar o cumprimento da obrigação de constituição de reservas mínimas, a verificação deverá ser realizada nos termos do artigo 6.º do Regulamento (CE) n.º 2531/98 do Conselho, de 23 de Novembro de 1998, relativo à aplicação de reservas mínimas obrigatórias pelo Banco Central Europeu ([1]). O direito de verificar a informação estatística ou de proceder à sua recolha coerciva incluirá o direito de:

a) Exigir a apresentação de documentos;

b) Examinar os livros e arquivos dos inquiridos;

c) Fazer cópias da totalidade ou de excertos dos referidos livros e arquivos; e

d) Obter explicações orais ou escritas.

2. O BCE ou o banco central nacional competente notificarão o inquirido por escrito da sua decisão de verificar a informação estatística ou de proceder à sua recolha coerciva, especificando o prazo de cumprimento do pedido de verificação, as sanções aplicáveis em caso de incumprimento e o direito de recurso. O BCE e o banco central nacional em causa informar-se-ão mutuamente desses pedidos de verificação.

3. A verificação e a recolha coerciva da informação estatística serão efectuadas segundo os procedimentos nacionais. Os custos do processo serão suportados pelo inquirido em causa, se se provar que este não cumpriu os requisitos de informação estatística.

([1]) Ver página 1 do presente Jornal Oficial.

4. O BCE pode adoptar regulamentos que especifiquem as condições em que podem ser exercidos os direitos de verificação ou recolha coerciva de informação estatística.

5. No âmbito das suas competências, as autoridades nacionais dos Estados-membros participantes prestarão a assistência necessária ao BCE e aos bancos centrais nacionais no exercício dos poderes previstos no presente artigo.

6. Se um inquirido se opuser ao processo de verificação ou recolha coerciva dos dados estatísticos necessários ou o dificultar, o Estado-membro participante onde se situem as instalações do inquirido prestará a assistência necessária, incluindo a garantia de acesso às instalações do inquirido pelo BCE ou pelo banco central nacional, a fim de permitir o exercício dos direitos mencionados no n.º 1.

Artigo 7.º
Imposição de sanções

1. O BCE está habilitado a impor as sanções previstas no presente artigo aos inquiridos que estejam sujeitos à obrigação de prestar informações, residam num Estado-membro participante e não tenham cumprido as obrigações decorrentes do presente regulamento ou dos regulamentos e decisões do BCE que definem e impõem os requisitos de informação estatística do BCE.

2. Considerar-se-á que a obrigação de transmitir determinados dados estatísticos ao BCE ou aos bancos centrais nacionais foi infringida se:

a) Não for recebida qualquer informação estatística pelo BCE ou pelo banco central nacional até terminar o prazo fixado para o efeito; ou

b) A informação estatística estiver incorrecta, incompleta ou for apresentada sob uma forma não conforme com os requisitos.

3. Considera-se que a obrigação de permitir que o BCE e os bancos centrais nacionais verifiquem a exactidão e a qualidade da informação estatística apresentada pelos inquiridos ao BCE ou ao banco central nacional foi infringida sempre que um inquirido obstrua essa actividade. Essa obstrução inclui, designadamente, a retirada de documentos e o impedimento do acesso físico do BCE ou do banco central nacional aos elementos de que necessitam para desempenharem a sua função de verificação ou recolha coerciva de informações.

4. O BCE pode impor sanções a um inquirido sob as seguintes formas:

a) No caso de uma infracção na acepção do n.º 2, alínea *a)*, o pagamento de uma sanção pecuniária que não exceda 10 000 euros por dia, e cujo valor total não seja superior a 100 000 euros;

b) No caso de uma infracção na acepção do n.º 2, alínea *b)*, uma multa até 200 000 euros; e

c) No caso de uma infracção na acepção do n.º 3, uma multa até 200 000 euros.

5. As sanções fixadas no n.º 4 acrescem à obrigação de o inquirido suportar os custos do processo de verificação e recolha coerciva, tal como disposto no n.º 3 do artigo 6.º do presente regulamento.

6. No exercício dos poderes previstos no presente artigo, o BCE actuará segundo os princípios e procedimentos do Regulamento (CE) n.º 2532/98.

Artigo 8.º
Regime de confidencialidade

1. No âmbito do presente regulamento e para efeitos do regime de confidencialidade que abrange a informação estatística necessária ao desempenho das funções do SEBC, os dados estatísticos serão considerados confidenciais sempre que permitam a identificação directa ou indirecta dos inquiridos ou de qualquer outra pessoa singular ou colectiva, organismo ou sucursal, quer directamente através do nome, do endereço ou de um código de identificação oficialmente atribuído, quer indirectamente por meio de dedução, revelando, desse modo, informações de ordem individual. Para determinar se um inquirido ou qualquer outra pessoa singular ou colectiva, organismo ou sucursal, podem ou não ser identificados, devem considerar-se todos os meios que possam ser razoavelmente utilizados por terceiros para identificar o inquirido em questão ou a outra pessoa singular ou colectiva, organismo ou sucursal. As informações estatísticas obtidas de fontes acessíveis ao público nos termos da legislação nacional não são consideradas confidenciais.

2. A transmissão de dados estatísticos confidenciais dos bancos centrais nacionais para o BCE terá lugar na medida e com o nível de pormenor necessário ao desempenho de funções através do SEBC, previstas no artigo 105.º do Tratado.

3. Os inquiridos serão informados da utilização, para fins estatísticos ou outros, de carácter administrativo, que poderá ser dada às informações estatísticas por eles fornecidas. Os inquiridos terão direito a obter informações sobre o fundamento jurídico da transmissão e sobre as medidas de protecção adoptadas.

4. O BCE utilizará os dados estatísticos confidenciais que lhe sejam transmitidos exclusivamente para o desempenho das funções do SEBC, excepto:

a) Se o inquirido ou a outra pessoa singular ou colectiva, organismo ou sucursal susceptível de ser identificado tiver dado explicitamente o seu consentimento para a utilização dos referidos dados estatísticos para outros fins; ou

b) Para a produção de estatísticas comunitárias específicas, na sequência de um acordo entre a Comissão e o BCE nos termos do artigo 9.º do Regulamento (CE) n.º 322/97; ou

c) Para permitir o acesso de organismos de investigação científica a dados estatísticos confidenciais que não permitam uma identificação directa, sem prejuízo do disposto na legislação nacional e com o prévio e explícito consentimento da autoridade nacional que forneceu a informação.

5. Os bancos centrais nacionais utilizarão os dados estatísticos confidenciais coligidos para cumprir os requisitos de informação estatística do BCE exclusivamente para o desempenho das funções do SEBC, excepto:

a) Se o inquirido ou a outra pessoa singular ou colectiva, organismo ou sucursal susceptível de ser identificado tiver consentido explicitamente na utilização dos referidos dados estatísticos para outros fins; ou

b) Se forem utilizados a nível nacional e para fins estatísticos, na sequência de um acordo entre as autoridades estatísticas nacionais e o banco central nacional ou para a produção de estatísticas comunitárias nos termos do artigo 9.º do Regulamento (CE) n.º 322/97; ou

c) Se forem utilizados no domínio da supervisão prudencial ou para o exercício, nos termos do n.º 4 do artigo 14.º dos estatutos, de funções que não as referidas nos estatutos; ou

d) Para permitir o acesso de organismos de investigação científica a informação estatística confidencial que não permita uma identificação directa.

6. O presente artigo não obsta a que os dados estatísticos confidenciais coligidos para fins diferentes do cumprimento dos requisitos de informação estatística do BCE, ou de necessidades suplementares, sejam utilizados para esses fins.

7. O presente artigo é aplicável apenas à recolha e transmissão de dados estatísticos confidenciais para cumprimento dos requisitos de informação estatística do BCE, não afectando as disposições especiais, nacionais ou comunitárias, relativas à transmissão de outros tipos de informação ao BCE.

8. O presente regulamento é aplicável sem prejuízo da Directiva 95/46/CE.

No caso dos dados coligidos por institutos nacionais de estatística e pela Comissão e apresentados ao BCE, o presente regulamento é aplicável sem prejuízo do Regulamento (CE) n.º 322/97, no que se refere à confidencialidade estatística.

9. O BCE e os bancos centrais nacionais tomarão todas as medidas regulamentares, administrativas, técnicas e organizativas necessárias para assegurar a protecção dos dados estatísticos confidenciais. O BCE definirá as regras comuns e as normas mínimas para evitar a divulgação ilícita e a utilização para fins não autorizados. As medidas de protecção são aplicáveis a todos os dados estatísticos confidenciais definidos no n.º 1.

10. Os Estados-membros adoptarão as medidas necessárias para assegurar a protecção dos dados estatísticos confidenciais, incluindo a imposição das medidas coercivas adequadas em caso de infracção.

Artigo 9.º
Disposições finais

O presente regulamento entra em vigor na data da sua publicação no Jornal Oficial das Comunidades Europeias.

O artigo 5.º, o n.º 4 do artigo 6.º e o n.º 9 do artigo 8.º são aplicáveis a partir da data de entrada em vigor do presente regulamento. Os restantes artigos são aplicáveis a partir de 1 de Janeiro de 1999.

O presente regulamento é obrigatório em todos os seus elementos e directamente aplicável em todos os Estados-membros.

Feito em Bruxelas, em 23 de Novembro de 1998.

Pelo Conselho
O Presidente

R. EDLINGER

ANEXO A

DELIMITAÇÃO DA ECONOMIA NACIONAL

2.04. As unidades, sejam institucionais, de actividade económica ao nível local ou de produção homogénea, que constituem a economia de um país e cujas operações são consideradas no SEC, são as que têm um centro de interesse económico no território económico desse país. Estas unidades, chamadas unidades residentes, podem ter ou não a nacionalidade desse país, podem possuir ou não personalidade jurídica e podem estar ou não presentes no território económico desse país no momento em que efectuam uma operação. Dado que a economia nacional se encontra assim delimitada pelas unidades residentes, é necessário precisar o sentido das expressões «território económico» e «centro de interesse económico».

2.05. Por território económico de um país entende-se:

a) O território geográfico desse país, no interior do qual as pessoas, os bens, os serviços e os capitais circulam livremente;

b) As zonas francas, incluindo entrepostos e fábricas sob controlo aduaneiro;

c) O espaço aéreo nacional, as águas territoriais e a plataforma continental situada em águas internacionais em relação à qual o país dispõe de direitos exclusivos ([1]);

d) Os enclaves territoriais, isto é, os territórios geográficos situados no resto do mundo e utilizados, em virtude de tratados internacionais ou de acordos entre Estados, por administrações públicas do país (embaixadas, consulados, bases militares, bases científicas, etc.);

e) Os jazigos mineiros (petróleo, gás natural, etc.) situados em águas internacionais fora da plataforma continental do país, explorados por unidades residentes no território tal como definido nas alíneas anteriores.

2.06. O território económico não conclui os enclaves extraterritoriais (isto é, as partes do território geográfico do país utilizadas por administrações públicas de outros países, pelas instituições da União Europeia ou por organizações internacionais em virtude de tratados internacionais ou de acordos entre Estados ([2]).

2.07. A expressão «centro de interesse económico» indica a existência, no território económico, de um local no qual ou a partir do qual uma unidade realiza e pretende continuar a realizar operações e actividades económicas a uma escala significativa, quer indefinidamente, quer por um período de tempo definido mas longo (um ano ou mais). Consequentemente, considera-se que uma unidade que efectua operações deste tipo

---

([1]) Os barcos de pesca, outros que navios, plataformas flutuantes e aeronaves são tratados no SEC da mesma forma que todos os outros equipamentos móveis, pertencentes a unidades residentes e/ou por elas explorados ou pertencentes a não residentes e explorados por unidades residentes. As operações relativas à propriedade (formação bruta de capital fixo) e à exploração (aluguer, seguros, etc.) destes equipamentos são atribuídas à economia do país de que o proprietário e/ou a entidade que realiza a exploração são, respectivamente, residentes. Nos casos de locação financeira parte-se do princípio que se verifica uma mudança de propriedade.

([2]) Os territórios utilizados pelas instituições da União Europeia e pelas organizações internacionais constituem, portanto, territórios de Estados sui generis. A característica destes Estados é a de não terem outros residentes para além das próprias instituições [ver ponto 2.10, alínea e)].

no território económico de vários países tem um centro de interesse económico em cada um deles. A propriedade de terrenos e edifícios no território económico é motivo suficiente para se considerar que o proprietário tem um centro de interesse económico nesse território.

2.08. A partir destas definições, é possível distinguir várias categorias de unidades que devem ser consideradas como residentes de um país:

a) Unidades cuja função principal consiste em produzir, segurar e redistribuir, relativamente a todas as suas operações, excepto as que respeitam à propriedade de terrenos e de edifícios;

b) Unidades cuja função principal consiste em consumir ([1]), relativamente a todas as suas operações, excepto as que respeitam à propriedade de terrenos e de edifícios existentes;

c) Todas as unidades na sua qualidade de proprietárias de terrenos e de edifícios, com excepção dos proprietários de enclaves extraterritoriais que pertençam ao território económico de outros países ou que sejam Estados sui generis (ver ponto 2.06).

Em relação às unidades cuja função principal consiste em produzir, financiar, segurar e redistribuir, relativamente a todas as suas operações, excepto as que respeitam à propriedade de terrenos e de edifícios, consideram-se os dois casos seguintes:

a) Actividade exercida exclusivamente no território económico do país: as unidades que realizam esta actividade são unidades residentes do país;

b) Actividade exercida por um ano ou mais no território económico de vários países: apenas a parte da unidade que tem um centro de interesse económico no território económico do país é considerada como unidade residente. Esta pode ser:

1. uma unidade institucional residente, cujas actividades exercidas durante um ano ou mais no resto do mundo são excluídas e tratadas separadamente ([2]); ou

---

([1]) O consumo não é a única actividade possível das famílias, que podem, como empresários, realizar actividades económicas de qualquer tipo.

([2]) Unicamente no caso em que esta actividade seja exercida por um prazo inferior a um ano é que a mesma não deve ser isolada da actividade da unidade institucional produtora. Esta actividade também não será isolada se, embora exercida durante um ano ou mais, for muito pouco importante, ou no caso específico de dizer respeito à instalação de equipa- mento no estrangeiro. No entanto, uma unidade residente noutro país que realize actividades de construção no país, por um período inferior a um ano, é considerada como tendo um centro de interesse económico no território económico do país, se a produção da actividade de construção constituir formação bruta de capital fixo. Por conseguinte, uma unidade deste tipo deverá ser tratada como unidade residente fictícia.

2. uma unidade residente fictícia, à qual se atribui a actividade exercida por um ano ou mais no país por uma unidade residente noutro país.

2.10. No caso das unidades cuja função principal consiste em consumir, excepto na sua qualidade de proprietárias de terrenos e de edifícios, consideram-se como unidades residentes as famílias que têm um centro de interesse económico no país, mesmo que se desloquem ao estrangeiro por períodos de curta duração (menos de um ano). Isto inclui particularmente os seguintes casos:

a) Os trabalhadores fronteiriços, isto é, as pessoas que atravessam diariamente a fronteira do país para exercerem a sua actividade laboral num país vizinho;

b) Os trabalhadores sazonais, isto é, as pessoas que saem do país para exercerem num outro país, por um período de alguns meses, mas inferior a um ano, uma actividade em sectores em que periodicamente é necessária mão-de-obra suplementar;

c) Os turistas, doentes, estudantes[1], funcionários em missão, homens de negócios, representantes comerciais, artistas e membros de tripulação que se desloquem ao estrangeiro;

d) Os agentes locais de administrações públicas estrangeiras que trabalham nos enclaves extraterritoriais;

e) O pessoal das instituições da União Europeia e das organizações internacionais, civis ou militares, que têm a sua sede em enclaves extraterritoriais;

f) Os representantes oficiais, civis ou militares, das administrações públicas nacionais (incluindo as suas famílias), estabelecidos em enclaves territoriais.

2.11. Todas as unidades, na sua qualidade de proprietárias de terrenos e/ou edifícios, que fazem parte do território económico são consideradas unidades residentes do país ou unidades residentes fictícias do país onde estão geograficamente situados esses terrenos ou edifícios.

---

[1] Os estudantes são sempre considerados residentes, independentemente da duração do período de estudo no estrangeiro.

ANEXO B

SUBSECTOR: BANCO CENTRAL (S.121)

2.45. Definição: O subsector «banco central» (S. 121) agrupa todas as sociedades e quase-sociedades financeiras cuja função principal consiste em emitir moeda, manter a estabilidade externa e interna do valor da moeda nacional e gerir a totalidade ou parte das reservas internacionais do país.

2.46. Os intermediários financeiros incluídos no subsector S.121 são os seguintes:

a) O banco central nacional, mesmo que faça parte de um sistema europeu de bancos centrais;

b) Os organismos monetários centrais de origem essencialmente pública (por exemplo, os organismos de gestão das reservas cambiais ou os organismos encarregados da emissão de moeda) que têm contabilidade completa e gozam de autonomia da decisão em relação à administração central. Na maior parte dos casos, estas actividades são exercidas quer pela administração central, quer pelo banco central, não existindo então unidades institucionais distintas.

2.47. O subsector S.121 não inclui os organismos, com excepção do banco central incumbidos de regulamentar ou controlar as sociedades financeiras ou os mercados financeiros.

SUBSECTOR: OUTRAS INSTITUIÇÕES FINANCEIRAS MONETÁRIAS (S.122)

2.48. Definição: O subsector das outras instituições financeiras monetárias (S.122) abrange todas as sociedades e quase-sociedades financeiras, com exclusão das que se classificam no subsector do banco central, que se dedicam principalmente à intermediação financeira e cuja actividade consiste em receber depósitos e/ou substitutos próximos de depósitos da parte de unidades institucionais que não as instituições financeiras monetárias, bem como a conceder créditos e/ou a efectuar investimentos mobiliários por conta própria.

2.49. As instituições financeiras monetárias (IFM) incluem o subsector «banco central» (S.121) e o subsector «outras instituições financeiras monetárias» (S.122) e coincidem com as instituições financeiras monetárias para fins estatísticos, tal como definidas pelo IME.

2.50. As IFM não podem ser descritas simplesmente como «bancos», pois poderão incluir algumas sociedades financeiras que eventualmente não se denominem bancos e outras que não estejam autorizadas a ter esta designação em alguns países, ao passo que outras sociedades financeiras que se descrevem a si próprias como bancos podem não ser, de facto, IFM. Em geral, no subsector S.122 classificam-se os seguintes intermediários financeiros:

a) Os bancos comerciais e os bancos «universais» ou polivalentes;

b) Os bancos de poupança (incluindo as fiduciárias de poupança e as mútuas de poupança e de crédito);

c) Os bancos e serviços de cheques postais;

d) As caixas de crédito rural e os bancos de crédito agrícola;

e) Os bancos de crédito cooperativo e as uniões de crédito;

f) Os bancos especializados (por exemplo, bancos de investimento, bancos de emissões ou bancos privados).

2.51. Existem vários intermediários financeiros que também se podem classificar no subsector S.122 quando a respectiva actividade consiste em receber do público fundos reembolsáveis, quer em forma de depósitos, quer através de emissões permanentes de obrigações e títulos do mesmo tipo. De outro modo, devem ser classificados no subsector S.123:

a) As sociedades que garantem hipotecas (incluindo as building societies, os bancos de hipotecas e as instituições de crédito hipotecário);

b) Os fundos de investimento (incluindo as sociedades de investimento e outros sistemas de investi- mento colectivo, como, por exemplo, os organismos de investimento colectivo em valores mobiliários);

c) As instituições de crédito municipais.

O subsector S.122 não inclui:

a) Holdings que apenas controlam e dirigem um grupo constituído predominantemente por outras instituições financeiras monetárias, mas que não são elas próprias outras instituições financeiras monetárias. Classificam-se no subsector S.123;

b) Instituições sem fins lucrativos dotadas de personalidade jurídica que servem outras instituições financeiras monetárias, mas que não se dedicam à intermediação financeira.

SUBSECTOR: OUTROS INTERMEDIÁRIOS FINANCEIROS, EXCEPTO SOCIEDADES DE SEGUROS E FUNDOS DE PENSÕES (S.123)

2.53. Definição: O subsector «outros intermediários financeiros, excepto sociedades de seguros e fundos de pensões» (S.123) agrupa todas as sociedades e quase-sociedades financeiras cuja função principal consiste em fornecer serviços de intermediação financeira contraindo passivos sob formas que não numerário, depósitos e/ou substitutos próximos dos depósitos junto de unidades institucionais que não sociedades financeiras monetárias, nem provisões técnicas de seguros.

2.54. O subsector S.123 agrupa diferentes tipos de intermediários financeiros, especialmente os que têm por função principal o exercício de actividades de financiamento a longo prazo. É esta predominância dos vencimentos a longo prazo que, na maior parte dos casos, permite estabelecer uma distinção em relação ao subsector das outras instituições financeiras monetárias. Com base na inexistência de passivos sob a forma de provisões técnicas de seguros (AF.6) pode determinar-se a fronteira com o subsector das sociedades de seguros e fundos de pensões.

2.55. No subsector S.123 classificam-se, em particular, as seguintes sociedades e quase-sociedades financeiras, desde que não sejam IFM:

a) Sociedades de locação financeira;

b) Sociedades de financiamento de vendas a prestações e financiamento pessoais ou comerciais;

c) Sociedades de factoring;

d) Corretores de títulos derivados (por conta própria);

e) Sociedades financeiras especializadas como, por exemplo, as que propõem capital de risco ou capitais de lançamento, ou ainda as que financiam exportações/importações;

f) Sociedades financeiras criadas para deter activos titulados;

g) Intermediários financeiros que recebem depósitos e/ou substitutos próximos de depósitos exclusivamente de IFM;

h) Holdings que apenas controlam e dirigem um grupo de filiais cuja função principal consiste em prestar serviços de intermediação financeira e/ou exercer actividades de auxiliares financeiros, sem que elas próprias sejam sociedades financeiras.

2.56. Excluem-se do subsector S.123 as instituições sem fim lucrativo dotadas de personalidade jurídica que servem outros intermediários financeiros, excepto sociedades de seguros e fundos de pensões, mas que não fornecem serviços de intermediação financeira.

X
BCE – REPRESENTAÇÃO EXTERNA

Com o surgimento do euro e do Banco Central Europeu colocaram-se novos problemas quanto à forma de representar externamente a Comunidade, no domínio monetário.

O Conselho do Luxemburgo, de Dezembro de 1997, aprovou uma Resolução em que se aborda a representação junto de instâncias internacionais.

Embora os Estados-membros continuem a representar as suas políticas económicas no exterior, ficam excluídas as políticas monetária e cambial que serão representadas pela Comunidade ou pelo BCE. No caso do FMI, onde apenas os Estados têm assento, os Estados-membros deverão veicular as posições da Comunidade e do BCE no domínio monetário.

• **Ver Resolução do Conselho Europeu relativa à coordenação das políticas económicas na terceira fase da UEM e aos artigos 109.° e 109.°-B do Tratado (pág. 329)**

*

No Relatório sobre a representação externa apresentado ao Conselho de Viena, foi divulgado que o Grupo de Ministros das Finanças e governadores de bancos centrais do 'G7' aceitou a participação do presidente do BCE nas suas reuniões. A representação da Comunidade a nível ministerial no 'G7' será feita através do presidente do Ecofin ou do presidente do 'Euro-11', caso este não integre o 'G7'.

No que respeita ao FMI, e enquanto não se processam as alterações estatutárias eventualmente necessárias, foi aceite a participação do BCE com o estatuto de observador. Por outro lado, sempre que esteja em causa a representação da Comunidade em questões monetárias, as suas posições serão veiculadas, junto do Conselho de Administração do FMI, pelo Estado-membro que presidir ao 'Euro-11'.

• **Ver Conselho Europeu de Viena (11/12-12-1998) Anexo II – Relatório ao Conselho Europeu acerca do estado de adiantamento da preparação para a terceira fase da UEM, nomeadamente no que se refere à representação externa da Comunidade (pág. 333)**

*

Na sequência da atribuição do estatuto de observador ao BCE junto do FMI, foi nomeado, em Fevereiro de 1999, Robert Raymond como representante permanente do BCE junto daquela instituição. Em Agosto de 1999 foi substituído por Gerald Grisse.

• **Ver Nomeação de Robert Raymond e Gerald Grisse como representante permanente do Banco Central Europeu em Washington, com estatuto de observador no Fundo Monetário Internacional (pág. 337-8)**

Conclusões da Presidência
Luxemburgo, 12 e 13 de Dezembro de 1997

ANEXO I

RESOLUÇÃO DO CONSELHO EUROPEU
relativa à coordenação das políticas económicas
na terceira fase da UEM
e aos artigos 109.° e 109.°-B do Tratado

O CONSELHO EUROPEU, REUNIDO NO LUXEMBURGO EM 13 DE DEZEMBRO DE 1997,

Recordando as conclusões do Conselho Europeu de Amesterdão, nomeadamente sobre a forma de melhorar os procedimentos de coordenação económica e sobre os meios eficazes para implementar os artigos 109.° e 109.°-B do Tratado,

Recordando a Resolução do Conselho Europeu de Amesterdão relativa ao Pacto de Estabilidade e Crescimento,

Recordando a Resolução do Conselho Europeu de Amesterdão relativa ao Crescimento e ao Emprego, e recordando as conclusões da sua reunião no Luxemburgo, na qual aprovou o relatório do Conselho de 1 de Dezembro de 1997,

DECIDE:

I.

(...) *[Ver Secção IV – Resolução do Conselho Europeu [Luxemburgo em 13-12-97], relativa à coordenação das políticas económicas na terceira fase da UEM e aos artigos 109.° e 109.°-B do Tratado]*

II. Implementação das disposições do Tratado em matéria de política cambial e de posição e representação da Comunidade a nível externo (Artigo 109.° do Tratado)

7. (...) *[Ver secção XIII]*

8. (...) *[Ver secção XIII]*

9. O Conselho deverá decidir sobre a posição da Comunidade ao nível internacional relativamente às questões que se revistam de particular interesse para a União Económica e Monetária, em conformidade com o n.º 4 do artigo 109.º. Essas posições serão importantes, tanto para as relações bilaterais entre a UE e países terceiros a nível individual, como para os trabalhos em organizações internacionais ou em agrupamentos informais de âmbito internacional. O alcance desta disposição encontra-se necessariamente limitado pelo facto de apenas os Estados-Membros da zona do euro terem direito de voto para efeitos do artigo 109.º.

10. O Conselho e o Banco Central Europeu desempenharão as suas funções de representação da Comunidade a nível internacional com eficácia e no respeito da repartição de competências prevista no Tratado. Os Estados-Membros deverão continuar a representar as suas políticas económicas no exterior da Comunidade, com excepção das políticas monetária e cambial, tendo, porém, sempre plenamente em consideração o interesse da Comunidade. A Comissão será associada à representação externa na medida do necessário para lhe permitir exercer as funções que lhe atribuem as disposições do Tratado.

A representação em organizações internacionais deverá ter em consideração as regras por que se regem essas organizações. No que respeita, em especial, às relações da Comunidade com o Fundo Monetário Internacional, estas devem reger-se pela disposição dos estatutos do Fundo que estabelece que só Estados podem ser membros da instituição. Os Estados--Membros, na sua qualidade de membros do FMI, deverão colaborar no estabelecimento de mecanismos flexíveis destinados a facilitar a execução da supervisão do FMI e a apresentação das posições da Comunidade, incluindo as posições do SEBC, nas instâncias do FMI.

III. Diálogo entre o Conselho e o BCE

11. À luz da repartição de competências prevista no Tratado CE, o desenvolvimento económico harmonioso da Comunidade na terceira fase da UEM exigirá um diálogo contínuo e frutífero entre o Conselho e o Banco Central Europeu, que envolva a Comissão e respeite todos os aspectos da independência do SEBC.

12. Por esse motivo, o Conselho deverá prestar o seu pleno contributo para o desenvolvimento dos canais de comunicação previstos no Tratado. O Presidente do Conselho, fazendo uso das faculdades que lhe confere o artigo 109.º-B do Tratado, deverá apresentar ao Conselho do

BCE a avaliação, efectuada pelo Conselho, da situação económica da União e das políticas económicas dos Estados-Membros e poderá debater com o BCE os pontos de vista do Conselho sobre a evolução e perspectivas no domínio cambial. O Tratado prevê, por outro lado, que o Presidente do BCE participe nas reuniões do Conselho, sempre que este delibere sobre questões relativas aos objectivos e atribuições do SEBC, designadamente quando forem elaboradas as orientações gerais das políticas económicas. Revestem-se igualmente de importância os relatórios anuais que o BCE apresentará ao Parlamento Europeu, ao Conselho e à Comissão, bem como ao Conselho Europeu.

O Comité Económico e Financeiro, que reúne altos funcionários dos bancos centrais nacionais e do BCE, assim como dos Ministérios das Finanças, constituirá o quadro para a preparação e posterior condução do diálogo ao nível de altos funcionários.

CONSELHO EUROPEU DE VIENA
(11/12-12-1998)
ANEXO II
RELATÓRIO AO CONSELHO EUROPEU
acerca do estado de adiantamento da preparação
para a terceira fase da UEM, nomeadamente no que se refere
à representação externa da Comunidade

1. Após vários anos de intensos trabalhos preparatórios, a União Europeia encontra-se apta a entrar em 1 de Janeiro de 1999 na terceira fase da UEM. Onze dos seus Estados-Membros adoptarão o euro como moeda. Efectuaram-se trabalhos consideráveis para realizar a convergência. Encontra-se já concluído, para aprovação pelos Chefes de Estado ou de Governo, o quadro elaborado pelo Conselho ECOFIN com vista ao bom funcionamento da União Económica e Monetária, nomeadamente o Pacto de Crescimento e Estabilidade e procedimentos para a coordenação das políticas económicas (v. Anexo). A questão pendente, relativamente à qual terão ainda de ser tomadas decisões, prende-se com a representação externa da Comunidade. No Conselho Europeu do Luxemburgo, em Dezembro de 1997, os Chefes de Estado ou de Governo deram um importante impulso a estes trabalhos e, em Cardiff, solicitaram "ao Conselho que tome as medidas necessárias para garantir que a representação externa da zona constituída pelos Estados-Membros participantes no euro se realize de forma eficaz".

2. Nos seus trabalhos sobre a representação externa, o Conselho pôde contar com um apoio substancial tanto por parte da Comissão como do SEBC/BCE, cada um na sua esfera de competências. Em especial, foi submetida à sua apreciação uma proposta da Comissão "relativa à representação e à tomada de posição da Comunidade a nível internacional no contexto da União Económica e Monetária".

3. A representação externa na terceira fase da UEM implica a introdução de alterações na forma como as instâncias internacionais se encon-

tram presentemente organizadas. Por conseguinte, será necessário persuadir países e instituições terceiros a aceitar as soluções propostas pela União Europeia. O Conselho considera que a abordagem susceptível de melhor contribuir para os resultados pretendidos será uma abordagem pragmática que reduza tanto quanto possível a adaptação das regras e práticas vigentes, sob a condição, evidentemente, de conduzir ao devido reconhecimento do papel do euro.

4. Resulta do Tratado que deve ser estabelecida uma distinção entre a representação:

- da Comunidade ao nível internacional relativamente às questões que se revistam de especial interesse para a União Económica e Monetária (n.° 4 do artigo 109.°) e
- no que respeita a assuntos que não recaem na esfera de competências da Comunidade, mas sobre os quais poderá revelar-se adequado os Estados-Membros formularem entendimentos comuns.

5. No que se refere ao primeiro travessão do ponto 4 – a representação da Comunidade a nível internacional relativamente às questões que se revistam de especial interesse para a UEM –, o Conselho considera que, para além de se procurar alcançar rapidamente soluções pragmáticas com os parceiros internacionais, tais soluções deverão também ser desenvolvidas em conformidade com os seguintes princípios:

- a Comunidade deve exprimir-se a uma só voz;
- a Comunidade deve ser representada tanto a nível do Conselho/ /ministerial como a nível de bancos centrais;
- a Comissão "será associada à representação externa da Comunidade na medida do necessário para lhe permitir exercer as funções que lhe atribuem as disposições do Tratado" .

No que respeita ao segundo travessão – assuntos que não recaem na esfera de competências da Comunidade –, o Conselho considerou útil procurar encontrar soluções pragmáticas para a representação externa.

6. Na procura dessas soluções pragmáticas, o Conselho centrou os seus trabalhos em três áreas importantes:

- representação no Grupo de Ministros das Finanças e Governadores do "G7";
- representação no Fundo Monetário Internacional;
- composição das delegações ECOFIN para as missões em países terceiros.

1. *Representação no Grupo de Ministros das Finanças e Governadores do "G7"*

7. Relativamente à participação do Banco Central Europeu na representação da Comunidade junto do Grupo de Ministros das Finanças e Governadores do "G7", os parceiros não europeus aceitaram já que o Presidente do BCE participe nas reuniões do Grupo para discutir matérias relacionadas com a UEM, como, por exemplo, a supervisão multilateral e as questões relativas às taxas de câmbio, bem como para a aprovação das partes pertinentes da declaração publicada.

8. Quanto à representação da Comunidade a nível ministerial para as questões relativas à UEM, o Conselho acordou em propor aos parceiros do "G7" que concedam assento ao Presidente do Conselho ECOFIN ou, caso este não provenha de um Estado-membro da zona do euro, ao Presidente do Grupo "Euro 11"; caso seja de um Estado-membro da zona do euro não pertencente ao "G7", o Presidente também participaria, além dos membros do ECOFIN pertencentes à zona do euro já presentes.

Numa fase transitória, um dos Ministros da zona do euro cuja participação no Grupo "G7" tenha carácter permanente deverá, para assegurar uma maior continuidade, prestar apoio ao Presidente do ECOFIN do Grupo "Euro 11" pelo período de 1 ano, numa base rotativa;

9. No respeitante à participação da Comissão na representação da Comunidade, o Conselho decidiu propor aos outros parceiros do "G7" que faça parte da delegação comunitária um representante da Comissão na qualidade de assessor do Presidente do Conselho ECOFIN ou do Grupo "Euro 11".

10. Quanto à participação em reuniões preparatórias (a nível de suplentes), trata-se de um aspecto a aprofundar à luz das decisões que vierem a ser tomadas sobre as questões acima referidas. O Conselho acordou já que, como parte integrante da representação da Comunidade no Grupo "G7", deverá realizar-se uma preparação informal das questões relacionadas com a UEM no Grupo "Euro 11", antes das reuniões. O Conselho sublinhou já também a necessidade de dispor de uma rede de comunicação eficaz entre os seus membros.

Para este efeito, será estudada a possibilidade de criar uma moderna rede de instrumentos de comunicação (audio e videoconferência) entre os quinze Ministros ECOFIN, a Comissão Europeia, o BCE e o Secretariado do Comité Económico e Financeiro, procurando-se fazer avançar rapidamente os trabalhos. Como é óbvio, este procedimento não poderá ser utilizado para a adopção de quaisquer actos juridicamente vinculativos.

11. Com base nas soluções que vierem a ser adoptadas relativamente ao Grupo de Ministros das Finanças e Governadores do "G7" serão procuradas soluções para outras instâncias.

12. O Conselho admitiu já que serão frequentemente debatidas pelo Grupo "G7" questões internacionais que vão para além da competência da Comunidade e do interesse particular dos 11 Estados-Membros da zona do euro e que dizem respeito a todos os Estados-Membros. Mesmo em relação a essas questões, que são da competência dos Estados-Membros, poderá ser conveniente formular e apresentar entendimentos comuns. A análise e a formulação, em recentes reuniões do Conselho ECOFIN, de entendimentos comuns sobre temas como a Rússia e o sistema financeiro internacional poderão servir de modelo. Estes entendimentos comuns deverão em todo o caso constituir a base das posições a assumir no âmbito do Grupo "G7" e de outras instâncias.

2. Representação no Fundo Monetário Internacional

13. O Conselho considera que, para a apresentação de questões de especial importância para a UEM, poderá ser necessário procurar soluções pragmáticas que não exijam uma alteração dos estatutos do FMI:
    – já foi dado um primeiro passo necessário nesse sentido: o Conselho de Administração do FMI aceitou atribuir ao BCE o estatuto de observador nessa instância;
    – em segundo lugar, as posições da Comunidade Europeia/UEM serão apresentadas no Conselho de Administração do FMI pelo membro competente do gabinete do Director Executivo do Estado-membro que exerce a Presidência do "Euro 11", coadjuvado por um representante da Comissão.

3. Composição das delegações ECOFIN/"Euro 11" para as missões em países terceiros

14. A composição das delegações ECOFIN/"Euro 11" para as missões em países terceiros pode variar em função das circunstâncias e dos objectivos. Cabe ao Presidente do Conselho/"Euro 11" tomar as disposições necessárias neste domínio.

Frankfurt, 8 de Fevereiro de 1999

NOMEAÇÃO DE ROBERT RAYMOND COMO REPRESENTANTE PERMANENTE DO BANCO CENTRAL EUROPEU EM WASHINGTON, COM ESTATUTO DE OBSERVADOR NO FUNDO MONETÁRIO INTERNACIONAL

(Tradução da responsabilidade do Banco de Portugal)

O Presidente do Banco Central Europeu nomeou Robert Raymond como representante permanente do BCE em Washington, com estatuto de observador no Fundo Monetário Internacional. Esta nomeação tem efeitos a partir de 8 de Fevereiro de 1999.

Raymond desempenhou as funções de Director Geral do Instituto Monetário Europeu de Janeiro de 1994 a Maio de 1998. Em seguida, foi nomeado Consultor Chefe da Comissão Executiva do BCE para o período de Junho a Dezembro de 1998.

Robert Raymond participará, na qualidade de observador, em todas as reuniões da Comissão Executiva do FMI, que se relacionem com os seguintes assuntos:
- Supervisão por parte do FMI da política monetária única e da política cambial da área do euro, de acordo com o disposto no artigo 4.°;
- Supervisão por parte do FMI das políticas de Estados-membros individuais da área do euro, de acordo com o disposto no artigo 4.°;
- O papel do euro no sistema monetário internacional;
- As Perspectivas da Economia Mundial;
- Relatórios dos mercados de capitais internacionais; e
- A evolução mundial económica e dos mercados.

Para além disso, R. Raymond representará o BCE nas reuniões da Comissão Executiva do FMI em matérias que, segundo o BCE e o FMI, tenham interesse mútuo para a execução dos respectivos mandatos.

European Central Bank
Press Division
Kaiserstrasse 29, D-60311 Frankfurt am Main
Tel.: 0049 69 1344 7455, Fax: 0049 69 1344 7404

Frankfurt, 30 de Agosto de 1999

GERALD GRISSE NOMEADO REPRESENTANTE PERMANENTE DO BANCO CENTRAL EUROPEU EM WASHINGTON COM O ESTATUTO DE OBSERVADOR JUNTO DO FUNDO MONETÁRIO INTERNACIONAL

A Comissão Executiva do Banco Central Europeu nomeou Gerald Grisse para suceder a Robert Raymond como representante permanente do BCE em Washington com o estatuto de observador junto do Fundo Monetário Internacional. Gerald Grisse iniciará as suas funções em Washington 9 de Setembro de 1999.

Gerald Grisse desempenhou vários cargos no Banco Central Alemão como Chefe da Divisão das Relações Internacionais e com o FMI no Bundesbank, Chefe do Departamento de Estrangeiros com responsabilidades na gestão das reservas externas da Alemanha e, presentemente, Chefe do Departamento de Pessoal.

European Central Bank
Press Division
Kaiserstrasse 29, D-60311 Frankfurt am Main
Tel.: 0049 69 1344 7455, Fax: 0049 69 1344 7404

XI
POLÍTICA MONETÁRIA – SISTEMA DE RESERVAS MÍNIMAS

O sistema de reservas mínimas constitui um dos instrumentos da política monetária ao dispor do BCE, tal como previsto no artigo 19.° dos Estatutos.

O Conselho definiu as linhas gerais a que deveria obedecer esse sistema, conforme estipulado no artigo 106.° (107.°) do TCE.

A percentagem das reservas mínimas foi fixado num intervalo de 0% a 10% relativamente a um conjunto de responsabilidades. Foi ainda previsto um sistema de sanções para as instituições que não cumpram a regulamentação relativa às reservas obrigatórias.

• **Ver Regulamento (CE) n.° 2531/98 do Conselho de 23 de Novembro de 1998 relativo à aplicação de reservas mínimas obrigatórias pelo Banco Central Europeu (pág. 343)**

*

Na sequência daquele diploma, o BCE aprovou um Regulamento onde definiu as categorias de instituições de crédito sujeitas ao regime de reservas mínimas e o tipo de responsabilidades sobre que elas incidem.

A percentagem foi fixada em 2% ficando, porém, algumas responsabilidades com a taxa de 0%.

As reservas são constituídas pelo período de um mês e remuneradas com base na taxa de juro praticada nas operações principais de refinanciamento, segundo uma fórmula constante do artigo 8.°.

• **Ver Regulamento (CE) n.° 2818/98 do Banco Central Europeu de 1 de Dezembro de 1998 relativo à aplicação das reservas mínimas obrigatórias (BCE/1998/15) (pág. 349)**

Jornal Oficial das Comunidades Europeias n.° L 318
de 27.11.98

REGULAMENTO (CE) N.° 2531/98 DO CONSELHO
de 23 de Novembro de 1998
relativo à aplicação de reservas mínimas obrigatórias
pelo Banco Central Europeu

O CONSELHO DA UNIÃO EUROPEIA,

Tendo em conta o Protocolo n.° 3 relativo aos estatutos do Sistema Europeu de Bancos Centrais e do Banco Central Europeu (adiante designado «estatutos»), e, nomeadamente o n.° 2 do seu artigo 19.°,

Tendo em conta a recomendação do Banco Central Europeu (adiante designado «BCE») [1],

Tendo em conta o parecer do Parlamento Europeu [2],

Tendo em conta o parecer da Comissão [3],

Deliberando nos termos do n.° 6 do artigo 106.° do Tratado que institui a Comunidade Europeia (adiante designado «Tratado») e do artigo 42.° dos estatutos, e nas condições definidas no n.° 1 do artigo 43.° dos Estatutos e no n.° 8 do Protocolo n.° 11 relativo a certas disposições relacionadas com o Reino Unido da Grã-Bretanha e da Irlanda do Norte;

(1) Considerando que o n.° 2 do artigo 19.° dos estatutos, conjugado com o n.° 1 do artigo 43.° dos mesmos estatutos, com o n.° 8 do Protocolo n.° 11 e com o n.° 2 do Protocolo n.° 12 relativo a certas disposições respeitantes à Dinamarca, não confere quaisquer direitos nem impõe quaisquer obrigações aos Estados-membros não participantes;

---

[1] JO C 246 de 6.8.1998, p. 6.
[2] JO C 328 de 26.10.1998.
[3] Parecer emitido em 8 de Outubro de 1998.

(2) Considerando que o n.º 2 do artigo 19.º dos estatutos prevê que o Conselho defina, nomeadamente, a base para as reservas mínimas e os rácios máximos admissíveis entre essas reservas e a respectiva base;

(3) Considerando que o n.º 2 do artigo 19.º dos estatutos também prevê que o Conselho defina as sanções adequadas em caso de não cumprimento desses requisitos; que o presente regulamento fixa sanções específicas; que o presente regulamento remete para o Regulamento (CE) n.º 2532/98 do Conselho, de 23 de Novembro de 1998, relativo ao poder do Banco Central Europeu de impor sanções ([1]) no que se refere aos princípios e procedimentos relacionados com a imposição de sanções e prevê um procedimento simplificado para a imposição de sanções em certos tipos de infracções; que, em caso de conflito entre as disposições do Regulamento (CE) n.º 2532/98 e as disposições do presente regulamento que autorizam o BCE a impor sanções, prevalecem as disposições do presente regulamento;

(4) Considerando que o n.º 1 do artigo 19.º dos estatutos prevê que o Conselho do BCE pode fixar regras relativas ao cálculo e à determinação das reservas mínimas obrigatórias;

(5) Considerando que, para ser eficaz como instrumento do desempenho das funções de gestão do mercado monetário e de controlo monetário, o sistema para a imposição de reservas mínimas deve ser estruturado de modo a que o BCE tenha a capacidade e a flexibilidade suficientes para impor as reservas obrigatórias no contexto e em função da evolução das condições económicas e financeiras no seio dos Estados-membros participantes; que, neste domínio, o BCE deve ter flexibilidade para reagir a novas tecnologias em matéria de pagamentos, como as que respeitam ao desenvolvimento do dinheiro electrónico; que o BCE pode impor reservas mínimas sobre as responsabilidades resultantes de rubricas extrapatrimoniais, em especial aquelas que são, quer a título individual, quer em combinação com outras rubricas de balanço ou extrapatrimoniais, comparáveis com as responsabilidades registadas no balanço, a fim de limitar a possibilidade de fraude;

(6) Considerando que ao fixar regras pormenorizadas para a imposição das reservas mínimas, incluindo a determinação dos rácios efectivos das reservas, uma eventual remuneração das reservas, quaisquer isenções às reservas mínimas ou quaisquer modificações a esses requisitos, aplicáveis a um grupo ou grupos específicos de instituições, o BCE deve actuar segundo os objectivos do Sistema Europeu de Bancos Centrais (adiante

---

([1]) Ver página 4 do presente Jornal Oficial.

designado «SEBC»), previstos no n.º 1 do artigo 105.º do Tratado e reproduzidos no artigo 2.º dos estatutos; que tal implica, nomeadamente, o respeito do princípio da não indução de uma deslocalização ou desintermediação significativas e indesejáveis; que a imposição dessas reservas mínimas pode constituir um elemento da definição e execução da política monetária da Comunidade, sendo uma das atribuições básicas do SEBC previstas no n.º 2, primeiro travessão, do artigo 105.º do Tratado e reproduzidas no n.º 1, primeiro travessão, do artigo 3.º dos estatutos;

(7) Considerando que as sanções previstas em caso de não cumprimento das obrigações estabelecidas no presente regulamento não obstam à possibilidade de o SEBC definir disposições de execução adequadas nas suas relações com as contrapartes, incluindo a exclusão parcial ou total de uma instituição das operações de política monetária em caso de infracção grave à obrigação de constituição de reservas mínimas;

(8) Considerando que o SEBC e o BCE foram incumbidos da preparação dos instrumentos de política monetária, a fim de permitir o seu pleno funcionamento na terceira fase da União Económica e Monetária (adiante designada «terceira fase»); que um elemento essencial dessa preparação consiste na adopção, antes do início da terceira fase, de regulamentos do BCE que estabeleçam a obrigação de as instituições constituírem reservas mínimas a partir de 1 de Janeiro de 1999; que é desejável que os intervenientes no mercado sejam informados, durante o ano de 1998, das disposições pormenorizadas que o BCE entenda necessário adoptar para aplicar o sistema de reservas mínimas; que, por conseguinte, é necessário dotar o BCE de poder regulamentar, a partir da data de entrada em vigor do presente regulamento;

(9) Considerando que as disposições do presente regulamento apenas podem ser plena e eficazmente aplicadas se, nos termos do artigo 5.º do Tratado, os Estados-membros participantes adoptarem as medidas necessárias para assegurar que as respectivas autoridades tenham poderes para assistir o BCE e com ele colaborar plenamente na recolha e verificação de informações, tal como previsto no presente regulamento,

ADOPTOU O PRESENTE REGULAMENTO:

Artigo 1.º
Definições

Para efeitos do presente regulamento, entende-se por:
1. Estado-membro participante: um Estado-membro que tenha adoptado a moeda única de acordo com o Tratado.

2. Banco central nacional: o banco central de um Estado-membro participante.

3. Instituição: qualquer entidade de um Estado-membro participante à qual o BCE possa exigir a constituição de reservas mínimas, nos termos do n.º 1 do artigo 19.º dos estatutos.

4. Rácio de reservas: a percentagem da base das reservas mínimas que o BCE pode fixar nos termos do n.º 1 do artigo 19.º dos estatutos.

5. Sanções: multas, sanções pecuniárias temporárias, juros de penalização e depósitos não remunerados.

Artigo 2.º
Direito de isentar instituições

O BCE pode, de forma não discriminatória, isentar instituições das reservas mínimas, de acordo com os critérios por si estabelecidos.

Artigo 3.º
Base das reservas mínimas

1. A base das reservas mínimas que o BCE pode exigir que as instituições constituam nos termos do n.º 1 do artigo 19.º dos estatutos incluirá, nos termos dos n.ºs 2 e 3 do presente artigo:

   i) Responsabilidades da instituição resultantes da aceitação de fundos; juntamente com

   ii) Responsabilidades resultantes de rubricas extrapatrimoniais; excluindo porém

   iii) Responsabilidades total ou parcialmente devidas a qualquer outra instituição, segundo regras a definir pelo BCE; e

   iv) Responsabilidades para com o BCE ou para com um banco central nacional.

2. Quanto às responsabilidades sob forma de instrumentos de dívida negociáveis, o BCE pode especificar, em alternativa ao disposto na alínea *iii*) do n.º 1, que as responsabilidades assumidas por uma instituição perante outra serão total ou parcialmente deduzidas da base das reservas mínimas da instituição à qual são devidas.

3. O BCE pode, de forma não discriminatória, permitir a dedução de tipos específicos de activos das categorias de responsabilidades que façam parte da base das reservas mínimas.

Artigo 4.º
Rácios de reservas

1. Os rácios de reservas que o BCE pode definir nos termos do n.º 1 do artigo 19.º dos estatutos não excederão 10% das responsabili-

dades relevantes integradas na base das reservas mínimas, mas podem ser iguais a 0%.

2. Sob reserva do disposto no n.º 1, o BCE pode definir, de forma não discriminatória, rácios de reservas diferentes para categorias específicas de responsabilidades que façam parte da base das reservas mínimas.

Artigo 5.º
Poder regulamentar

Para efeitos do disposto nos artigos 2.º, 3.º e 4.º, o BCE adoptará, sempre que necessário, regulamentos ou decisões.

Artigo 6.º
Direito de recolher e verificar informações

1. O BCE terá o direito de recolher junto das instituições as informações necessárias para a aplicação das reservas mínimas. Essas informações serão confidenciais.

2. O BCE terá o direito de verificar a exactidão e qualidade das informações prestadas pelas instituições para demonstrar o cumprimento das obrigações em matéria de reservas mínimas. O BCE notificará a instituição da sua decisão de verificar os dados ou de proceder à sua recolha coerciva.

3. O direito de verificar os dados incluirá o direito a:

a) Exigir a apresentação de documentos;

b) Examinar os livros e arquivos das instituições;

c) Fazer cópias da totalidade ou de excertos dos referidos livros e arquivos; e

d) Obter explicações orais ou escritas. Quando uma instituição obstruir a recolha e/ou verificação de informações, o Estado-membro participante em cujo território se situam as respectivas instalações prestará a assistência necessária, incluindo a garantia de acesso às instalações da instituição em causa, a fim de poderem ser exercidos os direitos acima referidos.

4. O BCE pode delegar as funções referidas nos n.ºs 1, 2 e 3 nos bancos centrais nacionais. Nos termos do n.º 1, primeiro travessão, do artigo 34.º dos estatutos, o BCE pode especificar mais pormenorizadamente em regulamento as condições em que o direito de verificação pode ser exercido.

Artigo 7.º
Sanções em caso de não cumprimento

1. Quando uma instituição não constitua, total ou parcialmente, as reservas mínimas impostas nos termos do presente regulamento e dos

regulamentos ou decisões do BCE a ele associados, o BCE pode impor uma das seguintes sanções:

a) Pagamento de juros a uma taxa até cinco pontos percentuais acima da taxa de juro da facilidade permanente de cedência de liquidez do SEBC ou duas vezes a taxa de juro da facilidade permanente de cedência de liquidez do SEBC, em ambos os casos aplicável ao montante das reservas mínimas que a instituição em causa não constituiu;

b) Obrigação de a instituição em causa constituir um depósito não remunerado junto do BCE ou dos bancos centrais nacionais até três vezes o montante das reservas mínimas que a instituição em causa não constituiu. A duração do depósito não excederá o período durante o qual a instituição não cumpra a obrigação de constituição das reservas mínimas.

2. Sempre que seja imposta uma sanção nos termos do n.º 1 do artigo 7.º, serão aplicáveis os princípios e procedimentos do Regulamento (CE) n.º 2532/98. No entanto, os n.ºs 1 e 3 do artigo 2.º e os n.ºs 1, 2, 3 e 4 do artigo 3.º do referido regulamento não serão aplicáveis e os prazos referidos nos n.ºs 6, 7 e 8 do seu artigo 3.º serão reduzidos para 15 dias.

3. Quando uma instituição não cumpra as obrigações decorrentes do presente regulamento ou dos regulamentos e decisões do BCE a ele associados, além das sanções enumeradas no n.º 1 do presente artigo, as sanções aplicáveis a tal incumprimento, bem como os limites e condições relativos à sua imposição, são os constantes do Regulamento (CE) n.º 2532/98.

Artigo 8.º
Disposições finais

O presente regulamento entra em vigor na data da sua publicação no Jornal Oficial das Comunidades Europeias.

O artigo 5.º é aplicável a partir da data de entrada em vigor do presente regulamento. Os restantes artigos são aplicáveis a partir de 1 de Janeiro de 1999.

O presente regulamento é obrigatório em todos os seus elementos e directamente aplicável em todos os Estados-membros.

Feito em Bruxelas, em 23 de Novembro de 1998.

Pelo Conselho
O Presidente

R. EDLINGER

Jornal Oficial das Comunidades Europeias n.° L 356 de 30.12.98

REGULAMENTO (CE) N.° 2818/98
DO BANCO CENTRAL EUROPEU
de 1 de Dezembro de 1998
relativo à aplicação das reservas mínimas obrigatórias
(BCE/1998/15)

O CONSELHO DO BANCO CENTRAL EUROPEU,

Tendo em conta os estatutos do Sistema Europeu de Bancos Centrais e do Banco Central Europeu (a seguir designados por «estatutos») e, nomeadamente, o seu artigo 19.°-1,

Tendo em conta o Regulamento (CE) n.° 2531/98 do Conselho, de 23 de Novembro de 1998, relativo à aplicação de reservas mínimas obrigatórias pelo Banco Central Europeu ([1]),

Tendo em conta o Regulamento (CE) n.° 2532/98 do Conselho, de 23 de Novembro de 1998, relativo ao poder do Banco Central Europeu de impor sanções ([2]),

Considerando que o artigo 19.°-1 dos estatutos determina que, se o Banco Central Europeu (BCE) decidir exigir que as instituições de crédito estabelecidas nos Estados-membros participantes constituam reservas mínimas, estas serão constituídas em contas junto do BCE e dos bancos centrais nacionais participantes (BCN participantes); que se torna adequado que tais reservas sejam constituídas em contas junto dos BCN participantes;

Considerando que, para ser eficaz, o instrumento de reservas mínimas implica igualmente que sejam especificadas as regras relativas ao cálculo e à manutenção das reservas mínimas, bem como as regras de informação e verificação;

([1]) JO L 318 de 27.11.1998, p. 8.
([2]) JO L 318 de 27.11.1998, p. 30.

Considerando que, para a exclusão das responsabilidades interbancárias da base de incidência de reservas mínimas, qualquer dedução padrão a aplicar às responsabilidades com vencimento até dois anos dentro das categorias dos títulos de dívida e dos títulos do mercado monetário deverá basear-se no rácio macro da zona do euro entre, por um lado, o montante dos instrumentos relevantes emitidos pelas instituições de crédito e detidos por outras instituições de crédito, pelo BCE e pelos BCN participantes, e por outro lado, o valor total do saldo de tais instrumentos emitidos pelas instituições de crédito,

ADOPTOU O PRESENTE REGULAMENTO:

Artigo 1.º
Definições

Para efeitos do presente regulamento, entende-se por:
- «Estado-membro participante»: um Estado-membro que tenha adoptado a moeda única de acordo com o Tratado,
- «Banco Central Nacional participante» (BCN participante): o banco central nacional de um Estado-membro participante,
- «instituição»: qualquer entidade de um Estado-membro participante à qual o BCE possa exigir a constituição de reservas mínimas, nos termos do artigo 19.º-1 dos estatutos,
- «conta de reservas»: conta de uma instituição num BCN participante, cujo saldo em fim de dia conta para o cumprimento das reservas mínimas da instituição,
- «reservas mínimas»: a obrigação de as instituições constituírem reservas mínimas nas contas de reservas junto dos BCN participantes,
- «rácio de reserva»: a percentagem indicada no artigo 4.º para cada item específico incluído na base de incidência de reservas mínimas,
- «período de manutenção»: o período durante o qual as reservas mínimas devem ser constituídas nas contas de reservas e relativamente ao qual é calculado o cumprimento das reservas mínimas,
- «saldo de fim de dia»: saldo existente após o encerramento das actividades de pagamento e de lançamento contabilístico relacionadas com o eventual acesso às facilidades permanentes do Sistema Europeu de Bancos Centrais (SEBC),
- «dia útil de um BCN»: os dias em que um determinado BCN participante está aberto para efeitos de realização de operações de política monetária do SEBC;

– «residente»: pessoa singular ou colectiva a residir num dos Estados-membros participantes na acepção do n.º 4 do artigo 1.º do Regulamento (CE) n.º 2533/98 do Conselho, de 23 de Novembro de 1998, relativo à compilação de informação estatística pelo Banco Central Europeu ([1]);
– «medidas de reorganização»: as medidas que se destinam a preservar ou restabelecer a situação financeira de uma instituição e que são susceptíveis de afectar os direitos preexistentes de terceiros, incluindo medidas que envolvam a possibilidade da suspensão de pagamentos, suspensão de medidas coercivas ou redução de direitos de crédito,
– «acção de liquidação»: acção colectiva relativa a uma instituição que envolva obrigatoriamente a intervenção do poder judicial ou de uma outra autoridade competente de um Estado-membro participante dirigida à liquidação de activos sob a supervisão dessas autoridades, incluindo as instâncias em que as acções se concluem por concordata ou por outra medida análoga.

Artigo 2.º
Instituições sujeitas a reservas mínimas

1. As seguintes categorias de instituições estarão sujeitas a reservas mínimas:

a) Instituições de crédito, tal como definidas no primeiro travessão do artigo 1.º da Directiva 77/780/CEE ([2]), com excepção dos BCN participantes;

b) Sucursais de instituições de crédito, tal como definidas no primeiro travessão do artigo 1.º da Directiva 77/780/CEE, com excepção dos BCN participantes; mas incluindo as sucursais de instituições de crédito que não têm sede estatutária nem sede administrativa num Estado-membro participante.

As sucursais de instituições de crédito estabelecidas nos Estados-membros participantes que se situam fora dos Estados-membros participantes não são sujeitas a reservas mínimas.

2. O BCE pode, numa base não discriminatória, isentar as seguintes instituições de constituir reservas mínimas:

a) Instituições abrangidas por acções de liquidação ou medidas de reorganização;

([1]) JO L 318 de 27.11.1998, p. 8.
([2]) JO L 322 de 17.12.1977, p. 30.

b) Instituições para as quais o objectivo do sistema de reservas mínimas do SEBC não seria realizado mediante a imposição de reservas mínimas. Ao tomar uma decisão sobre uma eventual isenção, o BCE terá em conta um ou mais dos critérios seguintes:
   i) a instituição tem finalidades específicas,
   ii) a instituição não exerce funções bancárias activas em concorrência com outras instituições de crédito,
   iii) a instituição tem todos os seus depósitos afectados a finalidades relacionadas com a assistência ao desenvolvimento regional e/ou internacional.

3. O BCE publicará uma lista das instituições sujeitas a reservas mínimas. O BCE publicará igualmente uma lista das instituições isentas das reservas mínimas por motivos que não o de estarem abrangidas por medidas de reorganização. As instituições podem recorrer a estas listas para decidirem se as suas responsabilidades são devidas a outra instituição que está igualmente sujeita a reservas mínimas. Estas listas não irão determinar se as instituições estão sujeitas a reservas mínimas de acordo com o disposto no presente artigo.

Artigo 3.º
Base de incidência de reservas mínimas

1. A base de incidência de reservas mínimas de uma instituição compreenderá as seguintes responsabilidades tal como definidas no sistema de informação para as estatísticas monetárias e bancárias do BCE, o qual foi fixado no Regulamento (CE) n.º 2819/98 do BCE, de 1 de Dezembro de 1998, relativo ao balanço consolidado do sector das instituições financeiras monetárias (BCE/1998/16) ([1]) resultantes da aceitação de fundos:
   a) Depósitos;
   b) Títulos de dívida emitidos
   c) Títulos do mercado monetário.

2. As seguintes responsabilidades serão excluídas da base de incidência de reservas mínimas: responsabilidades para com outra instituição não classificada como estando isenta do sistema de reservas mínimas do SEBC, de acordo com o n.º 3 do artigo 2.º, e responsabilidades para com o BCE ou para com os BCNs participantes. Para a aplicação do disposto neste número, a instituição deverá estar apta a comprovar ao BCN participante competente o montante efectivo das suas responsabilidades para

---

([1]) Ver página 7 do presente Jornal Oficial.

com qualquer outra instituição não classificada como estando isenta do sistema de reservas mínimas do SEBC e das suas responsabilidades para com o BCE ou um BCN participante a fim de as excluir da base de incidência de reservas mínimas. Se tal prova não puder ser apresentada no que se refere a títulos de dívida emitidos com prazo até dois anos, a instituição pode aplicar à sua base de incidência de reservas mínimas uma dedução padrão ao saldo dos seus títulos de dívida emitidos com um prazo até dois anos. Se tal prova não puder ser apresentada no que se refere a títulos do mercado monetário, a instituição pode aplicar à sua base de incidência de reservas mínimas uma dedução padrão ao saldo das suas responsabilidades em títulos do mercado monetário. O valor dessas deduções padrão será publicado pelo BCE nos mesmos moldes da publicação da lista referida no n.º 3 do artigo 2.º .

3. A base de incidência de reservas mínimas relativa a um período de manutenção específico será calculada pela instituição com base nos dados mais recentes que devam ser comunicados pela instituição ao competente BCN participante antes do início desse período de manutenção relevante, tal como definido no sistema de comunicação para as estatísticas monetárias e bancárias do BCE, que foi fixado no Regulamento (EC) n.º 2819/98.

Artigo 4.º
Rácios de reserva

1. Um rácio de reserva de 0% aplicar-se-á às seguintes categorias de responsabilidades (tal como definidas no sistema de informação para as estatísticas monetárias e bancárias do BCE, fixado no Regulamento (CE) n.º 2819/ /98:

a) Depósitos com prazo de vencimento acordado superior a dois anos;

b) Depósitos reembolsáveis com pré-aviso superior a dois anos;

c) Acordos de recompra;

d) Títulos de dívida emitidos com prazo de vencimento acordado superior a dois anos.

2. Um rácio da reserva de 2,0% aplicar-se-á a todas as outras responsabilidades incluídas na base de incidência de reservas mínimas.

Artigo 5.º
Cálculo das reservas mínimas

1. O montante das reservas mínimas a constituir por cada instituição relativamente a um período de manutenção determinado será calculado aplicando o rácio de reserva correspondente a cada rubrica relevante da

base de incidência de reservas mínimas para esse período, tal como definido no artigo 4.º

2. Uma dedução fixa de 100 000 euros, a abater do montante das reservas mínimas a constituir, será permitida a cada instituição, sob reserva das disposições contidas no artigo 11.º.

Artigo 6.º
Constituição de reservas

1. Uma instituição constituirá as suas reservas mínimas numa ou mais contas de reservas junto do banco central nacional em cada Estado-membro participante em que tenha um estabelecimento, relativamente à sua base de incidência de reservas mínimas nesse Estado-membro. As contas de reservas serão denominadas em euros. As contas de liquidação das instituições junto dos BCN participantes podem ser usadas como contas de reservas.

2. Uma instituição terá cumprido as suas obrigações de constituição de reservas mínimas se a média do saldo de fim de dia existente nas suas contas de reservas durante o período de manutenção não for inferior ao montante definido de acordo com o artigo 5.º para aquele período.

3. Se uma instituição tiver mais de um estabelecimento num Estado-membro participante, a sede estatutária ou a sede administrativa, se situada nesse Estado-membro, será responsável por assegurar o cumprimento das reservas mínimas da instituição. Se a instituição não tiver sede estatutária nem sede administrativa nesse Estado-membro, designará a sucursal nesse Estado-membro que será responsável pelo cumprimento das reservas mínimas da instituição. Todas as reservas mínimas efectivamente constituídas por estes estabelecimentos contam para o cumprimento das reservas mínimas totais da instituição nesse Estado-membro.

Artigo 7.º
Período de manutenção

O período de manutenção será de um mês, contado a partir do vigésimo quarto dia de calendário de cada mês até ao vigésimo terceiro dia de calendário do mês seguinte.

Artigo 8.º
Remuneração

1. As reservas mínimas exigidas efectivamente constituídas são remuneradas à média das taxas das operações principais de refinanciamento do SEBC obtidas durante o período de manutenção considerado (ponde-

radas de acordo com o número de dias de calendário), de acordo com a fórmula seguinte:

$$R_t = \frac{H_t \cdot n_t \cdot \sum_{i=1}^{n} \frac{MR_i}{n_t \cdot 100}}{360}$$

Em que: R_t = remuneração a pagar sobre as reservas mínimas efectivamente constituídas durante o período de manutenção t

H_t = reservas mínimas exigidas efectivamente constituídas para o período de manutenção t

n_t = número de dias de calendário do período de manutenção t

i = i-ésimo dia de calendário do período de manutenção t

MR_i = taxa de juro marginal da mais recente operação principal de refinanciamento no i-résimo dia de calendário.

2. A remuneração será paga no segundo dia útil do BCN subsequente ao fim do período de manutenção sobre o qual incide a remuneração.

Artigo 9.º
Responsabilidade de verificação

O direito de verificar a exactidão e a qualidade das informações prestadas pelas instituições para demonstrar o cumprimento das reservas mínimas, tal como especificado no artigo 6.º do Regulamento (CE) n.º 2531/98 será exercido pelos BCN participantes sem prejuízo do exercício do direito pelo próprio BCE.

Artigo 10.º
Constituição indirecta das reservas mínimas através de um intermediário

1. Uma instituição pode solicitar autorização para constituir a totalidade das suas reservas mínimas indirectamente através de um intermediário que seja residente no mesmo Estado-membro. O intermediário será uma instituição sujeita a reservas mínimas que normalmente efectue parte da administração (por exemplo, a gestão de tesouraria) da instituição para a qual actua como intermediário, para além da constituição das reservas mínimas.

2. O pedido de autorização será dirigido ao banco central nacional do Estado-membro participante no qual a instituição requerente está estabelecida. O pedido incluirá uma cópia de um acordo entre o intermediário e o requerente em que ambos expressem o seu consentimento a tal dis-

posição. O acordo também especificará se a instituição requerente pretende ter acesso às facilidades permanentes e às operações de mercado aberto do SEBC. No acordo será previsto um período de pré-aviso convencionado de pelo menos 12 meses. Cumpridas as condições acima mencionadas, o BCN participante acima referido pode conceder autorização para o período de tempo em que vigore o acordo supramencionado entre as partes, sob reserva do disposto no n.º 4 do presente artigo. Essa autorização produzirá os seus efeitos a contar do início do primeiro período de manutenção subsequente à concessão da autorização.

3. O intermediário manterá estas reservas mínimas de acordo com as condições gerais do sistema de reservas mínimas do SEBC. O intermediário, juntamente com as instituições para as quais actua como intermediário, será responsável pelo cumprimento das reservas mínimas destas instituições. No caso de não cumprimento, o BCE pode impor as sanções aplicáveis ao intermediário, à instituição para a qual actua como intermediário, ou a ambos, em conformidade com a responsabilidade pelo não cumprimento.

4. O BCE ou o BCN participante competente podem, a todo o tempo, revogar a autorização para constituir reservas mínimas indirectamente se a instituição que constitui as suas reservas indirectamente através de um intermediário, ou o próprio intermediário, não cumprir as suas obrigações no âmbito do sistema de reservas mínimas do SEBC, se as condições para a constituição das reservas indirectamente, especificadas nos n.ºs 1 e 2 do presente artigo, deixarem de ser cumpridas ou por razões prudenciais relacionadas com o intermediário. Se tal autorização for revogada por razões prudenciais relacionadas com o intermediário, a revogação pode ter efeito imediato. Sob reserva dos requisitos enunciados no n.º 5 do presente artigo, qualquer revogação por outros motivos produzirá efeitos no termo do período de manutenção em curso. Uma instituição que constitua as suas reservas através de um intermediário, ou o próprio intermediário, podem, em qualquer momento, solicitar a revogação da autorização. A revogação requer a notificação prévia pelo BCN participante competente para produzir efeitos.

5. A instituição que constitui as suas reservas mínimas através de um intermediário e o próprio intermediário serão informados de qualquer revogação da autorização por outras razões que não as prudenciais, pelo menos cinco dias úteis antes do termo do período de manutenção durante o qual a autorização se extingue.

6. Sem prejuízo das obrigações individuais em matéria de comunicação dos dados estatísticos da instituição que constitui as suas reser-

vas mínimas através de intermediário, o intermediário comunicará os dados referentes à base de incidência de reservas mínimas de modo suficientemente detalhado de forma a possibilitar que o BCE verifique a respectiva exactidão e qualidade, de acordo com as disposições do artigo 9.º e determinará as suas reservas mínimas e os dados da sua constituição, bem como relativamente à instituição para a qual actua como intermediário. Estes dados serão comunicados ao BCN participante junto do qual foram constituídas as reservas mínimas. O intermediário fornecerá os supramencionados dados respeitantes à base de incidência de reservas mínimas de acordo com a frequência e o calendário que se encontra estabelecido no sistema de informação para as estatísticas monetárias e bancárias do BCE, o qual foi fixado no Regulamento (CE) n.º 2819/98.

Artigo 11.º
Constituição das reservas numa base consolidada

As instituições autorizadas a comunicar dados estatísticos como um grupo numa base consolidada [tal como foi definido no âmbito do sistema de informação para as estatísticas monetárias e bancárias do BCE, o qual foi fixado no Regulamento (CE) n.º 2819/98 do BCE] devem, de acordo com as disposições do artigo 10.º, constituir reservas mínimas através de uma das instituições do grupo que actua como intermediário exclusivamente para estas instituições. A instituição que actua como intermediário para o grupo pode solicitar ao BCE a isenção do disposto no n.º 6 do artigo 10.º Se o seu pedido for aceite pelo BCE, só o grupo no seu conjunto estará habilitado a efectuar a dedução fixa mencionada no n.º 2 do artigo 5.º

Artigo 12.º
Dias úteis do BCN

Se uma ou mais sucursais de um BCN participante estiverem encerradas num dia útil de um BCN em virtude de feriados locais ou regionais, o BCN participante em causa deverá informar antecipadamente as instituições das disposições a tomar para as transacções que envolvam essas sucursais.

Artigo 13.º
Disposições transitórias

1. O primeiro período de manutenção começa em 1 de Janeiro de 1999 e termina em 23 de Fevereiro de 1999.

2. A base de incidência de reservas mínimas de uma instituição para o primeiro período de manutenção será definida em função dos elementos do seu balanço em 1 de Janeiro de 1999, tal como comunicado aos bancos centrais nacionais participantes no âmbito do sistema de informação para as estatísticas monetárias e bancárias do BCE, o qual foi fixado no Regulamento (CE) n.º 2819/98.

Artigo 14.º
Alterações ao presente regulamento

As eventuais alterações ao presente regulamento aplicar-se-ão apenas a um período de manutenção completo e serão anunciadas antes do período em causa.

Artigo 15.º
Disposições finais

O presente regulamento entra em vigor em 1 de Janeiro de 1999.

Feito em Francoforte do Meno, em 1 de Dezembro de 1998.

Pelo Conselho do BCE
O Presidente

Willem F. DUISENBERG

XII
POLÍTICA MONETÁRIA – EXECUÇÃO

A execução da política monetária única pelo BCE supõe uma prévia definição da estratégia a adoptar para prosseguir o objectivo primordial, fixado no artigo 105.º do TCE: a estabilidade de preços.

Uma primeira definição incidiu, justamente, sobre o que deve entender-se por 'estabilidade de preços'. Foi fixado como sendo uma taxa de inflação abaixo dos 2%, medida pelo Índice de Preços no Consumidor Harmonizado (IPCH).

O segundo elemento foi a consideração da variação de preços a médio prazo, o que significa que o BCE não usará a política monetária para controlar flutuações de curto prazo nos preços.

A política monetária baseia-se *i)* na fixação de um valor de referência para o crescimento monetário e *ii)* numa avaliação global das perspectivas de evolução dos preços, usando um vasto conjunto de indicadores económicos e financeiros.

- **Ver Uma estratégia de política monetária do SEBC orientada no sentido da estabilidade (pág. 363)**

*

Depois de definidas as linhas fundamentais da política monetária procedeu-se à concretização de alguns pontos ainda em aberto.

O crescimento monetário será avaliado com base no agregado M3, que foi definido em pormenor. Analisados os factores pertinentes – como o crescimento do PIB e a velocidade de circulação da moeda – foi fixado um primeiro valor de referência para o crescimento monetário de 4,5% para o ano de 1999.

- **Ver Valor de referência para o crescimento monetário (pág. 367)**

*

Em 22 de Dezembro de 1998 o BCE anunciou as taxas de juro a vigorar no início da UEM, em 1 de Janeiro de 1999.

A facilidade permanente de cedência de liquidez foi fixada em 4,5% e a facilidade de depósito em 2,5%. No entanto, foram igualmente fixadas taxas temporárias para essas facilidades – que vigoraram até 21 de Janeiro de 1999 – de 3,25% e 2,75% respectivamente.

Foi igualmente decidido que as operações principais de refinanciamento – que têm periodicidade semanal – seriam efectuadas segundo o regime de leilão de taxa fixa a 3%. As primeiras operações de refinanciamento a prazo alargado – que têm periodicidade mensal – foram efectuadas em regime de leilão de taxa variável.
• **Ver Taxas de juro do BCE aplicáveis no início da terceira fase (pág. 371)**

*

Aquelas taxas mantiveram-se inalteradas até 8 de Abril de 1999 altura em que se procedeu a uma redução para 3,5% e 1,5% das facilidades de cedência e de depósito, respectivamente. As operações principais de refinanciamento passaram a ser efectuadas a uma taxa de 2,5%.
• **Ver Comunicado do BCE de 8 de Abril de 1999 (pág. 374)**

Frankfurt, 13 de Outubro de 1998

UMA ESTRATÉGIA DE POLÍTICA MONETÁRIA DO SEBC ORIENTADA NO SENTIDO DA ESTABILIDADE

(Tradução da responsabilidade do Banco de Portugal)

1. Na reunião realizada a 13 de Outubro de 1998, o Conselho do BCE decidiu sobre os principais elementos da estratégia de política monetária do SEBC orientada no sentido da estabilidade. Esses elementos referem-se:
   - à definição quantitativa do objectivo primordial da política monetária única, ou seja, a estabilidade de preços;
   - ao papel decisivo da moeda, através de um valor de referência para o crescimento de um agregado monetário; e
   - à avaliação numa base global das perspectivas sobre a evolução futura dos preços.

2. Em conformidade com o estipulado no Tratado que instituiu a Comunidade Europeia, a manutenção da estabilidade de preços será o objectivo primordial do SEBC. Deste modo, a estratégia de política monetária do SEBC incidirá rigorosamente sobre este objectivo. Neste contexto, o Conselho do BCE adoptou a seguinte definição: *"A estabilidade de preços será definida como o aumento anual do Índice de Preços no Consumidor Harmonizado (IPCH) para a área do euro inferior a 2%"*.

A estabilidade de preços deverá ser mantida a médio prazo.

A taxa actual da inflação do IPCH na área do euro é compatível com este objectivo.

Nesta definição devem ser salientadas três características:
   - O IPCH é a medida de preços mais adequada para a definição de estabilidade de preços do SEBC. É o único índice de preços que, no início da Terceira Fase, estará suficientemente harmonizado em toda a área do euro;
   - ao dar particular ênfase ao IPCH "para a área do euro", o Conselho do BCE torna claro que fundamentará as suas decisões sobre a evolução monetária, económica e financeira, em toda a área do

euro. A política monetária única adoptará uma perspectiva para toda a área do euro; não reagirá a desenvolvimentos regionais ou nacionais específicos;

– um "aumento (...) inferior a 2%" é amplamente compatível com a maioria das definições actuais adoptadas pelos bancos centrais nacionais da área do euro.

Além disso, a afirmação de que "a estabilidade de preços deverá ser mantida a médio prazo" reflecte a necessidade da política monetária assumir uma orientação prospectiva, a médio prazo. Reconhece igualmente a existência de volatilidade a curto prazo nos preços, a qual não pode ser controlada pela política monetária.

3. A fim de manter a estabilidade de preços, o Conselho do BCE concordou em adoptar uma estratégia de política monetária, constituída por dois elementos chave:

– à moeda será atribuído um papel decisivo. Este papel será assinalado pelo anúncio de um valor de referência quantitativo para o crescimento do agregado monetário alargado. O valor de referência será calculado de forma a ser consistente com – e contribuindo para alcançar – a estabilidade de preços.

Os desvios do crescimento monetário actual em relação ao valor de referência, em circunstâncias normais, assinalam riscos para a estabilidade de preços. O conceito de um valor de referência não implica a existência de um compromisso para corrigir os desvios de curto prazo de forma mecânica.

A relação entre o crescimento monetário actual e o valor de referência previamente anunciado será analisada regular e rigorosamente pelo Conselho do BCE; o resultado dessa análise e o seu impacto nas decisões de política monetária serão explicados ao público. A definição precisa do agregado de referência e a expressão quantitativa do valor de referência para o crescimento monetário serão anunciados pelo Conselho do BCE, em Dezembro de 1998;

– paralelamente à análise do crescimento monetário em relação ao valor de referência, desempenharão papel dominante na estratégia do SEBC a avaliação numa base global das perspectivas sobre a evolução dos preços e os riscos para a estabilidade de preços na área do euro. Esta avaliação será efectuada através de um vasto conjunto de variáveis económicas e financeiras, que constituirão indicadores da evolução futura dos preços.

4. Esta estratégia sublinha o forte compromisso por parte do Conselho do BCE em relação ao seu objectivo primordial, devendo facilitar

a concretização desse objectivo principal. Assegurará igualmente a transparência na tomada de decisões e a responsabilidade do SEBC. Tendo por base a sua estratégia, o Conselho do BCE informará o público, regularmente e de forma detalhada, sobre a avaliação por si efectuada da situação monetária, económica e financeira na área do euro e sobre a fundamentação das decisões específicas de política.

European Central Bank
Press Division
Kaiserstrasse 29, D – 60311 Frankfurt am Main

Frankfurt, 1 de Dezembro de 1998
VALOR DE REFERÊNCIA
PARA O CRESCIMENTO MONETÁRIO
(Tradução da responsabilidade do Banco de Portugal)

Em 13 de Outubro de 1998 o Conselho do BCE anunciou os principais elementos da estratégia de política monetária orientada no sentido da estabilidade. O Conselho do BCE anunciou a definição quantitativa do objectivo primordial do SEBC, que é a manutenção da estabilidade de preços.

A estabilidade de preços foi definida como sendo um aumento anual inferior a 2% do Índice de Preços no Consumidor Harmonizado (IPCH) para a área do euro. Além disso, o Conselho do BCE salientou os dois elementos principais da estratégia que utilizará para alcançar o objectivo da manutenção da estabilidade de preços. Em primeiro lugar, será atribuído um papel decisivo à moeda. Este papel será assinalado pelo anúncio de um valor de referência para o crescimento de um agregado monetário alargado. Em segundo lugar, em paralelo com a análise da evolução monetária em relação ao valor de referência, será efectuada uma avaliação global das perspectivas sobre a evolução dos preços e dos riscos para a estabilidade de preços na área do euro. Esta avaliação incluirá um vasto conjunto de indicadores económicos e financeiros.

O anúncio efectuado em 13 de Outubro deixou em aberto duas questões, nomeadamente a fórmula de cálculo do valor de referência para o crescimento monetário e a definição do agregado monetário alargado específico para o qual será anunciado o valor de referência.

Na reunião realizada a 1 de Dezembro de 1998, o Conselho do BCE tomou uma decisão sobre estas questões que permaneciam em aberto relativamente à estratégia de política monetária do SEBC especificando os pormenores do valor de referência para o crescimento monetário.

1. O valor de referência referir-se-á ao agregado monetário alargado M3. O agregado M3 será constituído pela moeda em circulação e por algumas responsabilidades das Instituições Financeiras Monetárias (IFM) re-

sidentes na área do euro e, no caso de depósitos, pelas responsabilidades de algumas instituições pertencentes à administração central (como, por exemplo, Correios e Tesouros). As responsabilidades incluídas no agregado M3 são: depósitos pelo prazo overnight; depósitos com prazo até dois anos; depósitos reembolsáveis com pré-aviso até três meses; acordos de recompra; títulos de dívida com prazo até dois anos; acções/unidades de participação de fundos do mercado monetário; e títulos do mercado monetário (líquido).

2. O valor de referência para o crescimento monetário deverá ser consistente com – e contribuir para alcançar – a estabilidade de preços. Os desvios do crescimento monetário verificados em relação ao valor de referência assinalam em circunstâncias normais riscos para a estabilidade de preços. Assim, o valor de referência deverá ser calculado de forma consistente com a definição quantitativa de estabilidade de preços, ou seja, que o IPCH para a área do euro tem um aumento anual inferior a 2%. De acordo com esta definição, a estabilidade de preços deverá ser mantida a médio prazo.

3. Além disso, o valor de referência para o crescimento monetário deve ter em consideração o crescimento real do produto e as alterações à velocidade de circulação. Face à orientação de médio prazo da política monetária, parece adequado basear o cálculo do valor de referência em pressupostos quer sobre a tendência a médio prazo do crescimento real do produto quer sobre o crescimento da velocidade de circulação.

a) No que respeita à tendência do crescimento real do produto na área do euro, estima-se um número dentro de um intervalo de 2% a 2 1/2% ao ano. Contudo, poderá verificar-se um crescimento não inflacionista superior na área do euro se forem concretizadas as necessárias reformas estruturais nos mercados do trabalho e do produto.

b) No que respeita à velocidade, as tendências a médio prazo devem ser avaliadas à luz das mudanças de regime e das alterações comportamentais e institucionais associadas à convergência e à transição para a União Monetária. As incertezas daí resultantes relativas à velocidade de circulação do agregado alargado levaram a considerar como pressuposto plausível para a tendência a médio prazo da velocidade de circulação uma redução situada dentro de um intervalo aproximado de 1/2% e 1% ao ano. Este pressuposto é compatível com a experiência histórica dos últimos vinte anos.

4. O cálculo do valor de referência baseia-se nas contribuições para o crescimento monetário resultantes dos pressupostos para os preços ("aumentos anuais inferiores a 2%"), crescimento real do produto (tendên-

cia de crescimento de 2% a 21/2% por ano) e velocidade (tendência decrescente num intervalo aproximado de 1/2% a 1% cada ano).

5. O Conselho do BCE decidiu anunciar uma taxa de referência para o crescimento monetário em vez de um intervalo. O Conselho considera que o anúncio de um intervalo de referência poderia levar o público a concluir erroneamente que uma qualquer ultrapassagem dos limites do intervalo por parte do crescimento monetário conduziria a uma alteração automática das taxas de juro.

6. Ao definir o valor de referência para o crescimento monetário, o Conselho do BCE salientou que a definição publicada pelo SEBC de estabilidade de preços limita o aumento do IPCH na área do euro a um *"valor inferior a 2%"*. Além disso, a actual tendência decrescente na velocidade deve situar-se junto ao limite inferior do intervalo referido acima. Tendo em consideração estes dois factores, o Conselho decidiu fixar o primeiro valor de referência em 41/2%.

7. O SEBC acompanhará a evolução monetária face ao valor de referência tendo por base médias móveis de três meses das taxas de crescimento mensais de doze meses para o agregado M3. Isto assegurará que os dados mensais, de natureza errática, não distorcerão indevidamente a informação contida no agregado, reforçando a orientação a médio prazo do valor de referência.

8. Em Dezembro de 1999, o Conselho do BCE efectuará a revisão do valor de referência para o crescimento monetário.

Banco Central Europeu
Press Division
Kaiserstrasse 29, D-60311 Frankfurt am Main

Frankfurt, 22 de Dezembro de 1998
TAXAS DE JURO DO BCE APLICÁVEIS NO INÍCIO DA TERCEIRA FASE
(Tradução da responsabilidade do Banco de Portugal)

No dia 1 de Janeiro de 1999, o SEBC assumirá a responsabilidade pela definição e execução da política monetária única na área do euro. Na reunião realizada hoje, o Conselho do BCE decidiu sobre as taxas de juro que serão aplicadas aos instrumentos de política monetária do SEBC a partir do início da Terceira Fase da UEM. As taxas de juro do BCE desempenharão um papel primordial ao sinalizar a orientação da política monetária do SEBC.

Neste contexto, o Conselho do BCE recordou que no dia 3 de Dezembro de 1998, numa decisão concertada, todos os bancos centrais nacionais participantes na política monetária única reduziram as respectivas taxas de juro oficiais para 3% (à excepção da Banca d'Italia, que reduziu a taxa de desconto para 3.5%). Conforme foi explicado pelo BCE nessa ocasião, estas decisões tiveram por base o consenso verificado no Conselho do BCE, na sequência da avaliação efectuada em conjunto da situação económica, monetária e financeira na área do euro. Aquela redução conjunta das taxas teve de ser vista como uma decisão *de facto* sobre o nível das taxas de juro com as quais o SEBC iniciará a Terceira Fase e que tenciona manter no futuro previsível.

Neste contexto, o Conselho do BCE decidiu, hoje, realizar a primeira operação principal de refinanciamento do SEBC em sistema de leilão de taxa fixa, estabelecendo a taxa de juro para esta operação em 3%, de acordo com as taxas oficiais dos bancos centrais prevalecentes no final da Segunda Fase.

No que respeita às taxas de juro das facilidades permanentes do SEBC, as quais têm o objectivo de formar um "corredor" para os movimentos das taxas do mercado monetário de curto prazo, o Conselho do BCE decidiu que a taxa de juro para a facilidade permanente de cedência de liquidez será fixada em 4.5% e que a taxa de juro para a facilidade permanente de depósito será fixada em 2%. Estas são as taxas das facilidades permanentes do SEBC no início da Terceira Fase, ou seja, no dia 1 de Janeiro de 1999.

Contudo, como medida transitória, entre 4 de Janeiro de 1999 e 21 de Janeiro de 1999, a taxa de juro para a facilidade permanente de cedência de liquidez será fixada em 3.25% e a taxa de juro para a facilidade permanente de depósito em 2.75%. Esta medida destina-se a suavizar a adaptação dos participantes ao mercado monetário integrado do euro durante os primeiros dias da União Monetária. O Conselho do BCE tenciona pôr fim a esta medida transitória na reunião que realizará no dia 21 de Janeiro de 1999.

***

Outros pormenores importantes relativos à apresentação de propostas pelas instituições participantes na primeira operação principal de refinanciamento serão anunciados em 4 de Janeiro de 1999. A decisão de colocação será divulgada em 5 de Janeiro de 1999 e a liquidação terá lugar em 7 de Janeiro de 1999.

A primeira operação de refinanciamento de prazo alargado será anunciada em 12 de Janeiro de 1999. A decisão de colocação da operação será divulgada em 13 de Janeiro de 1999 e a liquidação terá lugar em 14 de Janeiro de 1999. O Conselho do BCE decidiu hoje que esta operação será realizada sob a forma de leilão de taxa variável, utilizando um procedimento de leilão de taxa única.

Com o objectivo de orientar os participantes no mercado financeiro no que respeita à situação no novo mercado do euro, prevalecente na Terceira Fase, são anexadas ao presente Comunicado mais algumas informações técnicas respeitantes às condições de liquidez esperadas no início da Terceira Fase.

ANEXO

INFORMAÇÃO RELATIVA ÀS CONDIÇÕES DE LIQUIDEZ NO INÍCIO DA TERCEIRA FASE

A fim de contribuir para uma gestão regular das reservas pelas instituições de crédito e para o bom funcionamento do mercado monetário interbancário em toda a área do euro, no início da Terceira Fase, o Conselho do BCE pretende chamar a atenção para alguns aspectos da situação de liquidez prevalecentes nos primeiros dias da Terceira Fase:

- A transição para o regime de reservas mínimas do SEBC deverá implicar que as reservas agregadas das instituições de crédito

sejam mais baixas nos primeiros três dias da Terceira Fase do que as reservas mínimas agregadas, que devem ser cumpridas, em média, durante o primeiro período de manutenção de reservas, que terminará no dia 23 de Fevereiro de 1999. No entanto, o SEBC tenciona ceder liquidez suficiente nas suas primeiras operações regulares de refinanciamento para que as instituições de crédito (agregadamente) possam neutralizar os défices de reserva acumulados nos primeiros dias da Terceira Fase. É de salientar que o montante exacto das reservas mínimas agregadas, a cumprir no período de manutenção de reservas de 1 de Janeiro de 1999 a 23 de Fevereiro de 1999, não será divulgado a partir de 1 de Janeiro de 1999, mas apenas durante o primeiro período de manutenção de reservas.
- A distribuição inicial de liquidez na área do euro poderá ser irregular. Nesse caso, espera-se que os fluxos interbancários de reservas nivelem a situação de liquidez na área do euro a partir de 4 de Janeiro de 1999.

Como medida geral destinada a orientar as instituições de crédito na gestão das respectivas reservas, o Conselho do BCE tomou a decisão de publicar regularmente na Terceira Fase a seguinte informação, relativa às condições de liquidez na área do euro:
- valor agregado das reservas (constituídas principalmente por reservas mínimas) das instituições de crédito da área do euro no SEBC no anterior dia útil do SEBC;
- valor agregado da utilização das facilidades permanentes no anterior dia útil do SEBC;
- valor agregado das reservas mínimas para o período corrente de manutenção de reservas;
- média das reservas agregadas (incluindo as reservas mínimas) das instituições de crédito da área do euro, no período corrente de manutenção de reservas até (inclusive) ao dia útil anterior do SEBC.

O SEBC tenciona publicar esta informação até às 9H30 (hora do BCE) de todos os dias úteis do SEBC. Uma vez que as reservas mínimas, no primeiro período de manutenção de reservas, não serão conhecidas até ao fim de Janeiro de 1999, o BCE fornecerá, neste caso especial, estimativas provisórias das reservas mínimas agregadas.

European Central Bank
Press Division
Kaiserstrasse 29, D-60311 Frankfurt am Main

Alterações de taxa de juro
COMUNICADO DO BCE

8 de Abril de 1999

Na reunião de hoje, o Conselho do BCE tomou as seguintes decisões de política monetária:
- A taxa de juro das operações principais de refinanciamento é reduzida de 0.5 ponto percentual, passando para 2.5%, a partir da operação a liquidar em 14 de Abril de 1999.
- A taxa de juro da facilidade de cedência de liquidez é reduzida de 1 ponto percentual passando para 3.5%, com efeitos a partir de 9 de Abril de 1999.
- A taxa de juro da facilidade de depósito é reduzida de 0.5 ponto percentual, passando para 1.5%, com efeitos a partir de 9 de Abril de 1999.

Numa conferência de imprensa a realizar esta tarde após a reunião do Conselho do BCE, o Presidente do BCE fará uma declaração expondo os motivos que presidiram a estas decisões.

***

Banco Central Europeu
Divisão de Imprensa
Kaiserstrasse 29, D-60311 Frankfurt am Main

XIII
POLÍTICA CAMBIAL

Surgindo o euro, naturalmente, como uma moeda de dimensão mundial e dada a ausência de acordos formais no plano internacional, pôs-se o problema de saber se a taxa de câmbio entre o euro e outras importantes moedas deveria ser objecto de orientações por parte do Conselho da UE, conforme previsto no artigo 109.° (111.°) do TCE.

A Resolução do Luxemburgo fixou a doutrina segundo a qual só seriam emitidas orientações nessa matéria em casos excepcionais em que haja manifesta distorção nos mercados cambiais.

• **Ver Resolução do Conselho Europeu relativa à coordenação das políticas económicas na terceira fase da UEM e aos artigos 109.° e 109.°-H do Tratado (pág. 381)**

*

O aspecto mais importante da política cambial comunitária diz respeito ao novo mecanismo de taxas de câmbio (MTC II) para as moedas dos Estados-membros que não integram a UEM e que sucede ao Sistema Monetário Europeu, em vigor desde 1979.

A Resolução que o instituiu forneceu os princípios fundamentais do seu funcionamento.

O MTC II baseia-se na fixação de cotações centrais de cada moeda participante relativamente ao euro. A partir delas calcula-se uma margem superior e inferior de 15% para a variação diária das cotações, podendo acordar-se uma margem mais reduzida com moedas participantes. As intervenções nas margens são obrigatórias e ilimitadas admitindo-se, porém, a suspensão dessa intervenção. Foi ainda (re)criado um mecanismo de crédito de muito curto prazo.

• **Ver Resolução do Conselho Europeu sobre a criação de um mecanismo de taxas de câmbio na terceira fase da União Económica e Monetária – Amesterdão, 16 de Junho de 1997 (97/C 236/03) (pág. 383)**

*

Em Setembro de 1998 foi assinado um acordo entre o BCE e os Bancos Centrais Nacionais dos Estados-membros não integrantes da UEM que estabeleceu os procedimentos concretos do MTC II.

Foi criada uma facilidade de financiamento a muito curto prazo com vista a, sempre que necessário, fornecer moeda de intervenção nos mercados cambiais. O prazo do financiamento é de três meses renovável uma vez por igual período. A sua utilização é automática, quando se tratar de intervenções nas margens, e por acordo do banco emissor da moeda em causa, quando se trate de intervenções intramarginais. Os limites para recurso ao crédito foram fixados no anexo II.

• **Ver Acordo de 1 de Setembro de 1998 entre o Banco Central Europeu e os bancos centrais nacionais dos Estados-membros não participantes na zona do euro que estabelece os procedimentos operacionais relativos ao mecanismo de taxas de câmbio na terceira fase da União Económica e Monetária (98/C 345/05) (pág. 387)**

*

Ainda em Setembro de 1998 foi anunciada a participação das moedas grega e dinamarquesa no MTC II. Permanecem fora do mecanismo cambial as moedas da Grã-Bretanha e Suécia.

A dracma terá uma margem normal de flutuação de ± 15%; para a coroa dinamarquesa foi acordada uma margem mais estreita de ± 2,25%, conforme a possibilidade prevista na Resolução que criou o MTC II.

• **Ver Comunicado conjunto dos Ministros dos Estados-membros que adoptam o euro como sua moeda única, do Banco Central Europeu, dos Ministros e Governadores dos Bancos Centrais do Reino da Dinamarca e da República Helénica – Viena, 26/9/98 (pág. 399)**

*

Em 31 de Dezembro de 1998 – imediatamente antes do início de funcionamento do MTC II – foram divulgados os valores de intervenção para a dracma grega e a coroa dinamarquesa.

• **Ver Taxas centrais do euro e taxas de intervenção no MTC II (pág. 400)**

*

Um outro aspecto da política cambial diz respeito aos acordos estabelecidos com terceiros Estados.

Um primeiro grupo contempla os acordos através dos quais o euro se torna moeda oficial de Estados não pertencentes à Comunidade.

É o caso dos acordos com o Mónaco, Vaticano e S. Marino. Com a substituição do franco francês e da lira italiana pelo euro, este passa também a ser a moeda oficial daqueles Estados.

• **Ver Decisão do Conselho de 31 de Dezembro de 1998 relativa à posição a adoptar pela Comunidade no que diz respeito a um acordo sobre as relações monetárias com o Principado do Mónaco (1999/96/CE) (pág. 401)**

• **Ver Decisão do Conselho de 31 de Dezembro de 1998 relativa à posição a adoptar pela Comunidade no que diz respeito a um acordo sobre as relações monetárias com a Cidade do Vaticano (1999/98/CE) (pág. 405)**

• **Ver Decisão do Conselho de 31 de Dezembro de 1998 relativa à posição a adoptar pela Comunidade no que diz respeito a um acordo sobre as relações monetárias com a República de São Marinho (1999/97/CE) (pág. 409)**

*

Um segundo grupo contempla os acordos cambiais já existentes entre moedas nacionais e de terceiros países.

É o caso do franco CFA e das Comores e do escudo cabo-verdiano. Os acordos com a França e Portugal, respectivamente, mantêm-se em vigor sendo as referências ao franco francês e escudo português substituídas pelo euro.

• **Ver Decisão do Conselho de 23 de Novembro de 1998 relativa aos aspectos cambiais relacionados com o franco CFA e o franco das Comores (98/683/CE) (pág. 413)**

• **Ver Decisão do Conselho de 21 de Dezembro de 1998 relativa aos aspectos cambiais relacionados com o escudo cabo-verdiano (98/744/CE) (pág. 417)**

*

Um terceiro grupo é formado pelo acordo que introduz o euro em territórios não comunitários. É o que sucede com os territórios franceses de S. Pedro e Miquelon e de Mayotte que, não pertencendo à Comunidade, têm a mesma moeda que a França. Também neste caso o franco francês será substituído pelo euro.

• **Ver Decisão do Conselho de 31 de Dezembro de 1998 relativa ao regime monetário aplicável nas circunscrições territoriais francesas de S. Pedro e Miquelon e de Mayotte (1999/95/CE) (pág. 421)**

Conclusões da Presidência
Luxemburgo, 12 e 13 de Dezembro de 1997

ANEXO 1

RESOLUÇÃO DO CONSELHO EUROPEU

relativa à coordenação das Políticas Económicas
na terceira fase da UEM e aos artigos 109.° e 109.°-B do Tratado

O CONSELHO EUROPEU, REUNIDO NO LUXEMBURGO EM 13 DE DEZEMBRO DE 1997,

Recordando as conclusões do Conselho Europeu de Amesterdão, nomeadamente sobre a forma de melhorar os procedimentos de coordenação económica e sobre os meios eficazes para implementar os artigos 109.° e 109.°-B do Tratado,

Recordando a Resolução do Conselho Europeu de Amesterdão relativa ao Pacto de Estabilidade e Crescimento,

Recordando a Resolução do Conselho Europeu de Amesterdão relativa ao Crescimento e ao Emprego, e recordando as conclusões da sua reunião no Luxemburgo, na qual aprovou o relatório do Conselho de 1 de Dezembro de 1997,

DECIDE:

I.

(...) *[Ver Secção IV – Resolução do Conselho Europeu [Luxemburgo em 13-12-97], relativa à coordenação das políticas económicas na terceira fase da UEM e aos artigos 109.° e 109.°-B do Tratado]*

II. **Implementação das disposições do Tratado em matéria de política cambial e de posição e representação da Comunidade a nível externo (Artigo 109.° do Tratado)**

7. O Conselho Europeu reconhece a responsabilidade que recairá sobre a Comunidade na sequência da introdução do euro, uma das mais

importantes moedas do sistema monetário mundial. O contributo da Comunidade através do SEBC, em estreita conformidade com as competências e procedimentos estabelecidos no Tratado, consistirá em proporcionar um fulcro de estabilidade dos preços. Por seu lado, o Conselho Europeu está determinado a prestar o seu pleno contributo para a criação dos alicerces de uma economia próspera e eficiente na Comunidade, de acordo com o princípio de uma economia aberta e de livre concorrência, incentivando a repartição eficaz dos recursos e observando os princípios definidos no artigo 3.º-A do Tratado. O Conselho Europeu está convicto de que assim se constituirá a base de uma moeda forte e respeitada.

8. O Conselho acompanhará a evolução da taxa de câmbio do euro à luz de uma vasta gama de dados económicos. A Comissão apresentará periodicamente estudos ao Conselho, e o Comité Económico e Financeiro preparará as análises do Conselho. É importante que se utilizem plenamente as disposições do Tratado para assegurar um intercâmbio de informações e de pontos de vista entre o Conselho e o BCE sobre a taxa de câmbio do euro. Muito embora, em geral, as taxas de câmbio devam ser consideradas como a resultante de todas as demais políticas económicas, em situações excepcionais, por exemplo, no caso de distorções manifestas, o Conselho poderá formular orientações gerais de política cambial em relação a moedas não comunitárias, de acordo com o n.º 2 do artigo 109.º do Tratado. Essas orientações gerais deverão respeitar sempre a independência do SEBC e ser compatíveis com o objectivo primordial do SEBC de manutenção da estabilidade dos preços.

(...)

Jornal Oficial das Comunidades Europeias n.° C 236
de 02/08/1997

RESOLUÇÃO DO CONSELHO EUROPEU
sobre a criação de um mecanismo de taxas de câmbio
na terceira fase da União Económica e Monetária
Amesterdão, 16 de Junho de 1997
(97/C 236/03)

Tendo por base os acordos alcançados nas sessões de Florença e Dublim, o Conselho Europeu acordou, nesta data, o seguinte:

SERÁ INSTAURADO UM MECANISMO DE TAXAS DE CÂMBIO QUANDO SE INICIAR A TERCEIRA FASE DA UNIÃO ECONÓMICA E MONETÁRIA, EM 1 DE JANEIRO DE 1999.

Com o arranque da terceira fase da União Económica e Monetária, o Sistema Monetário Europeu será substituído pelo mecanismo de taxas de câmbio definido na presente resolução. Os procedimentos operacionais serão fixados num acordo entre o Banco Central Europeu (BCE) e os bancos centrais nacionais dos Estados-membros não participantes na zona do euro.

O mecanismo de taxas de câmbio ligará as moedas dos Estados-membros não participantes na zona do euro ao euro. O euro será o elemento central do novo mecanismo. O mecanismo funcionará no âmbito do necessário quadro de políticas orientadas para a estabilidade em conformidade com o Tratado que institui a Comunidade Europeia, que se situam no cerne da União Económica e Monetária.

1. PRINCÍPIOS E OBJECTIVOS

1.1. A convergência duradoura dos fundamentos económicos constitui um requisito prévio para uma estabilidade cambial sustentável. Para o efeito, na terceira fase da União Económica e Monetária, todos os

Estados-membros terão de prosseguir políticas monetárias disciplinadas e responsáveis, orientadas no sentido da estabilidade de preços. Para garantir uma estabilidade cambial sustentável, é pelo menos igualmente essencial que cada Estado-membro conduza políticas orçamentais e estruturais sãs.

1.2. Um ambiente económico estável é necessário ao bom funcionamento do mercado único e a um aumento dos investimentos, do crescimento e do emprego, e é, por conseguinte, do interesse de todos os Estados-membros. O mercado único não pode ser posto em perigo por distorções das taxas de câmbio reais, nem por flutuações excessivas das taxas de câmbio nominais entre o euro e as outras moedas da União Europeia, que perturbariam os fluxos comerciais entre os Estados-membros. Além disso, nos termos do artigo 109.º-M do Tratado, cada Estado-membro tem a obrigação de tratar a sua política cambial como uma questão de interesse comum. A supervisão das políticas macroeconómicas dos Estados-membros pelo Conselho, nos termos do artigo 103.º do Tratado, será organizada designadamente com o intuito de evitar tais distorções ou flutuações.

1.3. O mecanismo de taxas de câmbio contribuirá para que os Estados-membros não participantes na zona do euro mas que participam no mecanismo orientem as suas políticas no sentido da estabilidade e para promover a convergência, auxiliando-os assim nos seus esforços para adoptar o euro. Proporcionará aos Estados-membros uma referência para conduzir políticas económicas sãs em geral e a política monetária em particular. Simultaneamente, o mecanismo protegê-los-á, assim como aos Estados-membros que adoptarem o euro, de pressões injustificadas nos mercados cambiais. Nesses casos, poderá auxiliar os Estados-membros não participantes na zona do euro mas que participam no mecanismo, quando as suas moedas forem alvo de pressões, a conjugar o recurso a medidas adequadas, designadamente medidas relativas às taxas de juro, com uma intervenção coordenada.

1.4. Contribuirá ainda para que os Estados-membros que pretendam adoptar o euro depois de 1 de Janeiro de 1999 sejam tratados em pé de igualdade com os que participem desde o início, no que diz respeito ao cumprimento dos critérios de convergência.

1.5. O mecanismo de taxas de câmbio funcionará sem prejuízo do objectivo primordial do BCE e dos bancos centrais nacionais, de manter a estabilidade dos preços. Dever-se-á assegurar que qualquer ajustamento das taxas centrais seja efectuado em tempo útil a fim de evitar distorções significativas.

1.6. A participação no mecanismo de taxas de câmbio será voluntária para os Estados-membros não participantes na zona do euro. Todavia, pode esperar-se que os Estados-membros que beneficiam de uma derrogação participem no mecanismo. Um Estado-membro que não participe desde o início no mecanismo de taxas de câmbio pode participar em data posterior.

1.7. O mecanismo de taxas de câmbio basear-se-á nas taxas centrais, definidas por referência ao euro. A margem normal de flutuação será relativamente ampla. Através da condução de políticas monetárias e económicas orientadas para a estabilidade, as taxas centrais continuarão a constituir a referência para os Estados-membros não participantes na zona do euro mas participantes no mecanismo.

1.8. Além disso, é permitida uma flexibilidade suficiente, em especial a fim de contemplar os diferentes graus, ritmos e estratégias de convergência económica dos Estados-membros não participantes na zona do euro aderentes ao mecanismo. A cooperação no domínio da política cambial poderá ainda ser reforçada, permitindo-se, por exemplo, relações cambiais mais estreitas entre o euro e as outras moedas do mecanismo de taxas de câmbio se, e na medida em que, forem apropriadas à luz dos progressos realizados em matéria de convergência. A existência dessas relações mais estreitas, nomeadamente se implicarem margens de flutuação mais estreitas, não afectará a interpretação do critério relativo às taxas de câmbio previsto no artigo 109.°-J do Tratado.

2. CARACTERÍSTICAS PRINCIPAIS

2.1. Será definida, para a moeda de cada Estado-membro não participante na zona do euro que participa no mecanismo de taxas de câmbio, uma taxa central por referência ao euro. Existirá uma margem de flutuação normal de mais ou menos 15% relativamente às taxas centrais. As intervenções nas margens serão em princípio automáticas e ilimitadas, com financiamentos de muito curto prazo. No entanto, o BCE e os bancos centrais dos outros participantes podem suspender a intervenção se esta colidir com o objectivo primordial. Na sua decisão, terão em devida conta todos os factores pertinentes e, em especial, a necessidade de manter a estabilidade dos preços e a credibilidade do funcionamento do mecanismo de taxas de câmbio.

2.2. Como se especificará no acordo que fixa os procedimentos operacionais do mecanismo de taxas de câmbio a concluir entre o BCE e os bancos centrais nacionais, a utilização flexível das taxas de juro será uma importante característica do mecanismo e haverá a possibilidade de proceder a intervenções intramarginais coordenadas.

2.3. As decisões em matéria de taxas centrais e de margem de flutuação normal serão tomadas através de acordo mútuo entre os ministros dos Estados-membros participantes na zona do euro, o BCE e os ministros e governadores dos bancos centrais dos Estados-membros não participantes na zona do euro mas participantes no mecanismo de taxas de câmbio, segundo um procedimento comum que inclua a Comissão Europeia e após consulta ao Comité Económico e Financeiro. Os ministros e os governadores dos bancos centrais dos Estados-membros não participantes no mecanismo de taxas de câmbio participarão no procedimento mas não terão direito a voto. Todas as partes intervenientes no acordo mútuo, incluindo o BCE, terão direito a iniciar um procedimento confidencial com o objectivo de rever as taxas centrais.

2.4. Numa base casuística, e a pedido do Estado-membro interessado não participante na zona do euro, podem ser fixadas por acordo formal margens de flutuação mais estreitas que a margem normal e suportadas em princípio por uma intervenção e financiamento automáticos. A decisão de estreitar a banda de flutuação seria tomada pelos ministros dos Estados-membros participantes na zona do euro, o BCE e o ministro e o governador do banco central do Estado-membro interessado não participante na zona do euro, na sequência de um procedimento comum que inclua a Comissão Europeia e após consulta do Comité Económico e Financeiro. Os ministros e governadores dos bancos centrais dos outros Estados-membros participarão no procedimento mas não terão direito a voto.

2.5. As margens de flutuação normal e mais estreitas não deverão afectar a interpretação do terceiro travessão do n.º 1 do artigo 109.º-J do Tratado.

2.6. Os pormenores do mecanismo de financiamento de muito curto prazo serão definidos no acordo entre o BCE e os bancos centrais nacionais, em larga medida com base nas presentes disposições. O Instituto Monetário Europeu (IME) redigiu um projecto de acordo que incorpora os procedimentos operacionais exigidos pela presente resolução. O IME apresentá-lo-á ao BCE e aos bancos centrais dos Estados-membros não participantes na zona do euro à data de criação do BCE.

Jornal Oficial das Comunidades Europeias n.º C 345
de 13/11/1998

ACORDO
de 1 de Setembro de 1998
entre o Banco Central Europeu e os bancos centrais nacionais
dos Estados-membros não participantes na zona do euro
que estabelece os procedimentos operacionais
relativos ao mecanismo de taxas de câmbio na terceira fase
da União Económica e Monetária
(98/C 345/05)

O BANCO CENTRAL EUROPEU (A SEGUIR DESIGNADO «BCE») E OS BANCOS CENTRAIS NACIONAIS DOS ESTADOS-MEMBROS NÃO PARTICIPANTES NA ZONA DO EURO (A SEGUIR DESIGNADOS «BCN NÃO PARTICIPANTES NA ZONA DO EURO» E «ESTADOS-MEMBROS NÃO PARTICIPANTES NA ZONA DO EURO», RESPECTIVAMENTE),

Considerando que, na sua resolução de 16 de Junho de 1997 (a seguir designada «resolução»), o Conselho Europeu decidiu criar um mecanismo de taxas de câmbio (a seguir designado «MTC II») a partir do início da terceira fase da União Económica e Monetária, em 1 de Janeiro de 1999;

Considerando que, de acordo com a referida resolução,

– o MTC II irá substituir o actual Sistema Monetário Europeu,

– a estabilidade económica conjuntural é essencial para assegurar o bom funcionamento do mercado único e o aumento do investimento, do crescimento e do emprego e, em consequência, é no interesse de todos os Estados-membros; o mercado único não pode ser posto em causa devido a distorções nas taxas de câmbio reais, nem devido a flutuações excessivas nas taxas de câmbio nominais entre o euro e as outras moedas da União Europeia, as quais perturbariam os fluxos comerciais entre os Estados-membros; nos

termos do artigo 109.°-M do Tratado que institui a Comunidade Europeia, cada Estado-membro tem a obrigação de tratar a sua política cambial como uma questão de interesse comum,
– o MTC II contribuirá para que os Estados-membros não participantes na zona do euro mas que participem no MTC II (a seguir designados «Estados-membros não participantes na zona do euro que participem no MTC II») orientem as suas políticas no sentido da estabilidade e da convergência, apoiando, nessa medida, os seus esforços para adoptar o euro,
– a participação no MTC II será voluntária para os Estados-membros não participantes na zona do euro; é de esperar que os Estados-membros que beneficiam de uma derrogação venham a participar no mecanismo; um Estado-membro que não participe desde o início no MTC II poderá participar em data posterior,
– o MTC II funcionará sem prejuízo da manutenção da estabilidade dos preços, que constitui o objectivo primordial do BCE e dos BCN não participantes na zona do euro,
– relativamente à moeda de cada Estado-membro não participante na zona do euro que participe no MTC II (a seguir designada «moeda não participante na zona do euro que participe no MTC II») será definida uma taxa central tendo como referência o euro,
– existirá uma margem de flutuação normal de mais ou menos 15% relativamente às taxas centrais,
– deverá ser assegurado que qualquer ajustamento das taxas centrais será efectuado em tempo útil a fim de evitar distorções significativas; todas as partes intervenientes no acordo relativo às taxas centrais, incluindo o BCE, terão o direito de iniciar um procedimento confidencial com o objectivo de rever as taxas centrais,
– as intervenções nas margens serão, em princípio, automáticas e ilimitadas, com financiamentos a muito curto prazo; o BCE e os BCN não participantes na zona do euro que participem no MTC II (a seguir designados «BCN não participantes na zona do euro que participem no MTC II») poderão, no entanto, suspender essa intervenção se esta colidir com o objectivo primordial da estabilidade dos preços; nessa decisão, terão em devida conta todos os factores pertinentes e, em especial, a necessidade de manter a estabilidade dos preços e a credibilidade do funcionamento do MTC II,
– a cooperação no domínio da política cambial poderá ser reforçada, permitindo-se, por exemplo, relações cambiais mais estreitas entre o euro e as moedas não participantes na zona do euro que par-

ticipem no MTC II se e na medida em que forem adequadas à luz dos progressos realizados em matéria de convergência;

Considerando que a intervenção será utilizada como instrumento de apoio conjugado com outras medidas de política económica, incluindo medidas de política monetária e orçamental adequadas à promoção da convergência económica e da estabilidade das taxas de câmbio; que haverá a possibilidade de proceder a uma intervenção intramarginal coordenada, decidida através de acordo entre o BCE e o respectivo BCN não participante na zona do euro que participe no MTC II, paralelamente com outras medidas adequadas, incluindo a utilização flexível das taxas de juro por parte deste último;

Considerando que há que permitir flexibilidade suficiente de modo a contemplar, em especial, os diferentes graus, ritmos e estratégias de convergência económica dos Estados-membros não participantes na zona do euro;

Considerando que o presente acordo não prejudica o estabelecimento, a nível bilateral, de margens de flutuação adicionais e de acordos de intervenção entre Estados-membros não participantes na zona do euro,

ACORDARAM O SEGUINTE:

I
TAXAS CENTRAIS E MARGENS DE FLUTUAÇÃO

Artigo 1.º
Taxas centrais bilaterais e taxas de intervenção entre o euro e as moedas não participantes na zona do euro que participem no MTC II

1.1. As partes intervenientes no MTC II informarão conjuntamente o mercado quanto às taxas centrais bilaterais e quaisquer alterações que se verifiquem entre as moedas não participantes na zona do euro que participem no MTC II e o euro, segundo o procedimento comum especificado no ponto 2.3 da resolução.

1.2. De acordo com as margens de flutuação fixadas nos termos dos pontos 2.1, 2.3 e 2.4 da resolução, o BCE e cada BCN não participante na zona do euro que participe no MTC II deverão estabelecer, através de acordo mútuo, as taxas bilaterais máximas e mínimas entre o euro e as moedas não participantes na zona do euro que participem no MTC II para efeitos de intervenção automática. O BCE e os BCN não participantes na zona do euro que participem no MTC II deverão informar conjuntamente o mercado acerca destas taxas, as quais serão cotadas de acordo com a convenção constante do anexo I.

II
INTERVENÇÃO

Artigo 2.º
Disposições gerais

2.1. Em princípio, a intervenção deverá ser efectuada em euros e nas moedas não participantes na zona do euro que participem no MTC II. O BCE e os BCN não participantes na zona do euro que participem no MTC II deverão informar-se mutuamente acerca de qualquer intervenção em matéria de divisas estrangeiras destinada a salvaguardar a coesão do MTC II.

2.2. O BCE e os BCN não participantes na zona do euro deverão igualmente informar-se mutuamente acerca de qualquer outra intervenção em matéria de divisas estrangeiras.

Artigo 3.º
Intervenção nas margens

3.1. A intervenção nas margens será, em princípio, automática e ilimitada. No entanto, o BCE e os bancos centrais não participantes na zona do euro que participem no MTC II poderão suspender automaticamente a intervenção se esta colidir com o seu objectivo primordial de manutenção da estabilidade dos preços.

3.2. Na decisão relativa à suspensão da intervenção, o BCE ou um BCN não participante na zona do euro que participe no MTC II deverão igualmente tomar em devida conta todos os outros factores pertinentes, incluindo a credibilidade do funcionamento do MTC II. O BCE e/ou o BCN não participante na zona do euro que participe no MTC II em causa deverão fundamentar qualquer decisão desse tipo em provas factuais e, nesse contexto, tomar igualmente em conta qualquer conclusão a que outras entidades competentes tenham chegado. O BCE e/ou o BCN não participante na zona do euro que participe no MTC II deverá notificar, com a máxima antecedência possível e numa base estritamente confidencial, as outras autoridades monetárias em causa, assim como as autoridades monetárias de todos os outros Estados-membros não participantes na zona do euro que participem no MTC II, de qualquer intenção de suspensão da intervenção.

3.3. Em caso de intervenções nas margens, aplicar-se-á o processo de pagamento após pagamento nos termos estabelecidos no anexo I.

Artigo 4.º
Intervenção intramarginal coordenada

O BCE e os BCN não participantes na zona do euro que participem no MTC II poderão acordar na realização de uma intervenção intramarginal coordenada.

Artigo 5.º
Acordo prévio relativamente à intervenção e outras transacções

5.1. Será necessário o acordo prévio do banco central emissor da moeda de intervenção no caso de um banco central tencionar utilizar a moeda de outro banco central em montantes que excedam os limites mutuamente acordados relativamente a qualquer intervenção não obrigatória, incluindo uma intervenção intramarginal unilateral, que envolva a venda ou compra de moedas que participem no mecanismo.

5.2. Será igualmente necessário o acordo prévio para transacções, com exclusão das intervenções, que envolvam pelo menos uma moeda não participante na zona do euro que participe no MTC II ou o euro e cuja grandeza seja susceptível de influenciar a taxa de câmbio das duas moedas em causa. Em tais casos, os dois bancos centrais respectivos deverão acordar numa abordagem que reduza ao mínimo quaisquer potenciais problemas, incluindo a possibilidade de liquidação da transacção – no todo ou em parte – directamente entre os dois bancos centrais.

III
FACILIDADE DE FINANCIAMENTO A MUITO CURTO PRAZO

Artigo 6.º
Disposições gerais

6.1. Para efeitos de intervenção em euros e em moedas não participantes na zona do euro que participem no MTC II, o BCE e cada BCN não participante na zona do euro que participe no MTC II deverão criar entre si facilidades de crédito a muito curto prazo. O prazo de vencimento inicial para uma operação de financiamento a muito curto prazo deverá ser de três meses.

6.2. As operações de financiamento realizadas ao abrigo destas facilidades deverão assumir a forma de vendas e compras à vista de moedas que participem no MTC II dando origem aos correspondentes créditos e responsabilidades na moeda do credor entre o BCE e os BCN não participantes na zona do euro que participem no MTC II. A data de valor das operações de financiamento deverá ser idêntica à data de valor da intervenção no mercado. O BCE deverá manter um registo de todas as transacções realizadas no contexto destas facilidades.

Artigo 7.º
Financiamento da intervenção nas margens

7.1. A facilidade de financiamento a muito curto prazo deverá estar, em princípio, automaticamente disponível, sendo o seu montante ilimitado para efeitos de financiamento da intervenção nas margens nas moedas que participem no mecanismo.

7.2. O banco central devedor deverá utilizar devidamente as suas reservas em divisas estrangeiras antes de recorrer à facilidade.

7.3. O BCE e os BCN não participantes na zona do euro que participem no MTC II poderão suspender novos financiamentos automáticos no caso de tal colidir com o seu objectivo primordial de manutenção da estabilidade dos preços. A suspensão de novos financiamentos automáticos ficará sujeita às disposições do n.º 3.2 do artigo 3.º do presente acordo.

Artigo 8.º
Financiamento da intervenção intramarginal

Para efeitos de intervenção intramarginal, a facilidade de financiamento a muito curto prazo poderá, através de acordo com o banco central emissor da moeda de intervenção, ser disponibilizada nas seguintes condições:

a) O montante acumulado de tal financiamento disponibilizado ao banco central devedor não poderá exceder o limite máximo estabelecido para este no anexo II;

b) O banco central devedor deverá utilizar devidamente as suas reservas em divisas estrangeiras antes de recorrer à facilidade.

Artigo 9.º
Remuneração

9.1. Os saldos em dívida relativos ao financiamento a muito curto prazo deverão ser remunerados de acordo com a taxa representativa interna a três meses, em vigor no mercado monetário da moeda do credor à data do fecho da operação inicial de financiamento ou, em caso de renovação nos termos dos artigos 10.º e 11.º do presente acordo, com a taxa representativa interna a três meses em vigor no mercado monetário da moeda do credor à data em que se vencer a operação inicial de financiamento objecto de renovação.

9.2. Os juros vencidos serão pagos na moeda do credor na data de vencimento da facilidade ou, se for caso disso, na data da liquidação antecipada de um saldo devedor. No caso de renovação de uma facilidade nos termos dos artigos 10.º e 11.º do presente acordo, serão capitalizados juros no final de cada período de três meses, devendo os mesmos ser liquidados na data da liquidação final do saldo devedor.

9.3. Para efeitos do n.º 1 do artigo 9.º do presente acordo, cada BCN não participante na zona do euro que participe no MTC II deverá notificar o BCE da taxa representativa interna a três meses em vigor no mercado monetário. O BCE deverá utilizar uma taxa representativa interna a três meses em vigor no mercado monetário em euros, devendo a mesma ser notificada aos BCN não participantes na zona do euro que participem no mecanismo.

Artigo 10.º
Renovação automática

A pedido do banco central devedor, a data de vencimento inicial de uma operação de financiamento poderá ser prorrogada por um período de três meses.

No entanto:

a) A data de vencimento inicial só poderá ser prorrogada automaticamente uma vez por um período máximo de três meses;

b) O montante total do endividamento resultante da aplicação do presente artigo nunca poderá exceder o limite máximo do banco central devedor estabelecido para cada banco central no anexo II.

Artigo 11.º
Renovação por mútuo acordo

11.1. Qualquer dívida que exceda o limite máximo estabelecido no anexo II poderá ser renovada uma vez por um período de três meses mediante acordo do banco central credor.

11.2. Qualquer dívida que já tenha sido renovada automaticamente por três meses poderá ser renovada uma segunda vez por um período adicional de três meses mediante acordo do banco central credor.

Artigo 12.º
Amortização antecipada

Qualquer saldo devedor registado em conformidade com os artigos 6.º, 10.º e 11.º do presente acordo poderá ser liquidado antecipadamente em qualquer momento a pedido do banco central devedor.

Artigo 13.º
Compensação de créditos e responsabilidades mútuos

Créditos e responsabilidades mútuos existentes entre o BCE e um BCN não participante na zona do euro que participe no MTC II e que sejam resultantes das operações previstas nos artigos 6.º a 12.º do presente acordo poderão ser mutuamente liquidados através de acordo mútuo entre as duas partes interessadas.

Artigo 14.º
Meio de liquidação

14.1. Na data de vencimento de uma operação de financiamento ou no caso de amortização antecipada, a liquidação deverá, em princípio, ser efectuada através de reservas na moeda do credor.

14.2. A presente disposição não prejudica outras formas de liquidação acordadas entre os bancos centrais credor e devedor.

IV
REFORÇO DA COOPERAÇÃO CAMBIAL

Artigo 15.º
Reforço da cooperação cambial

15.1. A cooperação no domínio da política cambial entre BCN não participantes na zona do euro que participem no MTC II e o BCE poderá ser reforçada, em particular através de acordos de estreitamento de relações cambiais mediante iniciativa do Estado-membro interessado não participante na zona do euro que participe no MTC II.

15.2. Em certos casos e a pedido do Estado-membro não participante na zona do euro que participe no MTC II, poderão ser fixadas por acordo margens de flutuação mais estreitas que a margem normal as quais serão suportadas, em princípio, por intervenção e financiamento automáticos, em conformidade com o procedimento estabelecido no ponto 2.4 da resolução.

15.3. Poderão igualmente ser estabelecidos outros tipos de acordos de cooperação cambial mais estreita, de natureza informal, entre o BCE e os BCN não participantes na zona do euro que participem no MTC II.

V
ACOMPANHAMENTO DO FUNCIONAMENTO DO SISTEMA

Artigo 16.º
Tarefas do Conselho Geral do BCE

16.1. Incumbe ao Conselho Geral do BCE proceder ao acompanhamento do funcionamento do MTC II e servir de centro de coordenação das políticas monetárias e cambiais e de administração do mecanismo de intervenção e de financiamento especificado no presente acordo. Compete-lhe ainda acompanhar de perto e em permanência a sustentabilidade das relações cambiais bilaterais entre o euro e cada moeda não participante na zona do euro que participe no MTC II.

16.2. O Conselho Geral do BCE deverá examinar periodicamente o funcionamento do presente acordo à luz da experiência obtida.

Artigo 17.°
Reconsideração das taxas centrais
e participação em margens de flutuação mais estreitas

17.1. Todas as partes intervenientes no acordo estabelecido nos termos do ponto 2.3 da resolução incluindo o BCE, terão o direito de iniciar um procedimento confidencial com o objectivo de rever as taxas centrais.

17.2. No caso de margens de flutuação mais estreitas que a margem normal estabelecidas por acordo, todas as partes intervenientes na decisão conjunta tomada nos termos do ponto 2.4 da resolução, incluindo o BCE, terão o direito de iniciar uma reapreciação confidencial da adequação da participação da respectiva moeda na margem mais estreita.

VI
NÃO PARTICIPAÇÃO

Artigo 18.°
Âmbito de aplicação

As disposições do artigo 1.°, no n.° 2.1 do artigo 2.°, dos artigos 3.°, 4.°, 6.° a 15.° e 17.° do presente acordo não são aplicáveis aos BCN não participantes na zona do euro que não participem no MTC II.

Artigo 19.°
Cooperação na concertação

Os BCN não participantes na zona do euro que não participem no MTC II deverão cooperar com o BCE e com os BCN não participantes na zona do euro que participem no MTC II na concertação e nos demais intercâmbios de informação necessários ao bom funcionamento do MTC II.

VII
DISPOSIÇÕES FINAIS
Artigo 20.°
Disposições finais

20.1. O presente acordo substitui, com efeitos a partir de 1 de Janeiro de 1999, o acordo de 13 de Março de 1979, conforme revisto pelo instrumento de 10 de Junho de 1985 e pelo instrumento de 10 de Novembro de 1987, que estabelecem os procedimentos operacionais do Sistema Monetário Europeu.

20.2. O presente acordo será elaborado em versões devidamente assinadas nas línguas inglesa, francesa e alemã. O BCE enviará uma cópia certificada do original em cada língua a cada banco central, devendo os originais ficar na posse do BCE. O acordo será traduzido para todas as outras línguas oficiais da Comunidade e publicado na série C do Jornal Oficial das Comunidades Europeias.

ANEXO I

CONVENÇÃO DE COTAÇÃO
PARA AS MOEDAS PARTICIPANTES NO MTC II
E PROCESSO DE PAGAMENTO APÓS PAGAMENTO
EM CASO DE INTERVENÇÕES NAS MARGENS

A. *Convenção de cotação*

Para todas as moedas dos Estados-membros não participantes na zona do euro que participem no MTC II, a taxa de câmbio para a taxa central bilateral relativamente ao euro deverá ser cotada tendo o euro como a moeda de base. A taxa de câmbio deverá exprimir o valor de um euro (1 EUR), incluindo seis algarismos significativos para todas as moedas.

A mesma convenção será aplicada para cotar as taxas de intervenção máximas e mínimas relativamente ao euro das moedas dos Estados-membros não participantes na zona do euro que participem no MTC II. As taxas de intervenção serão fixadas mediante adição ou subtracção da banda acordada, expressa em percentagem, às ou das taxas centrais bilaterais. As taxas resultantes deverão ser arredondadas para seis dígitos significativos.

B. *Processo de pagamento após pagamento*

Em caso de intervenções nas margens, tanto o BCE como os BCN participantes na zona do euro deverão recorrer a um processo de pagamento após pagamento. Os BCN não participantes na zona do euro que participem no MTC II aplicarão o processo de pagamento após pagamento ao actuarem como correspondentes dos BCN participantes na zona do euro e do BCE, de acordo com o presente anexo; os BCN não participantes no zona do euro que participem no MTC II podem, se assim o decidirem, adoptar o mesmo processo de pagamento após pagamento ao liquidarem as intervenções nas margens que eles próprios realizaram.

i) Princípios gerais
- o processo de pagamento após pagamento aplicar-se-á em caso de intervenções nas margens no MTC II entre o euro e as moedas dos Estados-membros não participantes na zona do euro que participem no MTC II,
- para serem elegíveis para intervenções nas margens, as contrapartes deverão manter uma conta junto do BCN em questão. Dever-se-á igualmente solicitar às contrapartes que mantenham endereços na rede SWIFT e/ou troquem códigos telex autenticados com o BCN em questão ou com o BCE. Além disso, as contrapartes elegíveis poderão proceder a intervenções nas margens no MTC II directamente com o BCE,
- os BCN não participantes na zona do euro que participem no MTC II actuarão como correspondentes dos BCN participantes na zona do euro e do BCE,
- em caso de realização de intervenções nas margens, o BCN em questão ou o BCE apenas liquidará uma determinada transacção depois de ter recebido uma confirmação do seu correspondente de que o montante devido foi creditado na sua conta. Solicitar-se-á às contrapartes que efectuem os respectivos pagamentos tempestivamente para que os BCN e o BCE possam cumprir as suas respectivas obrigações de pagamento. Consequentemente, deverá solicitar-se às contrapartes que efectuem os devidos pagamentos antes de expirar o prazo preestabelecido.

ii) Prazo para efectuar os pagamentos devidos pelas contrapartes

As contrapartes deverão efectuar os pagamentos dos montantes das intervenções o mais tardar até às 13:00h (hora local do BCE – Hora da Europa Central) da data-valor.

ANEXO II
LIMITES PARA RECORRER À FACILIDADE DE FINANCIAMENTO A MUITO CURTO PRAZO A QUE SE REFEREM OS ARTIGOS 8.º, 10.º e 11.º DO ACORDO DE 1 DE SETEMBRO DE 1998

com efeitos a partir de 1 de Janeiro de 1999 (em milhões de euros)

Bancos centrais intervenientes no presente acordo	Limites
Danmarks Nationalbank	520
Bank of Greece	300
Sveriges Riksbank	990
Bank of England	3.480
European Central Bank	nada
BCN participantes na zona do euro	**Limites**
Nationale Bank van België/Banque Nationale de Belgique	nada
Deutsche Bundesbank	nada
Banco de España	nada
Banque de France	nada
Central Bank of Ireland	nada
Banca d'Italia	nada
Banque centrale du Luxembourg	nada
De Nederlandsche Bank	nada
Öesterreichische Nationalbank	nada
Banco de Portugal	nada
Suomen Pankki	nada

COMUNICADO CONJUNTO DOS MINISTROS DOS ESTADOS-MEMBROS QUE ADOPTAM O EURO COMO SUA MOEDA ÚNICA, DO BANCO CENTRAL EUROPEU, DOS MINISTROS E GOVERNADORES DOS BANCOS CENTRAIS DO REINO DA DINAMARCA E DA REPÚBLICA HELÉNICA – VIENA, 26/9/98
Participação da Dinamarca e da Grécia no Mecanismo de Taxas de Câmbio (MTC II)

Os Ministros dos Estados-membros da área do euro, o Banco Central Europeu e os Ministros e os Governadores dos bancos centrais do Reino da Dinamarca e da República Helénica discutiram a participação no MTC II de Estados-membros não participantes na área do euro. Esta discussão envolveu a Comissão Europeia e a consulta ao Comité Monetário, os quais:
– acolheram positivamente a decisão tomada pelos Governos grego e dinamarquês de transferirem a sua participação do MTC I para o MTC II, ligando as respectivas moedas à área do euro;
– acordaram que o dracma grego participará no MTC II com uma margem normal de flutuação em torno de uma taxa central em relação ao euro de ± 15%;
– acordaram que a coroa dinamarquesa participará no MTC II com uma margem de flutuação em torno de uma taxa central em relação ao euro de ± 2.25%.

O acordo respeitante ao dracma grego constitui uma continuação da sua participação satisfatória no mecanismo de taxas de câmbio, na sequência dos progressos realizados no sentido da convergência, reconhecendo que a flexibilidade concedida pela margem normal de flutuação aumenta a eficácia da política monetária orientada no sentido da estabilidade, actualmente prosseguida.

O acordo respeitante à coroa dinamarquesa baseia-se no elevado nível de convergência alcançada pela Dinamarca em termos dos critérios de convergência, incluindo o elevado grau de estabilidade da coroa dinamarquesa nos mercados e a sua paridade central, que se tem mantido inalterada no seio do MTC I, desde Janeiro de 1987. Esta situação resulta da execução sustentada de políticas económicas orientadas no sentido da estabilidade.

Os acordos acima mencionados entrarão em vigor nos termos do processo formal previsto na Resolução do Conselho Europeu sobre o MTC II, produzindo efeitos, a partir da abertura dos mercados cambiais em 4 de Janeiro de 1999.

Frankfurt, 31 de Dezembro de 1998
TAXAS CENTRAIS DO EURO E TAXAS DE INTERVENÇÃO NO MTC II
(Tradução da responsabilidade do Banco de Portugal)

Na sequência da decisão tomada hoje sobre as taxas centrais do euro para a coroa dinamarquesa e para o dracma grego no MTC II, o Banco Central Europeu, o *Danmarks Nationalbank* e o Banco da Grécia, nos termos do n.º 2 do Artigo 1.º do Acordo entre os bancos centrais do dia 1 de Setembro de 1998 sobre o Mecanismo de Taxas de Câmbio na Terceira Fase da União Económica e Monetária, estabeleceram, de comum acordo, as taxas de intervenção obrigatórias para a coroa dinamarquesa e para o dracma grego no MTC II.

As taxas centrais do euro, bem como as taxas de intervenção obrigatórias para a coroa dinamarquesa e para o dracma grego são por esta forma divulgadas.

TAXAS CENTRAIS DO EURO
E TAXAS DE INTERVENÇÃO OBRIGATÓRIAS
PARA AS MOEDAS DOS PAÍSES PARTICIPANTES NO MTC II,
EM VIGOR A PARTIR DO DIA 1 DE JANEIRO DE 1999 [1]

País e Moeda		EUR 1 =
DINAMARCA: DKK	Taxa de compra	7.62824
	Taxa central	7.46038
	Taxa de venda	7.29252
GRÉCIA: GRD	Taxa de compra	406.075
	Taxa central	353.109
	Taxa de venda	300.143

Banco Central Europeu
Press Division
Kaiserstrasse 29, D-60311 Frankfurt am Main

---

[1] Quadro elaborado pelo BCE, de comum acordo com o *Danmarks Nationalbank* e com o Banco da Grécia.

Jornal Oficial das Comunidades Europeias n.° L 30 de 4.2.1999

DECISÃO DO CONSELHO
de 31 de Dezembro de 1998
relativa à posição a adoptar pela Comunidade
no que diz respeito a um acordo sobre as relações monetárias
com o Principado do Mónaco
(1999/96/CE)

O CONSELHO DA UNIÃO EUROPEIA,

Tendo em conta o Tratado que institui a Comunidade Europeia, e, nomeadamente o n.° 3 do seu artigo 109.°,

Tendo em conta a recomendação da Comissão, Tendo em conta o parecer do Banco Central Europeu,

(1) Considerando que, em conformidade com o Regulamento (CE) n.° 974/98 do Conselho, de 3 de Maio de 1998, relativo à introdução do euro ([1]), o euro substituirá a partir de 1 de Janeiro de 1999 a moeda de cada Estado-membro participante à taxa de conversão;

(2) Considerando que, a partir da mesma data, a Comunidade será competente para as questões monetárias e cambiais nos Estados-membros que adoptam o euro;

(3) Considerando que o Conselho decide dos mecanismos para a negociação e a conclusão dos acordos relativos a questões monetárias ou ao regime cambial;

(4) Considerando que a França mantém relações monetárias especiais com o Principado do Mónaco, que se baseiam em diferentes instrumentos jurídicos ([2]); que as instituições financeiras estabelecidas no Principado do

---

([1]) JO L 139 de 11.5.1998, p. 1.
([2]) Decreto monegasco de 2 de Janeiro de 1925 que fixa o curso legal e o curso forçado das moedas e notas; Convenção Franco-Monegasca de 14 de Abril de 1945 rela-

Mónaco têm o direito potencial de acesso aos mecanismos de refinanciamento do Banco de França e que participam em certos sistemas de pagamento franceses segundo as mesmas condições que os bancos franceses;

(5) Considerando que o euro substituirá o franco francês em 1 de Janeiro de 1999;

(6) Considerando que, de acordo com a declaração (n.º 6) anexa à acta final do Tratado da União Europeia, a Comunidade se compromete a facilitar a renegociação dos convénios existentes com o Principado do Mónaco, na medida do necessário, na sequência da introdução da moeda única;

(7) Considerando que os acordos entre a França e o Principado do Mónaco na sua forma actual terão de ser alterados ou, eventualmente, substituídos o mais rapidamente possível, a fim de ter em conta a atribuição de competências à Comunidade em relação a questões monetárias e cambiais tal como estabelecido no Tratado;

(8) Considerando as estreitas relações económicas entre o Principado do Mónaco e a Comunidade, afigura-se apropriado que seja concluído entre a Comunidade e o Principado do Mónaco um acordo relativo às notas e moedas, ao acesso aos sistemas de pagamento e ao curso legal do euro no Principado do Mónaco; que, atentas as relações históricas entre a França e o Principado do Mónaco, afigura-se apropriado que a França negoceie e possa concluir o novo acordo em nome da Comunidade;

(9) Considerando que, a fim de permitir que o Principado do Mónaco tenha a mesma moeda que a França, se afigura apropriado concordar que o Principado do Mónaco utilize o euro como sua moeda oficial e conceda o estatuto de curso legal às notas e moedas em euros emitidos pelo Sistema Europeu dos Bancos Centrais e pelos Estados-membros que tenham adoptado o euro;

(10) Considerando que é importante que o Principado do Mónaco garanta que as regras comunitárias relativas às notas e moedas expressas em euros sejam aplicáveis no Principado; que as notas e moedas em euros necessitam de uma protecção apropriada em relação à contrafacção; que é importante que o Principado do Mónaco tome todas as medidas necessárias para combater a contrafacção e para cooperar com a Comunidade neste domínio;

(11) Considerando que o Banco Central Europeu (BCE) e os bancos centrais nacionais podem proceder a todos os tipos de transacções ban-

---

tiva ao controlo cambial; Troca de cartas entre a França e o Mónaco de 18 de Maio de 1963, relativa à regulamentação bancária no Principado, pela troca de cartas de 27 de Novembro de 1987.

cárias em relação a instituições financeiras situadas em países terceiros; que o BCE e os bancos centrais nacionais podem em condições apropriadas autorizar instituições financeiras de países terceiros a terem acesso aos seus sistemas de pagamento; que o acordo entre a Comunidade e o Principado do Mónaco não imporá quaisquer obrigações ao BCE ou a qualquer banco central nacional;

(12) Considerando que a Comissão e o BCE nos domínios da sua competência terão de estar estreitamente associados a estas negociações; que se afigura apropriado que a França submeta o projecto de acordo ao Comité Económico e Financeiro para parecer; que o projecto de acordo será submetido ao Conselho no caso de a Comissão, o BCE ou o Comité Económico e Financeiro considerarem que tal é necessário;

(13) Considerando que os convénios existentes entre a França e o Principado do Mónaco deverão ser alterados ou, se for caso disso, substituídos de forma a evitar quaisquer incoerências entre esses convénios e o acordo entre a Comunidade e o Principado do Mónaco relativo às suas relações monetárias,

ADOPTOU A PRESENTE DECISÃO:

Artigo 1.º

A França deve notificar o Principado do Mónaco da necessidade de alterar os x existentes entre a França e o Principado do Mónaco o mais rapidamente possível no que diz respeito às questões monetárias e propor negociações relativamente a um novo acordo.

Artigo 2.º

A posição a ser tomada pela Comunidade nas negociações com o principado do Mónaco com vista à celebração de um acordo relativo às questões adiante referidas deve basear-se nos princípios estabelecidos nos artigos 3.º a 6.º.

Artigo 3.º

1. O Principado do Mónaco terá o direito de utilizar o euro como a sua moeda oficial.

2. O Principado do Mónaco terá o direito de conceder o estatuto de curso legal às notas e moedas em euros.

Artigo 4.º

O Principado do Mónaco comprometer-se-á não emitir quaisquer notas, moedas ou substitutos monetários de qualquer tipo a não ser que as condições dessa emissão tenham sido acordadas com a Comunidade.

Artigo 5.°

1. O Principado do Mónaco comprometer-se-á a aplicar as regras comunitárias relativas às notas e moedas em euros no Principado.
2. O Principado do Mónaco comprometer-se-á a cooperar estreitamente com a Comunidade no que diz respeito às medidas de combate à contrafacção de notas e moedas em euros.

Artigo 6.°

As instituições financeiras estabelecidas no Principado do Mónaco poderão ter acesso aos sistemas de pagamento na zona euro em condições apropriadas a serem determinadas com o acordo do BCE.

Essas instituições podem ser sujeitas às exigências do BCE relativas às reservas mínimas e às informações estatísticas.

Artigo 7.°

A França negociará, em nome da Comunidade, com o Principado do Mónaco as questões referidas nos artigos 3.° a 6.°. A Comissão será plenamente associada às negociações. O BCE será plenamente associado às negociações nos domínios da sua competência. A França submeterá o projecto de acordo ao Comité Económico e Financeiro para parecer.

Artigo 8.°

A França poderá concluir o acordo em nome da Comunidade a não ser que a Comissão, o BCE ou o Comité Económico e Financeiro considerem que o acordo deve ser submetido ao Conselho.

Artigo 9.°

A França procederá à revisão dos seus actuais convénios com o Principado do Mónaco a fim de os tornar compatíveis com o acordo entre a Comunidade e o Principado do Mónaco relativo às suas relações monetárias.

Artigo 10.°

A República Francesa é a destinatária da presente decisão.

Feito em Bruxelas, em 31 de Dezembro de 1998.

Pelo Conselho
O Presidente

R. EDLINGER

Jornal Oficial das Comunidades Europeias n.º L 30
de 4.2.1999

DECISÃO DO CONSELHO
de 31 de Dezembro de 1998
relativa à posição a adoptar pela Comunidade
no que diz respeito a um acordo sobre as relações monetárias
com a Cidade do Vaticano
(1999/98/CE)

O CONSELHO DA UNIÃO EUROPEIA,

Tendo em conta o Tratado que institui a Comunidade Europeia, e, nomeadamente o n.º 3 do seu artigo 109.º,

Tendo em conta a recomendação da Comissão,

Tendo em conta o parecer do Banco Central Europeu,

(1) Considerando que, em conformidade com o Regulamento (CE) n.º 974/98 do Conselho, de 3 de Maio de 1998, relativo à introdução do euro ([1]), o euro substituirá a partir de 1 de Janeiro de 1999 a moeda de cada Estado-membro participante à taxa de conversão;

(2) Considerando que, a partir da mesma data a Comunidade será competente para as questões monetárias e cambiais nos Estados-membros que adoptam o euro;

(3) Considerando que o Conselho decide dos mecanismos para a negociação e a conclusão dos acordos relativos a questões monetárias ou ao regime cambial;

(4) Considerando que a Itália concluiu com a Cidade do Vaticano um acordo que inclui disposições relativas a questões monetárias ([2]);

(5) Considerando que o euro substituirá a lira italiana em 1 de Janeiro de 1999;

([1]) JO L 139 de 11.5.1998, p. 1.
([2]) Convenção monetária entre a República Italiana e o Estado da Cidade do Vaticano de 3 de Dezembro de 1991.

(6) Considerando que, de acordo com a declaração (n.º 6) anexa à acta final do Tratado da União Europeia, a Comunidade se compromete a facilitar a renegociação dos convénios existentes com a Cidade do Vaticano, na medida do necessário, na sequência da introdução da moeda única;

(7) Considerando que os acordos entre a Itália e a Cidade do Vaticano na sua forma actual terão de ser alterados ou, eventualmente, substituídos o mais rapidamente possível, a fim de ter em conta a atribuição de competências à Comunidade em relação a questões monetárias e cambiais tal como estabelecido no Tratado;

(8) Considerando as estreitas relações económicas entre a Cidade do Vaticano e a Comunidade, afigura-se apropriado que seja concluído entre a Comunidade e este Estado um acordo relativo às notas e moedas, ao acesso aos sistemas de pagamento e ao curso legal do euro na Cidade do Vaticano; que, atentas as relações históricas entre a Itália e a Cidade do Vaticano, afigura-se apropriado que a Itália negoceie e possa concluir o novo acordo em nome da Comunidade;

(9) Considerando que, a fim de permitir que a Cidade do Vaticano tenha a mesma moeda que a Itália, se afigura apropriado concordar que a Cidade do Vaticano utilize o euro como sua moeda oficial e conceda o estatuto de curso legal às notas e moedas em euros emitidas pelo Sistema Europeu dos Bancos Centrais e pelos Estados-membros que tenham adoptado o euro;

(10) Considerando que é importante que a Cidade do Vaticano garanta que as regras comunitárias relativas às notas e moedas expressas em euros sejam aplicáveis na Cidade do Vaticano; que as notas e moedas em euros necessitam de uma protecção apropriada em relação à contrafacção; que é importante que a Cidade do Vaticano tome todas as medidas necessárias para combater a contrafacção e para cooperar com a Comunidade neste domínio;

(11) Considerando que o Banco Central Europeu (BCE) e os bancos centrais nacionais podem proceder a todos os tipos de transacções bancárias em relação a instituições financeiras situadas em países terceiros; que o BCE e os bancos centrais nacionais podem em condições apropriadas autorizar instituições financeiras de países terceiros a terem acesso aos seus sistemas de pagamento; que o acordo entre a Comunidade e a Cidade do Vaticano não imporá quaisquer obrigações ao BCE ou a qualquer banco central nacional;

(12) Considerando que a Comissão e o BCE nos domínios da sua competência terão de estar estreitamente associados a estas negociações; que se afigura apropriado que a Itália submeta o projecto de acordo ao

Comité Económico e Financeiro para parecer; que o projecto de acordo será submetido ao Conselho no caso de a Comissão, o BCE ou o Comité Económico e Financeiro considerarem que tal é necessário;

(13) Considerando que o acordo existentes entre a Itália e a Cidade do Vaticano devem ser alterados ou, se for caso disso, substituídos de forma a evitar quaisquer incoerências entre esse acordo e o acordo entre a Comunidade e a Cidade do Vaticano relativo às suas relações monetárias,

ADOPTOU A PRESENTE DECISÃO:

Artigo 1.º

A Itália deve notificar a Cidade do Vaticano da necessidade de alterar o acordo existente entre a Itália e a Cidade do Vaticano o mais rapidamente possível no que diz respeito às questões monetárias e propor negociações relativamente a um novo acordo.

Artigo 2.º

A posição a ser tomada pela Comunidade nas negociações com a Cidade do Vaticano com vista à celebração de um acordo relativo às questões adiante referidas deve basear-se nos princípios estabelecidos nos artigos 3.º a 6.º.

Artigo 3.º

1. A Cidade do Vaticano terá o direito de utilizar o euro como a sua moeda oficial.

2. A Cidade do Vaticano terá direito de conceder o estatuto de curso legal às notas e moedas em euros.

Artigo 4.º

A Cidade do Vaticano comprometer-se-á não emitir quaisquer notas, moedas ou substitutos monetários de qualquer tipo a não ser que as condições dessa emissão tenham sido acordadas com a Comunidade. A presente disposição não obsta ao direito da Cidade do Vaticano continuar a emitir moedas de colecção.

Artigo 5.º

1. A Cidade do Vaticano comprometer-se-á a aplicar as regras comunitárias relativas às notas e moedas em euros na Cidade do Vaticano.

2. O Cidade do Vaticano comprometer-se-á a cooperar estreitamente com a Comunidade no que diz respeito às medidas de combate à contrafacção de notas e moedas em euros.

Artigo 6.º

As instituições financeiras estabelecidas na Cidade do Vaticano poderão ter acesso aos sistemas de pagamento na zona euro em condições apropriadas a serem determinadas em acordo com o BCE.

Artigo 7.º

A Itália negociará, em nome da Comunidade, com a Cidade do Vaticano as questões referidas nos artigos 3.º a 6.º. A Comissão será plenamente associada às negociações. O BCE será plenamente associado às negociações nos domínios da sua competência. A Itália submeterá o projecto de acordo ao Comité Económico e Financeiro para parecer.

Artigo 8.º

A Itália poderá concluir o acordo em nome da Comunidade a não ser que a Comissão, o BCE ou o Comité Económico e Financeiro considerem que o acordo deve ser submetido ao Conselho.

Artigo 9.º

A Itália zelará por que os seus acordos com a Cidade do Vaticano sejam compatíveis com o acordo entre a Comunidade e a Cidade do Vaticano relativo às suas relações monetárias.

Artigo 10.º

A República Italiana é a destinatária da presente decisão.

Feito em Bruxelas, em 31 de Dezembro de 1998.

Pelo Conselho
O Presidente

R. EDLINGER

Jornal Oficial das Comunidades Europeias n.° L 30
de 4.2.1999

DECISÃO DO CONSELHO
de 31 de Dezembro de 1998
relativa à posição a adoptar pela Comunidade
no que diz respeito a um acordo sobre as relações monetárias
com a República de São Marinho
(1999/97/CE)

O CONSELHO DA UNIÃO EUROPEIA,

Tendo em conta o Tratado que institui a Comunidade Europeia, e, nomeadamente o n.° 3 do seu artigo 109.°,

Tendo em conta a recomendação da Comissão, Tendo em conta o parecer do Banco Central Europeu,

(1) Considerando que, em conformidade com o Regulamento (CE) n.° 974/98 do Conselho, de 3 de Maio de 1998, relativo à introdução do euro ([1]), o euro substituirá a partir de 1 de Janeiro de 1999 a moeda de cada Estado-membro participante à taxa de conversão;

(2) Considerando que, a partir da mesma data, a Comunidade será competente para as questões monetárias e cambiais nos Estados-membros que adoptam o euro;

(3) Considerando que o Conselho decide dos mecanismos para a negociação e a conclusão dos acordos relativos as questões monetárias ou ao regime cambial;

(4) Considerando que a Itália concluiu vários acordos com a República de São Marinho, que incluem disposições relativas a questões monetárias ([2]);

([1]) JO L 139 de 11.5.1998, p. 1.

([2]) Convenção de amizade e boa vizinhança entre São Marinho e a Itália, de 31 de Março de 1939, tal como alterada; Convenção monetária entre a República Italiana e a

(5) Considerando que o euro substituirá a lira italiana em 1 de Janeiro de 1999;

(6) Considerando que, de acordo com a declaração (n.° 6) anexa à acta final do Tratado da União Europeia, a Comunidade se compromete a facilitar a renegociação dos convénios existentes com o República de São Marinho, na medida do necessário, na sequência da introdução da moeda única;

(7) Considerando que os acordos entre a Itália e a República de São Marinho na sua forma actual terão de ser alterados ou, eventualmente, substituídos o mais rapidamente possível, a fim de ter em conta a atribuição de competências à Comunidade em relação a questões monetárias e cambiais tal como estabelecido no Tratado;

(8) Considerando as estreitas relações económicas entre o República de São Marinho e a Comunidade, afigura-se apropriado que seja concluído entre a Comunidade e a República de São Marinho um acordo relativo às notas e moedas, ao acesso aos sistemas de pagamento e ao curso legal do euro na República de São Marinho; que, atentas as relações históricas entre a Itália e a República de São Marinho, afigura-se apropriado que a Itália negoceie e possa concluir o novo acordo em nome da Comunidade;

(9) Considerando que, a fim de permitir que a República de São Marinho tenha a mesma moeda que a Itália, se afigura apropriado concordar que a República de São Marinho utilize o euro como sua moeda oficial e conceda o estatuto de curso legal às notas e moedas em euros emitidas pelo Sistema Europeu dos Bancos Centrais e pelos Estados-membros que tenham adoptado o euro;

(10) Considerando que é importante que a República de São Marinho garanta que as regras comunitárias relativas às notas e moedas expressas em euros sejam aplicáveis na República de São Marinho; que as notas e moedas em euros necessitam de uma protecção apropriada em relação à contrafacção; que é importante que a República de São Marinho tome todas as medidas necessárias para combater a contrafacção e para cooperar com a Comunidade neste domínio;

(11) Considerando que o Banco Central Europeu (BCE) e os bancos centrais nacionais podem proceder a todos os tipos de transacções bancárias em relação a instituições financeiras situadas em países terceiros; que o BCE e os bancos centrais nacionais podem em condições apropria-

---

República de São Marinho, de 21 de Dezembro de 1991; Convenção em matéria de relações financeiras e de valores mobiliários entre a República Italiana e a República de São Marinho, com rectificação adicional por acta assinada em Roma em 4 de Março de 1994.

das autorizar instituições financeiras de países terceiros a terem acesso aos seus sistemas de pagamento; que o acordo entre a Comunidade e a República de São Marinho não imporá quaisquer obrigações ao BCE ou a qualquer banco central nacional;

(12) Considerando que a Comissão e o BCE nos domínios da sua competência terão de estar estreitamente associados a estas negociações; em relação aos respectivos domínios de competência; que se afigura apropriado que a Itália submeta o projecto de acordo ao Comité Económico e Financeiro para parecer; que o projecto de acordo será submetido ao Conselho no caso de a Comissão, o BCE ou o Comité Económico e Financeiro considerarem que tal é necessário.

(13) Considerando que os acordos existentes entre a Itália e a República de São Marinho devem ser alterados ou, se for caso disso, substituídos de forma a evitar quaisquer incoerências entre esses acordos e o acordo entre a Comunidade e a República de São Marinho relativo às suas relações monetárias,

ADOPTOU A PRESENTE DECISÃO:

Artigo 1.º

A Itália deve notificar o República de São Marinho da necessidade de alterar os convénios existentes entre a Itália e a República de São Marinho o mais rapidamente possível no que diz respeito às questões monetárias e propor negociações relativamente a um novo acordo.

Artigo 2.º

A posição a ser tomada pela Comunidade nas negociações com a República de São Marinho com vista à celebração de um acordo relativo às questões adiante referidas deve basear-se nos princípios estabelecidos nos artigos 3.º a 6.º.

Artigo 3.º

1. A República de São Marinho terá o direito de utilizar o euro como a sua moeda oficial.

2. A República de São Marinho terá direito de conceder o estatuto de curso legal às notas e moedas em euros.

Artigo 4.º

A República de São Marinho comprometer-se-á não emitir quaisquer notas, moedas ou substitutos monetários de qualquer tipo a não ser que as condições dessa emissão tenham sido acordadas com a Comunidade.

A presente disposição não obsta ao direito da República de São Marinho continuar a emitir moedas de ouro expressas em Scudi.

Artigo 5.º

1. A República de São Marinho comprometer-se-á a aplicar as regras comunitárias relativas às notas e moedas em euros na República de São Marinho.

2. A República de São Marinho comprometer-se-á a cooperar estreitamente com a Comunidade no que diz respeito às medidas de combate à contrafacção de notas e moedas em euros.

Artigo 6.º

As instituições financeiras estabelecidas na República de São Marinho poderão ter acesso aos sistemas de pagamento na zona euro em condições apropriadas a serem determinadas com o acordo do BCE.

Artigo 7.º

A Itália negociará, em nome da Comunidade, com a República de São Marinho as questões referidas nos artigos 3.º a 6.º. A Comissão será plenamente associada às negociações. O BCE será plenamente associado às negociações nos domínios da sua competência. A Itália submeterá o projecto de acordo ao Comité Económico e Financeiro para parecer.

Artigo 8.º

A Itália poderá concluir o acordo em nome da Comunidade a não ser que a Comissão, o BCE ou o Comité Económico e Financeiro considerem que o acordo deve ser submetido ao Conselho.

Artigo 9.º

A Itália zelará por que os seus acordos com a República de São Marinho sejam compatíveis com o acordo entre a Comunidade e o República de São Marinho relativo às suas relações monetárias.

Artigo 10.º

A República Italiana é a destinatária da presente decisão.

Feito em Bruxelas, em 31 de Dezembro de 1998.

Pelo Conselho
O Presidente
R. EDLINGER

Jornal Oficial das Comunidades Europeias n.° L 320
de 28.11.98

DECISÃO DO CONSELHO
de 23 de Novembro de 1998
relativa aos aspectos cambiais
relacionados com o franco CFA e o franco das Comores
(98/683/CE)

O CONSELHO DA UNIÃO EUROPEIA,

Tendo em conta o Tratado que institui a Comunidade Europeia, e, nomeadamente o n.° 3 do seu artigo 109.°,

Tendo em conta a recomendação da Comissão,

Tendo em conta o parecer do Banco Central Europeu [1],

(1) Considerando que, nos termos do Regulamento (CE) n.° 974/98 do Conselho, de 3 de Maio de 1998, relativo à introdução do euro [2], esta moeda substituirá, a partir de 1 de Janeiro de 1999, a moeda de cada país participante à taxa de conversão;

(2) Considerando que, a partir dessa data, a Comunidade será competente no domínio monetário e cambial nos Estados-membros que adoptarem o euro;

(3) Considerando que o Conselho deverá determinar as modalidades adequadas para a negociação e celebração de acordos relativos às questões monetárias ou ao regime cambial;

(4) Considerando que a França celebrou diversos acordos com a UEMAO (União Económica e Monetária da África Ocidental), a CEMAC (Comunidade Económica e Monetária da África Central) e as Comores, que se destinam a garantir a convertibilidade dos francos CFA e das Comores em francos franceses a uma paridade fixa [3];

---

[1] Parecer emitido em 23 de Setembro de 1998.
[2] JO L 139 de 11.5.1998, p. 1.
[3] Convenção de cooperação monetária de 23 de Novembro de 1972 entre os Estados que são membros do Banco dos Estados da África Central (BAAC) e a República

(5) Considerando que o euro virá substituir o franco francês em 1 de Janeiro de 1999;

(6) Considerando que a convertibilidade dos francos CFA e das Comores é garantida por um compromisso orçamental das autoridades francesas; que estas autoridades deram a garantia de que os acordos com a UEMAO, a CEMAC e as Comores não têm implicações financeiras significativas para a França;

(7) Considerando ser pouco provável que estes acordos tenham qualquer efeito significativo sobre a política monetária e cambial da zona do euro; que na sua presente forma e estado de aplicação estes acordos não são consequentemente susceptíveis de constituírem um obstáculo ao bom funcionamento da União Económica e Monetária; que nada nestes acordos pode ser interpretado no sentido de implicar uma obrigação para o Banco Central Europeu e para os bancos centrais nacionais de suportarem a convertibilidade dos francos CFA e das Comores; que as alterações dos acordos existentes não implicarão quaisquer obrigações para o Banco Central Europeu ou para os bancos centrais nacionais;

(8) Considerando que a França e os países africanos signatários dos acordos pretendem mantê-los em vigor após a substituição do franco francês pelo euro; que é adequado que a França possa manter os actuais acordos em vigor após a substituição do franco francês pelo euro e que a França e os países africanos signatários dos acordos sejam os únicos responsáveis pela sua aplicação;

(9) Considerando que é necessário que a Comunidade seja regularmente informada da aplicação e das alterações previstas destes acordos;

Francesa, com as alterações que lhe foram introduzidas posteriormente; Convenção relativa a uma conta de operações de 13 de Março de 1973 entre o ministro da Economia e das Finanças da República Francesa e o presidente do Conselho de Administração do Banco dos Estados da África Central, e suas subsequentes alterações; Acordo de cooperação de 4 de Dezembro de 1973 entre a República Francesa e as repúblicas participantes na União Monetária da África Ocidental, com as alterações que lhe foram introduzidas posteriormente; Convenção relativa a uma conta de operações de 4 de Dezembro de 1973 entre o ministro da Economia e das Finanças da República, Francesa e o presidente do Conselho de ministros da União Monetária da África Ocidental, e suas subsequentes alterações; Acordo de cooperação monetária de 23 de Novembro de 1979 entre a República Francesa e a República Federal Islâmica das Comores, com as alterações que lhe foram introduzidas subsequentemente; Convenção relativa a uma conta de operações de 23 de Novembro de 1979 entre o ministro da Economia e das Finanças da República Francesa e o ministro das Finanças, da Economia e do Plano da República Federal das Comores, com as alterações que lhe foram subsequentemente introduzidas.

(10) Considerando que a aplicação ou alteração dos acordos existentes não prejudica o primeiro objectivo da política de taxas cambiais da Comunidade – a manutenção da estabilidade dos preços – nos termos do artigo 3.º-A, n.º 2, do Tratado;

(11) Considerando que é necessário garantir a participação dos órgãos comunitários competentes antes de proceder a quaisquer alterações quanto à natureza ou ao âmbito dos acordos em vigor; que esta situação se aplica às partes nos acordos e ao princípio da livre convertibilidade a uma paridade fixa entre o euro e os francos CFA e das Comores, sendo esta convertibilidade garantida por um compromisso orçamental do tesouro francês;

(12) Considerando que a presente decisão não estabelece um precedente relativamente a quaisquer convénios que possam vir a ser acordados no futuro em matéria de negociação e de celebração de acordos similares relativos às questões monetárias ou ao regime cambial, pela Comunidade com outros Estados ou organizações internacionais;

(13) Considerando que, sem prejuízo da competência da Comunidade e dos acordos comunitários no que se refere à União Económica e Monetária, os Estados-membros podem negociar em instâncias internacionais e celebrar acordos internacionais,

ADOPTOU A SEGUINTE DECISÃO:

Artigo 1.º

Após a substituição do franco francês pelo euro, a França pode manter em vigor os actuais acordos relativos a aspectos cambiais celebrados com a UEMAO (União Económica e Monetária da África Ocidental), a CEMAC (Comunidade Económica e Monetária da África Central) e as Comores.

Artigo 2.º

A França e os países africanos signatários desses acordos continuarão a ser os únicos responsáveis pela sua aplicação.

Artigo 3.º

As autoridades francesas competentes informarão regularmente a Comissão, o Banco Central Europeu e o Comité Económico e Financeiro, sobre a aplicação dos acordos. As autoridades francesas informarão o Comité Económico e Financeiro antes de quaisquer alterações da paridade entre o euro e os francos CFA ou das Comores.

Artigo 4.°

A França pode negociar e decidir alterações aos actuais acordos desde que a natureza ou o âmbito destes não sejam alterados. A França deverá informar previamente a Comissão, o Banco Central Europeu e o Comité Económico e Financeiro dessas alterações.

Artigo 5.°

A França deve apresentar à Comissão, ao Banco Central Europeu e ao Comité Económico e Financeiro quaisquer projectos que alterem a natureza ou o âmbito desses acordos. Estes projectos devem ser aprovados pelo Conselho com base numa recomendação da Comissão e após consulta do Banco Central Europeu.

Artigo 6.°

A presente decisão é aplicável a partir de 1 de Janeiro de 1999.

Artigo 7.°

A República Francesa é a destinatária da presente decisão.

Feito em Bruxelas, em 23 de Novembro de 1998.

Pelo Conselho
O Presidente

R. EDLINGER

Jornal Oficial das Comunidades Europeias n.º L 358
de 31.12.98

DECISÃO DO CONSELHO
de 21 de Dezembro de 1998
relativa aos aspectos cambiais
relacionados com o escudo cabo-verdiano
(98/744/CE)

O CONSELHO DA UNIÃO EUROPEIA,

Tendo em conta o Tratado que institui a Comunidade Europeia, nomeadamente o n.º 3 do artigo 109.º,

Tendo em conta a recomendação da Comissão, Tendo em conta o parecer do Banco Central Europeu[1],

(1) Considerando que nos termos do Regulamento CE n.º 974/98 do Conselho, de 3 de Maio de 1998, relativo à introdução do euro[2], o euro substituirá, a partir de 1 de Janeiro de 1999, a moeda de cada país participante à taxa de conversão;

(2) Considerando que a Comunidade terá competência, a partir da mesma data, nas questões monetárias e cambiais dos Estados-Membros que adoptarem o euro;

(3) Considerando que o Conselho deverá decidir quais as modalidades adequadas para a negociação e celebração de Acordos relativos às questões monetárias ou ao regime cambial;

(4) Considerando que a República Portuguesa celebrou com Cabo Verde um Acordo[3] destinado a garantir a convertibilidade do escudo cabo-verdiano em escudos portugueses a uma paridade fixa;

---

[1] Parecer emitido em 17.12.98.
[2] JO L 139 de 11.5.1998, p. 1.
[3] Acordo de cooperação cambial entre a República Portuguesa e a República de Cabo Verde (Decreto n.º 24/98 de 15 de Julho de 1998).

(5) Considerando que o euro virá a substituir o escudo português em 1 de Janeiro de 1999;

(6) Considerando que a convertibilidade do escudo cabo-verdiano é garantida através de uma linha de crédito limitada oferecida pelo Governo Português; que o Governo Português deu a garantia de que o Acordo com Cabo Verde não tem implicações financeiras significativas para Portugal;

(7) Considerando que este Acordo não é susceptível de provocar um efeito significativo na política monetária e cambial da zona do euro; que, no seu estado actual de aplicação, este Acordo não é susceptível de constituir um obstáculo ao bom funcionamento da União Económica e Monetária; que nenhum elemento desse Acordo pode ser interpretado como constituindo uma obrigação, de qualquer natureza, para o BCE ou para qualquer banco central nacional de apoiar a convertibilidade do escudo cabo-verdiano; que quaisquer alterações ao Acordo existente não conduzirão a qualquer obrigação para o BCE ou para os bancos centrais nacionais;

(8) Considerando que Portugal e Cabo Verde pretendem manter em vigor o actual Acordo após a substituição do escudo português pelo euro; que, sendo assim, é oportuno que Portugal possa manter esse Acordo em vigor após a substituição do escudo português pelo euro e que Portugal e Cabo Verde sejam os únicos responsáveis pela aplicação do Acordo;

(9) Considerando que é necessário que a Comunidade seja regularmente informada acerca da aplicação e das alterações ao Acordo;

(10) Considerando que a alteração e a aplicação deste Acordo não prejudicam o objectivo principal da política cambial da Comunidade, a saber, a manutenção da estabilidade dos preços, nos termos do n.º 2 do artigo 3.º-A do Tratado;

(11) Considerando que é necessário que os órgãos comunitários competentes se possam pronunciar antes de ser introduzida qualquer alteração da natureza ou do âmbito do actual Acordo; que essa necessidade se aplica especialmente ao princípio da livre convertibilidade a uma paridade fixa entre o euro e o escudo cabo-verdiano, a qual é garantida por uma linha de crédito limitada oferecida pelo Governo Português;

(12) Considerando que os Estados-Membros podem negociar em organizações internacionais e celebrar Acordos internacionais, sem prejuízo da competência comunitária e dos acordos comunitários em relação à União Económica e Monetária;

(13) Considerando que a presente decisão não constitui um precedente no que se refere a qualquer decisão que possa ser tomada no futuro

relativamente à negociação e à celebração de Acordos semelhantes em matéria de política monetária e cambial pela Comunidade com outros Estados ou organizações internacionais,

ADOPTOU A PRESENTE DECISÃO:

Artigo 1.º

Após a substituição do escudo português pelo euro, a República Portuguesa pode manter em vigor o actual Acordo de cooperação cambial celebrado com Cabo Verde.

Artigo 2.º

Portugal e Cabo Verde continuarão a ser os únicos responsáveis pela aplicação do Acordo.

Artigo 3.º

As autoridades portuguesas competentes deverão informar regularmente a Comissão, o Banco Central Europeu e o Comité Económico e Financeiro acerca da aplicação do Acordo. As autoridades portuguesas informarão o Comité Económico e Financeiro previamente a quaisquer alterações da paridade entre o euro e o escudo cabo-verdiano.

Artigo 4.º

Portugal pode negociar e celebrar alterações ao actual Acordo, desde que a natureza ou âmbito deste permaneçam inalterados. Portugal deverá informar previamente a Comissão, o Banco Central Europeu e o Comité Económico e Financeiro dessas alterações.

Artigo 5.º

Portugal deverá apresentar à Comissão, ao Banco Central Europeu e ao Comité Económico e Financeiro todos os projectos de alteração da natureza ou do âmbito do actual Acordo. Estes projectos terão de ser aprovados pelo Conselho, com base em recomendação da Comissão e após consulta do Banco Central Europeu.

Artigo 6.º

A presente decisão é aplicável a partir de 1 de Janeiro de 1999.

Artigo 7.º

A República Portuguesa é destinatária da presente decisão.

Feito em Bruxelas, em 21 de Dezembro de 1998.

Pelo Conselho
O Presidente

M. BARTENSTEIN

Jornal Oficial das Comunidades Europeias n.° L 30 de 4.2.1999

DECISÃO DO CONSELHO
de 31 de Dezembro de 1998
relativa ao regime monetário
aplicável nas circunscrições territoriais francesas
de S. Pedro e Miquelon e de Mayotte
(1999/95/CE)

O CONSELHO DA UNIÃO EUROPEIA,

Tendo em conta o Tratado que institui a Comunidade Europeia e, nomeadamente o n.° 4, terceiro parágrafo, do seu artigo 109.°-L,
Tendo em conta a proposta da Comissão,
Tendo em conta o parecer do Banco Central Europeu,

(1) Considerando que nos termos do Regulamento CE n.° 974/98 do Conselho, de 3 de Maio de 1998, relativo à introdução do euro ([1]), o euro substituirá a partir de 1 de Janeiro de 1999 a moeda de cada Estado-membro participante à taxa de conversão;

(2) Considerando que a partir da mesma data a Comunidade será competente para as questões monetárias cambias nos Estados-membros que adoptam o euro;

(3) Considerando que o euro substituirá o franco francês em 1 de Janeiro de 1999;

(4) Considerando que as circunscrições territoriais francesas («collectivités territoriales») de S. Pedro e Miquelon e de Mayotte constituem parte integrante da França; que não fazem parte da Comunidade; que o regime monetário de S. Pedro e Miquelon e de Mayotte não será especificado no Tratado; que é necessário clarificar o seu regime monetário; que

---

([1]) JO L 139 de 11.5.1998, p. 1.

estas circunscrições territoriais devem ter a mesma moeda que a França metropolitana;

(5) Considerando que as notas e moedas expressas em francos franceses são postas em circulação pelo Institut d'Emission des Départements d'Outre-Mer (IEDOM) em S. Pedro e Miquelon e, a partir de 1 de Janeiro de 1999, em Mayotte; que as instituições financeiras estabelecidas nestas circunscrições têm acesso aos mecanismos de refinanciamento em francos franceses junto de IEDOM; que a França tenciona reestruturar oportunamente o estatuto e as funções do IEDOM, a fim de garantir a sua compatibilidade com as funções atribuídas ao Sistema Europeu de Bancos Centrais (SEBC) pelo Tratado e pelo Protocolo n.° 3;

(6) Considerando que o euro será a moeda destas circunscrições; que a França deve conceder o estatuto de moeda com curso legal às notas e moedas em francos franceses e às notas e moedas em euros, emitidas pelo SEBC e pelos Estados-membros que tenham adoptado o euro;

(7) Considerando que a partir de 1 de Janeiro de 1999, o SEBC definirá e executará a política monetária da Comunidade; que o Banco Central Europeu (BCE) e os bancos centrais nacionais podem realizar todos os tipos de operações bancárias relativamente às instituições financeiras estabelecidas em países terceiros; que podem igualmente realizar estas operações nos territórios de um Estado-membro que não faça parte da Comunidade; que devem fazer uso desta competência no que diz respeito a estas circunscrições; que, a fim de garantir a unicidade da política monetária do SEBC e a igualdade de condições de concorrência para as instituições financeiras localizadas na zona do euro, é conveniente garantir a aplicabilidade em S. Pedro e Miquelon e em Mayotte das disposições actuais e futuras do direito comunitário necessárias ao funcionamento da União Económica e Monetária;

(8) Considerando que o regime monetário aplicável em S. Pedro e Miquelon e em Mayotte deve ser adoptado pela França, no quadro da sua legislação nacional,

ADOPTOU A PRESENTE DECISÃO:

Artigo 1.°

O euro é a moeda de S. Pedro e Miquelon e de Mayotte.

Artigo 2.°

1. A França continuará a conceder o estatuto de curso legal em S. Pedro e Miquelon e em Mayotte às notas expressas em francos franceses até 30 de Junho de 2002.

2. A partir de 1 de Janeiro de 2002, a França concederá o estatuto de curso legal em S. Pedro e Miquelon e Mayotte às notas e moedas expressas em euros.

Artigo 3.°

O BCE e os bancos centrais nacionais podem assegurar as funções e as operações do SEBC em S. Pedro e Miquelon e em Mayotte, nos termos do disposto no capítulo IV e no artigo 16.° dos Estatutos do SEBC e do BCE.

Artigo 4.°

A França, por acordo com a Comissão e o BCE, garantirá que as disposições do direito comunitário, que sejam ou venham a ser necessárias para o funcionamento da União Económica e Monetária, serão aplicáveis em S. Pedro e Miquelon e em Mayotte.

Artigo 5.°

A presente decisão entra em vigor em 1 de Janeiro de 1999.

Artigo 6.°

A República Francesa é a destinatária da presente decisão.

Feito em Bruxelas, em 31 de Dezembro de 1998.

Pelo Conselho
O Presidente

R EDLINGER

LEGISLAÇÃO PORTUGUESA

I
BANCO DE PORTUGAL

Com o início da UEM foi necessário proceder às alterações legais decorrentes da entrada em funcionamento do Sistema Europeu de Bancos Centrais (SEBC) de que o Banco de Portugal faz parte.

Uma nova Lei Orgânica entrou em vigor a 1 de Janeiro de 1999. O Banco de Portugal passa a estar sujeito aos Estatutos do SEBC e leva a cabo a política monetária de acordo com o decidido pelo BCE.
- **Ver Lei Orgânica do Banco de Portugal (pág. 431)**

*

Pela mesma razão alterou-se o quadro operacional de gestão dos mercados monetários interbancários. O DL n.º 22/99 introduziu as modificações requeridas no que refere às operações sobre títulos do mercado monetário.
- **Ver Decreto-Lei n.º 22/99 – DR 23/99 Série I-A de 28 de Janeiro de 1999 (pág. 449)**

*

A introdução do euro como moeda oficial da República Portuguesa, desde 1-1-1999, implicou alterações nas operações de compra e venda de moeda estrangeira e na divulgação das taxas de câmbio.
- **Ver Aviso do Banco de Portugal n.º 1/99 – DR 12/99 Série I-B de 15 de Janeiro de 1999 (pág. 451)**

*

No âmbito do SEBC os bancos centrais nacionais deixam de fixar a sua taxa de desconto. Como esta era usada em Portugal como indexante, foi substituída por uma taxa equivalente. (Cf. DL 138/98)
- **Ver Portaria n.º 8/99 DR 5/99 Série I-B de 7 de Janeiro de 1999 (pág. 453)**

*

Uma outra consequência da adopção do euro por 11 países foi o desaparecimento de operações cambiais, em sentido próprio, entre as suas moedas. O Banco de Portugal definiu em Comunicado a forma como, durante o período transitório, se processa a troca dessas moedas.
- **Ver Comunicado do Banco de Portugal sobre troca de notas (pág. 454)**

LEI ORGÂNICA DO BANCO DE PORTUGAL
Lei n.º 5/98, de 31 de Janeiro

CAPÍTULO I
Natureza, sede e atribuições

Artigo 1.º

O Banco de Portugal, adiante abreviadamente designado por Banco, é uma pessoa colectiva de direito público, dotada de autonomia administrativa e financeira e de património próprio.

Artigo 2.º

O Banco tem a sua sede em Lisboa, podendo ter filiais, sucursais, delegações ou agências noutras localidades, bem como delegações no estrangeiro.

Artigo 3.º

1. O Banco de Portugal, como banco central da República Portuguesa, faz parte integrante do Sistema Europeu de Bancos Centrais, adiante abreviadamente designado por SEBC.

2. O Banco prossegue os objectivos e participa no desempenho das atribuições cometidas ao SEBC e está sujeito ao disposto nos Estatutos do Sistema Europeu de Bancos Centrais e do Banco Central Europeu, adiante designados por Estatutos do SEBC/BCE, actuando em conformidade com as orientações e instruções que o Banco Central Europeu, adiante abreviadamente designado por BCE, lhe dirija ao abrigo dos mesmos Estatutos.

CAPÍTULO II
Capital, reservas e provisões

Artigo 4.º

1. O Banco dispõe de um capital de montante equivalente, em euros, a 200 000 000$, que pode ser aumentado, designadamente por incorporação de reservas deliberada pelo conselho de administração.

2. A deliberação do aumento de capital deve ser autorizada pelo Ministro das Finanças.

Artigo 5.º

1. O Banco tem uma reserva sem limite máximo, constituída por transferência de 10% do resultado de cada exercício, apurado nos termos do artigo 53.º.

2. Além da reserva referida no número anterior, pode o conselho de administração criar outras reservas e provisões, designadamente para cobrir riscos de depreciação ou prejuízos a que determinadas espécies de valores ou operações estejam particularmente sujeitas.

CAPÍTULO III
Emissão monetária

Artigo 6.º

1. Nos termos do artigo 105.º-A, n.º 1, do Tratado Que Institui a Comunidade Europeia, o Banco emite notas com curso legal e poder liberatório.

2. O Banco põe em circulação as moedas metálicas, incluindo as comemorativas.

3. As moedas metálicas são postas em circulação por intermédio e sob requisição do Banco.

Artigo 7.º

1. O Banco procederá à apreensão de todas as notas que lhe sejam apresentadas suspeitas de contrafacção ou de falsificação ou alteração do valor facial, lavrando auto do qual conste a identificação das notas e do portador, bem como os fundamentos da suspeita.

2. O auto referido no número anterior será remetido à Polícia Judiciária, para efeito do respectivo procedimento.

3. O Banco pode recorrer directamente a qualquer autoridade, ou agente desta, para os fins previstos neste artigo.

Artigo 8.º

Não é admitido o processo judicial de reforma de notas expressas em escudos.

Artigo 9.º

1. É proibida a imitação ou reprodução de notas expressas em escudos, total ou parcial e por qualquer processo técnico, bem como a distribuição dessas reproduções ou imitações.

2. É igualmente proibida a simples feitura de chapas, matrizes ou outros meios técnicos que permitam a reprodução ou imitação contempladas no número anterior.

Artigo 10.º
1. As infracções ao disposto nos n.ᵒˢ 1 e 2 do artigo anterior, quando não integrem crimes de contrafacção, falsificação ou alteração do valor facial da moeda, constituem contraordenação punível com coima de 20 000$ a 500 000$ ou de 50 000$ a 6 000 000$, consoante o agente seja pessoa singular ou pessoa colectiva.
2. A tentativa e a negligência são sempre puníveis.
3. Compete ao Banco o processamento das contra-ordenações previstas neste artigo, bem como a aplicação das correspondentes sanções, revertendo o produto das coimas integralmente a favor do Estado.
4. É subsidiariamente aplicável o regime geral das contra-ordenações.

Artigo 11.º
Como sanção acessória das contra-ordenações previstas no artigo anterior, ou independentemente da aplicação de uma coima, nos termos do regime referido no n.º 4 do mesmo artigo, o Banco pode apreender e destruir as reproduções, imitações, chapas, matrizes e outros meios técnicos mencionados no artigo 9.º.

CAPÍTULO IV
Funções de banco central

SECÇÃO I
Disposições gerais

Artigo 12.º
Compete especialmente ao Banco, sem prejuízo dos condicionalismos decorrentes da sua participação no SEBC:
a) Gerir as disponibilidades externas do País ou outras que lhe estejam cometidas;
b) Agir como intermediário nas relações monetárias internacionais do Estado;
c) Velar pela estabilidade do sistema financeiro nacional, assegurando, com essa finalidade, designadamente a função de refinanciador de última instância;
d) Aconselhar o Governo nos domínios económico e financeiro, no âmbito das suas atribuições.

Artigo 13.º
1. Compete ao Banco a recolha e elaboração das estatísticas monetárias, financeiras, cambiais e da balança de pagamentos designadamente no âmbito da sua colaboração com o BCE.

2. O Banco pode exigir a qualquer entidade, pública ou privada, que lhe sejam fornecidas directamente as informações necessárias para cumprimento do estabelecido no número anterior ou por motivos relacionados com as suas atribuições.

Artigo 14.º

Compete ao Banco regular, fiscalizar e promover o bom funcionamento dos sistemas de pagamentos, designadamente no âmbito da sua participação no SEBC.

SECÇÃO II
Política monetária e cambial

Artigo 15.º

No âmbito da sua participação no SEBC, compete ao Banco a orientação e fiscalização dos mercados monetário e cambial.

Artigo 16.º

1. Para orientar e fiscalizar os mercados monetário e cambial, cabe ao Banco, de acordo com as normas adaptadas pelo BCE:

a) Adoptar providências genéricas ou intervir, sempre que necessário, para garantir os objectivos da política monetária e cambial, em particular no que se refere ao comportamento das taxas de juro e de câmbio;

b) Receber as reservas de caixa das instituições a elas sujeitas e colaborar na execução de outros métodos operacionais de controlo monetário a que o BCE decida recorrer;

c) Estabelecer os condicionalismos a que devem estar sujeitas as disponibilidades e as responsabilidades sobre o exterior que podem ser detidas ou assumidas pelas instituições autorizadas a exercer o comércio de câmbios.

2. Sem prejuízo das sanções legalmente previstas, o Banco poderá adoptar as medidas que se mostrem necessárias à prevenção ou cessação de actuações contrárias ao que for determinado nos termos do número anterior e, bem assim, à correcção dos efeitos produzidos por tais actuações.

SECÇÃO III
Exercício da supervisão

Artigo 17.º

Compete ao Banco exercer a supervisão das instituições de crédito, sociedades financeiras e outras entidades que lhe estejam legalmente sujeitas, nomeadamente estabelecendo directivas para a sua actuação e para assegurar os serviços de centralização de riscos de crédito, nos termos da legislação que rege a supervisão financeira.

SECÇÃO IV
Relações entre o Estado e o Banco

Artigo 18.º

1. É vedado ao Banco conceder descobertos ou qualquer outra forma de crédito ao Estado e serviços ou organismos dele dependentes, a outras pessoas colectivas de direito público e a empresas públicas ou quaisquer entidades sobre as quais o Estado, as Regiões Autónomas ou as autarquias locais possam exercer, directa ou indirectamente, influência dominante.

2. Fica igualmente vedado ao Banco garantir quaisquer obrigações do Estado ou de outras entidades referidas no número anterior, bem como a compra directa de títulos de dívida emitidos pelo Estado ou pelas mesmas entidades.

Artigo 19.º

O disposto no artigo anterior não se aplica:

a) A quaisquer instituições de crédito e sociedades financeiras, ainda que de capital público, as quais beneficiarão de tratamento idêntico ao da generalidade das mesmas instituições e sociedades;

b) Ao financiamento das obrigações contraídas pelo Estado perante o Fundo Monetário Internacional;

c) A detenção, por parte do Banco, de moeda metálica emitida pelo Estado e inscrita a crédito deste, na parte em que o seu montante não exceda 10% da moeda metálica em circulação.

SECÇÃO V
Relações monetárias internacionais

Artigo 20.º

O Banco de Portugal é a autoridade cambial da República Portuguesa.

Artigo 21.º

Como autoridade cambial, compete, em especial, ao Banco:

a) Autorizar e fiscalizar os pagamentos externos que, nos termos do Tratado Que Institui a Comunidade Europeia, disso careçam;

b) Definir os princípios reguladores das operações sobre ouro e divisas.

Artigo 22.º
1. O Banco pode celebrar, em nome próprio ou em nome do Estado e por conta e ordem deste, com estabelecimentos congéneres, públicos ou privados, domiciliados no estrangeiro, acordos de compensação e pagamentos ou quaisquer contratos que sirvam as mesmas finalidades.
2. Tendo em vista a gestão das disponibilidades sobre o exterior, o Banco pode redescontar títulos da sua carteira, dar valores em garantia e realizar no exterior outras operações adequadas.

Artigo 23.º
De acordo com o BCE, o Banco pode participar no capital de instituições monetárias internacionais e fazer parte dos respectivos órgãos sociais.

SECÇÃO VI
Operações do Banco

Artigo 24.º
1. A fim de alcançar os objectivos e de desempenhar as atribuições do SEBC, o Banco pode efectuar as operações que se justifiquem na sua qualidade de banco central e, nomeadamente, as seguintes:

a) Redescontar e descontar letras, livranças, extractos de factura, warrants e outros títulos de crédito de natureza análoga;

b) Comprar e vender títulos da dívida pública em mercado secundário, sem prejuízo do disposto no n.º 2 do artigo 18.º;

c) Conceder empréstimos ou abrir crédito em conta corrente às instituições de crédito e sociedades financeiras, nas modalidades que considerar aconselháveis e sendo estas operações devidamente caucionadas;

d) Aceitar, do Estado, depósitos à vista;

e) Aceitar depósitos, à vista ou a prazo, das instituições de crédito, sociedades financeiras e outras instituições financeiras;

f) Aceitar depósitos de títulos, do Estado, pertencentes às instituições referidas na alínea anterior;

g) Efectuar todas as operações sobre ouro e divisas;

h) Emitir títulos ou realizar operações de reporte de títulos, com o objectivo de intervir no mercado monetário;

i) Efectuar outras operações bancárias que não sejam expressamente proibidas nesta lei orgânica.

2. O Banco pode, nas modalidades que considerar aconselháveis, abonar juros por depósitos à vista ou a prazo, nomeadamente nos seguintes casos:

a) Operações previstas nas alíneas *d)* e *e)* do número anterior;

b) Depósito obrigatório de reservas de caixa das instituições de crédito, sociedades financeiras e outras instituições sujeitas à sua supervisão;

c) Operações com instituições estrangeiras ou internacionais, no âmbito da cooperação internacional de carácter monetário, financeiro e cambial;

d) Reciprocidade prevista em acordos ou contratos bilaterais celebrados pelo Estado ou pelo Banco;

e) Expressa estipulação em acordos multilaterais de compensação e pagamentos.

Artigo 25.º

É, nomeadamente, vedado ao Banco:

a) Redescontar, no País, títulos de crédito da sua carteira comercial, representativos de operações realizadas nos termos da alínea *a)* do n.º 1 do artigo 24.º;

b) Conceder crédito a descoberto ou com garantias prestadas em termos que contrariem o estabelecido na presente lei orgânica;

c) Promover a criação de instituições de crédito, de sociedades financeiras ou de quaisquer outras sociedades, bem como participar no respectivo capital, salvo quando previsto na presente lei orgânica ou em lei especial ou por motivo de reembolso de créditos, mas nunca como sócio de responsabilidade ilimitada;

d) Ser proprietário de imóveis, além dos necessários ao desempenho das suas atribuições ou à prossecução de fins de natureza social, salvo por efeito de cessão de bens, dação em cumprimento, arrematação ou outro meio legal de cumprimento das obrigações ou destinado a assegurar esse cumprimento, devendo proceder, nestes casos, à respectiva alienação logo que possível.

CAPÍTULO V
Órgãos do Banco

SECÇÃO I
Disposições gerais

Artigo 26.º

São órgãos do Banco o governador, o conselho de administração, o conselho de auditoria e o conselho consultivo.

Artigo 27.º

O governador e os demais membros do conselho de administração são nomeados pelo Conselho de Ministros, sob proposta do Ministro das Finanças.

SECÇÃO II
Governador

Artigo 28.º

1. Compete ao governador:

a) Exercer as funções de membro do conselho e do conselho geral do BCE, nos termos do disposto no Tratado Que Institui a Comunidade Europeia e nos Estatutos do SEBC/ BCE;

b) Representar o Banco;

c) Actuar em nome do Banco junto de instituições estrangeiras ou internacionais;

d) Superintender na coordenação e dinamização da actividade do conselho de administração e convocar as respectivas reuniões;

e) Presidir a quaisquer reuniões de comissões emanadas do conselho de administração;

f) Rubricar os livros gerais, podendo fazê-lo por chancela;

g) Exercer as demais competências que lhe estejam legalmente cometidas.

2. O governador, em acta do conselho de administração, pode, nos termos do n.º 2 do artigo 34.º, delegar nos vice-governadores ou em administradores parte da sua competência, bem como designar de entre eles quem possa substituí-lo no exercício das funções referidas na alínea *a)* do número anterior.

Artigo 29.º

Aos vice-governadores cabe, em geral, coadjuvar o governador e, nomeadamente, exercer as funções que por este lhes forem delegadas, sem prejuízo das demais competências que lhes estejam legalmente cometidas.

Artigo 30.º

1. Se estiverem em risco interesses sérios do País ou do Banco e não for possível reunir o conselho de administração, por motivo imperioso de urgência, por falta de quorum ou por qualquer outro motivo justificado, o governador tem competência própria para a prática de todos os actos necessários à prossecução dos fins cometidos ao Banco e que caibam na competência daquele conselho.

2. Perante terceiros, incluindo notários, conservadores de registos e outros titulares da função pública, a assinatura do governador, com invocação do previsto no número anterior, constitui presunção da impossibilidade de reunião do conselho de administração.

Artigo 31.º
1. O governador será substituído, nas suas faltas ou impedimentos, pelo modo e ordem seguintes:
 a) Pelo vice-governador mais antigo ou, em igualdade de circunstâncias, pelo mais velho;
 b) Pelo administrador mais antigo ou, em igualdade de circunstâncias, pelo mais velho.
2. A regra de substituição estabelecida no número anterior aplica-se aos casos de vacatura do cargo.
3. Perante terceiros, incluindo notários, conservadores de registos e outros titulares da função pública, a assinatura de um vice-governador ou de administrador, com invocação do previsto nos números anteriores, constitui presunção da pressuposta falta, impedimento ou vacatura.

Artigo 32.º
1. O governador tem voto de qualidade nas reuniões a que preside.
2. Exigem o voto favorável do governador as deliberações do conselho de administração ou de comissões executivas que, no parecer fundamentado do mesmo governador, possam afectar a sua autonomia de decisão enquanto membro do conselho e do conselho geral do BCE ou o cumprimento das obrigações do Banco enquanto parte integrante do SEBC.

SECÇÃO III
Conselho de administração

Artigo 33.º
1. O conselho de administração é composto pelo governador, que preside, por um ou dois vice-governadores e por três a cinco administradores.
2. Os membros do conselho de administração exercem as suas funções por períodos renováveis de cinco anos.
3. Considera-se termo do período de cinco anos a data da aprovação das contas do último exercício iniciado durante esse período.
4. O governador e os demais membros do conselho de administração só podem ser exonerados das suas funções caso se verifique alguma das circunstâncias previstas no n.º 2 do artigo 14.º dos Estatutos do SEBC/BCE.
5. Contra a decisão que o exonere, dispõe o governador do direito de recurso previsto no n.º 2 do artigo 14.º dos Estatutos do SEBC/BCE.

Artigo 34.º

1. Compete ao conselho de administração a prática de todos os actos necessários à prossecução dos fins cometidos ao Banco e que não sejam abrangidos pela competência exclusiva de outros órgãos.

2. O conselho de administração pode delegar, por acta, poderes em um ou mais dos seus membros ou em trabalhadores do Banco e autorizar que se proceda à subdelegação desses poderes, estabelecendo, em cada caso, os respectivos limites e condições.

Artigo 35.º

1. O conselho de administração, sob proposta do governador, atribui aos seus membros pelouros correspondentes a um ou mais serviços do Banco.

2. A atribuição de um pelouro envolve delegação de poderes, com limites e em condições fixados no acto de atribuição.

3. A distribuição de pelouros não dispensa o dever, que a todos os membros do conselho de administração incumbe, de acompanhar e tomar conhecimento da generalidade dos assuntos do Banco e de propor providências relativas a qualquer deles.

Artigo 36.º

1. O conselho de administração reúne:

a) Ordinariamente, pelo menos uma vez por semana, salvo deliberação em contrário, proposta pelo governador e aceite por unanimidade dos membros em exercício;

b) Extraordinariamente, sempre que seja convocado pelo governador.

2. Para o conselho deliberar validamente é indispensável a presença da maioria absoluta dos membros em exercício.

3. Para efeito do disposto nos números anteriores, não são considerados em exercício os membros do conselho impedidos por motivo de serviço fora da sede ou por motivo de doença.

4. As deliberações do conselho são tomadas por maioria de votos dos membros presentes, não sendo permitidas abstenções.

Artigo 37.º

1. O conselho de administração pode criar as comissões executivas, permanentes ou eventuais, consideradas necessárias para a descentralização e bom andamento dos serviços.

2. O conselho de administração pode delegar nas comissões executivas parte dos poderes que lhe são conferidos.

Artigo 38.º

1. Nas actas do conselho de administração e das comissões executivas mencionam-se, sumariamente mas com clareza, todos os assuntos tratados nas respectivas reuniões.

2. As actas são assinadas por todos os membros do conselho de administração ou das comissões executivas que participaram na reunião e subscritas por quem a secretariou.

3. Os participantes na reunião podem ditar para a acta a súmula das suas intervenções, sendo-lhes ainda facultado votar «vencido» quanto às deliberações de que discordem.

Artigo 39.º

Dos actos administrativos do governador, vice-governadores, conselho de administração, comissões executivas, administradores ou trabalhadores do Banco, no uso de poderes delegados, cabe recurso contencioso, nos termos gerais de direito.

Artigo 40.º

Os membros do conselho de administração:

a) Têm direito à retribuição que for estabelecida anualmente por uma comissão de vencimentos constituída pelo Ministro das Finanças ou um seu representante, que presidirá, pelo presidente do conselho de auditoria e por um antigo governador, designado para o efeito pelo conselho consultivo;

b) Gozam das regalias de natureza social atribuídas aos trabalhadores do Banco, nomeadamente, e atentas as condições específicas das suas funções, os benefícios de reforma ou aposentação e sobrevivência, nos termos fixados pela comissão de vencimentos;

c) Terão direito a prestações complementares de reforma, nos termos a fixar pela comissão de vencimentos.

SECÇÃO IV
Conselho de auditoria

Artigo 41.º

1. O conselho de auditoria é constituído por quatro membros, sendo três designados pelo Ministro das Finanças e um pelos trabalhadores do Banco.

2. Dos membros designados pelo Ministro das Finanças um será o presidente, com voto de qualidade, outro será um revisor oficial de contas e o terceiro será uma personalidade de reconhecida competência em matéria económica.

Artigo 42.º
1. Os membros do conselho de auditoria exercem as suas funções por períodos renováveis de três anos.
2. As funções de membro do conselho de auditoria são acumuláveis com outras funções profissionais que se não mostrem incompatíveis.

Artigo 43.º
1. Compete ao conselho de auditoria:
   a) Acompanhar o funcionamento do Banco e o cumprimento das leis e regulamentos que lhe são aplicáveis;
   b) Examinar as situações periódicas apresentadas pelo conselho de administração durante a sua gerência;
   c) Emitir parecer acerca do orçamento, do balanço e das contas anuais de gerência;
   d) Examinar a escrituração, as casas-fortes e os cofres do Banco, sempre que o julgar conveniente, com sujeição às inerentes regras de segurança;
   e) Chamar a atenção do governador ou do conselho de administração para qualquer assunto que entenda dever ser ponderado e pronunciar-se sobre qualquer matéria que lhe seja submetida por aqueles órgãos.
2. O conselho de auditoria pode ser apoiado por serviços ou técnicos do Banco, de sua escolha.

Artigo 44.º
1. O conselho de auditoria reúne, ordinariamente, uma vez por mês e, extraordinariamente, sempre que seja convocado pelo presidente.
2. Para o conselho de auditoria deliberar validamente é indispensável a presença da maioria absoluta dos membros em exercício.
3. As deliberações do conselho de auditoria são tomadas por maioria de votos dos membros presentes, não sendo permitidas abstenções.
4. Aplica-se às actas do conselho de auditoria o regime do artigo 38.º.
5. Os membros do conselho de auditoria têm direito a remuneração mensal, fixada pelo Ministro das Finanças.

Artigo 45.º
Os membros do conselho de auditoria podem participar, sem direito a voto, nas reuniões do conselho de administração, sendo obrigatória, nas reuniões ordinárias, a presença de um deles, por escala.

Artigo 46.º
Sem prejuízo da competência do conselho de auditoria, as contas do Banco são também fiscalizadas por auditores externos, nos termos do disposto no n.º 1 do artigo 27.º dos Estatutos do SEBC/ BCE.

SECÇÃO V
Conselho consultivo

Artigo 47.º
1. O conselho consultivo é composto pelo governador do Banco, que preside, e pelos seguintes membros:

a) Os vice-governadores;

b) Os antigos governadores;

c) Quatro personalidades de reconhecida competência em matérias económico-financeiras e empresariais;

d) O presidente da Associação Portuguesa de Bancos;

e) O presidente do Instituto de Gestão do Crédito Público;

f) Um representante de cada uma das Regiões Autónomas dos Açores e da Madeira, a designar pelos respectivos órgãos de governo próprio;

g) O presidente do conselho de auditoria do Banco.

2. Os vogais mencionados na alínea *c)* são designados pelo Conselho de Ministros, sob proposta do Ministro das Finanças, por períodos renováveis de três anos.

3. Os membros do conselho consultivo que não sejam membros de outros órgãos do Banco podem ser remunerados, sob proposta do governador aprovada pelo Ministro das Finanças.

4. Sempre que o considere conveniente, o presidente do conselho consultivo pode convidar a fazerem-se representar nas respectivas reuniões determinadas entidades ou sectores de actividade, bem como sugerir ao Governo a presença de elementos das entidades ou dos serviços públicos com competência nas matérias a apreciar, em qualquer caso sem direito a voto.

Artigo 48.º
Compete ao conselho consultivo pronunciar-se, não vinculativamente, sobre:

a) O relatório anual da actividade do Banco, antes da sua apresentação;

b) A actuação do Banco decorrente das funções que lhe estão cometidas;

c) Os assuntos que lhe forem submetidos pelo governador ou pelo conselho de administração.

Artigo 49.º
O conselho consultivo reúne, ordinariamente, uma vez por semestre e, extraordinariamente, sempre que for convocado pelo governador.

CAPÍTULO VI
Organização dos serviços

Artigo 50.º
O conselho de administração decide da orgânica e do modo de funcionamento dos serviços e elabora os regulamentos internos necessários.

Artigo 51.º
Compete às filiais, sucursais, delegações e agências, sob a direcção, fiscalização e superintendência do conselho de administração, o desempenho, nas respectivas áreas, das funções que lhes forem cometidas.

CAPÍTULO VII
Orçamento e contas

Artigo 52.º
1. Será elaborado anualmente um orçamento de exploração.
2. O orçamento de cada ano será comunicado ao Ministro das Finanças até 30 de Novembro do ano anterior.

Artigo 53.º
1. O resultado do exercício é apurado deduzindo-se ao total de proveitos e outros lucros imputáveis ao exercício as verbas correspondentes aos custos a seguir indicados:

a) Custos operacionais e administrativos anuais;

b) Dotações anuais para a constituição ou reforço de provisões destinadas à cobertura de créditos de cobrança duvidosa e de riscos de depreciação de outros valores activos ou à ocorrência de outras eventualidades a que se julgue necessário prover, nos termos definidos pelo conselho de administração;

c) Eventuais dotações especiais para o Fundo de Pensões;

d) Perdas e custos extraordinários.

2. O resultado do exercício, apurado nos termos do número anterior, é distribuído da forma seguinte:

a) 10% para a reserva legal;

b) 10% para outras reservas que o conselho de administração delibere;

c) O remanescente para o Estado, a título de dividendos, ou para outras reservas, mediante aprovação do Ministro das Finanças, sob proposta do conselho de administração.

Artigo 54.º

1. Até 31 de Março, e com referência ao último dia do ano anterior, o Banco envia ao Ministro das Finanças, para aprovação, o relatório, o balanço e as contas anuais de gerência, depois de discutidos e apreciados pelo conselho de administração e com o parecer do conselho de auditoria.

2. Na falta de despacho do Ministro das Finanças, o relatório, o balanço e as contas consideram-se aprovados decorridos 30 dias após a data do seu recebimento.

3. A publicação do relatório, balanço e contas é feita no Diário da República, no prazo de 30 dias após a sua aprovação.

4. Na sequência da apresentação do relatório, balanço e contas anuais de gerência, o governador informará a Assembleia da República, através da Comissão Permanente de Economia, Finanças e Plano, sobre a situação e orientações relativas à política monetária e cambial.

5. O Banco não está sujeito ao regime financeiro dos serviços e fundos autónomos da Administração Pública.

6. O Banco não está sujeito à fiscalização prévia do Tribunal de Contas nem à fiscalização sucessiva no que diz respeito às matérias relativas à sua participação no desempenho das atribuições cometidas ao SEBC.

7. O disposto no número anterior é aplicável aos fundos que funcionam junto do Banco ou em cuja administração ele participe.

Artigo 55.º

O Banco publica semanalmente no Diário da República uma sinopse resumida do seu activo e passivo.

CAPÍTULO VIII
Trabalhadores

Artigo 56.º

1. Os trabalhadores do Banco estão sujeitos às normas do regime jurídico do contrato individual de trabalho.

2. O Banco pode celebrar instrumentos de regulamentação colectiva de trabalho, nos termos da lei geral, sendo para o efeito considerados como seus representantes legítimos os membros do conselho de administração ou os detentores de mandato escrito de que expressamente constem poderes para contratar.

3. Os trabalhadores do Banco gozam do regime de segurança social e dos outros benefícios sociais que decorrem dos instrumentos de regulamentação colectiva de trabalho do sector bancário.

Artigo 57.º

1. O conselho de administração, tendo em atenção a natureza específica das funções cometidas ao Banco, definirá a política de pessoal, após audição dos órgãos institucionais de representação dos trabalhadores.
2. Compete ao conselho organizar os instrumentos adequados à correcta execução e divulgação da política de pessoal, definida nos termos do número anterior.

Artigo 58.º

1. No âmbito das acções de natureza social do Banco, existe um fundo social com consignação de verbas que o conselho de administração delibere atribuir-lhe, de forma a assegurar o preenchimento das respectivas finalidades.
2. O fundo social é regido por regulamento aprovado pelo conselho de administração e é gerido por uma comissão nomeada pelo mesmo conselho, com poderes delegados para o efeito, e que incluirá representantes da comissão de trabalhadores do Banco.

CAPÍTULO IX
Disposições gerais e transitórias

Artigo 59.º

1. O Banco obriga-se pela assinatura do governador ou de dois outros membros do conselho de administração e de quem estiver legitimado nos termos do n.º 2 do artigo 28.º, dos n.ºs 1 e 2 do artigo 31.º ou do n.º 2 do artigo 34.º.
2. Os Avisos do Banco são assinados pelo governador e publicados na parte B da 1.ª série do Diário da República.

Artigo 60.º

Os membros do conselho de administração, do conselho de auditoria, do conselho consultivo e, bem assim, todos os trabalhadores do Banco estão sujeitos, nos termos legais, ao dever de segredo.

Artigo 61.º

1. Salvo quando em representação do Banco ou dos seus trabalhadores, é vedado aos membros do conselho de administração e aos demais

trabalhadores fazer parte dos corpos sociais de outra instituição de crédito, sociedade financeira ou qualquer outra entidade sujeita à supervisão do Banco ou nestas exercer quaisquer funções.

2. Sem prejuízo de outras incompatibilidades ou impedimentos legalmente previstos, não poderão os membros do conselho de administração exercer quaisquer funções remuneradas fora do Banco, salvo o exercício de funções docentes no ensino superior, ou ser membros dos corpos sociais de qualquer sociedade, a menos que o façam em representação de interesses do Banco e devidamente autorizados pelo conselho de administração.

Artigo 62.°

Sem prejuízo do disposto no artigo 39.°, compete aos tribunais judiciais o julgamento de todos os litígios em que o Banco seja parte, incluindo as acções para efectivação da responsabilidade civil por actos dos seus órgãos, bem como a apreciação da responsabilidade civil dos titulares desses órgãos para com o Banco.

Artigo 63.°

1. O plano de contas do Banco é aprovado pelo Ministro das Finanças, sob proposta do conselho de administração, ouvido o conselho de auditoria.

2. O Decreto-Lei n.° 23/93, de 27 de Janeiro, mantém-se em vigor até à data da aprovação referida no número anterior.

Artigo 64.°

O Banco rege-se pelas disposições da presente lei orgânica e dos regulamentos que venham a ser adoptados em sua execução, bem como pelas normas aplicáveis da legislação reguladora da actividade das instituições de crédito e, subsidiariamente, pelas normas de direito privado.

Artigo 65.°

Mantêm-se em vigor, até data a fixar em diploma especial, os artigos 6.° a 9.° da Lei Orgânica do Banco de Portugal, com a redacção do Decreto-Lei n.° 337/90, de 30 de Outubro, sem prejuízo da competência exclusiva do BCE para autorizar a emissão.

DECRETO-LEI N.º 22/99
DR 23/99 Série I-A de 28 de Janeiro de 1999

O Banco de Portugal organiza e gere mercados monetários interbancários, envolvendo quer a moeda primária quer títulos, nomeadamente os por si emitidos como instrumentos de regulação monetária.

Neste âmbito, a sua qualidade de banco central torna-o especialmente responsável por assegurar a realização e a liquidação, em tempo real, de operações sobre os referidos títulos, com observância da regra de entrega contra pagamento.

A participação do Banco de Portugal no Sistema Europeu de Bancos Centrais a partir de 1 de Janeiro de 1999 não só não altera este quadro operacional como impõe que ao Banco seja assegurada maior flexibilidade de actuação, por forma que, em cada momento, possa compatibilizar o funcionamento dos diversos mercados cuja regulação lhe é confiada.

A criação do mercado monetário único na zona do euro requer, efectivamente, a actualização e também a harmonização do quadro normativo próprio das operações sobre títulos de curto prazo, nomeadamente quando estes assumam forma meramente escritural, assim como a respectiva clareza para a multiplicidade dos agentes que intervêm no mesmo mercado.

Foram ouvidos o Banco de Portugal e o Instituto de Gestão do Crédito Público.

Assim:

Nos termos da alínea *a*) do n.º 1 do artigo 198.º da Constituição, o Governo decreta, para valer como lei geral da República, o seguinte:

Artigo 1.º
Âmbito material

1 – O Banco de Portugal assegura o registo e a liquidação de valores mobiliários de natureza monetária.

2 – Consideram-se de natureza monetária os valores representativos de dívida com prazo de vencimento não superior a um ano, assim como os emitidos pelo Banco de Portugal com o objectivo de intervir na política monetária e outros a que por lei seja reconhecida aquela natureza.

3 – Equiparam-se a valores mobiliários os direitos de conteúdo económico destacáveis desses valores ou sobre eles constituídos, conservem ou não a natureza monetária, desde que susceptíveis de negociação autónoma em mercado secundário.

Artigo 2.º
Sistema de registo e liquidação pelo Banco de Portugal

O Banco de Portugal assegura a estruturação, a administração e o funcionamento de um sistema de registo e controlo de valores mobiliários escriturais de natureza monetária, podendo receber valores mobiliários titulados para os converter em valores escriturais, e assegura também a liquidação de operações sobre tais valores.

Artigo 3.º
Regulamentação

Cabe ao Banco de Portugal regulamentar, mediante aviso, a organização, a disciplina e o funcionamento do sistema de registo e controlo referido no artigo anterior, as relações com entidades emitentes, intermediários financeiros e investidores e os procedimentos de liquidação das operações efectuadas.

Artigo 4.º
Disposições finais

1 – É revogado o Decreto-Lei n.º 315/85, de 2 de Agosto.

2 – O disposto no número anterior não prejudica a manutenção em vigor, enquanto não forem substituídos nos termos do presente diploma, das normas regulamentares e os procedimentos anteriormente determinados pelo Banco de Portugal.

3 – O disposto no presente diploma não prejudica o estabelecido no n.º 2 do artigo 7.º do Decreto-Lei n.º 279/98, de 17 de Setembro.

Visto e aprovado em Conselho de Ministros de 17 de Dezembro de 1998. – *António Manuel de Oliveira Guterres – António Luciano Pacheco de Sousa Franco.*

Promulgado em 18 de Janeiro de 1999.

Publique-se.

O Presidente da República, JORGE SAMPAIO.

Referendado em 19 de Janeiro de 1999.

O Primeiro-Ministro, *António Manuel de Oliveira Guterres.*

AVISO DO BANCO DE PORTUGAL N.º 1/99
DR 12/99 Série I-B de 15 de Janeiro de 1999

O Banco de Portugal, no uso da competência que lhe é atribuída pelos artigos 16.º e 21.º da sua Lei Orgânica e pelo n.º 1 do artigo 10.º do Decreto-Lei n.º 13/90, de 8 de Janeiro, determina o seguinte:

1 – A compra e venda de moeda estrangeira a que se refere o n.º 1 do artigo 5.º do Decreto-Lei n.º 13/90, de 8 de Janeiro, compreende as seguintes operações:

1.1 – Compra e venda à vista de moeda estrangeira contra moeda com curso legal em Portugal ou de moeda estrangeira contra moeda estrangeira;

1.2 – Compra e venda a prazo de moeda estrangeira contra moeda com curso legal em Portugal ou de moeda estrangeira contra moeda estrangeira;

1.3 – A contratação de swaps de moedas;

1.4 – A compra e venda de opções cambiais, a compra e venda de futuros cambiais e a compra e venda de outros derivados cambiais;

1.5 – Compra e venda de notas ou moedas metálicas estrangeiras ou de cheques de viagem.

2 – As entidades autorizadas a exercer o comércio de câmbios podem negociar livremente com os clientes ou entre si as taxas de câmbio e as comissões a aplicar nas operações referidas no número anterior.

3 – O Banco de Portugal divulgará diariamente, a título informativo, as taxas de câmbio do euro, da responsabilidade do Banco Central Europeu.

4 – O Banco de Portugal poderá estabelecer e divulgar diariamente, a título informativo, taxas de câmbio do euro, para um conjunto adicional de moedas.

5 – As cotações referidas nos n.ºs 3 e 4 denominam-se «câmbios de referência».

6 – O Banco de Portugal divulgará, diariamente, taxas de câmbio informativas em escudos, para o conjunto de moedas referidas nos n.ºs 3 e 4, utilizando, para o efeito, a taxa de conversão irrevogável entre a unidade euro e o escudo.

7 – A composição do conjunto das moedas cotadas é determinado pelo Sistema Europeu de Bancos Centrais.

8 – As entidades que exerçam o comércio de câmbios devem afixar de forma visível, em todos os balcões, informação actualizada relativa às taxas de câmbio praticadas por essas instituições, bem como a comissões ou outros encargos que incidam sobre as operações cambiais.

9 – As entidades que exerçam o comércio de câmbios devem prestar ao Banco de Portugal, de acordo com as instruções que por ele lhes forem transmitidas, os elementos informativos respeitantes às operações cambiais realizadas.

10 – É revogado o Aviso n.º 6/93, de 15 de Outubro, publicado no Diário da República, 2.ª série, n.º 242, de 15 de Outubro de 1993.

11 – O presente aviso entra em vigor em 1 de Janeiro de 1999.

Banco de Portugal, 4 de Janeiro de 1999.

O Governador
António de Sousa

PORTARIA N.º 8/99
DR 5/99 Série I-B de 7 de Janeiro de 1999

O Decreto-Lei n.º 138/98, de 16 de Maio, que estabelece regras fundamentais a observar no processo de transição para o euro, complementando o ordenamento jurídico existente, refere, no n.º 2 do artigo 10.º, que, mediante portaria e ouvido o Banco de Portugal, o Ministro das Finanças fixará, de acordo com a evolução económica e financeira, a taxa equivalente que substitui a taxa de desconto do Banco de Portugal a partir de 1 de Janeiro de 1999.

Assim:
Manda o Governo, pelo Ministro das Finanças, ouvido o Banco de Portugal, ao abrigo do n.º 2 do Decreto-Lei n.º 138/98, de 16 de Maio, o seguinte:

1.º A taxa de referência a que se refere o n.º 2 do artigo 10.º do Decreto-Lei n.º 138/98, de 16 de Maio, é fixada em 3,25%.

2.º A presente portaria entra em vigor no dia 1 de Janeiro de 1999.

Ministério das Finanças.
Assinada em 17 de Dezembro de 1998.

O Ministro das Finanças
António Luciano Pacheco de Sousa Franco

COMUNICADO DO BANCO DE PORTUGAL
SOBRE TROCA DE NOTAS – 21/12/98

O Banco de Portugal e os bancos assinaram hoje em Lisboa um protocolo relativo à troca directa, a particulares, de notas não-nacionais da área euro por notas nacionais.

Embora o euro seja a moeda dos Estados-membros participantes a partir de 1 de Janeiro de 1999, as notas e moedas em euro só estarão disponíveis a partir de 1 de Janeiro de 2002. A troca de notas não-nacionais da área do euro por notas nacionais deixa assim, por via da fixação em 31 de Dezembro de taxas de conversão fixas, de constituir uma operação cambial tradicional.

Nessa conformidade, na sequência de uma decisão do Conselho do Banco Central Europeu, o Banco de Portugal assegurará, através da sua rede de agências e delegações regionais*, a troca directa e gratuita a particulares das notas não-nacionais da área do euro por notas nacionais.

No entanto, tendo como objectivo garantir condições de eficiência e de harmonização mínima, considerou o Banco de Portugal como relevante o envolvimento de todo o sistema bancário na realização daquelas operações de troca directa.

O protocolo hoje assinado estabelece um conjunto de condições que os bancos signatários se comprometem a respeitar nas operações de troca directa, a particulares, de notas não-nacionais da área euro por notas nacionais, quer em termos de montantes, quer em termos de preços máximos.

Assim, os bancos signatários comprometem-se, durante um período de três anos a contar de 1 de Janeiro de 1999, a realizar as referidas operações de troca directa observando o limite de uma operação por cliente e por dia, no montante máximo de 200 000$00. Como compensação pela sua realização, os bancos poderão cobrar dos respectivos clientes um valor que não excederá 0,5% do montante da operação realizada, com um limite mínimo de 200$00 por operação.

* **Nota:** Em particular, em Lisboa, Porto, Funchal, Ponta Delgada e Faro

II
TRANSIÇÃO DA ADMINISTRAÇÃO PÚBLICA PARA O EURO

As linhas mestras do plano de transição para o euro da administração pública portuguesa foram lançadas em Novembro de 1997.
- **Ver Despacho 10590/97 – DR n.º 257 de 16-11-97 (pág. 459) [extracto]**

*

Em 1998 foi publicado um Despacho sobre o pagamento em euros feito pela administração pública; a informação em euros no Orçamento do Estado; e o pagamento ou informação em euros dos funcionários públicos.
- **Ver Despacho n.º 12 765/98 (2.ª Série) de 8 de Julho de 1998 (pág. 471)**

*

O sector da Segurança Social apresentou o seu plano de transição onde se estipula, nomeadamente, que as obrigações contributivas podem ser efectuadas em euros a partir de 1 de Fevereiro de 1999 – para as entidades empregadoras – e a partir de 1 de Fevereiro de 2000 – para os trabalhadores independentes.
- **Ver Despacho n.º 22 528/98 – DR II Série, n.º 300 de 30-12-1998 (pág. 475)**

DESPACHO N.º 10 590/97
DR n.º 257 de 16-11-97

Plano de transição
da Administração Pública financeira para o euro

A introdução da moeda única, o euro, será a mais importante mudança estrutural efectuada, alguma vez, a nível comunitário. Sendo uma questão de alcance geral, este movimento afectará decisivamente todos os agentes económicos. Pelo exposto, numerosas alterações terão de ser efectuadas a nível da Administração Pública. Mas o impacte da introdução do euro no sector não se esgota neste aspecto.

De facto, embora a Administração Pública deva adaptar-se, em termos sólidos e sustentados, ao novo ambiente monetário, ela deverá ter ainda um papel activo neste cenário de mudança, uma vez que a Administração Pública deverá assumir um papel de líder, agindo como catalisador e mobilizando os operadores privados para que estes efectuem os investimentos necessários.

No seu papel passivo, enquanto grandes utilizadores de moeda, as administrações públicas devem empreender importantes trabalhos preparatórios. Porém, o facto de estas alterações se efectuarem em tempo próprio proporcionará um sinal forte aos sujeitos privados, quer singulares quer colectivos, de que o processo é irreversível e de que as suas acções de adaptação não serão simplesmente um factor de prejuízo.

Porém, a acção positiva deverá ser temperada com as condicionantes decorrentes das contingências próprias e estruturais da Administração Pública Portuguesa, bem como com uma análise custo/benefício.

Nestes termos, aprovo o plano de transição apresentado pelo grupo de trabalho da Administração Pública da Comissão Euro, devendo os diversos serviços do Ministério das Finanças, desde já, continuar ou iniciar, quando for caso disso, a preparação de todos os procedimentos, administrativos, informáticos e operacionais, necessários para a introdução do euro, devendo apresentar no mais curto espaço de tempo as propostas legislativas necessárias, tendo em consideração as seguintes opções:

1 – Área fiscal e aduaneira

1.1 – As declarações fiscais das pessoas singulares e colectivas deverão ser efectuadas em escudos até final do período transitório, ou seja, 41207411 de Janeiro de 2002, se não houver nenhuma alteração a este respeito.

1.2 – Sem prejuízo, do disposto no número anterior, deverá ser permitido que as outras obrigações acessórias, designadamente de contabilidade ou escrituração, facturação e outros suportes documentais, possam ser cumpridas em euros.

1.3 – O pagamento das obrigações fiscais deverá ser efectuado em escudos durante o período transitório.

1.4 – Sem prejuízo do disposto no número anterior, nos casos em que o pagamento seja efectuado através do sistema bancário, o pagamento deverá poder ser efectuado em euros durante o período transitório.

1.5 – Em despacho próprio se definirá orientação sobre a contabilidade das empresas.

2 – Área da dívida pública

2.1 – A partir de 1 de Janeiro de 1999, as emissões de dívida pública deverão ser efectuadas em euros.

2.2 – A redenominação da dívida transaccionável emitida anteriormente a essa data poderá ser iniciada em 1 de Janeiro de 1999, relativamente às séries mais transaccionadas de OT e OTVR, cuja maturidade exceda o final do período transitório, devendo utilizar-se a técnica que se considerar mais apropriada, designadamente o método *botton up* por carteiras.

2.3 – Deverão ser tomadas todas as medidas necessárias para garantir a melhor liquidez possível relativamente aos títulos redenominados.

2.4 – Na medida do possível, e salvo outra orientação comunitária, os indexantes nacionais deverão ser mantidos até que os empréstimos que os utilizem atinjam a sua maturidade.

2.5 – O disposto no número anterior deverá ser aplicado, com as devidas adaptações, às convenções de mercado.

2.6 – Deverão ser tomadas todas as medidas necessárias no sentido do alargamento do leque de operadores financeiros com acesso aos leilões de colocação de dívida pública.

3 – Área orçamental e de tesouraria

3.1 – O Orçamento do Estado deverá ser elaborado e executado em escudos até final do período transitório, à semelhança da totalidade dos países da União Europeia.

3.2 – O disposto no número anterior não prejudica o uso do euro nas operações em que tal seja necessário, devendo criar-se os *interfaces* que permitam o seu uso. Nestes termos, deverá ser salvaguardada a possibilidade de os serviços efectuarem, a partir de 1 de Janeiro de 1999, pagamentos em euros, mesmo mantendo a sua contabilização em escudos.

4 – Área da segurança social na tutela do Ministério das Finanças

4.1 – O disposto nos números anteriores, relativamente aos aspectos orçamentais e de tesouraria, deverá ser aplicado, com as devidas adaptações, aos serviços da área da segurança social na tutela do Ministério das Finanças, devendo ser desenvolvidos todos os esforços necessários no sentido do estabelecimento de um sistema de pagamentos válido entre esses serviços e as suas entidades contratantes.

5 – Aspectos comuns

5.1 – No que diz respeito à conversão de dados históricos, a escolha da opção adequada deverá ser efectuada pelo serviço competente, atendendo à diversidade existente quanto ao volume das bases de dados, quanto à sua complexidade e quanto à sua necessidade.

5.2 – Deverão ser desenvolvidos todos os esforços necessários à formação dos funcionários do Ministério das Finanças relativamente à introdução do euro.

5.3 – Este despacho deverá ser comunicado a todos os serviços deste Ministério.

2 de Outubro de 1997.

O Ministro das Finanças
António Luciano Pacheco de Sousa Franco

ANEXO

PLANO DE TRANSIÇÃO DA ADMINISTRAÇÃO PÚBLICA FINANCEIRA PARA O EURO

I – Enquadramento do processo de transição para o euro

Neste ponto procurou sintetizar-se os aspectos mais importantes que enquadram o processo de transição para o euro, em particular as decisões já tomadas no âmbito da União.

1.1 – Conclusões dos Conselhos Europeus de Madrid e Dublim

O Conselho Europeu, reunido em Madrid a 15 e 16 de Dezembro de 1995, decidiu designar a futura moeda única europeia por euro e adoptou o cenário de transição para a moeda única, confirmando assim o início da 3.ª fase a 1 de Janeiro de 1999. O cenário de transição acordado em Madrid foi baseado no Livro Verde da Comissão e no relatório do Instituto Monetário Europeu (IME) e ainda nos trabalhos do Comité Monetário.

O Conselho Europeu confirmou que a fixação irrevogável das taxas de câmbio tem por pré-condição um elevado grau. de convergência económica e salientou a necessidade de ser mantida a convergência entre os participantes na área do euro e, em particular, garantida a disciplina orçamental.

A 3.ª fase terá início a 1 de Janeiro de 1999, de acordo com o seguinte calendário:

O mais cedo possível, em 1998, o Conselho Europeu decidirá quais os Estados membros (EM) que participarão na 3.ª fase, dando assim início ao período intercalar;

O mais cedo possível, no período intercalar, o Conselho e os EM declarados aptos a participar na 3.ª fase deverão nomear a comissão executiva do Banco Central Europeu (BCE), criando-se assim o BCE e o Sistema Europeu de Bancos Centrais (SEBC) – composto pelo BCE e pelos bancos centrais nacionais; neste contexto, até 1 de Janeiro de 1999 serão adoptados os «preparativos finais que habilitem o início do funcionamento das referidas instituições»;

A 1 de Janeiro de 1999 serão fixadas, irrevogavelmente, as taxas de conversão entre as moedas dos EM participantes e entre estas e o euro;

A partir de 1 de Janeiro de 1999, a política monetária única é conduzida pelo SEBC em euros, sendo também efectuadas nesta moeda as operações nos mercados cambiais e no sistema de pagamentos;

O mais tardar a 1 de Janeiro de 2002, as notas e moedas metálicas de euros terão curso legal, circulando em simultâneo com as notas e moedas metálicas nacionais, as quais serão progressivamente, mas tão rapidamente quanto possível e no máximo em seis meses, retiradas da circulação, perdendo curso legal e devendo ser trocadas por euros nos bancos centrais nacionais (BCN), às taxas irrevogavelmente fixadas.

Durante o período de dupla circulação, o euro é uma moeda de direito próprio, constituindo com as moedas nacionais diferentes expressões do que é económica e legalmente a mesma moeda, não sendo afectada a validade dos contratos, enquanto os montantes expressos em moeda nacional serão convertidos em euros à taxa de conversão fixada. No caso de contratos denominados em ecus, o qual deixará de existir, a conversão será à taxa 1:1, salvo disposições contratuais em contrário.

Até à data limite fixada para a transição definitiva, os agentes económicos podem, mas não são obrigados, usar o euro (princípio da «não obrigatoriedade e não proibição»), desenvolvendo mecanismos próprios de transição, enquanto o sector público passará progressivamente a efectuar as suas operações em euros. A nova divida pública negociável será emitida em euros a partir de 1 de Janeiro de 1999.

Desde o início da 3.ª fase, o SEBC usará o euro na contabilidade interna, na definição e condução da política monetária e cambial e no sistema de pagamentos. O SEBC definirá as modalidades de (e assegurará a) conversão entre as notas das várias denominações às taxas de conversão definidas. O SEBC deverá ainda facilitar o uso do euro, encorajando e apoiando os participantes do mercado na criação de um mercado para a moeda única e os BCN prestarão assistência técnica às instituições de crédito, de modo a minorar os custos de ajustamento, nomeadamente permitindo o acesso a facilidades de conversão neles instaladas.

Os governos nacionais deverão permitir a redenominação dos títulos já existentes (a qual não será obrigatória até ao fim desta fase) e apresentarão o calendário para a passagem da contabilidade do sector público para euros.

Três anos após o início da 3.ª fase serão postas em circulação as novas notas e moedas de euro, que terão curso legal paralelo ao das notas e moedas nacionais. A partir desse mesmo dia, os BCN iniciarão a retirada de circulação das notas e moedas nacionais. Estas perderão curso legal seis meses mais tarde. Nessa altura, só a moeda única tem curso legal na área do euro (mas os BCN, no sentido de servir o público, continuarão a trocar as notas nacionais antigas por euros). A coordenação das acções dos agentes será assegurada pelo SEBC, enquanto os BCN acompanharão as operações de transição a nível nacional.

1.2 – Regime jurídico do euro

A Comissão apresentou, em 16 de Outubro de 1996, dois projectos de regulamento destinados a constituírem o quadro jurídico da adopção do euro. Esses projectos foram seguidamente analisados e parcialmente reelaborados por um grupo de trabalho do Conselho. Igualmente o Parlamento Europeu e o IME se pronunciaram, após o que os projectos foram presentes ao Conselho ECOFIN e logo de seguida ao Conselho Europeu, ambos reunidos em Dublim no mês de Dezembro de 1996, o primeiro no dia 12 e o segundo nos dias 13 e 14.

1.3 – Quadro Jurídico global

1.3.1 – Regulamento baseado no artigo 285.º

O projecto deste regulamento utiliza já, na sequência da resolução do Conselho Europeu de Madrid de Dezembro de 1995, a designação de euro para a moeda única. São três os principais aspectos regulados por este diploma.

Em primeiro lugar, estabelece-se no artigo 2.º que qualquer referência em «instrumentos jurídicos», designadamente os legais e os contratuais, ao ecu, entendido na acepção do Regulamento (CE) n.º 3320/94, do Conselho, será substituída por referência ao euro, à taxa de 1:1.

Acrescenta-se na mesma disposição, com especial interesse relativamente ao chamado ecu privado, que se presume essa equivalência quando a referência ao ecu não seja acompanhada pela sua definição; prevê-se no entanto, explicitamente, que esta presunção é ilidível, cessando quando seja outra a intenção das partes.

Em segundo lugar, o artigo 3.º consagra a continuidade dos contratos (ou de quaisquer outros instrumentos jurídicos) dispondo – salvo convenção expressa em contrário – que a introdução do euro não implica a modificação daqueles, não dispensa do seu cumprimento, nem confere às partes o direito de unilateralmente os modificar ou fazer cessar.

Nos considerandos (n.º 7) do diploma projectado frisa-se resultar especificamente da afirmação deste princípio geral de direito que não haverá alteração no tocante às taxas de juro fixas, continuando pois nesse caso a ser aplicável a taxa nominal estabelecida.

A explicitação do princípio da continuidade visa não apenas reforçar a segurança e a clareza jurídicas, mas também contribuir para o seu reconhecimento em terceiros países. Tanto as instâncias comunitárias como outras entidades vêm desenvolvendo esforços no sentido de garantir este reconhecimento no exterior da zona euro (inclusivamente através de legislação específica).

Finalmente, os artigos 4.º e 5.º dispõem, respectivamente, quanto às taxas de conversão entre o euro e as unidades monetárias nacionais e quanto aos arredondamentos.

As taxas de conversão – a definir ulteriormente pelo Conselho, nos termos do artigo 109.º-L, n.º 4, do Tratado CE – comportarão seis algarismos significativos e não poderão ser arredondadas enquanto se opera conversão. Igualmente se proíbe o uso de taxas inversas calculadas a partir das de conversão – o que se traduziria em arredondamento. Estabelece--se (n.º 4 do artigo 4.º) que a conversão, entre si, de unidades monetárias nacionais deve ser operada segundo um algoritmo fixo: os montantes a converter noutra moeda serão primeiramente convertidos em montantes expressos na unidade euro (arredondados para três casas decimais, pelo menos) e depois convertidos na segunda unidade monetária nacional.

Os arredondamentos, segundo o artigo 5.º, devem ser feitos para o centavo (cent) superior ou inferior,. quando se trate de conversão em euro; tratando-se de conversão em unidades nacionais, o arredondamento efectuar-se-á para a respectiva subdivisão superior ou inferior. Neste caso, porém, poderão continuar a seguir-se as práticas nacionais de arredondamento, não para uma subdivisão da moeda em causa, mas para um seu múltiplo ou fracção.

1.3.2 – Regulamento baseado no artigo 109.4-L, n.º 4

Nesse diploma, que será aprovado somente quando estiverem definidos os países que acedem à área do euro, desenha-se em sentido restrito o regime jurídico, ou estatuto, do euro. Ao denominar assim a moeda única europeia, ponderou-se (considerando o n.º 2 do projecto) ser de utilizar esse vocábulo específico em vez do termo genérico «ecu», que aparece no Tratado CE.

Um primeiro conjunto de disposições, as dos artigos 2.º a 4.º, instaura a nova moeda como sendo a dos EM participantes (artigo 1.º), o que vale para cada um deles sem mais, por força da aplicação directa dos regulamentos comunitários. A ideia é reforçada com a estatuição (artigo 3.º) de que o euro substitui as moedas nacionais dos referidos Estados, segundo a taxa de conversão aplicável.

A unidade monetária euro, de acordo com o artigo 2.º, terá 100 subdivisões denominadas «cent» ou «centavo» (cf. o considerando n.º 2).

No artigo 4.º esclarece-se que o euro será também a unidade de conta do BCE e dos bancos centrais dos países da zona euro.

Os artigos 5.º a 9.º contêm disposições aplicáveis no período transitório, que, segundo o artigo 1.º, decorrerá entre 1 de Janeiro de 1999 e 31 de Dezembro de 2001.

Segundo o disposto no artigo 6.°, n.° 1, o euro terá neste período, como subdivisões não decimais e segundo as respectivas taxas de conversão, cada uma das unidades monetárias dos países participantes.

As notas e moedas expressas em moeda nacional mantêm o respectivo curso legal, nos termos do que dispõe o artigo 9.°, se bem que apenas no país de emissão. As unidades monetárias dos EM participantes constituem subdivisões não decimais do euro, as notas de cada um desses países transportadas para outro serão trocadas (não tecnicamente cambiadas) por notas locais.

O projecto de regulamento confere expressão prática ao princípio da «não obrigatoriedade e não proibição» da utilização do euro. A regra da não obrigatoriedade informa o n.° 1 do artigo 8.°.

O n.° 3 do mesmo artigo abre uma excepção à mencionada regra, ao dispor que o devedor poderá escolher a unidade monetária (euro ou unidade nacional) dos pagamentos a efectuar por crédito de uma conta, isto é, escrituralmente; se a conta a creditar for expressa em unidade monetária diferente da escolhida pelo devedor, o montante pago deve ser convertido pela instituição depositária à taxa legal de conversão e creditado na referida conta.

Os artigos 10.° a 12.° do projecto de regulamento provêem quanto à circulação das notas e moedas expressas em euros, a qual terá inicio em data a fixar quando for aprovado o regulamento. Segundo o previsto no direito comunitário originário e também no projecto, as notas serão emitidas pelo BCE e pelos bancos centrais dos países que integrarem a zona euro, enquanto as moedas serão emitidas pelos mesmos EM com denominações e segundo as especificações técnicas que o Conselho vier a estabelecer.

Finalmente, os artigos 14.° a 16.° aplicar-se-ão a partir do termo do período transitório. Assim, com início em 1 de Janeiro de 2002, as referências de quaisquer instrumentos legais, então existentes, às unidades monetárias nacionais serão entendidas como feitas à unidade euro, segundo as respectivas taxas de conversão (artigo 14.°). Serão igualmente aplicáveis as regras sobre arredondamentos, estabelecidas no regulamento aprovado com base no artigo 235.° do Tratado.

No prazo máximo de seis meses após o termo do período transitório cessa o curso legal, no respectivo território, das notas e moedas expressas em unidades monetárias nacionais; cada EM poderá no entanto estabelecer prazos mais curtos (artigo 15.°, n.° 1).

As referidas notas e moedas serão trocadas por euro, à taxa legal de conversão, de acordo com as normas e práticas de cada EM (artigo 16.°).

1.4 – Continuidade dos contratos

Como se referiu anteriormente, o princípio da continuidade dos contratos está consagrado com muita clareza no projecto de regulamento com base no artigo 235.º do Tratado CE.

1.5 – Taxas de referência e indexantes

Foram analisadas várias questões atinentes à subsistência, em Portugal como noutros países, de taxas de juro referenciais e indexantes estabelecidas por via legal ou administrativa e não raramente também em contratos e nos demais actos jurídicos, em variados domínios de direito comum, financeiro, etc. E o que sucede, entre outras, com a taxa de desconto do banco central, a LISBOR e a designada TBA.

O assunto foi objecto de questionário detalhado do IME, dirigido em Outubro de 1996 aos bancos centrais da UE, encontrando-se em estudo. A reflexão empreendida até agora não revelou a urgência de ser alterada, por simples impacte da moeda única, a regulação nacional vigente. Deverá, no entanto, aquilatar-se, desde já, da necessidade, em vários domínios do nosso ordenamento jurídico, da intervenção legislativa no sentido de, por um lado, substituir taxas e indexantes por essa via fixados e que, directa ou indirectamente, possam vir a desaparecer e, por outro lado, fornecer soluções específicas para os casos em que as taxas ou indexantes formados no mercado venham também a desaparecer ou tornar-se obsoletos com a implementação da política monetária única.

Estas soluções – sempre obviamente supletivas (isto é, admitindo acordo das partes em contrário) – estão na linha de uma experiência legislativa portuguesa merecedora de consideração. E justificam-se, sem dúvida, pelas necessidades de segurança do comércio jurídico.

Admite-se que também as taxas de juro (civis, comerciais, etc.) possam ter de vir a ser revistas em razão do eventual desajustamento que ofereçam relativamente às condições da economia nacional, que não, directamente, por decorrência da adopção da moeda única.

Também a inserção de eventuais cláusulas de descontinuidade – não proibidas, efectivamente, pela legislação comunitária – não se afigurou de assumir como orientação geral neste domínio.

1.6 – Convertibilidade e redenominação de títulos

Nos termos do artigo 8.º, n.º 4, do regulamento a aprovar com base no artigo 109.º-L, n.º 4, do Tratado CE, poderá cada EM providenciar no sentido da redenominação, em euro, da dívida pública expressa na respectiva unidade monetária nacional.

1.7 – Mecanismos de conversão

A existência e o uso de eficientes mecanismos de conversão/reconversão entre as denominações nacionais e o euro e vice-versa são factores essenciais para uma transição adequada no período compreendido entre 1 de Janeiro de 1999 e 30 de Junho de 2002. Serão três anos e meio em que coexistirão expressões monetárias diferenciadas: numa fase longa inicial de três anos apenas sob a forma escritural e na fase curta final de seis meses alargada também à circulação fiduciária.

O papel dos agentes económicos – públicos e privados – será de relevante importância na comunicação e divulgação das regras e mecanismos de conversão disponibilizados. Mas será fundamentalmente no âmbito do sistema bancário que a aplicação prática daquelas regras e mecanismos de conversão deverá constituir-se como motor de forte dinamização da progressiva utilização do euro. Isso mesmo é reconhecido em documento recente da Comissão Europeia, onde se diz: «A liberdade que os agentes privados têm de utilizar o euro só se concretizará plenamente na prática se os bancos proporcionarem mecanismos de pagamento eficazes para as conversões entre o euro e as unidades de moeda nacional» e, mais adiante, «a garantia de que existirá uma equivalência legalmente aplicável entre o euro e as unidades monetárias nacionais só será consubstanciada se os bancos a transformarem numa realidade prática, especialmente através do mecanismo de conversão de pagamentos».

Estão também já definidas algumas regras essenciais no que respeita às questões de conversão e arredondamento constantes do regulamento do Conselho sobre algumas disposições relativas à introdução do euro.

II – Papel da Administração Pública

A introdução da moeda única, o euro, será a mais importante mudança estrutural efectuada alguma vez a nível comunitário. Sendo uma questão de alcance geral, este movimento afectará decisivamente todos os agentes económicos. Pelo exposto, numerosas alterações terão de ser efectuadas a nível da Administração Pública. Mas o impacte da introdução do euro no sector não se esgota neste factor.

De facto, embora a Administração Pública deva adaptar-se, em termos sólidos e sustentados, para o novo ambiente, ela deverá ter ainda um papel activo neste cenário de mudança, uma vez que, e já o Livro Verde sobre as Modalidades Práticas para a Introdução da Moeda Única se referia a isso, a Administração Pública deverá assumir um papel de líder, agindo como catalisador, mobilizando os operadores privados para que estes efectuem os investimentos necessários.

No seu papel passivo, enquanto grandes utilizadores de moeda, as administrações públicas devem empreender importantes trabalhos preparatórios. Porém, o facto de estas alterações se efectuarem em tempo próprio proporcionará um sinal forte aos sujeitos privados, quer singulares quer colectivos, de que o processo é irreversível e de que as suas acções de adaptação não serão simplesmente um factor de prejuízo.

Porém, a acção positiva deverá ser temperada com as condicionantes decorrentes das contingências próprias e estruturais da Administração Pública Portuguesa, bem como com uma análise custo/benefício em termos financeiros.

A acção do grupo de trabalho da Administração Pública terá, pois, que tomar em consideração esta dicotomia, de forma a construir um trabalho plenamente satisfatório.

O grupo de trabalho da Administração Pública é constituído por representantes da Inspecção-Geral de Finanças, da Direcção-Geral de Estudos e Previsão, da Direcção-Geral de Assuntos Europeus e Relações Internacionais, da Direcção-Geral do Orçamento, da Direcção-Geral de Protecção Social aos Funcionários e Agentes da Administração Pública, da Direcção-Geral dos Impostos, da Direcção-Geral das Alfândegas e dos Impostos Especiais sobre o Consumo, da Direcção-Geral do Tesouro, da Caixa Geral de Aposentações, do Instituto de Gestão do Crédito Público, da Comissão de Normalização Contabilística e dos Serviços Sociais do Ministério das Finanças.

Este grupo de trabalho, inserido na Comissão Euro, do Ministério das Finanças, coordenada pela Dr. Isabel Barata, subdivide-se no subgrupo da dívida pública, coordenado pelo Dr. Ribeiro da Costa, no subgrupo das operações orçamentais, coordenado pelo Dr. Catarino Tavares, no subgrupo da tributação e questões aduaneiras, coordenado pelo Dr. Freitas Pereira, no subgrupo da segurança social, coordenado pelo Dr. José Mesquita, e no subgrupo das questões jurídicas, coordenado pelo Dr. Carlos Palma. Este último subgrupo terá uma acção horizontal, servindo de apoio aos restantes subgrupos.

De seguida, apresentam-se, de forma segmentada, os diversos cenários possíveis, que se colocam à consideração do Sr. Ministro.

O Coordenador do Grupo de Trabalho, *Carlos Baptista Lobo*.

(...)

DESPACHO N.º 12 765/98 (2.ª Série)
DO MINISTRO DAS FINANÇAS
de 8 de Julho de 1998

(Diário da República, (II Série) n.º 169 de 24.7.98)
Relativo ao Plano de Transição
da Administração Pública para o Euro

Desde o primeiro despacho relativo ao Plano de Transição da Administração Pública para o Euro que sempre foi intenção do Governo, reafirmada em despachos posteriores, que o Orçamento do Estado fosse elaborado e executado em escudos até ao final do período transitório, à semelhança dos restantes países da União Europeia.

No entanto, sem prejuízo do que foi dito, sempre ficou salvaguardada a necessidade de assegurar o uso do euro em todas as operações em que tal se mostre necessário, devendo criar-se os interfaces para esse efeito. Nestes termos, ficou definida a possibilidade de efectivação de pagamentos em euros a partir de 1 de Janeiro de 1999.

Verifica-se, agora, a necessidade de emanação de orientações mais concretas relativas à concretização destas linhas gerais. Nestes termos, determino o seguinte:

Ponto 1 – Pagamentos em euros

Deverá ser criada uma comissão constituída por um representante da Direcção-Geral do Orçamento (DGO), outro da Direcção-Geral do Tesouro (DGT) e outro do Instituto de Informática (II) que, tendo em consideração as diversas propostas existentes, deverá apresentar, no prazo de um mês, um relatório vinculativo dos respectivos serviços, contendo:

A definição do modelo do sistema de pagamentos com vista ao pagamento em euros;

Um plano de implementação coordenado entre as diferentes entidades;
A identificação das responsabilidades de cada um dos intervenientes;
A definição dos interfaces informáticos entre os diferentes sistemas intervenientes;
A identificação dos recursos necessários e da forma de os assegurar.

Ponto 2 – Informação em euros sobre o Orçamento do Estado e respectiva execução orçamental

A informação síntese a criar relativamente ao Orçamento do Estado e respectiva execução deverá ser a seguinte:

a) Ao nível do Orçamento do Estado – síntese do relatório em euros acompanhada dos seguintes mapas, feitos com base nos mapas definidos na lei do enquadramento:

Mapa I – receitas do Estado, por capítulo;
Mapa II – despesas do Estado por classificação orgânica, por ministério;
Mapa III – despesas do Estado por classificação funcional;
Mapa IV – despesas do Estado por classificação económica;
Mapa V – receitas globais dos serviços e fundos autónomos, por ministério;
Mapa VI – despesas globais dos serviços e fundos autónomos, por ministério;
Mapa VII – despesas globais dos serviços e fundos autónomos por classificação funcional
Mapa VIII – despesas globais dos serviços e fundos autónomos, por classificação económica
Mapa IX – orçamento da segurança social agregado;
Mapa X – finanças locais, por distrito;
Mapa XI – PIDDAC, mapas síntese por sector e por ministério;

b) Ao nível da Conta Geral do Estado (CGE) – a CGE deverá conter uma adenda com um conjunto de mapas em euros:

Em termos de informação sobre a receita deverá ser criado um mapa contendo apenas as receitas líquidas elaborado ao nível do capítulo;

Quanto à despesa, os mapas, reflectindo os pagamentos, serão apresentados com a agregação proposta para o Orçamento do Estado.

Todos os mapas a elaborar serão efectuados para a CGE, apenas apresentando, no caso da receita, a receita líquida e, no caso da despesa, os pagamentos;

c) Boletim informativo da DGO – para além da informação referida, no decorrer da execução orçamental será elaborado um mapa adicional a integrar o boletim informativo da DGO, de periodicidade mensal, com elementos sobre a execução orçamental do subsector Estado e o apuramento do saldo global, em euros;

d) Serviços e fundos autónomos – quanto ao subsector dos serviços e fundos autónomos e para aqueles que disponham de orçamento superior a 10 milhões de contos, estes serviços deverão passar a acrescentar à informação pedida no decreto de execução orçamental mapas em euros, com valores do orçamento aprovado e da execução ao nível do agrupamento da receita e despesa, bem como a respectiva conta de gerência no final do ano.

Ponto 3 – Vencimentos dos funcionários públicos

Só a partir de 1 de Janeiro de 2002 se iniciará o cálculo, processamento e pagamento de vencimentos dos funcionários públicos em euros. No entanto, nada obsta a que qualquer funcionário possa dar o NIB de uma conta em euros.

A partir de 1 de Janeiro de 1999, o recibo do vencimento dos funcionários públicos deverá passar a ter o montante total líquido em escudos e em euros, de forma a facilitar a adaptação dos funcionários a esta moeda bem como a conferência do depósito no caso de este optar por uma conta em euros.

8 de Julho de 1998.

O Ministro das Finanças
António Luciano Pacheco de Sousa Franco

DESPACHO N.º 22 528/98
(Diário da República – II Série, n.º 300 de 30-12-1998)

PLANO DE TRANSIÇÃO PARA O EURO NO ÂMBITO DA SEGURANÇA SOCIAL

O início da fase de transição para o euro, em 1 de Janeiro de 1999, determina a necessidade de adopção de um conjunto de medidas no âmbito do sector da segurança social que, visando facilitar e incentivar a adesão dos agentes económicos a esta mudança estrutural, permitam, simultaneamente, a adaptação do quadro de relacionamento das instituições com os beneficiários e contribuintes.

Com efeito, em conformidade com o princípio da "não obrigação, não proibição" para a utilização do euro definido pelo Conselho Europeu de Madrid, na fase transitória podem ser apresentadas declarações e efectuadas liquidações nas duas moedas.

Esta decisão, já tomada a nível de outros sectores da Administração Pública, exige, no que se refere ao sector da Segurança Social, a introdução de alterações de significativa importância, designadamente ao nível dos sistemas de informação administrativos e informáticos, bem como a definição dos princípios e procedimentos a que ficam vinculados os contribuintes, entidades empregadoras e trabalhadores independentes, que venham a aderir à aplicação do euro.

Assim, determina-se o seguinte:

1.º
(Adesão)

As entidades empregadoras e trabalhadores independentes, podem aderir à aplicação do euro no âmbito da segurança social, através do pagamento dos valores devidos às instituições que os abrangem, a partir, respectivamente, de 1 de Fevereiro de 1999 e de 1 de Fevereiro de 2000.

2.º
(Comunicação da adesão)

A adesão dos contribuintes deve ser comunicada ao Instituto de Gestão Financeira da Segurança Social, em modelo próprio disponibilizado em suporte papel e em suporte informático.

3.º
(Articulação com os beneficiários e contribuintes)

A articulação das instituições de segurança social com os beneficiários e contribuintes, continuará a ser efectuada em escudos até 31 de Dezembro de 2001, independentemente da moeda por estes escolhida para cumprimento das suas obrigações contributivas.

4.º
(Prazo para a adesão)

A opção pela modalidade de pagamento em euro, deve ser efectuada com, pelo menos, 30 dias de antecedência relativamente ao mês em que os contribuintes pretendam iniciar essa modalidade, sem prejuízo dos prazos estabelecidos no n.º 1.

5.º
(Irreversibilidade da opção)

A opção pelo cumprimento das obrigações contributivas em euro é irreversível.

6.º
(Declaração das remunerações)

Os contribuintes que adiram à aplicação do euro ficam obrigados a apresentar a folha de remunerações dos trabalhadores ao seu serviço na mesma moeda, podendo utilizar para o efeito suporte informático ou suporte papel, de modelo próprio.

7.º
(Local de entrega das folhas de remunerações)

As folhas de remunerações a que se refere o n.º anterior, são remetidas ao Instituto de Gestão Financeira da Segurança Social, sem prejuízo de as mesmas poderem ser entregues nas Instituições de Segurança Social ou nas Instituições de Crédito.

8.º
(Local de pagamento das contribuições)

O pagamento em euro só pode ser efectuado nas instituições de crédito que, nos termos do Decreto-Lei n.º 236/91, de 28 de Junho, hajam celebrado acordo com o Instituto de Gestão Financeira da Segurança Social.

9.º
(Forma de pagamento)

O pagamento dos valores devidos ás instituições de segurança social pode ser efectuado por transferência bancária, cheque sacado sobre instituições de crédito a operar em território nacional e, no caso dos trabalhadores independentes, através da rede multibanco, mediante guia de pagamento de modelo próprio preenchido em euro.

10.º
(Pagamento das prestações sociais)

Durante o período transitório o pagamento das prestações sociais devidas, no âmbito de Segurança Social será sempre efectuado em escudos.

11.º
(Documentos emitidos pelas instituições de segurança social)

Em conformidade com o disposto no n.º 3, os documentos emitidos pelas instituições de segurança social, em particular, notificações de pagamento de prestações, restituição de contribuições, certidões de dívida, e pagamento de contra-ordenações, são referenciados em escudos.

12.º
(Declarações e obrigações
relativas a períodos anteriores à opção)

As declarações e pagamentos respeitantes a períodos anteriores à data de produção de efeitos da opção pela aplicação do euro, são efectuados em escudos, mesmo que sejam apresentados após aquela data.

13.º
(Dados históricos)

Durante o período de transição, a informação constante das bases de dados manter-se-á em escudos, sem prejuízo de poderem ser criadas, em paralelo, bases de dados em euro, no contexto da reformulação do sistema de informação em curso, procedendo-se, progressivamente, à conversão dos dados históricos.

14.º
(Tratamento da Informação)

A conta-corrente dos contribuintes a que se refere o presente despacho é gerida, pelo Instituto de Gestão Financeira da Segurança Social que, em articulação com as instituições de segurança social e com o Instituto de Informática e Estatística da Solidariedade, assegura, igualmente, o tratamento da informação relativa às folhas de remunerações e guias de pagamento de contribuições daqueles contribuintes.

15.º
(Informação às instituições de segurança social)

O Instituto de Gestão Financeira da Segurança Social procederá, à transferência da informação relativa aos beneficiários, para as instituições de segurança social, por forma a garantir, com a maior celeridade, o cumprimento das suas atribuições, nomeadamente no que se refere ao pagamento das prestações.

16.º
(Modelos de suportes de informação)

Os suportes de informação necessários à aplicação do euro no âmbito da segurança social obedecem a modelo próprio.

Lisboa, 11 de Novembro de 1998.

O Ministro do Trabalho e da Solidariedade

Eduardo Luís Barreto Ferro Rodrigues

III
CONTABILIDADE EM EUROS

As adaptações contabilísticas resultantes da introdução do euro constam de uma Directriz emitida ainda em 1997.
- **Ver Instrução n.º 5/97 (Directriz contabilística n.º 21) – DR n.º 258 de 17-11-97 (pág. 483)**

*

Posteriormente foi acrescentado um ponto 4.10 relativo à contabilização das alterações do capital social devidas à sua redenominação em euros.
- **Ver Aditamento do ponto 4.10 (pág. 489)**

*

O caso específico das empresas de seguros foi objecto de dois regulamentos sobre os efeitos contabilísticos nas empresas em geral e nas gestoras de fundos de pensões em particular.
- **Ver Regulamento n.º 8/98 – DR n.º 189 Série II de 18-8-98 (pág. 491) e**
- **Ver Regulamento n.º 7/98 – DR n.º 189 Série II de 18-8-98 (pág. 495)**

INSTRUÇÃO N.º 5/97
DR n.º 258 de 17-11-97

Directriz contabilística n.º 21
Contabilização dos efeitos da introdução do euro

1 – Introdução do euro

O objectivo desta directriz é o de tratar os efeitos contabilísticos da introdução do euro nas contas individuais e consolidadas das empresas em face dos textos comunitários conhecidos (*) e assumindo que Portugal integrará o primeiro conjunto de países a adoptar a moeda única.

O processo de transição desenvolver-se-á em três fases:

FASE A – lançamento da União Económica e Monetária (UEM).

Em 1998, logo que seja conhecido o grupo de países que venham a fazer parte da UEM, é criado o Banco Central Europeu e pode ser dado início à produção de notas europeias. Nesta fase procede-se em cada Estado membro (EM) participante à preparação das condições em que se fará a transição, embora a economia, no seu todo, continue a funcionar na base das moedas nacionais.

FASE B – início efectivo da UEM.

Esta fase inicia-se em 1 de Janeiro de 1999 e termina em 31 de Dezembro de 2001. Naquela data as taxas de conversão entre o euro e as moedas nacionais dos EM participantes são irrevogavelmente fixadas e o euro torna-se moeda de direito próprio, embora ainda na forma escritural. As moedas dos EM participantes serão substituídas pelo euro, que será expresso quer pela sua própria unidade (euro) ou subunidade (cêntimo) quer pelas unidades das antigas moedas nacionais. Nesta fase os agentes económicos podem, também, começar a operar na unidade euro.

(*) Designadamente o Regulamento (CE) n.º 1103/97, do Conselho, de 17 de Junho de 1997, e o documento intitulado «Questões contabilísticas ligadas à introdução do euro», emitido pela Direcção-Geral XV da Comissão Europeia.

FASE C – mudança definitiva para o euro.

Após 31 de Dezembro de 2001 as quantias que nessa data ainda estejam expressas em unidades de moeda nacional consideram-se expressas em unidades euro, convertidas à taxa oficial.

O mais tardar em 1 de Janeiro de 2002 as novas notas e moedas metálicas euro serão postas em circulação e durante um curto período (no máximo de seis meses) ocorrerá a substituição das notas e moedas metálicas nacionais.

A calendarização destas fases e as decisões que sejam tomadas em cada uma delas são particularmente importantes para o relato financeiro das empresas.

Do enquadramento legal previsto para o euro retiram-se as seguintes bases:

O euro substituirá as moedas dos EM participantes às taxas de conversão fixas aplicáveis a partir de 1 de Janeiro de 1999;

Desde 1 de Janeiro de 1999, todas as referências feitas ao ecu constantes de documentos legais são substituídas pelo euro;

Quando em documentos legais se fizer referência a uma moeda nacional, essa referência será válida como se fosse para o euro;

A introdução do euro não terá o efeito de alterar qualquer disposição de um instrumento legal ou de eximir ou dispensar a execução de qualquer instrumento legal nem dar unilateralmente o direito de alterar ou pôr termo a um instrumento legal. No entanto, uma vez que é respeitada a liberdade contratual, esta disposição fica sujeita ao que as partes possam ter acordado;

Qualquer dívida expressa quer em euros quer na moeda nacional de um determinado EM participante e pagável dentro desse EM pode ser paga pelo devedor quer em euros quer na moeda nacional (sem prejuízo do que as partes possam ter acordado).

2 – Preparação e apresentação das demonstrações financeiras

Atendendo aos princípios da «não obrigatoriedade» e da «não proibição», tal como estabelecidos no cenário de referência decidido pelo Conselho Europeu de Madrid, e considerando que na fase B as moedas dos EM participantes serão substituídas pelo euro, entende-se que:

As entidades podem elaborar e apresentar as suas demonstrações financeiras a partir de 1 de Janeiro de 1999 quer em euros quer na outra denominação igualmente autorizada, que é a moeda local, neste caso, o escudo;

A partir de 1 de Janeiro de 2002, ao terminar o período de transição, todas as demonstrações financeiras terão obrigatoriamente de ser apresentadas em euros.

3 – Definições

Moeda de relato – é a moeda usada na apresentação das demonstrações financeiras individuais e consolidadas.
Taxa de câmbio – é a relação de troca entre duas moedas.
Taxa de fecho – é a taxa de câmbio à vista existente à data do balanço.
Taxa fixa de conversão – é a taxa de câmbio irreversivelmente fixada entre o euro e a moeda do EM participante.
Contrato de câmbio – é um acordo que dá o direito ou estabelece a obrigação de trocar, no futuro, moedas diferentes a uma taxa previamente especificada, numa determinada data ou durante certo período.
Elementos monetários – são os que correspondem ao dinheiro detido e a dívidas a receber ou a pagar em quantias fixadas ou determináveis de dinheiro.
Actividades operacionais no estrangeiro – são as que respeitam a filiais (subsidiárias), associadas, empreendimentos conjuntos ou sucursais, cujas actividades se expressam numa moeda diferente da moeda de relato.
Conversão – é o processo de expressar na moeda de relato as operações em moeda estrangeira.
Transposição – é o processo de expressar na moeda de relato as demonstrações financeiras individuais e consolidadas expressas numa moeda estrangeira.

4 – Efeitos da introdução do euro

4.1 – *Entidades que não usam moeda estrangeira*

Com a introdução do euro, estas entidades limitam-se a expressar, de forma irreversível, os seus activos, passivos e capitais próprios em unidades euro, usando a taxa fixa de conversão, daí não derivando quaisquer diferenças de câmbio.

4.2 – *Entidades que usam moeda estrangeira*

Quanto a estas entidades, antes de utilizarem o processo de transposição referido no número anterior, deverão converter os seus saldos em moeda estrangeira para escudos.

Quando houver lugar a consolidação de contas, deverá utilizar-se um procedimento prévio semelhante.

4.3 – *Data da mudança para o euro*

A data oficial do lançamento do euro é de 1 de Janeiro de 1999. Até esta data será anunciada a taxa de conversão fixa entre o euro e o escudo. Contudo, a taxa de conversão fixada deve ser utilizada para o encerramento das contas individuais e consolidadas do exercício que termina em 31 de Dezembro de 1998.

A introdução do euro não altera a relação entre o escudo e a unidade monetária de um pais não participante. As moedas continuam a flutuar umas em relação às outras e as respectivas diferenças de câmbio continuam a ter o tratamento previsto no POC.

4.4 – *Realização e reconhecimento das diferenças de câmbio na demonstração dos resultados*

Os activos e passivos do balanço de uma entidade podem ser classificados em monetários e não monetários.

Os elementos monetários são por vezes expressos em moeda estrangeira, caso em que devem ser transpostos para a moeda de relato. As flutuações na taxa de câmbio da moeda estrangeira conduzem, assim, a diferenças cambiais nos elementos monetários. Os elementos não monetários, com a possível excepção dos investimentos em actividades operacionais no estrangeiro, são expressos na moeda de relato, pelo que não surgirão diferenças cambiais nestes elementos.

O processo de conversão está tratado nos n. 5.1.1, 5.2.1 e 5.2.2 do Plano Oficial de Contabilidade.

Admitindo que algumas diferenças de câmbio favoráveis tenham sido diferidas, conforme previsto no POC, as relativas às moedas dos EM participantes serão de reconhecer no momento da mudança para o euro, que deverá ocorrer no termo do exercício de 1998.

4.5 – *Contratos sobre taxas de câmbio*

Após a introdução do euro, deixará de existir o risco cambial respeitante aos contratos que envolvam moedas de EM participantes. Assim, o resultado dos contratos que tenham por objecto a cobertura do risco de câmbio pode ser calculado com rigor, considerando-se realizado, tal como a diferença cambial inerente à posição coberta.

4.6 – *Contas consolidadas*

Previamente à consolidação, há que transpor as demonstrações financeiras das actividades operacionais desenvolvidas noutro EM participante usando, consoante as circunstâncias, o método do investimento líquido ou o método temporal. Os correspondentes ajustamentos de transposição serão considerados de acordo com o método utilizado.

4.6.1 – *Método do investimento líquido*

De acordo com o método do investimento líquido, as diferenças de transposição resultantes da aplicação da taxa de câmbio do final do exercício são reconhecidas no capital próprio aquando da consolidação de actividades operacionais no estrangeiro.

Estas diferenças de transposição tornam-se quantias fixas, que apenas serão reconhecidas na demonstração de resultados, quando se verificar a venda ou liquidação da respectiva actividade operacional no estrangeiro.

4.6.2 – *Método temporal*

De acordo com o método temporal, os activos e passivos de uma actividade operacional no estrangeiro são transpostos à taxa de câmbio histórica vigente na data da sua aquisição ou da sua reavaliação mais recente.

Como as quantias transpostas para efeitos de consolidação, no âmbito deste método, não reflectem o efeito das flutuações da taxa de câmbio entre a data da aquisição ou reavaliação e a data da introdução do euro, os activos e passivos da actividade operacional no estrangeiro, apresentados para efeitos locais, podem evidenciar quantias em euros diferentes das integrantes para efeitos de consolidação na empresa mãe, aquando da introdução do euro. Tais diferenças desaparecerão à medida que os activos e passivos respectivos forem amortizados ou alienados.

4.7 – *Custos relativos à introdução do euro*

Os custos resultantes da introdução do euro são comparáveis aos custos correntes, pelo que se lhes devem aplicar as regras contabilísticas normais. Estes custos serão, assim, reconhecidos normalmente como gastos do exercício em que forem incorridos.

A introdução do euro ou a identificação de razões para custos futuros ou prováveis não constituem, por si só, motivos para a constituição de provisões.

4.8 – **Dados comparativos**

As empresas que passem a usar a unidade euro nas suas demonstrações financeiras deverão transpor os dados comparativos do exercício anterior, que não estavam expressos em euro, usando a taxa fixa de conversão.

A transposição dos dados comparativos com recurso a uma taxa de câmbio histórica não é possível, uma vez que o euro não existirá antes de 1 de Janeiro de 1999. Não é adequado utilizar o ecu como um substituto do euro, uma vez que a taxa de câmbio do ecu em relação às moedas dos EM participantes terá flutuado. Além disso, o uso de uma taxa de câmbio histórica teria ainda a desvantagem de provocar diferenças cambiais no caso de entidades nacionais, que não apresentavam contas expressas numa moeda estrangeira.

4.9 – *Exercícios não coincidentes com o ano civil*

Para as entidades cujos exercícios não coincidam com o ano civil, a introdução do euro e os seus efeitos serão considerados no exercício que contiver o dia 31 de Dezembro de 1998.

Por outro lado, não será possível publicar demonstrações financeiras em unidades euro para os exercícios que terminem antes de 1 de Janeiro de 1999.

Para as entidades cujo exercício termina alguns meses antes de 31 de Dezembro de 1998, mas a taxa de conversão fixada já seja conhecida à data da elaboração do mesmo, a introdução do euro constitui um acontecimento que ocorre após a data do balanço e que pode ter impacte sobre as contas individuais e consolidadas desse exercício. Nesse caso, a entidade deverá evidenciar os 'efeitos da mudança nas contas respeitantes a esse período.

Aprovada pelo conselho geral da Comissão de Normalização Contabilística na sua reunião de 22 de Outubro de 1997.

22 de Outubro de 1997.

O Presidente da Comissão

António Domingos Henrique Coelho Garcia

[Ver Aditamento – DC21]

DIRECTRIZ CONTABÍLISTICA N.º 21
Contabilização dos efeitos da introdução do Euro
Aditamento do ponto 4.10

4.10 – *Redenominação do capital social*

O Decreto-Lei n.º 343/98, de 6 de Novembro, veio estabelecer o método da alteração unitária como método padrão de redenominação de redenominação de acções. Importa, pois, definir as regras para a sua aplicação prática.

Da aplicação do método poderão resultar aumentos ou reduções do capital, consoante a taxa de conversão que vier a ser irrevogavelmente fixada. Dado que destas variações não poderão resultar apelos ou devoluções aos accionistas, o processo de arredondamento do capital social terá de ser efectuado por contrapartida de uma conta adequada de capitais próprios.

Caso se esteja perante uma situação de redução de capital social, a diferença encontrada deverá ser registada em subconta apropriada da *conta 54 – Prémios de emissão de acções*, que ficará igualmente sujeita ao regime de reserva legal (cf. art. 17.º, n.º 1, alínea *b*), do Decreto-Lei n.º 343/98).

Caso se esteja perante uma situação de aumento de capital social, a diferença encontrada deverá ser registada por contrapartida, e pela ordem indicada, de uma ou mais das seguintes contas de capitais próprios.
- 54 – Prémios de emissão de acções;
- 57 – Reservas (subcontas 571 – Reservas legais e 574 – Reservas livres);
- 59 – Resultados transitados.

Os procedimentos acima aplicam-se, com as devidas adaptações:
  i. à redenominação de capital social dos restantes tipos de sociedades, ou ao capital de outras entidades abrangidas pelo POC;
  ii. aos efeitos da aplicação de outros métodos de redenominação de capital, utilizáveis no exercício do princípio da "não obrigatoriedade" e da "não proibição"

Nota: O presente aditamento à DC21, aprovado em Conselho Geral da Comissão de Normalização Contabilística, não foi ainda publicado no jornal oficial.

INSTITUTO DE SEGUROS DE PORTUGAL
REGULAMENTO N.º 8/98
DR n.º 189 Série II de 18-8-98

NORMA 10/98-R
Disposições relativas à introdução do euro – empresas de seguros

Considerando que de Janeiro de 1999 o período de transição para a moeda única;

Considerando a necessidade de estabelecer antecipadamente os princípios, nomeadamente de natureza contabilística, que, nesta fase, devem ser adaptados pelas empresas de seguros:

O Instituto de Seguros de Portugal nos termos do artigo 5.º do seu estatuto, aprovado pelo Decreto-Lei n.º 251/97, de 26 de Setembro, emite a seguinte Norma regulamentar:

1 – Âmbito – a presente Norma tem como objectivo o tratamento dos efeitos, nomeadamente contabilísticos, da introdução do euro nas contas das empresas de seguros que operam em Portugal ou no estrangeiro sob a supervisão do Instituto de Seguros de Portugal, em conformidade com o disposto no artigo 242.º do Decreto-Lei n.º 94-B/98, de 17 de Abril.

2 – Contas anuais e outros elementos de informação a enviar ao Instituto de Seguros de Portugal:

2.1 – De acordo com os princípios da «não obrigatoriedade» e da «não proibição», na fase transitória, as empresas de seguros podem elaborar e apresentar as suas contas anuais, bem como todos os outros elementos de informação, quer em euros, quer em escudos.

2.2 – A opção tomada pela empresa de seguros, por apresentar as suas contas anuais, bem como todos os outros elementos de informação, em euros é irreversível.

2.3 – As empresas que optem, durante o período de transição, por elaborar a sua contabilidade em euros efectuarão as publicações legais em euros. As restantes empresas devem efectuar as publicações legais em escudos.

2.4 – As empresas de seguros que passem a utilizar o euro nas suas contas devem converter os dados comparativos do exercício anterior, que não estavam expressos em euros, usando para o efeito a taxa fixa de conversão.

3 – Custos relativos à introdução do euro:

3.1 – Aos custos resultantes da introdução do euro devem aplicar-se as regras contabilísticas normais constantes do plano de contas para as empresas de seguros.

3.2 – Estes custos serão reconhecidos normalmente como custos correntes no exercício em que forem incorridos.

3.3 – Tais custos podem não ser considerados para efeitos de constituição da provisão para riscos em curso. Contudo, o valor não considerado, e correspondente a esses custos, deverá ser objecto de uma nota explicativa detalhada, a enquadrar no n.º 3 do anexo ao balanço e ganhos e perdas.

4 – Tratamento e reconhecimento das diferenças de câmbio:

4.1 – As diferenças de câmbio diferidos que ocorram em consequência da introdução do euro deverão ser reconhecidas no exercício que termina a 31 de Dezembro de 1998.

4.2 – Os ganhos e perdas cambiais resultantes da introdução da moeda única devem ser imediatamente reconhecidos nas contas aprovadas, devendo ser tratados da mesma forma que outros ganhos ou perdas cambiais, em conformidade com o disposto no plano de contas para as empresas de seguros.

4.3 – O resultado dos contratos que tenham por objecto a cobertura dos riscos de câmbio de moedas dos Estados membros participantes na fase de transição considera-se realizado em 1 de Janeiro de 1999, tal como a diferença cambial inerente à posição coberta.

5 – Arredondamentos de conversão – os arredondamentos de conversão, desvios positivos e negativos decorrentes da conversão dos montantes em escudos para unidades euro, poderão ser registados em subcontas específicas das contas 69 112 e 79 113 do plano de contas para as empresas de seguros.

6 – Contas consolidadas:

6.1 – Relativamente às contas consolidadas, deve ser utilizado o escudo ou o euro, consoante a opção tomada para as contas da empresa-mãe.

6.2 – O disposto no número anterior aplica-se às empresas que, nos termos da lei e disposições normativas em vigor, devam apresentar ao ISP contas consolidadas.

23 de Junho de 1998.

O Conselho Directivo: *Tomé Gil*, Presidente – *Luís D. S. Morais*, vogal do conselho directivo.

INSTITUTO DE SEGUROS DE PORTUGAL
REGULAMENTO N.º 7/98
DR n.º 189 Série II de 18-8-98

NORMA N.º 9/98-R
Disposições relativas à introdução do euro – fundos de pensões

Considerando que tem início em 1 de Janeiro de 1999 o período de transição para a moeda única;

Considerando a necessidade de estabelecer antecipadamente os princípios que, nesta fase, devem ser adaptados relativamente aos fundos de pensões geridos quer por empresas de seguros quer por sociedades gestoras de fundos de pensões;

Considerando o estabelecido por norma deste Instituto relativamente aos aspectos, nomeadamente contabilísticos, que, sobre esta matéria são aplicáveis às empresas de seguros;

Considerando que as sociedades gestoras de fundos de pensões deverão seguir as directivas, nomeadamente contabilísticas, estabelecidas em sede própria, como é o caso da directriz contabilística n.º 21, da Comissão de Normalização Contabilística:

O Instituto de Seguros de Portugal nos termos do artigo 5.1 do seu estatuto, aprovado pelo Decreto-Lei n.º 251/97, de 26 de Setembro, emite a seguinte norma regulamentar:

1 – Âmbito – a presente Norma tem como objectivo o tratamento dos efeitos, nomeadamente contabilísticos, da introdução do euro nas contas dos fundos de pensões geridos por empresas de seguros e por sociedades gestoras de fundos de pensões, sob a supervisão do Instituto de Seguros de Portugal em conformidade com o Decreto-Lei n.º 415/91, de 25 de Outubro.

2 – Exigências contabilísticas – a contabilidade dos fundos de pensões deve seguir, com as devidas adaptações, os princípios exigíveis ou

adaptados, conforme o caso, pelas empresas de seguros ou pelas sociedades gestoras de fundos de pensões.

3 – Publicações legais – as entidades gestoras que optem, durante o período de transição, por elaborar a sua contabilidade em euros, efectuarão em euros as publicações legais inerentes aos fundos de pensões, nomeadamente as previstas no n.º 3 do artigo 20.º do Decreto-Lei n.º 415/91, de 25 de Outubro, no n.º 1 do artigo 10.º do Decreto-Lei n.º 205/89, de 27 de Junho, e no n.º 1 do artigo 12.º do Decreto-Lei n.º 204/95, de 5 de Agosto. As restantes entidades devem efectuar as referidas publicações legais em escudos.

4 – Regras específicas – no que respeita à contabilização das diferenças de câmbio e aos arredondamentos de conversão, aplicam-se aos fundos de pensões as seguintes regras específicas:

a) As diferenças de câmbio relativas a aplicações devem ser contabilizadas em «Ganhos e perdas resultantes da avaliação ou da alienação ou reembolso das aplicações», sendo as restantes contabilizadas em «Outras receitas/despesas»;

b) Os arredondamentos de conversão, desvios positivos e negativos decorrentes da conversão dos montantes em escudos para unidades euro serão registados em «Outras receitas/despesas».

5 – Disposição final – sem prejuízo do disposto anteriormente, aplica-se aos fundos de pensões, com os devidos ajustamentos, o normativo aplicável às empresas de seguros em matérias relativas à introdução do euro.

23 de Junho de 1998.

O Conselho Directivo: *Tomé Gil*, presidente – **Luís D. S. Morais**, vogal do conselho directivo.

IV
ADAPTAÇÃO AO EURO – DISPOSIÇÕES FUNDAMENTAIS

As disposições fundamentais de adaptação ao euro constam do DL n.º 138/98. Nele se estatui, nomeadamente:
- a eliminação do divisor $50 pela retirada de circulação das moedas de 2$50 e de $50. Os arredondamentos nos processos de conversão são, assim, efectuados para a unidade escudo.
- quando a conversão de escudos para euros e reconversão para escudos der valores diferentes é o último resultado que prevalece.
- a contabilidade e documentos de suporte pode efectuar-se em euros desde 1-1-1999 tal como as correspondentes declarações fiscais.
- as taxas e indexantes que desapareçam são substituídas por equivalentes em euros.
- as Obrigações do Tesouro a taxa fixa ou variável e os Bilhetes do Tesouro são emitidos em euros desde 1-1-1999.
- as OTs existentes são redenominadas desde 1-1-1999.
- **Ver Decreto-Lei n.º 138/98 – DR n.º 113/98 – Série I-A de 16 de Maio de 1998 (pág. 501)**

*

As mais importantes alterações de diplomas legais constam do DL n.º 343/98. Nele se estatui, nomeadamente:
- a substituição das referências ao escudo por referências ao euro com ajustamento de valores, como é o caso do contrato de mútuo, previsto no Código Civil.
- que as sociedades por quotas passam a ter um capital mínimo de 5.000 euros e as anónimas de 50.000 euros.
- que as alterações do capital social resultantes da redenominação estão isentas de algumas formalidades.
- a definição dos métodos padrão para a redenominação de acções e obrigações. As primeiras são convertidas individualmente por conversão do seu valor nominal; as segundas pela conversão global do valor da carteira.
- **Ver Decreto-Lei n.º 343/98 – DR n.º 257/98 Série I-A de 6 de Novembro de 1998 (pág. 511)**

DECRETO-LEI N.º 138/98
DR n.º 113/98 Série I-A de 16 de Maio de 1998

A União Económica e Monetária constitui elemento essencial para o progresso da integração no seio da União europeia.

A construção jurídica do euro deverá assentar em três pilares essenciais: confiança, credibilidade e perenidade.

Confiança, porque é essencial, dada a transformação estrutural do mercado que a introdução da nova moeda representa, a minimização da margem de risco relativamente às expectativas do futuro. Só assim os agentes económicos portugueses poderão delinear de forma credível as suas opções estratégicas e estas não deverão ser enevoadas por um clima de incerteza, mas antes potenciadas pelo novo instrumento monetário que se irá introduzir.

Credibilidade, porque é essencial a confiança na nova moeda para que ela desempenhe o seu conteúdo útil como referencial de transacções.

Perenidade, porque é essencial fornecer aos agentes económicos um referencial de futuro, de natureza estrutural, e que não esteja ao sabor dos ventos ideológicos. O referencial monetário terá, por características intrínsecas à sua função, de apontar a sua existência para o infinito, sob pena de, em caso inverso, não servir as expectativas dos seus utilizadores por estes não o terem como uma reserva de valor ou uma unidade de conta credível.

A definição atempada do enquadramento legal do euro é, pois, fundamental para o processo de formação de decisão dos agentes económicos.

O processo de adesão de Portugal à 3.ª fase da União Económica e Monetária reveste, pois, um alcance compreensivo e horizontal.

Além da convergência económico-financeira traduzida no cumprimento dos critérios de convergência nominal, é necessária toda uma componente jurídica que permitirá a adaptação da Administração Pública à nova fase de integração económica e proporcione a necessária segurança jurídica aos cidadãos e às empresas portuguesas, no que diz respeito a certas disposições respeitantes à introdução do euro, com bastante antecedência em relação ao início da 3.ª fase.

Esta segurança jurídica permitirá que os cidadãos e as empresas se preparem para actuar em boas condições.

É, assim, essencial proceder a algumas alterações no ordenamento jurídico nacional que, em complemento com a nova Lei Orgânica do Banco de Portugal, que assegurou a necessária autonomia do banco central e a sua integração no sistema europeu de bancos centrais, permitam a denominada «convergência legal», construindo-se uma base nacional que se insira na lógica da criação da moeda única.

Por outro lado, considerou-se necessário introduzir regulamentação no sentido de assegurar a estabilidade contratual, designadamente em termos de indexantes e de arredondamentos, em respeito pelos princípios da segurança jurídica, da transparência e do equilíbrio contratual.

Outros ajustamentos avulsos foram efectuados tendo em vista a preparação sustentada e unitária dos diversos elementos regulamentares do ordenamento jurídico português.

De referir que o presente diploma não é senão uma 1.ª fase do processo de preparação legislativa do ordenamento jurídico português para a introdução do euro, onde, em complemento da legislação comunitária (nomeadamente o regulamento baseado no artigo 109.º-L, n.º 4, do Tratado, que entrará em vigor no dia 1 de Janeiro de 1999, e o Regulamento n.º 1103/97, do Conselho, de 17 de Junho de 1997, relativo a certas disposições respeitantes à introdução do euro), será assegurada a estabilidade contratual dos instrumentos negociais existentes no dia 1 de Janeiro de 1999, prever-se-ão as regras essenciais da transição da administração pública financeira para o euro e efectuar-se-ão os demais ajustamentos considerados prioritários no ordenamento jurídico português, sem nunca distorcer os princípios estabelecidos no ordenamento comunitário quanto a esta matéria, numa lógica assente no respeito pela esfera de competência legislativa comunitária, no princípio da continuidade dos instrumentos e das relações contratuais, no princípio da neutralidade na introdução do euro e no princípio da transparência e da plena informação relativamente às normas de transição.

Foi consultado o Instituto Monetário Europeu, nos termos da Decisão do Conselho n.º 93/717/CE, de 22 de Novembro, relativa à consulta do Instituto Monetário Europeu pelas autoridades dos Estados-membros sobre projectos de disposições regulamentares.

Assim, nos termos da alínea *a*) do n.º 1 do artigo 198.º e do n.º 5 do artigo 112.º da Constituição, o Governo decreta o seguinte:

CAPÍTULO I
Disposições gerais

Artigo 1.º
Âmbito

1 – O presente diploma estabelece regras fundamentais a observar no processo de transição para o euro, complementando o disposto no direito comunitário aplicável.

2 – Até 31 de Dezembro de 2001 poderão ser objecto de regulação específica as situações em que se mostre necessário assegurar a adaptação gradual à nova moeda, nomeadamente pelos consumidores.

CAPÍTULO II
Direito monetário e cambial

Artigo 2.º
Moedas correntes de $50 e de 2$50

1 – Deixam de ter curso legal e poder liberatório, a partir de 30 de Setembro de 1998, as moedas metálicas correntes com os valores faciais de $50 e de 2$50.

2 – A troca das referidas moedas efectua-se, a partir da entrada em vigor do presente diploma e até à data prevista no número anterior, na sede, filial, delegações regionais ou agências do Banco de Portugal, bem como nas tesourarias da Fazenda Pública.

3 – À medida que efectuem a troca, as tesourarias da Fazenda Pública enviam as moedas para a sede do Banco de Portugal, directamente ou através das instituições de crédito onde se encontrem abertas contas da Direcção-Geral do Tesouro.

Artigo 3.º
Arredondamentos

1 – No pagamento de importâncias expressas em centavos, procede-se ao arredondamento para a unidade do escudo mais próxima.

2 – O arredondamento deve ser feito por excesso quando a importância em causa for igual ou superior a $50 e por defeito nos restantes casos.

3 – O disposto nos números anteriores é igualmente aplicável a todas as receitas e despesas do Estado e restantes entidades sujeitas a um regime de contabilidade pública, assim como na liquidação das contribuições, impostos, taxas e demais receitas das mesmas entidades.

Artigo 4.º
Alteração ao Decreto-Lei n.º 333/81

É aditado um n.º 3 ao artigo 4.º do Decreto-Lei n.º 333/81, de 7 de Dezembro, alterado pelo Decreto-Lei n.º 479/82, de 23 de Dezembro, passando o referido artigo a ter a seguinte redacção:

«Artigo 4.º
Objecto principal
1 – 2 – 3 – As actividades referidas em 1) e 2) da alínea a) do n.º 1 são exercidas sem prejuízo do disposto no artigo 105.º-A, n.º 2, do Tratado Que Institui a Comunidade europeia.»

Artigo 5.º
Alteração ao Decreto-Lei n.º 293/86

O artigo 13.º do Decreto-Lei n.º 293/86, de 12 de Setembro, passa a ter a seguinte redacção:

«Artigo 13.º
Volume de emissão e cunhagem
A partir da data em que Portugal adoptar o euro como moeda, o volume da emissão das moedas metálicas depende de aprovação pelo Banco Central europeu e a respectiva cunhagem é efectuada de acordo com as medidas adoptadas pelo Conselho da União europeia, nos termos do disposto no artigo 105.º-A, n.º 2, do Tratado Que Institui a Comunidade europeia.»

Artigo 6.º
Alteração ao Decreto-Lei n.º 178/88

É aditado ao Decreto-Lei n.º 178/88, de 19 de Maio, um artigo 14.º, com a seguinte redacção:

«Artigo 14.º
A partir da data em que Portugal adoptar o euro como moeda, o presente diploma será aplicado em conjugação com o disposto no artigo 105.º-A, n.º 2, do Tratado Que Institui a Comunidade europeia e com as medidas adoptadas pelo Conselho da União europeia nos termos desse artigo.»

Artigo 7.º
Alteração ao Decreto-Lei n.º 13/90

1 – É aditado ao Decreto-Lei n.º 13/90, de 8 de Janeiro, um artigo 1.º-A, com a seguinte redacção:

«Artigo 1.°-A

Sempre que no presente diploma se faz referência a moeda estrangeira ou a notas e moedas metálicas com curso legal em país estrangeiro, essa referência não abrange o euro nem as notas e moedas metálicas nele expressas.»

2 – São alterados os artigos 5.° e 19.° do mesmo Decreto-Lei n.° 13/90, passando a ter a seguinte redacção:

«Artigo 5.°

1 – a) b)

2 – a) b) A abertura e a movimentação de contas nacionais expressas em unidades de conta utilizadas em pagamentos ou compensações internacionais, bem como em moeda estrangeira;

c) d) As operações entre residentes expressas e liquidáveis em unidades de conta utilizadas em pagamentos ou compensações internacionais, bem como em moeda estrangeira.

3 – Consideram-se moeda estrangeira as notas ou moedas metálicas com curso legal em país estrangeiro, os créditos líquidos e exigíveis derivados de contas abertas em instituições autorizadas a receber os depósitos e os títulos de crédito que sirvam para efectuar pagamentos, expressos naquelas moedas ou em unidades de conta utilizadas em pagamentos ou compensações internacionais.

4 – São consideradas estrangeiras as contas abertas em território português, nos livros das instituições autorizadas, em nome de não residentes, expressas em moeda com curso legal em Portugal ou em unidades de conta utilizadas nos pagamentos ou compensações internacionais, bem como em moeda estrangeira.

5 – São consideradas nacionais as contas abertas em território português, nos livros das instituições autorizadas, em nome de residentes, expressas em moeda com curso legal em Portugal ou em unidades de conta utilizadas nos pagamentos ou compensações internacionais, bem como em moeda estrangeira.

Artigo 19.°

Os residentes podem, entre si e contra moeda com curso legal em Portugal, assumir dívidas ou ceder créditos expressos em unidades de conta utilizadas nos pagamentos e compensações internacionais, ou em moeda estrangeira.

CAPÍTULO III
Conversões entre escudos e euros

Artigo 8.º
Conversões entre escudos e euros

1 – Quando um montante pecuniário expresso em escudos seja convertido em euros, designadamente no âmbito de um sistema organizado de liquidação ou pagamento, devendo após isso ser pago em escudos, consideram-se irrelevantes as diferenças apuradas entre a primeira importância e a resultante da segunda conversão, prevalecendo esta, desde que tenham sido observadas as disposições concernentes à conversão e aos arredondamentos.

2 – O disposto no n.º 1 é aplicável salvo convenção ou norma, legal ou regulamentar, em contrário.

3 – Em ordem a garantir o maior grau possível de precisão nas conversões sucessivas a que alude o n.º 1, pode o Ministro das Finanças estabelecer, mediante portaria, regras específicas de cálculo, designadamente em relação a diferenças superiores a determinados montantes.

4 – Podem também, mediante portaria do Ministro das Finanças, estabelecer-se procedimentos específicos, de natureza contabilística ou outra, quanto ao arredondamento de produtos ou somas de parcelas ou saldos expressos em euros e escudos.

CAPÍTULO IV
Contabilidade

Artigo 9.º
Contabilidade

1 – A partir de 1 de Janeiro de 1999 e até 31 de Dezembro de 2001, as entidades que sejam obrigadas a ter contabilidade organizada nos termos da lei comercial ou fiscal ou que por ela tenham optado podem elaborar essa contabilidade, incluindo os respectivos registos e documentos de suporte, tanto em escudos como em euros.

2 – A decisão de elaborar a contabilidade em euros, uma vez tomada, é inalterável.

3 – A partir de 1 de Janeiro de 2002 todas as entidades referidas no n.º 1 devem elaborar a sua contabilidade, incluindo os respectivos registos e documentos de suporte, em euros.

CAPÍTULO V
Taxas de referência

Artigo 10.º
Taxa de desconto do Banco de Portugal

1 – Salvo convenção expressa em contrário, a estipulação, a referência ou a indexação à taxa de desconto do Banco de Portugal em negócios jurídicos, incluindo os de dívida pública, entendem-se feitas com relação à taxa de equivalência estabelecida nos termos do número seguinte.

2 – Mediante portaria, e ouvido o Banco de Portugal, o Ministro das Finanças fixa, de acordo com a evolução económica e financeira, a taxa equivalente que substitui a mencionada taxa de desconto.

[Ver Portaria n.º 8/99 de 7 de Janeiro de 1999 (pág. 453)]

Artigo 11.º
Outras taxas de referência e indexantes

1 – A estipulação de médias de taxas de juro ou índices similares, designadamente interbancários, assim como a referência ou indexação a essas médias ou índices em negócios jurídicos, incluindo os de dívida pública, ou em disposições normativas, legais ou regulamentares, entendem-se feitas, salvo convenção expressa em contrário, com relação às taxas ou índices da mesma natureza que no País continuem a ser praticados ou divulgados após a data de entrada em vigor deste diploma.

2 – Se não vier a efectuar-se a divulgação a que alude o número anterior, ou a partir do momento em que ela cessar, presumem-se aplicáveis, salvo norma ou convenção expressa em contrário, as taxas ou índices equivalentes objecto de divulgação na zona do euro, considerada esta no seu conjunto.

3 – Na falta de taxas ou índices divulgados segundo o previsto nos números anteriores, presumem-se aplicáveis, salvo convenção expressa em contrário, as taxas ou índices, económica e financeiramente equivalentes, praticados ou divulgados no mercado.

4 – Pode o Ministro das Finanças determinar, nos termos do n.º 2 do artigo 10.º, quais as taxas ou índices equivalentes a que se refere o número anterior.

Artigo 12.º
Taxas ou índices equivalentes

1 – Para efeitos do disposto no artigo anterior, têm-se como equivalentes as taxas ou índices relativos a operações da mesma natureza e do

mesmo prazo ou, na ausência deste, de prazo mais próximo do da taxa ou índice cuja divulgação haja cessado.

2 – Verificando-se alteração no processo de cálculo ou contagem das taxas ou índices a que se refere o artigo 11.º, são os mesmos objecto de ajustamento mediante aplicação de factores ou fórmulas de correcção a definir pelo Ministro das Finanças, nos termos do n.º 2 do artigo 10.º.

CAPÍTULO VI
Redenominação

Artigo 13.º
Dívida pública directa em euros

A partir de 1 de Janeiro de 1999, as emissões de obrigações do Tesouro a taxa fixa (OT), a taxa variável (OTRV) e de bilhetes do Tesouro efectuam-se em euros.

Artigo 14.º
Redenominação da dívida pública directa

1 – A dívida pública directa do Estado, expressa em escudos e representada pelas obrigações do Tesouro a taxa fixa (OT) e a taxa variável (OTRV) com vencimento depois de 1999, é redenominada em euros, com efeitos a partir de 1 de Janeiro de 1999.

2 – Os bilhetes do Tesouro, com vencimento em 1999, podem ser redenominados em condições a definir pelo Ministro das Finanças.

3 – A redenominação da dívida mencionada nos números anteriores realiza-se, a partir da posição do credor, pela aplicação da taxa de conversão ao valor da sua carteira, com arredondamento ao cêntimo de euro.

4 – Fica o Ministro das Finanças autorizado a regular as condições concretas da redenominação prevista nos n.ºs 1 e 2 e a proceder a correcções no montante das emissões, justificadas por força dos arredondamentos efectuados.

5 – A restante dívida pública directa do Estado, expressa em escudos, que não seja amortizada antes de 31 de Dezembro de 2001 deve ser redenominada até esta data, em condições a definir pelo Ministro das Finanças.

Artigo 15.º
Reconvenção da dívida redenominada

1 – Quando se proceda à redenominação nos termos do artigo anterior, pode o Instituto de Gestão do Crédito Público alterar as condições de emissão da dívida que expressem convenções de mercado diferentes da-

quelas que venham a ser adoptadas em outros países participantes na 3.º fase da União Económica e Monetária, desde que sejam respeitados os interesses dos credores.

2 – O Instituto de Gestão do Crédito Público, no exercício dos seus poderes de gestão da dívida pública directa do Estado, toma outras medidas que se revelem necessárias para adaptar a dívida, quer a redenominada, quer a emitida em euros, à nova realidade monetária.

Artigo 16.º
Restante dívida pública e privada

1 – Fora dos casos previstos nos artigos anteriores, a dívida expressa em escudos e representada por obrigações, outros valores mobiliários ou por instrumentos do mercado monetário pode ser redenominada em euros, a partir de 1 de Janeiro de 1999.

2 – É efectuada nos termos da lei portuguesa a redenominação da dívida emitida segundo essa mesma lei, representada por obrigações, outros valores mobiliários ou por instrumentos do mercado monetário e expressa em moeda de outro Estado membro participante na 3.ª fase da União Económica e Monetária que tenha decidido redenominar a sua dívida.

CAPÍTULO VII
Administração pública financeira

Artigo 17.º
Área fiscal

1 – Os contribuintes que, até 31 de Dezembro de 2001, tenham optado por ter a sua contabilidade em euros podem apresentar nesta moeda as suas declarações fiscais, bem como os balancetes progressivos do Razão geral, os mapas de reintegrações e amortizações, os mapas de provisões e mapas de mais ou menos-valias, em termos a definir por despacho do Ministro das Finanças, relativamente aos períodos de tributação iniciados posteriormente à sua opção.

2 – Até 31 de Dezembro de 2001, o pagamento das obrigações fiscais pode ser efectuado tanto em escudos como em euros.

Artigo 18.º
Área orçamental e de tesouraria

1 – O Orçamento do Estado é elaborado e executado em escudos até 31 de Dezembro de 2001.

2 – O disposto no número anterior não prejudica o uso do euro nas operações em que tal seja necessário, sendo salvaguardada a possibilidade de os serviços efectuarem, a partir de 1 de Janeiro de 1999, pagamentos em euros, mesmo mantendo a sua contabilização em escudos.

Artigo 19.º
Dados históricos

O processo adequado de conversão de dados históricos é determinado pelo serviço competente, atendendo à diversidade do volume das bases de dados, à sua complexidade e à sua necessidade.

CAPÍTULO VIII
Disposições transitórias

Artigo 20.º
Disposições transitórias

O presente diploma entra em vigor no dia 1 de Janeiro de 1999, com excepção dos artigos 2.º e 3.º, que entram em vigor no dia imediato ao da sua publicação.

Visto e aprovado em Conselho de Ministros de 8 de Abril de 1998.

António Manuel de Oliveira Guterres – António Luciano Pacheco de Sousa Franco.

Promulgado em 5 de Maio de 1998.

Publique-se.

O Presidente da República, JORGE SAMPAIO.

Referendado em 7 de Maio de 1998.

O Primeiro-Ministro, *António Manuel de Oliveira Guterres.*

DECRETO-LEI N.º 343/98
DR n.º 257/98 Série I-A de 6 de Novembro de 1998

A substituição do escudo pelo euro é uma decorrência de regras comunitárias constitucionalmente vigentes em Portugal. A própria transição do escudo para o euro e diversos mecanismos de adaptação encontram, nas fontes comunitárias, a sua sede jurídico-positiva.

Não obstante, cabe ao legislador português proceder a adaptações na ordem interna. Nalguns casos, as próprias regras cometem aos Estados membros a concretização de diversos aspectos; noutros, as particularidades do direito interno recomendam normas de acompanhamento e de complementação. Trata-se, aliás, de uma prática seguida por outros Estados participantes.

Nas alterações ao Código Civil tem-se o cuidado de deixar intocada a linguagem própria desse diploma, limitando ao mínimo as modificações introduzidas. Aproveita-se para actualizar os limites que conferem natureza formal, simples ou agravada, ao mútuo e à renda vitalícia. Idêntica orientação é seguida no tocante às adaptações introduzidas nos Códigos das Sociedades Comerciais e Cooperativo. Os novos capitais sociais mínimos, dotados de um regime transitório favorável, constituem uma primeira aproximação aos correspondentes valores adoptados noutros ordenamentos europeus. Mantém-se o paralelismo do estabelecimento individual de responsabilidade limitada com as sociedades por quotas.

No contexto da adaptação dos instrumentos regulamentares do ordenamento jurídico português à introdução do euro, procede-se à alteração do artigo 406.º do Código do Mercado de Valores Mobiliários, que visa acomodar a decisão das bolsas de cotar os valores e liquidar transacções em euros logo a partir de 4 de Janeiro de 1999. Contudo, a liquidação em euros não impede que os créditos e débitos em conta, tanto de intermediários financeiros como de investidores, sejam feitos em escudos, irrelevando para tal a moeda em que os valores mobiliários se encontrem denominados.

Igualmente se regula no presente diploma a redenominação de valores mobiliários, isto é, a alteração para euros da unidade monetária em que se expressa o respectivo valor nominal, a ocorrer voluntariamente de 1 de Janeiro de 1999 a 31 de Dezembro de 2001 ou obrigatoriamente em 1 de Janeiro de 2002. Visa-se, assim, complementar o quadro comunitário corporizado nos Regulamentos (CE) n.º 974/98, do Conselho, de 3 de Maio, e 1103/97, do Conselho, de 17 de Junho, explicitando-se princípios gerais que devem nortear o processo de redenominação durante aquele período transitório e estipulando-se regras especiais quanto a determinados tipos de valores mobiliários.

Na realidade, o enquadramento jurídico do processo de redenominação de qualquer valor mobiliário deve ser enformado por determinados princípios gerais: o princípio da liberdade, de iniciativa do emitente quanto ao momento e ao método de redenominação a adoptar; o princípio da unidade de redenominação, pelo qual se veda a hipótese de utilização de diversos métodos na redenominação de acções de uma mesma sociedade ou na redenominação de valores mobiliários representativos de dívida pertencentes a uma mesma emissão ou categoria; o princípio da informação, consubstanciado na necessidade de cada entidade emitente comunicar a sua decisão de redenominar à Comissão do Mercado de Valores Mobiliários, bem como a de publicar essa decisão em jornal de grande circulação e nos boletins de cotações das bolsas em que os valores mobiliários a redenominar são negociados; o princípio da simplificação do processo de redenominação, que atende à preocupação de não se sobrecarregar as entidades emitentes com custos acrescidos e processos formais morosos, dispensando-se, por conseguinte, no quadro do processo de redenominação, o cumprimento de diversos requisitos de ordem formal e o pagamento de determinados emolumentos; finalmente, o princípio da neutralidade, pelo qual se pretende assegurar que o processo de redenominação, concretamente o método de redenominação escolhido pela entidade em causa, não implique alterações significativas na situação jurídico-económica da entidade que optou por redenominar valores mobiliários.

Aliás, este princípio da neutralidade explica muitas das soluções do presente diploma. De facto, opta-se conscientemente por privilegiar um determinado método de redenominação que, de entre uma multiplicidade de métodos possíveis, surge como o mais idóneo para garantir uma influência mínima na vida jurídico-financeira das entidades emitentes: trata-se da redenominação através da utilização de um método padrão para a redenominação, quer de acções, quer de obrigações e outros valores mobiliários representativos de dívida.

Concretamente, no que diz respeito à redenominação de acções, entende-se por método padrão a mera aplicação da taxa de conversão ao valor nominal unitário das acções emitidas e arredondamento ao cêntimo. Esta operação não altera o número de acções emitidas, mas exige um ligeiro ajustamento do capital social.

No que se refere às obrigações e a outros valores mobiliários representativos de dívida, e na linha do que se passa na grande maioria dos mercados obrigacionistas europeus, o método padrão corresponde à aplicação da taxa de conversão à posição do credor, com uma consequente conversão do valor nominal em cêntimo (vulgarmente denominado por método bottom up por carteira, com renominalização ao cêntimo).

Na sequência do Decreto-Lei n.º 138/98, de 16 de Maio, o presente diploma consagra um regime especial para a redenominação da dívida pública directa do Estado, remetendo para aquele diploma a disciplina da redenominação da dívida
denominada em escudos, ao mesmo tempo que estabelece o enquadramento para a redenominação da dívida denominada em moedas de outros Estados membros participantes.

Aproveita-se, ainda, a oportunidade para incluir a regulamentação genérica respeitante à área aduaneira e dos impostos especiais sobre o consumo, em complemento do regime fiscal constante do referido decreto-lei.

Foram ouvidos a Associação Nacional de Municípios Portugueses, o Banco de Portugal, a Comissão do Mercado de Valores Mobiliários e os órgãos de governo próprio das Regiões Autónomas.

Assim, nos termos da alínea *a*) do n.º 1 do artigo 198.º e do n.º 5 do artigo 112.º da Constituição, o Governo decreta o seguinte:

SECÇÃO I
Alteração de diplomas legais

Artigo 1.º
Obrigações em moeda com curso legal apenas no estrangeiro

A subsecção III da secção VI do capítulo III do título I do livro II do Código Civil, aprovado pelo Decreto-Lei n.º 47 344, de 25 de Novembro de 1966, passa a ter a seguinte redacção:

«Obrigações em moeda com curso legal apenas no estrangeiro.»

Artigo 2.º
Código Civil

Os artigos 558.º, 1143.º e 1239.º do Código Civil passam a ter a seguinte redacção:

«Artigo 558.º
[...]
1 – A estipulação do cumprimento em moeda com curso legal apenas no estrangeiro não impede o devedor de pagar em moeda com curso legal no País, segundo o câmbio do dia do cumprimento e do lugar para este estabelecido, salvo se essa faculdade houver sido afastada pelos interessados.
2 – ...
Artigo 1143.º
[...]
O contrato de mútuo de valor superior a 20 000 euros só é válido se for celebrado por escritura pública e o de valor superior a 2 000 euros se o for por documento assinado pelo mutuário.

Artigo 1239.º
[...]
Sem prejuízo da aplicação das regras especiais de forma quanto à alienação da coisa ou do direito, a renda vitalícia deve ser constituída por documento escrito, sendo necessária escritura pública se a coisa ou o direito alienado for de valor igual ou superior a 20 000 euros.»

Artigo 3.º
Código das Sociedades Comerciais

Os artigos 14.º, 29.º, 201.º, 204.º, 218.º, 219.º, 238.º, 250.º, 262.º, 276.º, 295.º, 352.º, 384.º, 390.º, 396.º e 424.º, do Código das Sociedades Comerciais, aprovado pelo Decreto-Lei n.º 262/86, de 2 de Setembro, passam a ter a seguinte redacção:

«Artigo 14.º
[...]
O montante do capital social deve ser sempre e apenas expresso em moeda com curso legal em Portugal.

Artigo 29.º
[...]
1 – A aquisição de bens por uma sociedade anónima ou em comandita por acções deve ser previamente aprovada por deliberação da assembleia geral desde que se verifiquem cumulativamente os seguintes requisitos:

a) ...

b) O contravalor dos bens adquiridos à mesma pessoa durante o período referido na alínea *c)* exceda 2% ou 10% do capital social, con-

soante este for igual ou superior a 50 000 euros, ou inferior a esta importância, no momento do contrato donde a aquisição resulte;
c) ...
2 – ...
3 – ...
4 – ...
5 – ...

Artigo 201.°
[...]
A sociedade por quotas não pode ser constituída com um capital inferior a 5 000 euros nem posteriormente o seu capital pode ser reduzido a importância inferior a essa.

Artigo 204.°
[...]
1 – ...
2 – ...
3 – A estas partes não é aplicável o disposto no artigo 219.°, n.° 3, não podendo, contudo, cada uma delas ser inferior a 50 euros.
4 – ...

Artigo 218.°
[...]
1 – ...
2 – É aplicável o disposto nos artigos 295.° e 296.°, salvo quanto ao limite mínimo de reserva legal, que nunca será inferior a 2500 euros.

Artigo 219.°
[...]
1 – ...
2 – ...
3 – Os valores nominais das quotas podem ser diversos, mas nenhum pode ser inferior a 100 euros, salvo quando a lei o permitir.
4 – ...
5 – ...
6 – ...
7 – ...

Artigo 238.°
[...]
1 – Verificando-se, relativamente a um dos contitulares da quota, facto que constitua fundamento de amortização pela sociedade, podem os

sócios deliberar que a quota seja dividida, em conformidade com o título donde tenha resultado a contitularidade, desde que o valor nominal das quotas, depois da divisão, não seja inferior a 50 euros.
2 – ...

Artigo 250.º
[...]
1 – Conta-se um voto por cada cêntimo do valor nominal da quota.
2 – É, no entanto, permitido que o contrato de sociedade atribua, como direito especial, dois votos por cada cêntimo de valor nominal da quota ou quotas de sócios que, no total, não correspondam a mais de 20% do capital.
3 – ...

Artigo 262.º
[...]
1 – ...
2 – As sociedades que não tiverem conselho fiscal devem designar um revisor oficial de contas para proceder à revisão legal desde que, durante dois anos consecutivos, sejam ultrapassados dois dos três seguintes limites:
a) Total do balanço: 1 500 000 euros;
b) Total das vendas líquidas e outros proveitos: 3 000 000 euros;
c) ...
3 – ...
4 – ...
5 – ...
6 – ...
7 – ...

Artigo 276.º
[...]
1 – ...
2 – Todas as acções têm o mesmo valor nominal, com um mínimo de um cêntimo.
3 – O valor nominal mínimo do capital é de 50 000 euros.
4 – ...

Artigo 295.º
[...]
1 – ...
2 – ...

3 – ...
4 – Por portaria dos Ministros das Finanças e da Justiça podem ser dispensadas, no todo ou em parte, do regime estabelecido no n.º 2, as reservas constituídas pelos valores referidos na alínea *a*) daquele número.

Artigo 352.º
[...]
1 – ...
2 – ...
3 – O valor nominal da obrigação deve ser expresso em moeda com curso legal em Portugal, salvo se, nos termos da legislação em vigor, for autorizado o pagamento em moeda diversa.

Artigo 384.º
[...]
1 – ...
2 – O contrato de sociedade pode:
a) Fazer corresponder um só voto a um certo número de acções, contanto que sejam abrangidas todas as acções emitidas pela sociedade e fique cabendo um voto, pelo menos, a cada 1 000 euros de capital;
b) ...
3 – ...
4 – ...
5 – ...
6 – ...
7 – ...
8 – ...

Artigo 390.º
[...]
1 – ...
2 – O contrato de sociedade pode dispor que a sociedade tenha um só administrador, desde que o capital social não exceda 200 000 euros; aplicam-se ao administrador único as disposições relativas ao conselho de administração que não pressuponham a pluralidade de administradores.

Artigo 396.º
[...]
1 – A responsabilidade de cada administrador deve ser caucionada por alguma das formas admitidas por lei, na importância que for fixada pelo contrato de sociedade, num valor nunca inferior a 5 000 euros.
2 – ...

3 – ...
4 – ...
Artigo 424.º
[...]
1 – ...
2 – O contrato de sociedade deve fixar o número de directores, mas a sociedade só pode ter um único director quando o seu capital não exceda 200 000 euros.»

Artigo 4.º
Estabelecimento individual de responsabilidade limitada

O artigo 3.º do Decreto-Lei n.º 248/86, de 25 de Agosto, passa a ter a seguinte redacção:

«Artigo 3.º
[...]
1 – ...
2 – O capital mínimo do estabelecimento não pode ser inferior a 5 000 euros.
3 – ...
4 – ...
5 – ...
6 – ...

Artigo 5.º
Código Cooperativo

Os artigos 18.º, 21.º e 91.º do Código Cooperativo, aprovado pela Lei n.º 51/96, de 7 de Setembro, passam a ter a seguinte redacção:

«Artigo 18.º
[...]
1 – ...
2 – Salvo se for outro o mínimo fixado pela legislação complementar aplicável a cada um dos ramos do sector cooperativo, esse montante não pode ser inferior a 2 500 euros.

Artigo 21.º
[...]
1 – ...
2 – ...
3 – ...
4 – ...

5 – ...
6 – Quando a avaliação prevista no número anterior for fixada pela assembleia de fundadores ou pela assembleia geral em, pelo menos, 7 000 euros por cada membro, ou 35 000 euros pela totalidade das entradas, deve ser confirmada por um revisor oficial de contas ou por uma sociedade de revisores oficiais de contas.

Artigo 91.º
[...]
1 – ...
2 – ...
3 – ...
4 – Enquanto, nos termos do n.º 2 do artigo 18.º, não for fixado outro valor mínimo pela legislação complementar aplicável aos ramos de produção operária, artesanato, cultura e serviços, mantém-se para as cooperativas desses ramos o valor mínimo de 250 euros.
5 – ...»

Artigo 6.º
Código do Mercado de Valores Mobiliários

O artigo 406.º do Código do Mercado de Valores Mobiliários, aprovado pelo Decreto-Lei n.º 142-A/91, de 10 de Abril, passa a ter a seguinte redacção:

«Artigo 406.º
Operações sobre valores expressos em moeda com e sem curso legal
1 – Os valores mobiliários expressos em moeda com curso legal em Portugal são cotados, negociados e liquidados nessa moeda.
2 – Os valores mobiliários expressos em qualquer moeda que não tenha curso legal em Portugal, emitidos em território nacional ou no estrangeiro e admitidos à cotação em bolsas portuguesas, são cotados e negociados em moeda com curso legal em Portugal, salvo se as autoridades competentes, a requerimento das entidades emitentes ou de sua iniciativa, com prévia audiência daquelas, determinarem que a cotação e negociação desses valores se realizam na moeda em que se encontram expressos.
3 – Os valores mobiliários a que se refere o número anterior são liquidados em moeda com curso legal em Portugal, salvo se as autoridades competentes, ouvido o Banco de Portugal, a requerimento das entidades emitentes ou por sua iniciativa, com prévia audiência daquelas, determinarem que a liquidação desses valores se realiza noutra moeda.
4 – (O actual n.º 3.º)»

Artigo 7.º
Decreto-Lei n.º 125/90, de 16 de Abril

Sem prejuízo da validade das emissões anteriores a 1 de Janeiro de 1999, o artigo 9.º do Decreto-Lei n.º 125/90, de 16 de Abril, passa a ter a seguinte redacção:

«Artigo 9.º
[...]
1 – ...
2 – Cada emissão não pode ser inferior a 1 000 000 de euros.»

Artigo 8.º
Decreto-Lei n.º 408/91, de 17 de Outubro

O artigo 6.º do Decreto-Lei n.º 408/91, de 17 de Outubro, passa a ter a seguinte redacção:

«Artigo 6.º
Representação
1 – As obrigações de caixa poderão ser representadas por títulos nominativos ou ao portador.
2 – ...
3 – ...

Artigo 9.º
Decreto-Lei n.º 181/92, de 22 de Agosto

O artigo 2.º do Decreto-Lei n.º 181/92, de 22 de Agosto, alterado pelo artigo 1.º do Decreto-Lei n.º 232/94, de 14 de Setembro, passa a ter a seguinte redacção:

«Artigo 2.º
[...]
1 – ...
2 – ...
3 – (O actual n.º 4.)
4 – (O actual n.º 5.)»

Artigo 10.º
Decreto-Lei n.º 138/98, de 16 de Maio

O n.º 2 do artigo 2.º do Decreto-Lei n.º 138/98, de 16 de Maio, passa a ter a seguinte redacção:

«Artigo 2.º
[...]

1 – ...
2 – A troca das referidas moedas efectua-se, a partir da data da entrada em vigor do presente diploma e até 31 de Dezembro de 1998, na sede, filial, delegações regionais ou agências do Banco de Portugal, bem como nas tesourarias da Fazenda Pública.
3 – ...»

SECÇÃO II
Redenominação de valores mobiliários

Artigo 11.º
Âmbito

1 – A presente secção estabelece as regras fundamentais que disciplinam a redenominação de valores mobiliários.

2 – As disposições constantes desta secção aplicam-se igualmente aos títulos de dívida de curto prazo.

Artigo 12.º
Conceito de redenominação

Para os efeitos deste diploma, a redenominação consiste na alteração para euros da unidade monetária em que se expressa o valor nominal de valores mobiliários.

Artigo 13.º
Métodos de redenominação

1 – Constituem métodos padrão de redenominação de acções e de obrigações ou outros valores mobiliários representativos de dívida, respectivamente, o método da alteração unitária e o da alteração por carteira.

2 – A redenominação de acções através do método padrão traduz-se na transposição para euros do valor nominal expresso em escudos, mediante a aplicação da taxa de conversão fixada irrevogavelmente pelo Conselho da União Europeia, de acordo com o n.º 4, primeiro período, do artigo 109.º-L do Tratado que institui a Comunidade Europeia.

3 – A redenominação de obrigações e de outros valores mobiliários representativos de dívida através do método padrão realiza-se a partir da posição do credor pela aplicação da taxa de conversão, referida no número anterior, ao valor da sua carteira, com arredondamento ao cêntimo, passando este a constituir o novo valor nominal mínimo desses valores.

4 – A redenominação de valores mobiliários representativos de dívida das Regiões Autónomas e das autarquias locais efectua-se pelo método padrão definido nos termos do número anterior.

Artigo 14.°
Redenominação dos valores mobiliários

1 – A partir de 1 de Janeiro de 1999, as entidades emitentes de valores mobiliários podem proceder à redenominação destes.

2 – À redenominação aplicam-se as regras relativas à modificação do tipo de valores mobiliários em causa, salvo o disposto nos artigos seguintes.

3 – Após 1 de Janeiro de 2002, todos os valores mobiliários ainda denominados em escudos consideram-se automaticamente denominados em euros, mediante a aplicação da taxa de conversão fixada irrevogavelmente pelo Conselho da União europeia, de acordo com o n.° 4, primeiro período, do artigo 109.°-L do Tratado que institui a Comunidade europeia.

Artigo 15.°
Unidade e globalidade da redenominação

1 – Devem obedecer a um único método a redenominação de acções emitidas pela mesma sociedade e a redenominação dos restantes valores mobiliários, caso pertençam à mesma categoria ou à mesma emissão, ainda que realizada por séries.

2 – Ficam vedadas redenominações parciais de acções de uma mesma sociedade e de obrigações e valores mobiliários representativos de dívida pertencentes a uma mesma categoria ou emissão.

3 – A redenominação é irreversível.

4 – A redenominação das acções implica a alteração da denominação do capital social.

5 – Após a redenominação das acções da sociedade, qualquer nova emissão de acções, ainda que em consequência do exercício dos direitos de conversão ou subscrição conferidos por valores mobiliários emitidos anteriormente, só pode denominar-se em euros.

Artigo 16.°
Comunicações e anúncio prévio

1 – A decisão da entidade emitente de redenominar os valores mobiliários deve ser comunicada à Comissão do Mercado de Valores Mobiliários e anunciada em jornal de grande circulação, com uma antecedência mínima de 30 dias relativamente à data da redenominação.

2 – O anúncio da decisão referida no número anterior deve explicitar, nomeadamente:

a) A identificação dos valores mobiliários em causa;

b) A fonte normativa em que assenta a decisão;

c) A taxa de conversão fixada irrevogavelmente pelo Conselho da União europeia, de acordo com o n.º 4, primeiro período, artigo 109.º-L do Tratado que institui a Comunidade europeia;

d) O método de redenominação e o novo valor nominal;

e) A data prevista para o pedido de inscrição da redenominação no registo comercial.

3 – A decisão referida no n.º 1 deve, com a antecedência nele referido, ser publicada no boletim de cotações da bolsa em que os valores mobiliários a redenominar sejam negociados.

4 – Quando os valores mobiliários a redenominar constituam activo subjacente a instrumentos financeiros derivados, a respectiva decisão deve ser publicada no boletim de cotações da bolsa onde tais instrumentos sejam negociados, com a antecedência prevista no n.º 1.

5 – Quando estejam em causa obrigações de caixa, obrigações hipotecárias ou títulos de dívida de curto prazo, a respectiva decisão deve ser comunicada, com a antecedência prevista no n.º 1, ao Banco de Portugal.

Artigo 17.º
Deliberações dos sócios

1 – Podem ser tomadas por maioria simples as seguintes deliberações dos sócios:

a) Alteração da denominação do capital social para euros;

b) Redenominação de acções de sociedades anónimas através do método padrão, mesmo quando isso ocasione aumento ou redução de capital social, respectivamente, por incorporação de reservas ou por transferência para reserva de capital, sujeita ao regime da reserva legal.

2 – A redução de capital social resultante da utilização do método padrão de redenominação de acções não carece da autorização judicial prevista no artigo 95.º do Código das Sociedades Comerciais.

Artigo 18.º
Assembleia de obrigacionistas

1 – A redenominação de obrigações, quando efectuada através do método padrão, não carece de deliberação da assembleia de obrigacionistas prevista no artigo 355.º, n.º 4, alínea *b*), do Código das Sociedades Comerciais.

2 – O regime do número anterior aplica-se aos títulos de participação, quanto à reunião da assembleia prevista no artigo 14.º do Decreto-Lei n.º 321/85, de 5 de Agosto.

Artigo 19.º
Dispensa dos limites de emissão

As emissões de obrigações anteriores a 1 de Janeiro de 1999 ficam dispensadas dos limites de emissão fixados no artigo 349.º do Código das Sociedades Comerciais, na precisa medida em que os mesmos sejam ultrapassados, mercê da redenominação de acções ou de obrigações através dos respectivos métodos padrão.

Artigo 20.º
Isenções e formalidades

1 – A redenominação de valores mobiliários, quotas ou as modificações estatutárias que visem a alteração da denominação do capital social para euros ficam dispensadas:

a) Da escritura pública prevista no artigo 85.º, n.º 3, do Código das Sociedades Comerciais;

b) Das publicações referidas nos artigos 167.º do Código das Sociedades Comerciais e 70.º, n.º 1, alínea *a)*, do Código do Registo Comercial;

c) Dos emolumentos referidos nas Portarias n.º 366/89, de 22 de Maio, e 883/89, de 13 de Outubro.

2 – O disposto no número anterior não é aplicável quando se verifique uma redução do capital social superior à que resultaria da redenominação de acções através do método padrão, uma alteração do número de acções ou um aumento do capital por entradas em dinheiro ou em espécie.

3 – O disposto na alínea *a)* do n.º 1 aplica-se às alterações dos contratos de sociedade que visem, até 1 de Janeiro de 2002, adoptar os novos capitais sociais mínimos previstos neste diploma.

4 – As entidades emitentes devem requerer o registo comercial da redenominação de valores mobiliários, mediante apresentação de cópia da acta de que conste a respectiva deliberação.

5 – No caso de os valores mobiliários estarem integrados nos sistemas de registo, depósito e controlo, constitui documento bastante, para efeitos notariais e de registo comercial, quanto ao montante total da emissão, a quantidade de valores e o valor nominal redenominado, declaração da Central de Valores Mobiliários com estas menções.

6 – Em relação aos valores mobiliários mencionados no número anterior, não sendo obrigatória a escritura pública, considera-se titulada a situação, para efeitos do n.º 1 do artigo 15.º do Código do Registo Comercial, no momento do envio da declaração da Central de Valores Mobiliários à entidade emitente.

Artigo 21.º
Comissão do Mercado de Valores Mobiliários

A Comissão do Mercado de Valores Mobiliários define, através de regulamento, as regras necessárias à aplicação das normas incluídas nesta secção, disciplinando, nomeadamente, as funções da Central de Valores Mobiliários quanto à redenominação de valores escriturais ou titulados integrados nos seus sistemas de registo, depósito e controlo.

Artigo 22.º
Caducidade

1 – Os direitos de indemnização que venham a fundar-se em incumprimento das normas ou regras relativas à introdução do euro ou ao processo de redenominação devem ser exercidos, sob pena de caducidade, no prazo de seis meses contado a partir do registo do capital social ou do montante do empréstimo obrigacionista redenominados.

2 – Em relação aos valores mobiliários que não estejam sujeitos a inscrição no registo comercial, o prazo referido no número anterior deve ser contado a partir do anúncio prévio a que se refere o artigo 16.º.

SECÇÃO III
Redenominação da dívida pública directa do Estado

Artigo 23.º
Regime especial

1 – Aos valores mobiliários expressos em escudos, representativos de dívida pública directa do Estado, aplica-se o regime especial de redenominação previsto pelos artigos 14.º e 15.º do Decreto-Lei n.º 138/98, de 16 de Maio.

2 – Se os outros Estados membros participantes tomarem medidas para redenominar a dívida que emitiram na respectiva moeda, a dívida pública directa do Estado expressa nessa moeda pode ser redenominada a partir da data de entrada em vigor do presente diploma.

3 – Cabe ao Ministro das Finanças definir a data e o âmbito da redenominação prevista no número anterior, ficando autorizado a regular as suas condições concretas e a proceder a correcções no montante das emissões, justificadas por força dos arredondamentos efectuados.

SECÇÃO IV
Legislação financeira

Artigo 24.º
Impostos aduaneiros e impostos especiais sobre o consumo

1 – As declarações aduaneiras e dos impostos especiais sobre o consumo podem ser entregues pelos operadores económicos e entidades habilitadas a declarar, indistintamente em escudos ou em euros, em termos a definir por despacho do Ministro das Finanças.

2 – As garantias podem ser constituídas indistintamente em escudos ou em euros.

3 – A Pauta Aduaneira fornece informação com os valores expressos em euros.

4 – As notificações destinadas aos operadores económicos e entidades habilitadas a declarar são emitidas referenciando os valores de cobrança em escudos e em euros.

5 – O documento de autoliquidação pode ser entregue pelos operadores económicos e entidades habilitadas a declarar, indistintamente em escudos ou em euros.

Artigo 25.º
Finanças locais e das Regiões Autónomas

As autarquias locais e as Regiões Autónomas devem adoptar, tendo em consideração as suas especificidades, as opções respeitantes à introdução do euro na administração pública financeira.

SECÇÃO V
Conversão

Artigo 26.º
Custos de conversão

São gratuitas as operações de conversão entre montantes expressos em unidades monetárias com curso legal em Portugal.

SECÇÃO VI
Disposições finais e transitórias

Artigo 27.º
Início de vigência

Sem prejuízo do disposto nos artigos seguintes, o presente diploma entra em vigor no dia 1 de Janeiro de 1999.

Artigo 28.º
Código Civil

O disposto nos artigos 1143.º e 1239.º do Código Civil, na redacção do artigo 2.º, aplica-se aos contratos celebrados a partir de 1 de Janeiro de 1999, quer estes sejam denominados em euros ou em escudos, devendo, neste último caso, proceder-se à conversão para escudos dos valores estabelecidos em euros, através da taxa irrevogavelmente fixada pelo Conselho da União europeia, de acordo com o n.º 4, primeiro período, do artigo 109.º-L do Tratado que institui a Comunidade europeia.

Artigo 29.º
Código das Sociedades Comerciais

1 – O disposto nos artigos 29.º, 201.º, 204.º, 218.º, 219.º, 238.º, 250.º, 262.º, 276.º, 384.º, 390.º, 396.º e 424.º do Código das Sociedades Comerciais, na redacção do artigo 3.º, e no que respeita aos montantes neles indicados, entra em vigor:

a) No dia 1 de Janeiro de 2002, relativamente às sociedades constituídas em data anterior a 1 de Janeiro de 1999;

b) No dia em que se torne eficaz a opção das sociedades de alterar a denominação do capital social para euros.

2 – As sociedades constituídas a partir de 1 de Janeiro de 1999 que optem por denominar o seu capital social em escudos devem converter para essa unidade monetária os montantes denominados em euros referidos nas disposições do Código das Sociedades Comerciais mencionadas no número anterior, aplicando a taxa de conversão fixada pelo Conselho da União europeia, nos termos do artigo 109.º-L, n.º 4, primeiro período, do Tratado que institui a Comunidade europeia.

Artigo 30.º
Código Cooperativo

O disposto nos artigos 18.º, 21.º e 91.º do Código Cooperativo, na redacção do artigo 5.º, aplica-se:

a) Às cooperativas constituídas a partir de 1 de Janeiro de 1999, ainda que optem por denominar o seu capital social em escudos durante o período de transição, devendo, nesse caso, proceder à conversão para escudos dos valores estabelecidos em euros, através da taxa irrevogavelmente fixada pelo Conselho da União europeia, de acordo com o n.º 4, primeiro período, do artigo 109.º-L do Tratado que institui a Comunidade europeia;

b) Às cooperativas que alterem a denominação, para euros, do seu capital social;

c) A todas as cooperativas, após 1 de Janeiro de 2002.

Artigo 31.º
Estabelecimento individual de responsabilidade limitada

O titular do estabelecimento individual de responsabilidade limitada pode proceder à alteração da denominação do capital do estabelecimento, aplicando-se, com as necessárias adaptações, as disposições relativas às sociedades.

Artigo 32.º
Comissão do Mercado de Valores Mobiliários

O disposto no artigo 21.º entra em vigor no dia imediato ao da publicação do presente diploma.

Artigo 33.º
Norma revogatória

É revogada a Portaria n.º 815-A/94, de 14 de Setembro.

Visto e aprovado em Conselho de Ministros de 3 de Setembro de 1998.

António Manuel de Oliveira Guterres – Luís Filipe Marques Amado – António Luciano Pacheco de Sousa Franco – João Cardona Gomes Cravinho – José Eduardo Vera Cruz Jardim – Joaquim Augusto Nunes de Pina Moura – Eduardo Luís Barreto Ferro Rodrigues.

Promulgado em 23 de Outubro de 1998.

Publique-se.

O Presidente da República, JORGE SAMPAIO.

Referendado em 28 de Outubro de 1998.

O Primeiro-Ministro, *António Manuel de Oliveira Guterres.*

V
REDENOMINAÇÃO E EMISSÃO DE OBRIGAÇÕES

No seguimento dos DLs n.ᵒˢ 138/98 e 343/98, os pormenores da redenominação de Obrigações do Tesouro e de algumas euro-obrigações foram regulados por portaria de Novembro de 1998.
- **Ver Portaria n.º 1004-A/98 – DR 275 de 27-11-1998 (pág. 533)**

*

As restantes euro-obrigações foram redenominadas conforme a Portaria n.º 172-A/99
- **Portaria n.º 172-A/99 – DR n.º 48 Supl. 2 (2.ª série) de 26-2-1999 (pág. 537)**

*

A emissão de novas Obrigações do Tesouro foi regulada por Instrução do Instituto de Gestão do Crédito Público.
- **Ver Instrução n.º 2-A/98 – DR 294 (2ª Série-Sup.) de 22-12-98 com a redacção introduzida pela Instrução 2/99 – DR 41 de 18-2-1999 de (pág. 541)**

PORTARIA N.º 1004-A/98
DR n.º 275 de 27-11-1998

Na sequência da cimeira comunitária realizada a 1 e 2 de Maio, em Bruxelas, e da adopção pelo Conselho da União Europeia do regulamento Regulamento (CE) n.º 974/98, de 3 de Maio, o Governo decretou, através do n.º 1 do artigo 14.º do Decreto-Lei n.º 138/98, de 16 de Maio, a redenominação da dívida pública directa e negociável do Estado, constituída por obrigações do Tesouro a taxa fixa (OT) e a taxa variável (OTRV), com vencimento para além de 1999. Deste conjunto de valores, atento o critério da liquidez em mercado secundário, subjacente à decisão do Governo, apenas são redenominados aqueles que estejam admitidos à cotação na Bolsa de Valores de Lisboa.

Tendo por base o n.º 2 do artigo 14.º do Decreto-Lei n.º 138/98, através do qual o Governo concedeu ao Ministro das Finanças o poder de decidir sobre a redenominação dos bilhetes do Tesouro, determina-se igualmente que estes não sejam redenominados.

Resulta, assim, vincado o critério que limita a redenominação à dívida pública negociável de médio e longo prazos, qualquer que seja a sua expressão monetária, o qual justifica que também sejam redenominadas algumas euro-obrigações expressas em marcos e em francos franceses, determinada com base no n.º 3 do artigo 23.º do Decreto-Lei n.º 343/98, de 6 de Novembro, que atribuiu ao Ministro das Finanças o poder de definir a data e o âmbito da redenominação da dívida expressa em moeda de outro Estado membro participante. Depois de concluída a respectiva redenominação, esses valores passam a ser fungíveis com as obrigações do Tesouro que apresentem as mesmas características de cupão e de data de vencimento e, nessa data, são admitidos, por força da presente portaria, à cotação na Bolsa de Valores de Lisboa. Reveste, no entanto, carácter excepcional a forma usada para determinar a admissão à cotação de valores representativos de dívida pública.

Sublinhe-se que o exercício da competência para regular as condições concretas da redenominação, que o Governo atribuiu ao Ministro das Finanças pelo n.º 4 do artigo 14.º do Decreto-Lei n.º 138/98 e pelo n.º 3 do artigo 23.º do Decreto-Lei n.º 343/98, não se esgota na presente portaria. Esta tem por objecto apenas os valores cuja redenominação produz efeitos a partir de 1 de Janeiro de 1999 e não é aplicável à restante dívida, que será redenominada antes de findo o período de transição.

Nestes termos:
Manda o Governo, pelo Ministro das Finanças, ao abrigo do n.º 4 do artigo 14.º do Decreto-Lei n.º 138/98 e do n.º 3 do artigo 23.º do Decreto-Lei n.º 343/98, o seguinte:

1.º *Objecto da redenominação*

1 – São redenominadas, com efeitos a partir de 1 de Janeiro de 1999, as obrigações do Tesouro a taxa fixa (OT) e a taxa variável (OTRV), bem como as euro-obrigações expressas em marcos e em francos franceses, identificadas, respectivamente, nas listas publicadas nos anexos I e II à presente portaria.

2 – Os bilhetes do Tesouro com vencimento em 1999 não são redenominados.

2.º *Aplicação do método de redenominação adoptado*

1 – Partindo da posição de carteira de cada credor, a redenominação realiza-se através da aplicação da taxa de conversão ao valor de cada conta de titularidade dos valores representativos de dívida pública directa do Estado identificados no artigo anterior.

2 – Sempre que, por incumprimento de regras legislativas e regulamentares imputável aos intermediários financeiros, seja impossível proceder tempestivamente à redenominação nos termos descritos no número anterior, por força do princípio da globalidade da redenominação, esta ocorre, independentemente da sua participação, de acordo com a forma regulamentarmente prescrita nos termos do n.º 4.º da presente portaria.

3 – O disposto no número anterior não prejudica o direito de indemnização dos lesados por esse incumprimento, de acordo com o regime previsto no artigo 22.º do Decreto-Lei n.º 343/98.

3.º *Valor nominal unitário e valor da emissão*

1 – O resultado da operação descrita no número anterior é arredondado ao cêntimo, o qual passa a constituir o novo valor nominal unitário dos valores redenominados.

2 – Depois da redenominação, o valor da emissão passa a corresponder ao total da soma dos resultados parcelares das operações de redenominação realizadas nos termos do artigo anterior, mesmo que esse valor seja diferente daquele que resultaria da mera aplicação da taxa de conversão ao valor da emissão.

3 – Compete ao Instituto de Gestão do Crédito Público verificar o cumprimento das regras de redenominação e confirmar os resultados das operações de conversão que lhe forem comunicados pelas centrais de liquidação.

4.º *Execução da redenominação*

1 – No uso dos poderes que lhe foram conferidos pelos seus estatutos e por outras disposições normativas, designadamente os que resultam do artigo 15.º do Decreto-Lei n.º 138/98, compete ao Instituto de Gestão do Crédito Público tomar todas as medidas e praticar todos os actos necessários à boa execução do processo de redenominação decretado pelo Governo.

2 – Em tudo o que não for regulado pela presente portaria ou deliberado nos termos do número anterior, aplicam-se à redenominação da dívida pública, determinada no n.º 1 do n.º 1.º da presente portaria, as normas regulamentares relativas à redenominação de valores mobiliários durante o fim-de-semana de transição, adoptadas pela Comissão do Mercado de Valores Mobiliários, de acordo com o artigo 21.º do Decreto-Lei n.º 343/98.

5.º *Fungibilidade e admissão à cotação das euro-obrigações redenominadas*

1 – Concluída a respectiva redenominação, as euro-obrigações indicadas no n.º 1 do n.º 1.º da presente portaria passam a ser fungíveis com as obrigações do Tesouro com idênticas características de cupão e de data de vencimento e são admitidas à cotação na Bolsa de Valores de Lisboa, dispensando-se, para o efeito, a prática de qualquer acto ulterior à presente portaria.

2 – Depois de consolidadas nos termos do número anterior, é aplicável às euro-obrigações o regime jurídico das obrigações do Tesouro.

Ministério das Finanças.
Assinada em 26 de Novembro de 1998.

O Ministro das Finanças
António Luciano Pacheco de Sousa Franco

ANEXO I

Título	Código de identificação ISIN
OT 11,875% Fev. 95/2000	PTOTETOE0004
OT 5,375% Mar. 97/2000	PTOTEZOE0006
OT 11,875% Abr. 93/2000	PTOTELOE0002
OT 8,75% Mar. 96/2001	PTOTEUOE0001
OT 5,75% Mar. 97/2002	PTOTEEOE0001
OT 10,625% Jun. 93/2003	PTOTEMOE0001
OT 8,875% Jan. 94/2004	PTOTEOOE0009
OT 11,875% Fev. 95/2005	PTOTEROE0006
OT 9,5% Fev. 96/2006	PTOTEVOE0000
OT 6,625% Fev. 97/2007	PTOTEFOE0000
OT 4,8125% Abr. 98/2008	PTOTEAOE0013
OT 5,375% Jun 98/2008	PTOTEBOE0012
OT 5,45% Set. 98/2013	PTOTEGOE0009
OTRV 95/2001	PTOTVBOE0003
OTVR 96/2002	PTOTVCOE0002
OTVR 96/2003	PTOTVDOE0001
OTVR 97/2004	PTOTVEOE0000

ANEXO II

Título	Código de identificação ISIN	Montante (Milhões)	Código de identificação após a consolidação ISIN
DEM Euro-OT 5,375% 1998/2008	XS0084487106	DEM 1000	PTOTEBOE0012
FRF Euro-OT 5,375% 1998/2008	XS008448710	FRF 4000	PTOTEBOE0012
DEM Euro-OT 5,45% 1998/2013	XS0087358759	DEM 2690	PTOTEGOE0009

PORTARIA N.º 172-A/99
DR n.º 48 Supl. 2 (2.ª série) de 26-2-1999

No primeiro fim-de-semana do presente ano iniciou-se o processo de redenominação da dívida pública directa e negociável do Estado, durante o qual foram redenominados os mais representativos instrumentos de dívida denominados em escudos e as euro-obrigações denominadas em moedas de outros Estados membros participantes, mais precisamente em marcos e em francos franceses, emitidas durante o ano de 1998, como forma de preparar o novo mercado da dívida em euros.

Prosseguindo esse processo, a presente portaria determina a redenominação de mais três emissões euro-obrigacionistas denominadas, respectivamente, em francos franceses, em liras e em florins holandeses. Contratualmente prevista, esta redenominação produzirá efeitos a partir da data dos respectivos cupões em 1999 e tornará fungíveis os valores expressos em francos e em liras, os quais apresentam, neste momento, o mesmo cupão e a mesma data de vencimento.

Nestes termos, manda o Governo, pelo Ministro das Finanças, ao abrigo do artigo 77.º da Lei n.º 87-B/98, de 31 de Dezembro, e do n.º 3 do artigo 23.º do Decreto-Lei n.º 343/98, de 6 de Novembro, o seguinte:

1.º
Objecto da redenominação

1 – São redenominadas, com efeitos a partir de 26 de Março de 1999, as euro-obrigações expressas, respectivamente, em francos franceses e liras identificadas na lista publicada no anexo I à presente portaria, as quais, depois da redenominação, passam a sei fungível entre si.

2 – São redenominadas, com efeitos a partir de 3 de Abril de 1999, as euro-obrigações expressas em florins holandeses identificadas no anexo II à presente portaria.

2.º
Método de redenominação, valor nominal unitário e valor da emissão

1 – Partindo da posição de carteira de cada credor, a redenominação realiza-se através da aplicação da taxa de conversão ao valor da sua conta.

2 – O resultado da operação descrita no número anterior é arredondado ao cêntimo, passando este a constituir o novo valor nominal unitário dos valores redenominados.

3 – Depois da redenominação, o valor da emissão passa a corresponder ao total da soma dos resultados parcelares das operações de redenominação realizadas nos termos do artigo anterior, mesmo que esse valor seja diferente daquele que resultaria da mera aplicação da taxa de conversão ao valor da emissão.

4 – Compete ao Instituto de Gestão do Crédito Público verificar o cumprimento das regras de redenominação, acompanhar a execução das tarefas dos agentes de redenominação e confirmar os resultados das operações de conversão que lhe forem comunicados por esses agentes e pelas centrais de liquidação.

3.º
Execução da redenominação

No uso dos poderes que lhe foram conferidos pelos seus estatutos e por outras disposições normativas, designadamente os que resultam do artigo 15.º do Decreto-Lei n.º 138/98, compete ao Instituto de Gestão do Crédito Público tomar todas as medidas e praticar todos os actos necessários à boa execução do processo de redenominação decretado pelo Governo.

25 de Fevereiro de 1999.

O Ministro das Finanças
António Luciano Pacheco de Sousa Franco

ANEXO I

Emissão	Moeda de emissão	Montante	Data do cupão	Código ISIN
5,625% Bonds 2007	Francos franceses	3 000 000 000	3 de Abril	FR0000109456
Step-down-Euro--Tributary Bonds due 2007	Liras	700 000 000 000	3 de Abril	FR0000490153

ANEXO II

Emissão	Moeda de emissão	Montante	Data do cupão	Código ISIN
5,75% Euro--Fungible Bonds 1997 March 2008	Florins holandeses	1 000 000 000	26 de Março	XS0082026054

Ministério das Finanças
Instituto de Gestão do Crédito Público
INSTRUÇÃO N.º 2-A/98
DR n.º 294 (2.ª Série-Sup.) de 22-12-98

Emissão de Obrigações do Tesouro

[Com a redacção dada pela Instrução 2/99, DR n.º 41 de 18-2-1999]

Ao abrigo das alíneas *f)* e *g)* do n.º 1 do artigo 6.º dos Estatutos do Instituto de Gestão do crédito Público (IGCP), aprovados pelo Decreto-Lei n.º 160/96, de 4 de Setembro, e do artigo 11.º do Decreto-Lei n.º 280/98, de 17 de Setembro, o conselho directivo do IGCP aprovou a seguinte instrução:

SECÇÃO I
Disposições Gerais

Artigo 1.º
Âmbito

A presente instrução estabelece as regras de emissão de obrigações do Tesouro, adiante designadas apenas por obrigações, nomeadamente as relativas ao acesso e funcionamento do respectivo mercado primário.

Artigo 2.º
Valor Nominal

As obrigações são emitidas em euros, com o valor nominal de um cêntimo.

Artigo 3.º
Colocação

As obrigações podem ser colocadas por leilão ou por um consórcio de instituições financeiras, admitindo-se ainda, desde que se integrem numa série de obrigações existente, que sejam objecto de oferta de subscrição limitada a uma ou algumas instituições financeiras.

Artigo 4.º
Emissão por séries

Depois da primeira emissão de cada série de obrigações o IGCP divulga as respectivas condições gerais, por aviso a publicar na 2.ª Série do *Diário da República*, discriminando as principais características da obrigação e anunciando o montante indicativo a emitir.

SECÇÃO II
Modalidades de colocação

SUBSECÇÃO I
Leilões

Artigo 5.º
Local e calendário dos leilões

1 – Os leilões realizam-se em Lisboa, na sede do IGCP.

2 – É divulgado anualmente um calendário indicativo dos leilões, que pode ser periodicamente ajustado à evolução das necessidades e à correspondente estratégia de financiamento.

3 – Para além dos leilões previstos no calendário referido no número anterior o IGCP pode realizar outros, procedendo ao seu anúncio até três dias úteis antes da respectiva data.

Artigo 6.º
Participação nos leilões de obrigações

1 – Só podem participar nos leilões de obrigações os operadores especializados de valores do Tesouro (OEVT) e os operadores do mercado primário (OMP).

2 – Os estatutos referidos no número anterior só podem ser concedidos, nos termos previstos na presente instrução, se as instituições financeiras requerentes demonstrarem possuir condições para assegurar uma base regular de investidores na dívida pública portuguesa ou revelarem aptidão para contribuir para a liquidez dos respectivos instrumentos, ambas expressas na respectiva representatividade e capacidade para colocar ou negociar os valores representativos de dívida pública em mercados de dimensão internacional, europeia ou nacional.

Artigo 7.º
Anúncio

1 – O leilão é anunciado até três dias úteis antes da data da sua realização.

2 – O anúncio indica a data do leilão, o montante nominal de obrigações a oferecer à subscrição, a respectiva série, a data de liquidação, o início da contagem de juros, o correspondente código de identificação, a(s) forma(s) admitida(s) para as comunicações entre os participantes nos leilões e o IGCP e outra informação considerada relevante.

Artigo 8.º
Fases do leilão

1 – Cada leilão tem duas fases sucessivas, uma competitiva e uma não competitiva.

2 – Na fase competitiva é oferecido à subscrição o montante nominal de obrigações anunciado nos termos do número anterior, reservando-se o IGCP o direito de não colocar parte ou a totalidade desse montante.

3 – Não obstante o previsto no número anterior, o IGCP pode excepcionalmente, aceitar propostas que somem um valor nominal superior ao anunciado, até um limite máximo de um terço desse valor.

4 – Na fase não competitiva dos leilões, em que é oferecido à subscrição um terço do montante nominal colocado na fase competitiva, só os OETV podem participar.

Artigo 9.º
Propostas de subscrição na fase competitiva

1 – Só são consideradas as propostas enviadas até às 9 horas e 30 minutos [10.30 CET (Central European Time)] do dia do leilão.

2 – Cada instituição pode apresentar até cinco propostas, com um valor global nuca superior ao montante anunciado para a fase competitiva do leilão.

3 – Cada proposta deve indicar o montante nominal de obrigações a subscrever, em múltiplos de 1 000 000 de euros, e a taxa de rendibilidade pretendida, se forem obrigações a taxa fixa ou "cupão zero", ou o preço pretendido apresentado em percentagem do valor nominal, se forem obrigações a taxa variável, ambos expressos até à milésima de ponto percentual.

4 – A taxa de rendibilidade e o preço referidos no número anterior incluem todas as comissões devidas e os encargos a suportar.

Artigo 10.º
Critérios de ordenação e avaliação de propostas

1 – Para as obrigações a taxa fixa ou "cupão zero", as propostas ordenam-se por ordem crescente da taxa de rendibilidade pretendida e são aceites as que apresentem uma taxa inferior ou igual à taxa máxima que o IGCP aceitar.

2 – Para as obrigações a taxa variável, as propostas ordenam-se por ordem decrescente do preço pretendido e são aceites as que apresentem um preço superior ou igual ao preço mínimo que o IGCP aceitar.

3 – Se as propostas, aceites nos termos do número anterior, apresentarem um montante global superior ao montante anunciado ou definido nos termos dos n.ᵒˢ 2 e 3 do artigo 8.º, o IGCP procede ao rateio, por lotes mínimos de 1000 euros, das propostas de subscrição que ofereçam, consoante os casos, as taxas de rendibilidade mais elevadas ou os preços mais baixos.

Artigo 11.º
Resultados do leilão na fase competitiva

1 – O resultado geral da fase competitiva de cada leilão é divulgado ao mercado até às 10 e 15 minutos (11.15 CET) e é comunicado, a par dos respectivos resultados individuais, até às 10 e 30 minutos (11.30 CET), a cada uma das instituições financeiras participantes.

2 – O resultado geral mencionado no número anterior inclui o montante nominal anunciado, o montante global das propostas efectuadas e o montante colocado, bem como as taxas de rendibilidade mínima, média e máxima ou os preços máximo, médio e mínimo aceites pelo IGCP.

3 – A taxa média e o preço médio referidos no número anterior correspondem, respectivamente, à média, ponderada pelos respectivos montantes, de todas as taxas de rendibilidade ou de todos os preços das propostas aceites.

Artigo 12.º
Fase não competitiva do leilão

1 – Na fase não competitiva a subscrição efectua-se, em múltiplos de 1.000 euro, pela taxa de rendibilidade máxima ou pelo preço mínimo de colocação, de acordo com as regras da fase competitiva.

2 – Depois de divulgados os resultados da fase competitiva do leilão e até às 11 horas (12.00 CET), o OEVT deve comunicar o montante nominal a subscrever, o qual não pode exceder o montante reservado à respectiva subscrição.

3 – O limite máximo de subscrição previsto no número anterior deve ser comunicado ao OEVT no dia útil que antecede a data do leilão e corresponde à percentagem da sua participação na fase competitiva dos últimos três leilões de obrigações, aplicada ao montante a que alude o n.º 4 do artigo 8.º da presente instrução.

Artigo 13.º
Liquidação

1 – A liquidação do montante subscrito por cada instituição efectua-se no 3.º dia útil seguinte à data de realização do leilão, garantindo-se a entrega das obrigações contra o respectivo pagamento.

2 – Excepcionalmente, o IGCP pode determinar outra data de liquidação, divulgando-a através do anúncio do respectivo leilão.

SUBSECÇÃO II
Outras modalidades de colocação

Artigo 14.º
Colocação por consórcio de instituições financeiras

1 – O IGCP pode colocar obrigações por intermédio de um consórcio de instituições financeiras, quer essa colocação corresponda a uma emissão simples de obrigações, quer corresponda apenas a uma, a várias ou a todas as fases da emissão de uma série.

2 – Se não se encontrarem antecipadamente definidos, os termos da emissão, as características da obrigação e a respectiva data de liquidação são estabelecidos pelo IGCP.

Artigo 15.º
Oferta de subscrição limitada

1 – Desde que se integre numa série de obrigações existente, o IGCP pode proceder a uma nova emissão de obrigações, apenas destinada à subscrição de um ou de alguns OMP ou OEVT.

2 – No caso previsto no número anterior, o IGCP, após a colocação, divulga ao mercado a realização da emissão e o montante nominal colocado.

SECÇÃO III
Participantes nos leilões

SUBSECÇÃO I
Operador especializado de valores do Tesouro

Artigo 16.º
Estatuto de OEVT

1 – O IGCP concede o estatuto de OEVT, a requerimento das instituições financeiras, desde que estas:

a) Preencham os critérios enunciados no n.º 2 do artigo 6.º da presente instrução;

b) Demonstrem, através da participação na fase competitiva dos leilões, capacidade de subscrição e colocação regular das obrigações;

c) Participem, de modo regular e significativo, no mercado secundário de obrigações;

d) Ofereçam garantias de liquidação, física e financeira, das obrigações conformes ao modo de criação de registo destas e aos procedimentos divulgados, para o efeito, pelo IGCP;

e) Apresentem uma declaração assinada pelo respectivo conselho de administração, ou por quem tenha poderes de vinculação para todos os actos, na qual se comprometem a respeitar as regras da presente instrução.

2 – O estatuto de OEVT é concedido até ao final de cada ano civil e é objecto de renovação anual, a qual será ponderada pelo cumprimento dos deveres previstos na presente instrução.

Artigo 17.º
Garantias

É garantida aos OEVT:

a. A participação na fase competitiva e a exclusividade no acesso à fase não competitiva dos leilões de obrigações;
b. A preferência na constituição de sindicatos e noutras formas de colocação de dívida pública;
c. A audição privilegiada em matérias de interesse mútuo.

Artigo 18.º
Deveres

Os OEVT obrigam-se a:

a. Participar activamente nos leilões, apresentando regularmente propostas dentro das condições normais do mercado dentro das condições normais do mercado e mantendo uma quota de subscrição de obrigações não inferior a 3% do montante colocado na fase competitiva dos últimos seis leilões realizados;
b. Participar activamente no mercado secundário de obrigações, assegurando a liquidez destes valores;
c. Cotar, para compra e venda a qualquer participante no mercado, as obrigações identificadas no anexo A à presente instrução, entre as 8 horas e 30 minutos (9.30 CET) e as 16 horas e 30 minutos (17.30 CET), para lotes de valor nominal equivalente a 5 000 000 de euros para as séries emitidas a partir de 1998 e de 2 500 000 euros para as séries emitidas anteriormente, praticando, em condições normais de mercado, uma margem (spread) não superior a 5 pontos de base para os empréstimos com prazo de vencimento

inferior ou igual a 5 anos e de 10 pontos de base para os empréstimos com prazo de vencimento superior a 5 anos e inferior ou igual a 15 anos;
d. Manter uma página, permanentemente actualizada e de acesso generalizado com as cotações das obrigações referidas na alínea anterior, num sistema de informação à distância especializado;
e. Fornecer, de acordo com a forma e as exigências do anexo B à presente instrução, a informação necessária ao acompanhamento da sua actividade como criadores de mercado (*market makers*), bem como toda a informação requerida pelo IGCP para fiscalização do cumprimento das obrigações previstas na presente instrução;
f. Respeitar todas as regras adoptadas pelo IGCP relativas ao âmbito e ao objecto da presente instrução;
g. Desempenhar funções de consultores privilegiados do IGCP no acompanhamento dos mercados financeiros;
h. Informar tempestivamente o IGCP sobre a dificuldade de cumprimento de algum dos deveres fixados na presente instrução, nomeadamente no que se refere à verificação de condições anormais ou extraordinárias de mercado, e aguardar o seu assentimento quanto à modificação da forma de cumprimento ou quanto ao incumprimento de algum dos deveres previstos na presente instrução.

Artigo 19.º
Suspensão e perda do estatuto de Operadores especializados de valores do Tesouro

1 – O IGCP poderá determinar a suspensão ou perda do estatuto de OEVT, quando se verificar o incumprimento de algum dos deveres previstos na presente instrução.

2 – Qualquer OEVT poderá desistir do respectivo estatuto, através de comunicação escrita dirigida ao IGCP, assinada pelo(s) representante(s) da instituição referido(s) na alínea e) do n.º 1 do artigo 16.º da presente instrução.

SUBSECÇÃO II
Operador do mercado primário

Artigo 20.º
Estatuto do operador do mercado primário

1 – O IGCP concede o estatuto de OMP a requerimento das instituições financeiras que respeitem os critérios enunciados no n.º 2 do artigo 6.º da presente instrução e que, em declaração assinada pelo res-

pectivo conselho de administração, ou por quem tenha poderes de vinculação para todos os actos, se comprometam a respeitar as regras da presente instrução.

2 – O estatuto de OMP é concedido até ao final de cada ano civil e é objecto de renovação anual, a qual será ponderada pelo cumprimento dos deveres previstos na presente instrução.

Artigo 21.º
Direitos e deveres dos operadores do mercado primário

1 – Aos OMP é garantido:
a. O acesso à fase competitiva dos leilões de obrigações;
b. O acesso privilegiado à categoria de OEVT, uma vez preenchidos os requisitos de desempenho nos mercados primário e secundário de dívida pública.

2 – Constituem obrigações dos OMP:
a. A subscrição de obrigações, em pelo menos, um leilão num conjunto de seis leilões consecutivos;
b. O respeito por todas as regras adoptadas pelo IGCP relativas ao âmbito e ao objecto da presente instrução.

Artigo 22.º
Suspensão e perda do estatuto de OMP

O IGCP pode determinar a suspensão ou a perda do estatuto de OMP, quando se verificar o incumprimento dos deveres previstos na presente instrução.

SUBSECÇÃO III

Artigo 23.º
Contas para liquidação física e financeira

1 – Os OEVT e os OMP podem proceder às operações de liquidação das obrigações subscritas nos respectivos leilões através da utilização de contas de outra instituição na CVM e no BP.

2 – Se fizerem uso de conta alheia na CVM ou no BP, os participantes nos leilões mencionam esse facto na sua proposta de subscrição e devem apresentar uma declaração da instituição titular da conta que autorize a respectiva utilização para as operações de liquidação física ou financeira relativas à sua subscrição de obrigações.

3 – A autorização referida no número anterior mantém-se válida até à sua expressa revogação pela instituição titular das contas, a qual deve obrigatoriamente ser comunicada ao IGCP.

4 – A autorização referida no n.º 2 e a revogação referida no número anterior devem ser assinadas nos termos prescritos no n.º 1 do artigo 20.º da presente instrução.

SECÇÃO IV
Disposições finais

Artigo 24.º
Alterações à presente instrução

1 – Todas as alterações à presente instrução são aprovadas pelo IGCP, por sua iniciativa ou por proposta dos OEVT.

2 – As alterações à presente instrução que envolvam modificação das respectivas garantias ou deveres exigem o parecer favorável de dois terços dos OEVT.

3 – Se não for obtido o parecer previsto no número anterior, as alterações aprovadas só produzem efeitos no início do ano seguinte ao da data da sua aprovação.

Artigo 25.º
Dias úteis

1 – O IGCP pode determinar, por aviso a publicar na 2.ª Série do *Diário da República*, a adopção dos dias úteis do sistema TARGET para as operações relacionadas com as obrigações previstas na presente instrução.

2 – Até à data de início de vigência da decisão prevista no número anterior, os feriados nacionais não são considerados como dias úteis para efeitos da presente instrução.

Artigo 26.º
Entrada em vigor e revogação

A presente instrução entra em vigor no dia imediato ao da sua publicação e revoga todas as regras anteriormente aplicáveis às matérias que integram o respectivo âmbito e constituem o seu objecto.

17 de Dezembro de 1998.

O Presidente do Conselho Directivo

Vítor Augusto Brinquete Bento

ANEXO A

Lista das obrigações do Tesouro:

1 – Devem ser cotadas, nos termos das alíneas c) e d) do artigo 18.º da presente instrução, as seguintes obrigações do Tesouro:

a) Das séries existentes:
OT 5,375% 03/2000;
OT 8,75% 03/2001;
OT 5,75% 03/2001;
OT 4,8125% 04/2003;
OT 10,625% 06/2003;
OT 11,875% 02/2005;
OT 9,5% 02/2006;
OT 6,625% 02/2007;
OT 5,375% 06/2008;
OT 3,95% 07/2009;
OT 5,45% 09/2013;

b) Nas novas emissões, as séries cujo montante emitido tenha atingido 500 milhões de euros.

2 – São automaticamente excluídas da lista prevista no número anterior todas as obrigações cuja data de vencimento ocorra num prazo inferior a um ano.

ANEXO B
Tabela I [1]: **Relatório de mercado primário**

EUR 10^3

Obrigação: Data de leilão:											
OEVT:											
Montantes colocados	Portugal	Espanha	Alemanha	França	Holanda	Outros países EMU	R.U.	EUA	Ásia	Outros países	Total
1. Para o OEVT											
2. Para os seus clientes											
2.1 Bancos centrais											
2.2 Bancos											
2.3 Investidores instituconais											
2.4 Empresas											
2.5 Particulares											
2.6 Outros											
Total (2)											
Total (1+2)											
Comentários:											

[1] Deve ser enviado até ao final do dia de leilão por e-mail e por correio, e ser assinado por quem tenha poderes para vincular a instituição.

....
(Data)   (Assinatura autorizada)

ANEXO B
Tabela II [1]: Relatório de mercado secundário

EUR 10^3

Mês: OT [2]:									
OEVT:									
Distribuição geográfica	Tipo de operação	Outros OEVT	Bancos centrais	Bancos	Investidores institucionais	Empresas	Particulares	Corretoras	Total
1. Portugal	Compras								
2. Espanha	Compras								
3. Alemanha	Compras								
4. França	Compras								
5. Holanda	Compras								
6. Outros países	Compras								
7. R.U	Compras								
8. EUA	Compras								
9. Ásia	Compras								
10. Outros países	Compras								
Total									
1. Portugal	Vendas								
2. Espanha	Vendas								
3. Alemanha	Vendas								
4. França	Vendas								
5. Holanda	Vendas								
6. Outros países.	Vendas								
7. R.U	Vendas								
8. EUA	Vendas								
9. Ásia	Vendas								
10. Outros países	Vendas								
Total									
Comentários:				P.m. transacções dentro do grupo financeiro:					

[1] Estes relatórios devem ser enviados cinco dias após o fecho do mês.
[2] O relatório deve ser apresentado para cada uma das novas séries de 1999 e para a OT 5,45% 09/2013. A actividade em mercado secundário das restantes obrigações indicadas no anexo A devem ser apresentadas em versão agregada.

....
(Data) (Assinatura autorizada)

VI
MERCADO DE VALORES MOBILIÁRIOS

Uma das mais imediatas consequências da introdução do euro deu-se no mercado de valores mobiliários em que todas as negociações e cotações passaram a ser feitas na nova moeda. A Comissão do Mercado de Valores Mobiliários procedeu a um conjunto de adaptações emitindo vários regulamentos.

No primeiro procede-se a uma alteração genérica passando todas as referências ao escudo a ser feitas para o euro.
* **Ver Regulamento CMVM n.º 6/98 (pág. 557)**

*

Em outro regulamento determina-se que a publicação de informações pelos fundos de investimento será feita utilizando o euro.
* **Ver Regulamento CMVM n.º 7/98 DR n.º 143 Série II de 24-6-98 (pág. 559)**

*

O fim-de-semana de transição (31-12-98 a 4-1-99) foi objecto de regulamentação própria em que, nomeadamente, se determinou o processo de redenominação dos títulos.
* **Ver Regulamento CMVM n.º 18/98 DR n.º 287 Série II de 14-12-98 (pág. 565)**

*

Foram igualmente fixadas as taxas em euros a aplicar nas operações de bolsa sobre contratos de futuros.
* **Ver Regulamento CMVM n.º 19/98 (pág. 573)**

*

Foi fixado em euros o montante das operações bolsistas sobre os quais incidem comissões.
* **Ver Regulamento n.º 21/98 DR n.º 296 Série II de 24-12-98 (pág. 575)**

O preçário das operações Interbolsa foi igualmente fixado em euros.
• **Ver Regulamento CMVM n.º 22/98 (pág. 577)**

*

As operações de negociação em mercados de bolsa a contado foram alteradas de modo a incluir a denominação ou redenominação em euros.
• **Ver Regulamento da CMVM n.º 23/98 (pág. 583)**

*

As regras para a redenominação de valores mobiliários, prevista no DL 343/98, foram definidas no Regulamento 24/98.
• **Ver Regulamento da CMVM n.º 24/98 DR n.º 298 Série II de 28/12/98 (pág. 587)**

REGULAMENTO DA CMVM N.º 6/98

Altera o Regulamento da CMVM n.º 14/95

Ao abrigo do disposto nas alíneas *a)* e *b)* do n.º 1 do art. 14.º do Código do Mercado de Valores Mobiliários e para efeitos do n.º 1 do art. 35.º do Decreto-Lei n.º 276/94, de 2 de Novembro, o Conselho Directivo da Comissão do Mercado de Valores Mobiliários aprovou o seguinte regulamento

Artigo único
(EURO)

A partir de 1 de Janeiro de 1999 as referências efectuadas a Escudos no anexo ao Regulamento n.º 95/14 da CMVM deverão ser entendidas como sendo feitas ao Euro.

4 de Junho de 1998.

O Presidente do Conselho Directivo

José Nunes Pereira

Comissão do Mercado de Valores Mobiliários

REGULAMENTO N.º 7/98
DR n.º 143 Série II de 24-6-98

Publicação de informações pelos fundos de investimento mobiliário

Ao abrigo do disposto nas alíneas *a)* e *b)* do n.º 1 do artigo 14.º do Código do Mercado de Valores Mobiliários e para os efeitos do n.º 1 do artigo 35.º do Decreto-Lei n.º 276/94, de 2 de Novembro, o conselho directivo da Comissão do Mercado de Valores Mobiliários aprovou o seguinte regulamento:

Artigo 1.º
Âmbito

O presente regulamento estabelece as regras segundo as quais as entidades gestoras de fundos de investimento mobiliário devem publicar mensalmente, com referência ao último dia do mês imediatamente anterior, num dos boletins de cotações das bolsas de valores, a composição discriminada das aplicações de cada fundo de investimento que administrem, o respectivo valor líquido global, as responsabilidade extrapatrimoniais e o número de unidades de participação em circulação, e enviar à CMVM o mesmo conjunto de informação.

Artigo 2.º
Prazo de publicação e envio

1. A publicação deve ser efectuada até ao sexto dia útil do mês subsequente ao mês a que a informação respeite.

2. As entidades gestoras devem enviar à CMVM, em papel e até três dias a contar da publicação prevista no número anterior, a informação referida no artigo 1.º do presente regulamento.

Artigo 3.º
Conteúdo da publicação

1. Os valores que compõem a carteira de aplicações de cada fundo de investimento devem ser publicados, discriminadamente, de acordo com o esquema apresentado no Anexo ao presente regulamento.

2. Para cada valor integrante da carteira de aplicações do fundo de investimento, serão indicados os seguintes elementos:

   a) Designação do valor;

   b) Quantidade de valores em carteira;

   c) Cotação ou preço unitário, na moeda em que os valores se encontram representados e em escudos;

   d) Montante de juros decorridos em escudos;

   e) Montante global do valor integrante da carteira, incluindo os juros decorridos, em escudos.

3. O mapa de composição discriminada das aplicações do fundo deverá incluir subtotais dos montantes referidos na alínea *e*) do número anterior, pelo menos para cada segundo nível do desdobramento constante do esquema Anexo, e o seu total geral corresponderá ao valor líquido global do fundo.

4. As responsabilidades extrapatrimoniais, determinadas em conformidade com as disposições regulamentares emitidas pela CMVM, serão expressas em escudos e deverão incluir subtotais de cada rubrica respectiva, correspondendo o seu somatório ao total das responsabilidades extrapatrimoniais.

5. Como informação final, indicar-se-á, com este título, o número de unidades de participação em circulação, no dia a que se refere a composição discriminada das aplicações do fundo.

6. A publicação integrará ainda a denominação e a sede da entidade gestora, a denominação do fundo e a data a que se refere a publicação, como menções iniciais.

Artigo 4.º
Euro

A partir de 1 de Janeiro de 1999 as referências a Escudos contidas no presente regulamento deverão ser entendidas como sendo feitas ao Euro.

Artigo 5.º
Entrada em vigor

O presente regulamento produz efeitos com relação à informação respeitante a Julho de 1998.

Artigo 6.º
Norma revogatória
É revogado o Regulamento n.º 95/2 da CMVM, de 8 de Maio de 1995.

4 de Junho de 1998.

O Presidente do Conselho Directivo

José Nunes Pereira

ANEXO
A) COMPOSIÇÃO DISCRIMINADA DA CARTEIRA DE APLICAÇÕES DOS FUNDOS DE INVESTIMENTO MOBILIÁRIO

1. VALORES MOBILIÁRIOS COTADOS
1.1. Mercado de cotações oficiais de bolsa de valores portuguesa
1.1.1. Títulos de dívida pública
1.1.2. Outros fundos públicos e equiparados
1.1.3. Obrigações diversas
1.1.4. Acções
1.1.5. Títulos de participação
1.1.6. Unidades de participação de fundos de investimento fechados
1.1.7. Direitos
1.2. Outros mercados regulamentados nacionais
1.2.1. Títulos de dívida pública
1.2.2. Outros fundos públicos e equiparados
1.2.3. Obrigações diversas
1.2.4. Acções
1.2.5. Títulos de participação
1.2.6. Unidades de participação de fundos de investimento fechados
1.2.7. Direitos
1.3. Mercado de cotações oficiais de bolsa de valores de Estado--membro da UE
1.3.1. Títulos de dívida pública
1.3.2. Outros fundos públicos e equiparados
1.3.3. Obrigações diversas
1.3.4. Acções
1.3.5. Títulos de participação
1.3.6. Unidades de participação de fundos de investimento fechados
1.3.7. Direitos

1.4. Outros mercados regulamentados da UE
1.4.1. Títulos de dívida pública
1.4.2. Outros fundos públicos e equiparados
1.4.3. Obrigações diversas
1.4.4. Acções
1.4.5. Títulos de participação
1.4.6. Unidades de participação de fundos de investimento fechados
1.4.7. Direitos
1.5. Mercado de cotações oficiais de bolsa de valores de Estado não membro da UE
1.5.1. Títulos de dívida pública
1.5.2. Outros fundos públicos e equiparados
1.5.3. Obrigações diversas
1.5.4. Acções
1.5.5. Títulos de participação
1.5.6. Unidades de participação de fundos de investimento fechados
1.5.7. Direitos
1.6. Outros mercados regulamentados de Estados não membros da UE
1.6.1. Títulos de dívida pública
1.6.2. Outros fundos públicos e equiparados
1.6.3. Obrigações diversas
1.6.4. Acções
1.6.5. Títulos de participação
1.6.6. Unidades de participação de fundos de investimento fechados
1.6.7. Direitos
1.7. Em processo de admissão em mercado nacional
1.7.1. Títulos de dívida pública
1.7.2. Outros fundos públicos e equiparados
1.7.3. Obrigações diversas
1.7.4. Acções
1.7.5. Títulos de participação
1.7.6. Unidades de participação de fundos de investimento fechados
1.7.7. Direitos
1.8. Em processo de admissão em mercado estrangeiro
1.8.1. Títulos de dívida pública
1.8.2. Outros fundos públicos e equiparados
1.8.3. Obrigações diversas
1.8.4. Acções
1.8.5. Títulos de participação

1.8.6. Unidades de participação de fundos de investimento fechados
1.8.7. Direitos
2. OUTROS VALORES
2.1. Valores Mobiliários nacionais não cotados
2.1.1. Títulos de dívida pública
2.1.2. Outros fundos públicos e equiparados
2.1.3. Obrigações diversas
2.1.4. Acções
2.1.5. Títulos de participação
2.1.6. Unidades de participação de fundos de investimento fechados
2.1.7. Direitos
2.2. Valores Mobiliários estrangeiros não cotados
2.2.1. Títulos de dívida pública
2.2.2. Outros fundos públicos e equiparados
2.2.3. Obrigações diversas
2.2.4. Acções
2.2.5. Títulos de participação
2.2.6. Unidades de participação de fundos de investimento fechados
2.2.7. Direitos
2.3. Outros instrumentos de dívida
2.3.1. Títulos de dívida pública
2.3.2. Papel comercial
2.3.3. Outros valores
3. UNIDADES DE PARTICIPAÇÃO DE FIM
3.1. FIM Domiciliados em Portugal
3.1.1. Unidades de participação de FIM abertos
3.1.2. Unidades de participação de FIM de tesouraria
3.1.3. Unidades de participação de agrupamentos de fundos
3.2. FIM Domiciliados num Estado-membro da UE
3.2.1. Unidades de participação de FIM harmonizados
3.2.2. Unidades de participação de FIM não harmonizados
3.3. FIM Domiciliados em Estados não membros da UE
3.3.1. Unidades de participação de FIM
7. LIQUIDEZ
7.1. À vista
7.1.1. Numerário
7.1.2. Depósitos à ordem
7.2. A prazo
7.2.1. Depósitos com pré aviso e a prazo
7.2.2. Aplicações nos mercados monetários

8. EMPRÉSTIMOS
9. OUTROS VALORES A REGULARIZAR
9.1. Valores activos
9.2. Valores passivos
B) VALOR LÍQUIDO GLOBAL DO FUNDO
C) RESPONSABILIDADES EXTRAPATRIMONIAIS
   10. OPERAÇÕES CAMBIAIS
   10.1.1. Em Bolsa
   10.1.1.1. Futuros
   10.1.1.2. Opções
   10.1.1.3. Outros
   10.1.2. Fora de Bolsa
   10.1.2.1. Forwards
   10.1.2.2. Opções
   10.1.2.3. Swaps
   10.1.2.4. Outros
   11. OPERAÇÕES SOBRE TAXAS DE JURO
   11.1.1. Em Bolsa
   11.1.1.1. Futuros
   11.1.1.2. Opções
   11.1.1.3. Outros
   11.1.2. Fora de Bolsa
   11.1.2.1. FRA
   11.1.2.2. Opções
   11.1.2.3. Swaps
   11.1.2.4. Outros
   12. OPERAÇÕES SOBRE COTAÇÕES
   12.1.1. Em Bolsa
   12.1.1.1. Futuros
   12.1.1.2. Opções
   12.1.1.3. Outros
   12.1.2. Fora de Bolsa
   12.1.2.1. Opções
   12.1.2.2. Swaps
   12.1.2.3. Outros
   13. COMPROMISSOS COM E DE TERCEIROS
   13.11. Reportes
   13.12. Empréstimos
   13.13. Outros
D. NÚMERO DE UNIDADES DE PARTICIPAÇÃO EM CIRCULAÇÃO

REGULAMENTO DA CMVM N.º 18/98
DR n.º 287 Série II de 14-12-98

Regulamento do fim de semana de transição para o EURO

A redenominação de uma parte significativa da dívida pública representada por obrigações do Tesouro admitidas à negociação na Bolsa de Valores de Lisboa, pelo seu relevante peso nos mercados de valores mobiliários, exige a definição de medidas específicas quanto ao funcionamento dos mercados de bolsa, à liquidação das operações e, em geral, à circulação dos valores mobiliários.

Uma dessas medidas é o encerramento dos mercados de bolsa e do Mercado Especial de Operações por Grosso no dia 31 de Dezembro de 1998, necessidade que é reconhecida e desejada pelas entidades que, de uma ou outra forma, intervêm nos mercados. Esta e outras medidas preconizadas, como a imposição de restrições à liquidação de operações e às transferências em conta de valores mobiliários, visam permitir que o processo de redenominação se processe nas melhores condições. Naquela data encerra-se um ciclo e todas as operações ou movimentos de valores mobiliários a redenominar devem ser concluídas até essa data. Os procedimentos previstos são excepcionais e afectam as rotinas de diversas entidades no chamado fim de semana de transição para o euro, devendo essas entidades preparar-se para cumprir escrupulosamente as regras consagradas no presente regulamento e delas dar informação adequada aos seus clientes.

O n.º 3 do artigo 14.º do Decreto-Lei n.º 138/98, de 16 de Maio, estipulou que a redenominação dos valores mobiliários representativos da dívida pública se realiza, a partir da posição do credor, pela aplicação da taxa de conversão ao valor da sua carteira, com arredondamento ao cêntimo, que passa a constituir o novo valor nominal unitário desses valores. Estando os valores mobiliários a redenominar integrados no sistema de registo e controlo de valores mobiliários, é inevitável que, por razões operacionais, a redenominação se processe por cada conta de titularidade, independentemente da sua situação fiscal, pois aquele sistema de registo não permite a formação de carteiras globais de cada titular.

Ao abrigo do disposto no artigo 21.º do Decreto-Lei n.º 343/98, de 6 de Novembro, nas alíneas *a*) e *b*) do n.º 1 do artigo 14.º, no n.º 3 do artigo 76.º, no n.º 2 do artigo 394.º, no n.º 1 do artigo 407.º, no n.º 4 do artigo 437.º e no n.º 1 do artigo 461.º, todos do Código do Mercado de Valores Mobiliários, e do disposto no n.º 3 do artigo 1.º da Portaria n.º 337-C/94, de 15 de Junho, no artigo 9.º da Portaria n.º 291/96, de 23 de Dezembro, e no artigo 8.º da Portaria n.º 476/98, de 15 de Maio, o Conselho Directivo da Comissão do Mercado de Valores Mobiliários (CMVM), ouvidos o Banco de Portugal, o Instituto de Gestão do Crédito Público, a Associação da Bolsa de Valores de Lisboa, a Associação da Bolsa de Derivados do Porto, a Interbolsa, a Associação Portuguesa de Bancos e a Associação Portuguesa de Sociedades Corretoras e Financeiras de Corretagem, aprovou o seguinte regulamento:

CAPÍTULO I
Regras gerais
Artigo 1.º
Encerramento dos mercados

1. No dia 31 de Dezembro de 1998 não se realiza sessão na Bolsa de Valores de Lisboa, na Bolsa de Derivados do Porto e no Mercado Especial de Operações por Grosso, nem podem ser registadas operações de reporte e de empréstimo na Bolsa de Derivados do Porto.

2. As ofertas que não tenham sido executadas na sessão de bolsa da Bolsa de Valores de Lisboa e da Bolsa de Derivados do Porto do dia 30 de Dezembro de 1998 são canceladas após o encerramento da sessão.

Artigo 2.º
Transferências em conta de valores mobiliários

1. No dia 31 de Dezembro de 1998 não podem ser satisfeitos os pedidos de transferência de valores mobiliários em consequência de operações realizadas fora dos mercados referidos no artigo 1.º, sendo-lhes aplicável o seguinte regime:

   a) quando devam ser executados no processamento nocturno, são cancelados se até ao fim do dia 30 de Dezembro de 1998 estiverem pendentes de confirmação;

   b) quando devam ser executados no processamento diurno, só são aceites pelo Sistema até ao início do processamento diurno do dia 30 de Dezembro de 1998.

2. O disposto no número anterior não é aplicável aos pedidos de transferência com efeitos imediatos em que um dos intervenientes seja o Banco de Portugal ou a Bolsa de Derivados do Porto.

3. Aos pedidos de transferência que não sejam abrangidos pelo disposto nos números anteriores e que tenham por objecto valores mobiliários a redenominar é aplicável o seguinte regime:

   a) quando devam ser executados no processamento nocturno, são cancelados se até ao fim do dia 31 de Dezembro de 1998 estiverem pendentes de confirmação;

   b) quando devam ser executados no processamento diurno, só são aceites pelo Sistema até ao início do processamento diurno do dia 31 de Dezembro de 1998.

CAPÍTULO II
Valores a redenominar

SECÇÃO I
Âmbito e regulamentação

Artigo 3.º
Âmbito de aplicação

O presente capítulo aplica-se aos valores mobiliários integrados nos sistemas previstos nos artigos 58.º, 85.º e 86.º do Código do Mercado de Valores Mobiliários, a redenominar durante o fim de semana de transição para o euro.

Artigo 4.º
Regulamento operacional

A Interbolsa define, através de regulamento operacional aprovado pela CMVM e publicado no boletim de cotações da Bolsa de Valores de Lisboa, os horários e os procedimentos necessários à concretização das disposições do presente capítulo.

SECÇÃO II
Liquidação

Artigo 5.º
Ordens de recompra

1. As operações a contado realizadas nos dias 22 a 30 de Dezembro de 1998, que não tenham sido liquidadas, não geram ordens de recompra, sendo revertidas na acepção do artigo 45.º do Regulamento

da Central de Valores Mobiliários e do Sistema de Liquidação e Compensação.

2. As ordens de recompra existentes até ao dia 28 de Dezembro são anuladas no processamento nocturno do dia 29 de Dezembro, havendo lugar à reversão financeira das operações que as geraram.

3. As reversões previstas neste artigo são comunicadas à CMVM pela Central de Valores Mobiliários no fim do dia 31 de Dezembro.

Artigo 6.º
Especificação

1. As operações a contado realizadas no dia 30 de Dezembro de 1998 são especificadas pelos corretores e restantes intermediários financeiros no mesmo dia.

2. O regulamento operacional da Central de Valores Mobiliários a que se refere o artigo 4.º define a hora até à qual os corretores podem proceder à especificação.

Artigo 7.º
Concentração das liquidações

1. As operações de bolsa a contado e do Mercado Especial de Operações por Grosso realizadas nos dias 28, 29 e 30 de Dezembro de 1998 são objecto de compensação, liquidação física e financeira no dia 31 de Dezembro de 1998.

2. A CMVM, no exercício das competências que lhe são conferidas por lei, pode solicitar à Central de Valores Mobiliários relatório, por via informática, discriminando os saldos das contas globais dos intermediários financeiros, que resultariam da liquidação física das operações para cada um dos dias referidos no número anterior caso não houvesse concentração de liquidações.

SECÇÃO III
Aplicação do método de redenominação

Artigo 8.º
Redenominação pelos intermediários financeiros

1. No dia 1 de Janeiro de 1999:

a) a Central de Valores Mobiliários disponibiliza aos intermediários financeiros informação sobre os saldos das suas contas, em que estejam registados os valores mobiliários a redenominar;

b) os intermediários financeiros procedem à redenominação dos valores mobiliários registados nas contas de titularidade junto de si abertas, de acordo com a fórmula constante do Anexo I do presente regulamento e que dele faz parte integrante.

2. Nos dias 1 e 2 de Janeiro de 1999, os intermediários financeiros enviam à Central de Valores Mobiliários, após terem procedido à redenominação dos valores mobiliários:
   a) os saldos globais das várias contas que têm abertas junto da mesma;
   b) a quantidade de contas de titularidade junto de si abertas.

3. No dia 3 de Janeiro de 1999 a Central de Valores Mobiliários informa:
   a) os intermediários financeiros dos saldos de contas em que os valores mobiliários registados tenham sido redenominados;
   b) a Bolsa de Valores de Lisboa e a entidade emitente do total da emissão de valores mobiliários redenominados.

4. O saldo total das contas de valores mobiliários abertas junto de cada intermediário financeiro deve encontrar-se dentro dos limites fixados no Anexo II ao presente regulamento e que dele faz parte integrante.

5. A Central de Valores Mobiliários recusa a redenominação quando os valores indicados nos termos do n.º 2 não se encontrem dentro dos limites do Anexo II, comunicando imediatamente essa recusa aos intermediários financeiros com a indicação de que os valores devem ser corrigidos.

Artigo 9.º
Redenominação supletiva

1. Quando os intermediários financeiros não procedam à redenominação nos termos do artigo anterior, nomeadamente por não cumprirem os deveres dos n.ºs 1 e 2 do artigo anterior ou por recusarem a correcção nos termos do n.º 5 do artigo anterior até ao fim do dia 2 de Janeiro, a Central de Valores Mobiliários procede à redenominação dos valores mobiliários registados na sua conta global, de acordo com a fórmula constante do Anexo I.

2. A Central de Valores Mobiliários informa imediatamente a CMVM da redenominação efectuada nos termos do número anterior.

Artigo 10.º
Comissões

Pelos actos de redenominação previstos nesta secção não são devidas comissões à Interbolsa.

SECÇÃO IV
Fracções

Artigo 11.º
Fracções

1. Entre os dias 4 de Janeiro e 31 de Março de 1999, a negociação de fracções em bolsa sobre os valores redenominados nos termos do presente regulamento obedece às seguintes regras especiais:
   a) a margem do operador de fracção é de 0,3%;
   b) as operações realizadas encontram-se isentas da taxa de operações de bolsa.

2. As vantagens referidas no número anterior e a sua natureza transitória são comunicadas, em tempo útil, pelos intermediários financeiros aos clientes cujas contas, após a redenominação, apresentem saldos inferiores ao lote mínimo ou que não sejam múltiplos naturais deste.

3. Se a tal facto não obstarem os seus deveres de boa execução, os intermediários financeiros agregam as ordens sobre fracções que recebam dos seus clientes, de modo a poderem executá-las por lotes e apenas residualmente em fracções.

CAPÍTULO III
Disposição final

Artigo 12.º
Entrada em vigor

O presente Regulamento entra em vigor no dia seguinte ao da sua publicação no Diário da República.

17 de Novembro.

O Presidente do Conselho Directivo

José Nunes Pereira

ANEXOS

Anexo I

$$P_e = \text{trunc}\,(((P \times V_n) / F_c) \times 100 + 0{,}5)$$

Em que:
trunc = função que procede à truncagem de um número, tornando-o um número inteiro, ao remover a sua parte decimal ou fraccional.
P_e = Valor nominal denominado em cêntimos
P = Quantidade de valores mobiliários denominados em escudos na conta de valores mobiliários
V_n = Valor nominal unitário em escudos
F_c = Factor de conversão do escudo para o euro

Anexo II

$$P_e = \text{trunc}\,(((P \times V_n) / F_c) \times 100 + 0{,}5) \pm (0{,}5 \text{ cêntimos} \times N_c)$$

Em que:
trunc = função que procede à truncagem de um número, tornando-o um número inteiro, ao remover a sua parte decimal ou fraccional.
P_e = Valor nominal denominado em cêntimos
P = Quantidade de valores mobiliários denominados em escudos na conta global do intermediário financeiro
V_n = Valor nominal unitário em escudos
F_c = Factor de conversão do escudo para o euro
N_c = Número de contas no intermediário financeiro

REGULAMENTO DA CMVM N.º 19/98

Taxas de Realização de Operações de Bolsa Sobre Contratos de Futuros

Ao abrigo do disposto na alínea *a*) do n.º 1 do artigo 14.º e do n.º 1 do artigo 407.º do Código do Mercado de Valores Mobiliários, ouvido o conselho de administração da Associação de Bolsa de Derivados do Porto (ABDP), o conselho directivo da Comissão do Mercado de Valores Mobiliários (CMVM) aprovou o seguinte regulamento:

1 – Pela negociação em bolsa de cada contrato de futuros é devida, tanto pelo comprador como pelo vendedor, uma taxa que tem como limite máximo:
   a. Por cada contrato denominado "Futuros Portucel" – 0,5 euro (cinquenta cêntimos)
   b. Por cada contrato denominado "Futuros EDP" – 1 euro (um euro);
   c. Por cada contrato denominado "Futuros Portugal Telecom", "Futuros BCP" e "Futuros Cimpor" – 1,25 euros (um euro e vinte cinco cêntimos);
   d. Por cada contrato denominado "Futuros PSI 20" – 2,5 euros (dois euros e cinquenta cêntimos);
   e. Por cada contrato denominado "Futuros OT – 10" e "Futuros Lisbor 3 meses" – 5 euros (cinco euros).

2 – Pela liquidação física de cada contrato de futuros é devida, tanto pelo comprador como pelo vendedor, uma taxa que tem como limite máximo:
   a. Por cada contrato denominado "Futuros Portucel" – 1,5 euros (um euro e cinquenta cêntimos);
   b. Por cada contrato denominado "Futuros EDP" – 2,5 euros (dois euros e cinquenta cêntimos);
   c. Por cada contrato denominado "Futuros Portugal Telecom", "Futuros BCP" e "Futuros Cimpor" – 3,75 euros (três euros e setenta e cinco cêntimos);
   d. Por cada contrato denominado "Futuros OT – 10" – 10 euros (dez euros).

3 – A ABDP, através de circular aprovada pelo seu Conselho de Administração, pode estabelecer taxas de montante inferior às referidas nos números anteriores.

4 – Pela realização de operações sobre futuros, incluindo a sua liquidação física e a prestação de cauções, não são devidas quaisquer outras taxas para além das que vierem a ser fixadas nos termos do número anterior.

5 – A ABDP, através da circular a que se refere o n.º 3, fixa as regras necessárias à execução do presente regulamento.

6 – São revogados os regulamentos da CMVM n.º 96/05, 96/11, 97/08 e 97/12 e 4/98.

7 – O presente regulamento entra em vigor no dia 4 de Janeiro de 1999.

26 de Novembro de 1998.

O Presidente do Conselho Directivo

José Nunes Pereira

REGULAMENTO DA CMVM N.º 21/98
DR 296 Série II de 24-12-98

*Altera o regulamento da CMVM n.º 96/7
relativo às comissões a cobrar pelos intermediários financeiros
pela intervenção na negociação de valores mobiliários*

A introdução do euro como moeda com curso legal em Portugal e o consequente afastamento do escudo, num processo que culminará em 2002, justificam uma alteração das diversas normas que, no ordenamento jurídico português, fazem referências a escudos.

Tratam-se de alterações que visam sobretudo o esclarecimento do intérprete menos avisado, uma vez que já resulta das normas comunitárias, designadamente do princípio da "não proibição, não obrigação", a possibilidade de converter todos os valores monetários referidos em instrumentos jurídicos para euros, ou vice-versa, de acordo com as taxas de conversão fixadas em Dezembro de 1998.

Simplesmente, é estrategicamente mais adequado garantir que, nos instrumentos jurídicos, nomeadamente regulamentos, todos os montantes estão expressos em euros, de modo a que esta passe a ser a moeda de referência, aplicando-se depois a taxa de conversão, durante o "período de transição", sempre que o investidor prefira pagar as comissões em escudos.

Desta forma, garante-se uma maior estabilidade das normas alteradas – para além do "período de transição" –, dá-se maior relevância ao euro e mantém-se o respeito pelo princípio da "não proibição, não obrigação".

Assim, ao abrigo da alínea *a*) do n.º 1 do artigo 14.º, do n.º 2 do artigo 186.º e do n.º 3 do artigo 647.º do Código do Mercado de Valores Mobiliários, o Conselho Directivo da Comissão do Mercado de Valores Mobiliários aprovou o seguinte regulamento:

Artigo 1.º

Os artigos 2.º e 3.º do Regulamento 96/7 da CMVM passam a ter a seguinte redacção:

«Artigo 2.º

Quanto a transacções efectuadas em Bolsa, que não excedam o valor de 5 000 euros, as comissões ou outras remunerações cobradas pelos intermediários financeiros, não podem constituir para os respectivos clientes, sem prejuízo do disposto no artigo seguinte, um encargo total superior a 5‰ do valor dessas transacções.

Artigo 3.º

Os intermediários financeiros podem, todavia, estabelecer, por cada ordem de bolsa, uma comissão ou outra remuneração mínima, pela prestação dos serviços referidos no artigo 1.º, em montante não superior a 5 euros, a qual pode ser cobrada independentemente do valor da operação e ainda que a ordem do investidor não tenha sido satisfeita.»

Artigo 2.º

O presente regulamento entra em vigor no dia 4 de Janeiro de 1999.

10 de Dezembro de 1998.

O Presidente do Conselho Directivo

José Nunes Pereira

REGULAMENTO DA CMVM N.º 22/98

Altera o Regulamento da CMVM n.º 93/3 relativo ao preçário da Interbolsa

Ao abrigo do disposto na alínea *a*) do n.º 1 do artigo 14.º, no n.º 8 do artigo 188.º e no n.º 2 do artigo 493.º do Código do Mercado de Valores Mobiliários, o Conselho Directivo da Comissão do Mercado de Valores Mobiliários, sob proposta da Interbolsa – Associação para a Prestação de Serviços às Bolsas de Valores, associação prestadora de serviços especializados constituída nos termos do artigo 481.º e seguintes do Código do Mercado de Valores Mobiliários, aprovou o seguinte regulamento:

1.º – Os artigos 3.º e 4.º passam a ter a seguinte redacção:

Artigo 3.º
(Procedimentos de cobrança e liquidação)

1. ....
2. ....
3. ....
4. O valor mínimo de facturação é fixado em 1 euro, desde que o montante a cobrar por factura seja inferior àquele.
5. O pagamento das comissões e outras remunerações efectua-se em euros, sendo que, se tal se mostrar necessário, serão convertidas nessa moeda, antes da aplicação das percentagens constantes das Tabelas em Anexo ao presente Regulamento, as bases de incidência definidas no mesmo.

Artigo 4.º
(Filiação)

1. ....
2. ....
3. ....
4. ....

5. Ao Instituto de Gestão do Crédito Público e ao Banco de Portugal aplicar-se-á o escalão mínimo da Tabela I do Anexo ao presente Regulamento, para efeitos do presente artigo.

2.º – As tabelas I, II,III, IV, VIII, IX, X, XIV, XV, XVI e XVII em anexo ao Regulamento da CMVM n.º 93/3, passam a ter a seguinte redacção:

TABELA I – FILIAÇÃO DOS INTERMEDIÁRIOS FINANCEIROS
(artigo 4.º)

Capital + Reservas (milhares de euros)	Montante Filiação (euros)
CR <= 5 000	3 750
5 000 < CR <= 12 500	7 500
12 500 < CR <= 50 000	20 000
50 000 < CR <= 250 000	50 000
250 000 < CR	100 000

TABELA II – INTERMEDIÁRIOS FINANCEIROS/NEGOCIAÇÃO
(artigo 7.º)
Custos Mensais

	Incluídos no preço base	Dedução máxima permitida		Adicional máximo permitido	
Descrição	mensal de 100 euros	Quantidade	Valor unitário	Quantidade	Valor unitário
Sessões simultâneas	25	1	50 euros	6	100 euros
PVC's	6	1	50 euros	6	100 euros

TABELA III – INTERMEDIÁRIOS FINANCEIROS/CENTRAL
(artigo 8.º)
Custos Mensais

Descrição	Incluídos no preço base mensal de 500 euros	Dedução máxima permitida Quantidade	Valor unitário	Adicional máximo permitido Quantidade	Valor unitário
Sessões	8	2	50 euros	4	100 euros
PVC's	4	3	50 euros	4	100 euros
Contas (*)	15	–	–	n	75 euros
Movimentos (**)	2000	–	–	n	10 cêntimos

TABELA IV – INTERMEDIÁRIOS FINANCEIROS/LEVANTAMENTO DE TÍTULOS
(artigo 9.º)

Preço fixo por cada levantamento	Quantidade de unidades Valor Mobiliário	Preço Levantamento Normal	Levantamento Específico
	qt <= 100	5 euros	
	100 < qt <= 1 000	25 euros	
	1 000 < qt <= 5 000	75 euros	
	5 000 < qt <= 10 000	150 euros	
2,5 euros	10 000 < qt <= 50 000	250 euros	O triplo do levantamento normal
	50 000 < qt <= 100 000	425 euros	
	100 000 < qt <= 500 000	750 euros	
	500 000 < qt <= 1 000 000	1 250 euros	
	qt > 1 000 000	2 000 euros	

(*) Será considerada a quantidade máxima de contas com movimento em qualquer dia do mês.
(**) Movimento = um lançamento em conta.

TABELA VIII – INTERMEDIÁRIOS FINANCEIROS/PAGAMENTO DE JUROS
(artigo 15.º)

Montante pago – mp (em euros)	Preço Escritural	Preço Titulada
mp <= 100 000	0,14%	0,17%
100 000 < mp <= 250 000	0,13%	0,16%
250 000 < mp <= 500 000	0,12%	0,15%
500 000 < mp <= 2 500 000	0,11%	0,14%
2 500 000 < mp <= 5 000 000	0,10%	0,13%
5 000 000 < mp <= 25 000 000	0,09%	0,12%
mp > 25 000 000	0,08%	0,11%

TABELA IX – INTERMEDIÁRIOS FINANCEIROS/AMORTIZAÇÕES
(artigo 16.º)

Montante pago (em milhares de euros)	Titulado	Escritural
mp <= 2 500	0,040%	0,025%
2 500 < mp <= 50 000	0,035%	0,020%
50 000 < mp <= 500 000	0,030%	0,015%
mp > 500 000	0,025%	0,010%

TABELA X – INTERMEDIÁRIOS FINANCEIROS/CONVERSÃO DE VALORES MOBILIÁRIOS ESCRITURAIS EM TITULADOS
(artigo 17.º)

	Preço fixo
por pedido	250 euros

TABELA XIV – ENTIDADES EMITENTES/PAGAMENTO DE JUROS E EQUIPARADOS
(artigo 23.º)

Montante pago (em milhares de euros)	Preço	
	Escritural	Titulada
mp <= 250 000	0,11%	0,17%
250 000 < mp <= 1 000 000	0,07%	0,12%
mp > 1 000 000	0,04%	0,07%

TABELA XV – ENTIDADES EMITENTES/AMORTIZAÇÕES
(artigo 24.º)

Montante pago (em milhares de euros)	Preço	
	Escritural	Titulada
mp <= 250 000	0,02%	0,04%
mp > 250 000	0,01%	0,03%

TABELA XVI – ENTIDADES EMITENTES/PRESTAÇÃO DE INFORMAÇÕES
(artigo 25.º)

E E – Capital (em milhares de euros)	Até 6 pedidos ano (cada pedido)	Mais de 6 pedidos ano (cada pedido)
c < 12 500	100 euros	200 euros
12 500 <= c < 50 000	150 euros	300 euros
c > 50 000	350 euros	700 euros

TABELA XVII – ENTIDADES EMITENTES/CONVERSÃO
DE VALORES MOBILIÁRIOS TITULADOS EM ESCRITURAIS
(artigo 26.º)

Data da Conversão	Preço
Até final de 2002	grátis
A partir de 2003	0,01%

3.º – O presente Regulamento produz efeitos a partir do dia 01 de Janeiro de 1999.

10 de Dezembro de 1998.

O Presidente do Conselho Directivo

José Nunes Pereira

REGULAMENTO DA CMVM N.º 23/98

Altera o Regulamento da CMVM n.º 91/10 relativo à negociação em mercados de bolsa a contado

A adopção do Euro como moeda de referência na negociação em bolsa, a redenominação e a renominalização de valores mobiliários representativos de dívida impõe a necessidade de proceder à adaptação do regulamento relativo à negociação nos mercados de bolsa a contado.

Assim, ao abrigo do disposto na alínea a) do n.º 1 do artigo 14.º do Código do Mercado de Valores Mobiliários e para efeitos do disposto no número 4 do artigo 437.º, da alínea a) do artigo 440.º, da alínea a), do número 2 do artigo 443.º do mencionado diploma legal, o Conselho Directivo da Comissão do Mercado de Valores Mobiliários (CMVM), ouvida a Associação da Bolsa de Valores de Lisboa, aprovou o seguinte regulamento:

1. Os artigos 11.º e 29.º do Regulamento da CMVM n.º 91/10, passam a ter a seguinte redacção:

Artigo 11.º
Cotação recente e variações máximas e mínimas de cotação
1. ....
2. ....
3. *O intervalo de variação máxima de cotações admissível, a variação mínima de cotações e a circunstância em que se verifica ausência de variação máxima constam de anexo ao presente regulamento.*
4. ....
5. ....

Artigo 29.º
Intervalo de variação de preços de ofertas
1. ....
2. *A variação máxima admissível a que se refere o número anterior e a circunstância em que essa variação não se aplica consta de anexo ao presente regulamento.*

3. ....
2. O número VI do anexo B ao Regulamento da CMVM n.º 91/10, na redacção que lhe foi conferida pelo Regulamento da CMVM n.º 13/98, passa a ter a seguinte redacção:

1. ....
2. *Tratando-se de valores mobiliários redenominados, o lote mínimo para efeitos do número um é fixado em 1 euro.*
3. *(anterior número 2)*

4. O número VII do anexo C ao Regulamento da CMVM n.º 91/10, na redacção que lhe foi conferida pelo Regulamento da CMVM n.º 13/98, passa a ter a seguinte redacção:

1. ....
2. ....
3. *A variação mínima de cotações admissível a que se referem os artigos 11.º e 38.º é fixada em 1 cêntimo de Euro, independentemente do sistema de negociação aplicável.*
4. *Nos casos em que a cotação recente seja inferior a 1 euro, não há lugar à fixação de limite de variação máxima de cotação, desde que aquele valor não seja excedido.*

5. O número VIII do anexo C ao Regulamento da CMVM n.º 91/10, na redacção que lhe foi conferida pelo Regulamento da CMVM n.º 13/98, passa a ter a seguinte redacção:

A variação máxima admissível de preços de ofertas registadas a que se refere o artigo 29.º é fixada em 30%, com excepção dos casos em que a cotação recente seja inferior a 1 euro, em que não haverá lugar à fixação de limite para a variação máxima admissível de preços de ofertas, desde que este valor não seja excedido.

6. O número X do anexo C ao Regulamento da CMVM n.º 91/10, na redacção que lhe foi conferida pelo Regulamento da CMVM n.º 13/98, passa a ter a seguinte redacção:

1. *Sempre que se trate de acções, o lote mínimo para efeitos de transacção a que se refere o artigo 12.º é fixado em:*
   a) *100 unidades, quando o valor nominal unitário seja inferior a 25 euros;*
   b) *50 unidades, quando o valor nominal unitário seja igual ou superior a 25 euros;*
   c) *Outra quantidade, fixada caso a caso pela CMVM, sob proposta da associação de bolsa, quando a negociação o justifique e por período limitado.*

2. Sempre que se trate de outros valores mobiliários, o lote mínimo para efeitos de transacção a que se refere o art.º 12.º é fixado em:
   a) 20 unidades, quando o valor nominal unitário, ou o valor inicial de subscrição, seja inferior a 25 euros;
   b) 10 unidades, quando o valor nominal unitário, ou o valor inicial de subscrição, seja igual ou superior a 25 euros.
3. Os lote mínimos fixados nos números anteriores são aplicáveis para efeitos de cotação a que se refere o artigo 443.º do Código do Mercado de Valores Mobiliários.

7. O presente regulamento entra em vigor no dia 1 de Janeiro de 1999.

Lisboa, 17 de Dezembro de 1998.

O Presidente do Conselho Directivo

José Nunes Pereira

REGULAMENTO DA CMVM N.º 24/98
DR n.º 298 Série II de 28/12/98

Regulamento da redenominação de valores mobiliários integrados em sistema centralizado de valores

A faculdade de redenominação de valores mobiliários é uma das mais importantes implicações da transição para o euro no mercado desses valores. Nesta sede, o artigo 21.º do Decreto-Lei n.º 343/98, de 6 de Novembro, atribui à Comissão do Mercado de Valores Mobiliários (CMVM) competência para definir as regras necessárias para a concretização do disposto nesse diploma.

Em especial, no caso de os mesmos valores se encontrarem integrados em sistema centralizado, suscitam-se problemas específicos que não podem ser descurados. É, por outro lado, consensualmente reconhecido que a redenominação através do sistema centralizado de valores mobiliários apresenta vantagens significativas no que respeita à segurança, equidade, transparência e celeridade do processo, traduzindo-se ainda em menores custos para as entidades emitentes. Daí que esta matéria seja merecedora de especial atenção em sede de regulamentação.

O citado Decreto-Lei privilegia expressamente certos métodos de redenominação, que define como métodos padrão. Para as acções escolheu o método da alteração unitária, tendo optado pelo método da alteração por carteira no caso das obrigações e outros valores representativos de dívida. Na sequência desta opção legal, o presente regulamento estrutura-se em torno destes dois métodos, consagrando um regime que visa assegurar a simplificação do processo de redenominação, dentro das possibilidades operacionais e no respeito pelos imperativos de segurança a que os sistemas de registo, depósito e controlo devem obedecer.

Ao abrigo do artigo 21.º do Decreto-Lei n.º 343/98, de 6 de Novembro, e do disposto nas alíneas *a*) e *b*) do n.º 1 do artigo 14.º, n.º 3 do artigo 76.º, artigo 96.º, n.º 1 do artigo 407.º, n.º 4 do artigo 437.º n.º 1 do artigo 461.º, todos do Código do Mercado de Valores Mobiliários, o Conselho Directivo da CMVM, ouvidos o Banco de Portugal, a Associação da

Bolsa de Valores de Lisboa, a Associação da Bolsa de Derivados do Porto, a Interbolsa, o Instituto de Gestão do Crédito Público, a Associação Portuguesa de Bancos e a Associação Portuguesa de Sociedades Corretoras e Financeiras de Corretagem, aprovou o seguinte regulamento:

TÍTULO I
Disposições gerais

Artigo 1.º
Âmbito de aplicação e regulamentação operacional

1. O presente regulamento aplica-se à redenominação de valores mobiliários integrados nos sistemas previstos nos artigos 58.º, 85.º e 86.º do Código do Mercado de Valores Mobiliários.

2. A Interbolsa define, através de normas regulamentares de natureza operacional aprovadas pela CMVM e publicadas no boletim de cotações da Bolsa de Valores de Lisboa, os horários e os procedimentos necessários à concretização do presente regulamento.

Artigo 2.º
Fases do processo

O processo de redenominação comporta uma fase preliminar seguida de uma fase de redenominação na Central de Valores Mobiliários, a qual pode implicar, consoante os casos, a interrupção da circulação dos valores a redenominar.

Artigo 3.º
Valores titulados

1. Se a emissão não estiver totalmente integrada no sistema de depósito e controlo, apenas é admissível a adopção do método de alteração unitária, ou dos métodos que, nos termos do presente regulamento, sigam o mesmo regime e incidam sobre o total de valores mobiliários emitidos e não sobre o saldo da conta de emissão na Central de Valores Mobiliários.

2. Se a emissão estiver totalmente integrada no sistema de depósito e controlo, a entidade emitente, caso tenha optado por um método diferente do previsto no número anterior, comunica imediatamente a sua decisão à Central de Valores Mobiliários.

3. A partir da recepção, pela Central de Valores Mobiliários, da comunicação a que se refere o n.º 2, fica inibido o levantamento dos valores mobiliários até ao termo do processo de redenominação.

Artigo 4.º
Indemnizações

Se do método de redenominação decidido resultar, para a entidade emitente, o dever de indemnizar os titulares dos valores mobiliários, esta indica, no momento do pedido de redenominação uma instituição de crédito filiada na Central de Valores Mobiliários para efectuar aos movimentos financeiros decorrentes daquela indemnização, juntando documento comprovativo do seu acordo.

Artigo 5.º
Incumprimento dos intermediários financeiros

1. A Interbolsa informa a CMVM da violação pelo intermediário financeiro:
    a) do dever de redenominar tempestivamente os valores mobiliários inscritos nas contas de titularidade;
    b) do dever de comunicar os resultados da redenominação à Central de Valores Mobiliários;
    c) dos limites estabelecidos no Anexo II ao presente regulamento e que dele faz parte integrante, ou dos limites fixados pela entidade emitente na decisão de redenominação, caso não os tenha corrigido atempadamente.

2. A conta global do intermediário financeiro inadimplente, nos termos do n.º 1, não pode ser objecto de especificação, nem os valores mobiliários nela inscritos podem ser objecto de compensação ou liquidação ou de transferências quanto aos mesmos valores, até ao momento em que a redenominação tiver sido efectuada de acordo com a decisão da entidade emitente e depois de aceite pela Central de Valores Mobiliários.

3. O disposto no n.º 2 não é aplicável:
    Se tiver sido adoptado o método da alteração unitária ou que siga o mesmo regime nos termos do presente regulamento; ou
    Se tiver sido adoptado o método de alteração por carteira e a entidade emitente não recusou, na sua decisão, a redenominação supletiva a que se refere o artigo 15.º.

Artigo 6.º
Comissões

Pelos actos de redenominação que resultem da aplicação dos métodos padrão, definidos no artigo 13.º do Decreto-Lei n.º 343/98, de 6 de Novembro, não são devidas comissões à Interbolsa.

TÍTULO II
Redenominação de acordo com métodos padrão

CAPÍTULO I
Fase preliminar

Artigo 7.º
Processo

1. A entidade emitente acorda com a Central de Valores Mobiliários as datas do início e do termo da fase de redenominação e comunica a esta entidade a sua decisão de redenominação, acompanhada das autorizações, registos, ou declarações prévias, quando for o caso.

2. Recebida a comunicação a que se refere o n.º 1, a Central de Valores Mobiliários verifica se a decisão da entidade emitente exige a adopção de um método padrão, caso em que dará sempre seguimento ao processo de redenominação.

3. O anúncio da decisão da entidade emitente, previsto no artigo 16.º do Decreto Lei n.º 343/98, de 6 de Novembro, para além das menções previstas nesse preceito, contém a indicação das datas do início e do termo da fase da redenominação na Central de Valores Mobiliários, sendo publicado no boletim de cotações da Bolsa de Valores de Lisboa e num jornal de grande circulação após cumprimento do disposto nos números anteriores.

CAPÍTULO II
Fase de redenominação na central de valores mobiliários

SECÇÃO I
Disposições gerais

Artigo 8.º
Início da fase da redenominação na Central de Valores Mobiliários

A fase da redenominação na Central de Valores Mobiliários apenas pode começar 40 dias após a data da decisão de redenominação da entidade emitente.

Artigo 9.º
Interrupção da circulação

1. Durante a fase da redenominação na Central de Valores Mobiliários não se efectuam operações com os valores a redenominar na Bolsa de Valores de Lisboa e no Mercado Especial de Operações por Grosso nem

podem ser liquidadas operações de reporte e de empréstimo na Bolsa de Derivados do Porto.

2. As ofertas que não tenham sido executadas até ao fim da sessão de Bolsa de Valores de Lisboa do dia anterior ao início da fase de redenominação na Central de Valores Mobiliários são canceladas nesse momento.

3. Nos três primeiros dias úteis da fase da redenominação na Central de Valores Mobiliários procede-se à liquidação física e financeira das operações anteriormente realizadas.

4. As reversões que decorrerem de incumprimentos na liquidação prevista no n.º 3 são comunicadas à CMVM no fim do último dia da mesma liquidação.

5. Durante a aplicação do método de redenominação não se efectuam transferências de valores mobiliários, sendo cancelados todos os pedidos de transferência pendentes.

6. Após o período referido no n.º 3, procede-se à aplicação do método.

SECÇÃO II
Aplicação do método da alteração unitária

Artigo 10.º
Âmbito de aplicação

A presente secção aplica-se quando se adopte o método da alteração unitária tal como definido no n.º 2 do artigo 13.º do Decreto-Lei n.º 343/98, de 6 de Novembro.

Artigo 11.º
Procedimentos

1. No primeiro dia útil da aplicação do método de redenominação os intermediários financeiros redenominam as acções nas contas de titularidade junto de si abertas e comunicam à Central de Valores Mobiliários esse facto.

2. No fim do primeiro dia útil da aplicação do método de redenominação a Central de Valores Mobiliários, depois de denominar em euros a conta de emissão, informa os intermediários financeiros do valor denominado em euros do total da emissão e de cada acção.

Artigo 12.º
Inaplicabilidade da interrupção da circulação

Quando se adopta o método previsto na presente secção não se aplica o disposto no artigo 9.º.

SECÇÃO III
Aplicação do método da alteração por carteira

Artigo 13.º
Âmbito de Aplicação

A presente secção aplica-se quando se adopte o método da alteração por carteira tal como definido no n.º 3 do artigo 13.º do Decreto-Lei n.º 343/98, de 6 de Novembro.

Artigo 14.º
Procedimentos

1. No primeiro dia útil da aplicação do método de redenominação:
a. a Central de Valores Mobiliários informa os intermediários financeiros dos saldos das suas contas em que estejam inscritos os valores mobiliários a redenominar;
b. os intermediários financeiros procedem à redenominação dos valores mobiliários inscritos nas contas de titularidade junto si abertas, de acordo com a fórmula constante do Anexo I ao presente regulamento e que dele faz parte integrante.

2. Nos primeiro e segundo dias úteis, no horário que for definido no regulamento a que se refere o n.º 2 do art. 1.º, os intermediários financeiros informam a Central de Valores Mobiliários, após terem procedido à redenominação dos valores mobiliários:
a. dos saldos globais das várias contas que têm abertas junto da mesma;
b. da quantidade de contas de titularidade junto de si abertas.

3. No terceiro dia útil, a Central de Valores Mobiliários informa:
a. os intermediários financeiros dos saldos das contas em que os valores mobiliários inscritos tenham sido redenominados;
b. a entidade emitente do total da emissão de valores mobiliários redenominados e, caso estejam admitidos à negociação em bolsa, a Bolsa de Valores de Lisboa.

4. O saldo total de valores mobiliários junto de cada intermediário financeiro deve encontrar-se dentro dos limites fixados no Anexo II.

5. A Central de Valores Mobiliários, quando receber as informações constantes do n.º 2, recusa a redenominação caso os valores indicados não se encontrem dentro dos limites fixados no Anexo II, comunicando imediatamente essa recusa aos intermediários financeiros com a indicação de que os valores devem ser corrigidos.

Artigo 15.º
Redenominação supletiva

1. O saldo total em valor nominal da conta global do intermediário financeiro junto da Central de Valores Mobiliários é denominado em cêntimos, por esta entidade, de acordo com a fórmula aplicável às contas de titularidade, constante do Anexo I, desde que a decisão da entidade emitente a isso não se oponha e os intermediários financeiros:
    a. não tenham cumprido tempestivamente os seus deveres de redenominação dos valores mobiliários constantes das contas de titularidade; ou
    b. não tenham efectuado a comunicação da redenominação; ou
    c. tenham feito a redenominação fora dos limites fixados no Anexo II sem proceder à correcção prevista no n.º 5 do artigo anterior.

2. O disposto no n.º 1 não afasta o dever de os intermediários financeiros procederem à redenominação dos valores mobiliários inscritos nas contas de titularidade, em simultâneo para todos os clientes e de acordo com o previsto na alínea *b)* do n.º 1 do artigo 14.º.

SECÇÃO IV
Termo da redenominação na Central de Valores Mobiliários

Artigo 16.º
Termo do processo de redenominação

1. No dia seguinte ao termo da fase da redenominação na Central de Valores Mobiliários, esta entidade publica um anúncio no boletim de cotações da Bolsa de Valores de Lisboa informando da consumação da redenominação e identificando:
    a. o valor mobiliário em causa;
    b. o valor nominal em euros de cada valor mobiliário;
    c. o montante total da emissão em euros;
    d. a quantidade de valores mobiliários redenominados.

2. A Central de Valores Mobiliários emite declaração com as menções referidas no n.º 1, enviando-a à entidade emitente por carta registada com aviso de recepção.

3. Quando o método adoptado for o de alteração de carteira e não haja lugar à redenominação supletiva prevista no artigo 15.º, por a entidade emitente a ter recusado na sua decisão de redenominação, é aplicável o artigo 20.º.

Artigo 17.º
Fracções

1. Nos três meses seguintes ao termo da fase da redenominação na Central de Valores Mobiliários, se o lote mínimo de negociação for superior a um euro em valor nominal, a negociação de fracções em bolsa sobre os valores mobiliários redenominados obedece às seguintes regras especiais:
   a. a margem do operador de fracção é reduzida a metade;
   b. as operações realizadas encontram-se isentas de taxas de operações de bolsa.

2. As vantagens referidas no número anterior e a sua natureza transitória são comunicadas, em tempo útil, pelos intermediários financeiros aos clientes cujas contas, após a redenominação, apresentem saldos inferiores ao lote mínimo ou que não sejam múltiplos naturais deste.

3. Se a tal facto não obstarem os seus deveres de boa execução, os intermediários financeiros agregam as ordens sobre fracções que recebam dos seus clientes, por forma a poderem executá-las por lotes e apenas residualmente em fracções.

4. Se os procedimentos aplicáveis à negociação de quantidades inferiores ao lote mínimo forem diferentes dos da negociação de fracções aplicam-se os primeiros, com isenção da taxa de operações de bolsa durante o período referido no n.º 1.

5. A CMVM pode prolongar, através de aviso publicado no boletim de cotações da Bolsa de Valores de Lisboa, pelo tempo que for necessário, o período excepcional previsto no presente artigo em relação a cada valor redenominado.

TÍTULO III
Redenominação de acordo com métodos não padrão

Artigo 18.º
Métodos não padrão

1. Aos métodos de redenominação que, não implicando a alteração da quantidade de valores emitidos, tenham em conta apenas, em separado ou em conjugação, o total emitido em valor nominal, a quantidade total de valores emitidos ou o valor nominal unitário aplica-se o regime previsto para o método da alteração unitária, com excepção do disposto no artigo 12.º.

2. Quando se adopte um dos métodos previstos no número anterior, pode excepcionalmente a CMVM autorizar a aplicação do disposto no

artigo 12.º, ouvidas a Central de Valores Mobiliários e, quando os valores estejam admitidos à negociação em bolsa, a Associação da Bolsa de Valores de Lisboa, desde que os interesses dos investidores e do mercado a isso não se oponham.

3. É vedada a consideração dos saldos das contas globais fora do disposto no artigo 15.º.

4. Aos métodos que tenham em conta a posição dos titulares ou outros não previstos nos números anteriores, é aplicável o regime previsto para o método de alteração por carteira, com as devidas adaptações e com exclusão do disposto no artigo 15.º.

Artigo 19.º
Fase preliminar

1. Recebida a comunicação da entidade emitente quanto ao método de redenominação decidido, a Central de Valores Mobiliários envia-a à CMVM para aprovação do método, caso o considere operacionalmente exequível.

2. A CMVM aprecia a conformidade do processo de redenominação decidido com as normas legais e regulamentares, nomeadamente com os princípios da redenominação e os interesses dos investidores e do mercado.

3. A Central de Valores Mobiliários notifica a entidade emitente da decisão da CMVM e, se for o caso, da inexequibilidade operacional do método decidido.

Artigo 20.º
Termo do processo de redenominação

1. Se, depois de terminada a fase da redenominação na Central de Valores Mobiliários, não tiver sido possível a redenominação de todos os valores mobiliários a redenominar por incumprimento de intermediários financeiros, é publicado, no boletim de cotações da Bolsa de Valores de Lisboa, um anúncio intercalar indicando o termo da mesma fase e identificando os intermediários financeiros cujas contas globais junto da Central de Valores Mobiliários estão inibidas nos termos do n.º 2 do artigo 5.º.

2. No caso previsto no número anterior, o anúncio mencionado no n.º 1 do artigo 16.º só é publicado, bem como a declaração prevista no n.º 2 do mesmo artigo só é emitida, depois do cumprimento por todos os intermediários financeiros dos seus deveres de redenominação.

TÍTULO IV
Disposição final

Artigo 21.º
Entrada em vigor

O presente Regulamento entra em vigor em 1 de Janeiro de 1999.

21 de Dezembro de 1998.

O Presidente do Conselho Directivo

José Nunes Pereira

ANEXOS

Anexo I

$P_e = \text{trunc} (((P \times V_n) / F_c) \times 100 + 0,5)$

Em que:
trunc = função que procede à truncagem de um número, tornando-o um número inteiro, ao remover a sua parte decimal.
P_e = Valor nominal denominado em cêntimos
P = Quantidade de valores mobiliários denominados em escudos na conta de valores mobiliários
V_n = Valor nominal unitário em escudos
F_c = Factor de conversão do escudo para o euro

Anexo II

$P_e = \text{trunc} (((P \times V_n) / F_c) \times 100 + 0,5) \pm (0,5 \text{ cêntimos} \times N_c)$

Em que:
trunc = função que procede à truncagem de um número, tornando-o um número inteiro, ao remover a sua parte decimal.
P_e = Valor nominal denominado em cêntimos
P = Quantidade de valores mobiliários denominados em escudos na conta global do intermediário financeiro
V_n = Valor nominal unitário em escudos
F_c = Factor de conversão do escudo para o euro
N_c = Número de contas no intermediário financeiro

VII
OBRIGAÇÕES FISCAIS

Para as empresas as declarações fiscais podem ser expressas em euros já relativamente ao exercício de 1999, a apresentar em 2000. É, nomeadamente, o caso das declarações relativas ao IVA, IRC e IRS anexo C.

Para todos os contribuintes é possível o pagamento ou reembolso em euros, desde que processado por cheque ou transferência bancária.

- **Ver Despacho n.º 6393/98 – DR n.º 91 (2.ª série) de 18-4-98 (pág. 601) e**
- **Despacho n.º 11035/98 – DR n.º 148 (2.ª série) de 30-6-98 (pág. 603)**

DESPACHO N.º 6393/98
DR n.º 91 (2.ª série) de 18-4-98

A introdução do euro em diversas actividades do sector público e privado a partir do início do período transitório de introdução da moeda única, nomeadamente nas operações relativas ao cumprimento das obrigações fiscais, obrigará as entidades e organismos públicos neste processo a procederem a múltiplas adaptações nos sistemas informáticos e nos procedimentos administrativos vigentes.

As soluções a adoptar no caso específico de adaptação dos sistemas informáticos fiscais ao euro deverão ter como objectivo:

Incentivar as empresas a adoptar o euro, promovendo a sua preparação atempada para a introdução plena da moeda única;

Manter os adequados níveis de controlo por parte da administração fiscal, através da introdução da irreversibilidade da adopção pelo euro na apresentação das declarações fiscais;

Minimizar os custos ao nível dos sistemas informáticos e garantir a sua integridade;

Aproveitar, no máximo possível, o trabalho agora a desenvolver no sentido da sua integração no sistema definitivo a partir de 2002.

Assim, determino o seguinte:

a) Os documentos fiscais que poderão ser entregues em euros serão:
Declarações fiscais (incluindo declarações de substituição) respeitantes a períodos de imposto do exercício de 1999 e seguintes:
Declarações periódicas do IVA;
Anexos recapitulativos das transmissões intracomunitárias (sistema VIES);
Declarações referentes ao período de tributação do ano de 1999 e seguintes:
A nível do IRS, declarações mod. 10 e declarações mod. 2 (anexo C);
A nível do IRC, declarações mod. 22;
A nível do IVA, declarações anuais e mapas recapitulativos de clientes/fornecedores;
Guias de pagamento mod. 41, 42, 43 e 44 do IR, referentes a pagamentos dos exercícios de 1999 e seguintes;

b) A opção pela entrega de declarações fiscais em euros será irreversível e abarcará todas as declarações fiscais referidas. Será registada a opção do contribuinte pelo euro na base de dados, através da primeira declaração fiscal entregue. As declarações fiscais em euros deverão ser de cor diferente das declarações normais para se poderem distinguir facilmente;

c) Serão apenas abrangidos os subsistemas de recolha, armazenamento e consulta dos documentos atrás referidos, a saber:

Recolha através dos meios actualmente usados para as declarações em escudos (incluindo leitura óptica e Internet);

Registo destas declarações em bases de dados específicas (em euros) e nas bases de dados operacionais (em escudos);

Consultas aos dados declarativos em euros, inclusive através da Internet e Multibanco;

d) As declarações oficiosas e correctivas (oriundas das secções de fiscalização) continuarão a ser recolhidas e tratadas em escudos;

e) As declarações de substituição deverão ser preenchidas na mesma moeda que a das declarações a substituir;

f) Todos os procedimentos de liquidação e cobrança continuarão a ser efectuados exclusivamente em escudos, incluindo a emissão de reembolsos e de notificações para pagamento;

g) As demonstrações de liquidação a enviar aos contribuintes serão emitidas em escudos, sendo o resultado final apurado expresso nas duas moedas (escudo e euros);

h) Independentemente da moeda em que sejam apresentadas as declarações fiscais, os impostos poderão ser pagos em euros, desde que o seu pagamento seja efectuado através do sistema bancário, ou seja junto dos balcões dos bancos com protocolos de cobrança com a Direcção-Geral do Tesouro, ou, no caso específico do IVA autoliquidado, por transferência bancária ou rede Multibanco.

Ainda no caso do IVA, os contribuintes que tenham entregue declaração periódica em euros poderão continuar a efectuar o pagamento por cheque;

i) A nível do sistema VIES, deverá proceder-se às necessárias adaptações dos respectivos procedimentos informáticos, tendo em conta as directrizes e determinações comunitárias sobre a matéria e a maximização do aproveitamento da solução informática após o ano 2001.

3 de Abril de 1998.

O Ministro das Finanças
António Luciano Pacheco de Sousa Franco

DESPACHO N.º 11035/98
DR n.º 148 (2.ª série) de 30-6-98

Adaptação ao euro no período transitório

O despacho n.º 6393/98, de 3 de Abril, regulamenta as operações relativas ao cumprimento das obrigações declarativas dos impostos directos e indirectos durante o período transitório de integração da moeda única.

Tendo em conta as adaptações necessárias na área aduaneira e impostos especiais sobre consumo, impõe-se complementar o referido despacho por forma a contemplar as soluções a adoptar no caso específico de adaptação dos respectivos sistemas informáticos.

Por outro lado, e por forma a facilitar o pagamento em euros, aos contribuintes que tornem esta opção deverão ser revistas as condições de pagamento previstas na alínea *h*) do referido despacho, nomeadamente no que respeita à aceitação de cheques e pagamentos através da rede Multibanco e outras entidades cobradoras, com protocolo com a Direcção-Geral do Tesouro e que estejam em condições de aderir ao sistema.

Os procedimentos administrativos das áreas fiscal e aduaneira serão objecto de regulamentação posterior.

Nestes termos, determina o seguinte:

A) Área aduaneira e impostos especiais sobre consumo:

As declarações DAU – documento administrativo único – e as declarações de veículo ligeiro/pedido de liquidação do imposto automóvel podem ser entregues pelos operadores económicos e entidades habilitadas a declarar, indistintamente em escudos ou em euros;

As garantias podem ser constituídas indistintamente em escudos ou em euros;

A pauta aduaneira fornecerá informação com os valores expressos em escudos ou em euros;

As notificações destinadas aos operadores económicos/entidades habilitadas a declarar serão emitidas referenciando os valores de cobrança, nas duas moedas, escudos e euros;

O documento de autoliquidação pode ser entregue pelos operadores económicos e entidades habilitadas a declarar, indistintamente em escudos ou em euros.

B) Pagamento de impostos – o pagamento de impostos directos e indirectos poderá ser efectuado em escudos ou euros, independentemente da moeda em que sejam apresentados os documentos fiscais:

Através da rede Multibanco;
Aos balcões dos bancos com protocolos de cobrança com a Direcção-Geral do Tesouro;
Noutras entidades que se encontrem preparadas e tenham protocolos de cobrança com a Direcção-Geral do Tesouro;
Aos balcões das tesourarias da Fazenda Pública que se encontrem informatizadas.

Para além das situações mencionadas no ponto anterior, poderá ainda ser efectuado em euros o pagamento de impostos de declarações fiscais e guias de pagamento modelos n.º 41, 42, 43 e 44 do IR, desde que preenchidas em euros, através de qualquer dos sistemas anteriormente referidos e ainda aos balcões das tesourarias da Fazenda Pública não informatizadas.

O pagamento dos direitos e outras imposições, independentemente da moeda em que sejam apresentadas as declarações aduaneiras, pode ser efectuado nas tesourarias da DGAIEC, por cheque, indistintamente em euros ou em escudos.

Os reembolsos a efectuar serão sempre feitos em escudos, cabendo ao sistema bancário, se for caso disso, garantir o respectivo contra-valor em euros na conta dos sujeitos passivos.

C) Fluxos de informação entre os sistemas informáticos interdepartamentais – face ao disposto no artigo 18.º do Decreto-Lei n.º 138/98, de 16 de Maio, que estabelece que o Orçamento Geral do Estado continue a ser elaborado e executado em escudos, até 31 de Dezembro de 2001, procedendo os serviços à sua contabilização em escudos, deverão manter-se também em escudos até ao final do período de transição todos os fluxos de informação entre a DGITA e os diferentes departamentos do Ministério das Finanças, nomeadamente:

Fluxos de informação entre os sistemas informáticos da DGITA e os diferentes subsistemas do sistema de controlo de cobrança da DGT;

Fluxos de informação entre os sistemas informáticos da DGITA e entidades externas que funcionam como entidades cobradoras, SIBS, CTT e bancos;

Fluxos de informação entre os sistemas informáticos da DGITA e os sistemas informáticos de suporte à Direcção-Geral do Orçamento, nomeadamente o sistema de gestão de receitas SGR/SCR.

D) Procedimentos administrativos – por forma a definir os procedimentos administrativos e organizativos a adoptar pela DGCI e pela DGAIEC, deverão as mesmas constituir equipas de projecto que, a nível das suas áreas de responsabilidade, efectuem nomeadamente:

A concepção e produção de novos impressos de declarações fiscais ou aduaneiras e respectivos anexos ou alteração dos já existentes;

A adaptação dos procedimentos de recepção e de preparação da recolha informática;

A elaboração de novas regras de preenchimento dos impressos;

A prestação de esclarecimentos aos contribuintes e operadores económicos e divulgação pública dos novos procedimentos relativos ao cumprimento das obrigações fiscais e aduaneiras;

Um planeamento sobre a informação a fornecer aos operadores económicos e entidades habilitadas a declarar com ligações EDI à DGAIEC, sobre as decisões tomadas superiormente, por forma a possibilitar a adaptação dos seus sistemas informáticos;

O estudo sobre a necessidade de fornecer às entidades habilitadas a declarar valores das taxas em euros que possibilitem o preenchimento do impresso de liquidação complementar do DAU nesta moeda ou utilização exclusiva deste documento em escudos;

O estudo da possibilidade da contabilização dos recursos próprios comunitários a enviar à Comissão das Comunidades Europeias através da DGAERI ser efectuado em escudos e ou euros;

A preparação dos funcionários para as novas tarefas resultantes da introdução do euro, bem como preparação e realização das necessárias acções de formação;

O acompanhamento e definição de novas regras funcionais dos sistemas informáticos a alterar, bem como participação nos testes finais;

A definição dos procedimentos a adoptar para a aceitação de cheques em euros nas tesourarias não informatizadas;

A identificação dos restantes procedimentos que se venham a revelar necessários durante os trabalhos das referidas equipas de projecto.

As conclusões finais do trabalho destas equipas de projecto deverão ser-me presentes até ao dia 30 de Julho de 1998 e com base nelas será publicada regulamentação sobre a matéria.

8 de Junho de 1998.

O Ministro das Finanças
António Luciano Pacheco de Sousa Franco

VIII
CHEQUES, LETRAS E LIVRANÇAS EM EUROS

A existência de um período de transição em que as moedas nacionais continuam a ser as únicas com existência física, mesmo que juridicamente consideradas como subdivisões do euro, tornou necessária a reformulação de vários tipos de impressos oficiais, como é o caso dos cheques, letras e livranças, de modo a ser contemplada a opção entre escudos e euros.

No que respeita aos cheques foi emitido um Comunicado, por parte do Banco de Portugal, relativamente ao seu preenchimento e aceitação.
- **Ver Comunicado do Banco de Portugal (pág. 611)**

*

Os impressos de letras e livranças foram objecto de alterações, constantes de Portaria.
- **Ver Portaria n.º 1042/98 – DR n.º 292/98 – Série I-B de 19-12-1998 (com a redacção dada pela Declaração de Rectificação n.º 3-F/99 – DR n.º 25 – Série I-B de 30-1-1999) (pág. 615)**

COMUNICADO DO BANCO DE PORTUGAL
sobre preenchimento de cheques em escudos e em euros e cheques em escudos com data posterior a 31/12/2001
(28/12/98)

PREENCHIMENTO DE CHEQUES EM ESCUDOS E EM EUROS

A existência a partir de 1/1/99 e durante um período de três anos (de 1 de Janeiro de 1999 a 31 de Dezembro de 2001) de cheques distintos, consoante estejam em causa saques em escudos ("cheque-escudo") ou saques em euros ("cheque-euro"), requer que sejam acauteladas possíveis situações de indefinição, geradoras de riscos potenciais quer para os bancos, quer para os utilizadores de cheques.

Uma dessas situações é a que resulta da possibilidade dos utilizadores de cheques, quer por engano, quer até por tentativa de fraude, alterarem as menções pré-impressas e identificadoras da moeda no impresso do cheque ou inscreverem a importância por extenso numa moeda diferente daquela a que o cheque se destina (ver exemplos em anexo).

Com o objectivo de evitar esse tipo de situações, que, na prática, podem implicar a possibilidade de multiplicação ou divisão de uma importância por cerca de duzentas vezes, o Banco de Portugal informou, através de carta-circular datada de 21/12/98, que os bancos não poderão apresentar, na compensação, cheques que contenham emendas ou rasuras em qualquer das menções à denominação pré-impressa no respectivo suporte físico, ou em que haja divergência entre a denominação pré-impressa e a indicação dada no extenso.

Em concreto, as implicações que estes procedimentos terão para os bancos são as seguintes: na qualidade de sacados, devem, por um lado, recomendar aos seus clientes que evitem rasuras ou emendas na denominação dos cheques, e, por outro lado, estabelecer procedimentos internos destinados ao tratamento dos cheques em questão; na qualidade de tomadores, devem recomendar aos clientes que lhes apresentem cheques nas condições descritas que se dirijam aos respectivos sacadores, solicitando-lhes a substituição dos cheques ou, caso tal não seja possível, que se dirijam ao banco sacado visando a respectiva cobrança.

No que diz respeito aos utilizadores dos cheques, os procedimentos agora transmitidos aos bancos, aconselham da sua parte, sob pena de incorrerem em incómodos desnecessários, o maior cuidado quer no preenchimento quer na aceitação de cheques, designadamente verificando se não existem emendas ou rasuras na denominação pré-impressa ou divergências entre a denominação pré-impressa e a denominação indicada no extenso.

CHEQUES EM ESCUDOS COM DATA DE EMISSÃO POSTERIOR A 31/12/2001

Outra situação relacionada com cheques, que decorre da transição para a Moeda Única, prende-se com os procedimentos a observar pelos bancos quanto aos cheques em escudos com data de emissão posterior a 31/12/2001.

Com a finalidade de esclarecer as dúvidas que nesta matéria têm vindo a ser colocadas, o Banco de Portugal estabeleceu, em carta-circular datada de 29/12/98, que:

- Não serão aceites pelo sistema bancário cheques em escudos com data de emissão posterior a 31/12/2001;
- Os bancos devem promover a substituição de todos os cheques em escudos com data de emissão posterior a 31/12/2001 já na sua posse, por meio de pagamento expresso em euros;
- Os bancos devem promover a divulgação destas regras junto dos seus clientes, no sentido de criar condições para a sua adequada e atempada aplicação prática.

Tendo em conta as regras estabelecidas, e visando evitar problemas futuros, recomenda-se desde já aos utilizadores de cheques a não emissão e aceitação de cheques em escudos com data de emissão posterior a 31/12/2001, aconselhando-se a sua atempada substituição por meios de pagamento expressos em euros.

ANEXO
ALGUNS EXEMPLOS DE ALTERAÇÃO ÀS MENÇÕES PRÉ-IMPRESSAS DA DENOMINAÇÃO NOS CHEQUES

Exemplo 1

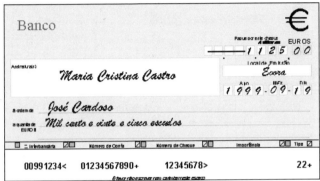

Exemplo 2

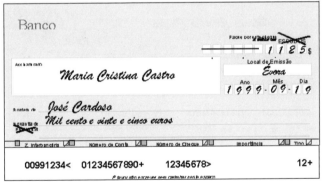

Exemplo 3

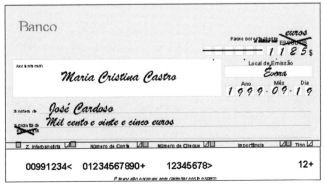

Exemplo 4

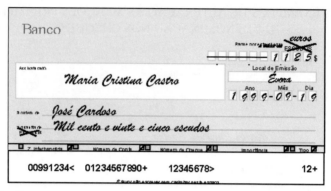

Exemplo 5

PORTARIA N.º 1042/98
DR n.º 292/98 Série I-B de 19 de Dezembro de 1998

Estabelece normas relativas à emissão de letras e livranças em escudos e em euros

[Com a redacção dada pela Declaração de Rectificação n.º 3-F/99 DR n.º 25 Série I-B de 30-1-99]

A normalização da letra e livrança, concretizada pelo Decreto-Lei n.º 387-G/87, de 30 de Dezembro, teve por objectivo possibilitar o respectivo tratamento informático. Foi posteriormente levada à prática pelas Portarias n.º 142/88, de 4 de Março, 545/88, de 12 de Agosto, e 233/89, de 27 de Março.

Face à realidade da adesão de Portugal à UEM, à evolução tecnológica entretanto verificada ao nível do tratamento de documentos e tendo ainda em linha de conta o princípio da «não obrigação, não proibição», surge a necessidade de criação de modelos que possibilitem a emissão de letras e livranças em euros e de reformulação dos modelos até aqui existentes em escudos, de modo a uniformizar a respectiva estrutura.

Finalmente, importa reunir num único diploma legal as definições incluídas nas três portarias acima mencionadas.

Assim:

Manda o Governo, pelo Ministro das Finanças, em conformidade com o disposto no artigo 118.º do Regulamento do Imposto do Selo, o seguinte:

1.º As letras serão dos modelos anexos a esta portaria, com as seguintes características técnicas:

    1.1. Formato:

    1.1.1. Os novos modelos de letras têm o formato normalizado de 211 mm x 102 mm.

1.2. Texto:

1.2.1. Os novos modelos de letras têm um texto geral, disposto da forma indicada nos anexos I a IV, contendo:

a) Num sector superior, com a área de 211 mm por 86 mm, as seguintes indicações: local e data de emissão (ano, mês, dia); importância, em escudos ou em euros, consoante o caso; saque n.º ...; outras referências; vencimento (ano, mês, dia); valor; «No seu vencimento, pagará(ão) V. Exas. por esta única via de letra a ...»; local de pagamento/domiciliação (banco/localidade), NIB (número de identificação bancária); assinatura do sacador; número de contribuinte do sacado; aceite n.º...; nome e morada do sacado e, junto à margem esquerda, centrado e em posição vertical, a indicação: «Aceite»;

b) Num sector inferior, com a área de 211 mm por 16 mm, a indicação seguinte:

«É favor não escrever nem carimbar neste espaço.»

1.2.2. Nas letras destinadas a utilização geral, avulsa, os novos modelos têm, como adicional ao descrito no n.º 1.2.1 e disposto da forma indicada nos anexos desenhos I e III, o seguinte texto:

a) No canto superior esquerdo, a representação da estampilha fiscal, em formato reduzido, levando em rodapé o valor da taxa respectiva, em algarismos;

b) Imediatamente à direita da representação da estampilha fiscal, nome e morada ou carimbo do sacador, bem como o respectivo número de contribuinte;

c) Imediatamente à direita do rectângulo do vencimento, uma letra, que corresponderá ao código do escalão da selagem.

1.2.3. Nas letras de emissão particular, privativa dos sacadores, para preenchimento quer manual, quer por computador, os novos modelos têm, como adicional ao descrito no n.º 1.2.1 e disposto da forma indicada nos anexos desenhos II e IV, o seguinte texto:

a) No canto superior esquerdo, «Imposto do selo pago por meio de guia»;

b) À direita da indicação anterior, limitado à área definida para o efeito, apresentada nos desenhos anexos II e IV, designada «Zona reservada ao emissor/sacador», a designação, iniciais e ou logotipo das pessoas, sociedades e ou entidades emissoras/sacadoras, bem como a respectiva morada e número de contribuinte;

c) No canto inferior direito, limitado entre o espaço reservado ao nome e morada do sacado e a margem direita, a designação, em letra reduzida, sem o respectivo logotipo, da entidade fabricante dos impressos.

1.3. Impressão:

1.3.1. Os novos modelos de letras, conforme n.ᵒˢ 1.2.1 e 1.2.2, obedecem aos seguintes tipos de impressão:

a) Fundo geral de segurança, cobrindo o sector superior, com as dimensões de 211 mm por 86 mm, executado a duas linhas, com a representação das palavras «República Portuguesa» em relevo aparente e impressão em offset;

b) Texto geral, conforme referido no n.º 1.2.1, impresso em offset;

c) Texto especial, conforme referido no n.º 1.2.2, impresso em offset ou calcografia.

1.3.2. Os novos modelos de letras de emissão particular, conforme n.ᵒˢ 1.2.1 e 1.2.3, têm o fundo geral de segurança, cobrindo o sector superior, com as dimensões de 211 mm por 86 mm, o texto geral, conforme n.º 1.2.1, e o texto adicional, conforme n.º 1.2.3, impressos em offset.

1.3.3. Nos novos modelos de letras em euros, o símbolo desta moeda será impresso com as dimensões e localização apresentadas nos desenhos anexos III e IV.

1.4. Cores:

1.4.1. Os novos modelos de letras em escudos (desenhos anexos I e II) têm as seguintes cores:

a) Fundo geral de segurança, em azul;

b) Texto geral, segundo n.º 1.2.1, em preto;

c) Texto especial, segundo n.º 1.2.2, em cor variável de acordo com o valor da taxa respectiva;

d) Texto adicional, segundo n.º 1.2.3, em cor de acordo com a escolha da entidade emissora/sacadora.

1.4.2. Os novos modelos de letras em euros (desenhos anexos III e IV) têm as seguintes cores:

a) Fundo geral de segurança, em azul;

b) Texto geral, segundo n.º 1.2.1, em preto;

c) Texto especial, segundo n.º 1.2.2, em cor variável de acordo com o valor da taxa respectiva;

d) Texto adicional, segundo n.º 1.2.3, em cor de acordo com a escolha da entidade emissora/sacadora;

e) Símbolo do euro, conforme n.º 1.3.3, em cor azul-escura ou preta, contrastante com o fundo.

1.5. Tintas – os novos modelos de letras, quer de utilização geral, conforme n.ᵒˢ 1.2.1 e 1.2.2, quer de emissão particular, conforme n.ᵒˢ 1.2.1 e 1.2.3, têm o fundo geral impresso em tinta litográfica de segurança anti--rasura, devendo a mesma ser compatível com a utilização de tecnologias de tratamento de imagem, nomeadamente o reconhecimento inteligente de caracteres.

1.6. Papel:

1.6.1. Os novos modelos de letras de utilização geral, conforme n.os 1.2.1 e 1.2.2, são impressos em papel branco, liso, com filigrana (marca de água) de uma linha e de tipo contínuo representativa da imagem do escudo nacional e com indicação do ano de fabrico do papel, com gramagem contida entre 85 g/m2 e 95 g/m2.

1.6.2. Os novos modelos de letras de emissão particular, conforme n.os 1.2.1 e 1.2.3, podem ser impressos em papel branco, liso, com gramagem contida entre 85 g/m2 e 95 g/m2.

2.º As livranças para preenchimento, quer manual quer por computador, serão dos modelos anexos a esta portaria, com as seguintes características técnicas:

2.1. Formato:

2.1.1. Os novos modelos de livrança têm o formato normalizado de 211 mm x 102 mm.

2.2. Texto:

2.2.1. Os novos modelos de livrança têm um texto geral e um texto adicional, dispostos da forma indicada nos anexos desenhos V e VI, contendo:

2.2.2. Texto geral:

a) Num sector superior, com a área de 211 mm por 86 mm, as seguintes indicações: local e data de emissão (ano, mês, dia); importância, em escudos ou em euros, consoante o caso; valor; vencimento (ano, mês, dia); «No seu vencimento, pagarei(emos) por esta única via de livrança a ..., ou à sua ordem, a quantia de ...»; livrança n.º ...; assinatura(s) do(s) subscritor(es); local de pagamento/domiciliação (banco/localidade), NIB (número de identificação bancária); nome e morada do subscritor;

b) No canto superior esquerdo, a indicação seguinte: «Imposto do selo pago por meio de guia»;

c) Num sector inferior, com a área de 211 mm por 16 mm, a indicação seguinte:

«É favor não escrever nem carimbar neste espaço.»

2.2.3. Texto adicional:

a) Num sector superior esquerdo, a designação, iniciais e ou logotipo da entidade emissora/tomadora, bem como o respectivo número de contribuinte;

b) No canto inferior direito, limitado entre o espaço reservado ao nome e morada do subscritor e a margem direita, a designação, em letra reduzida, sem o respectivo logotipo, da entidade fabricante dos impressos.

2.3. Impressão:

2.3.1. Os novos modelos de livranças têm o fundo geral de segurança, cobrindo o sector superior, com as dimensões de 211 mm por 86 mm, e o texto geral, conforme referido no n.º 2.2.2, ambos impressos em offset.

2.3.2. No novo modelo de livrança em euros, o símbolo desta moeda será impresso com as dimensões e localização apresentadas no desenho anexo VI.

2.4. Cores:

2.4.1. Os novos modelos de livranças (desenhos anexos V e VI) têm o fundo geral de segurança e texto, conforme o n.º 2.2, em cores, diferentes entre livranças em euros e em escudos, de acordo com a escolha da entidade emissora ou tomadora.

2.4.2. Símbolo do euro, conforme n.º 1.3.3, em cor azul-escura ou preta, contrastante com o fundo.

2.5. Tintas – os novos modelos de livranças têm o fundo geral impresso em tinta litográfica de segurança anti-rasura, devendo a mesma ser compatível com a utilização de tecnologias de tratamento de imagem, nomeadamente o reconhecimento inteligente de caracteres.

2.6. Papel - os novos modelos de livranças podem ser impressos em papel branco, liso, com gramagem contida entre 85 g/m2 e 95 g/m2.

3.º A inserção do logotipo da entidade emissora/sacadora nos impressos de letras de emissão particular, bem como nos das livranças, poderá ser feita por qualquer tipo de impressão ou através de carimbo.

4.º Em todos os modelos de letras de emissão particular privativa dos sacadores, o campo «Outras referências» será utilizado para inscrição dos elementos relativos ao imposto do selo, a que se refere o n.º 3 da Portaria n.º 709/81, de 20 de Agosto.

5.º A adopção dos novos impressos ocorrerá em 1 de Janeiro de 1999. Os impressos ainda existentes que não obedeçam aos requisitos agora definidos poderão ser utilizados até 31 de Dezembro de 1999, devendo os existentes naquela data ser devolvidos pelos tesoureiros da Fazenda Pública à Imprensa Nacional-Casa da Moeda até 31 de Janeiro de 2000.

6.º Quando não haja para venda letras das taxas estabelecidas no artigo 101 da Tabela Geral do Imposto do Selo, serão utilizadas letras das taxas mais aproximadas que estiverem à venda, devendo o imposto, para complemento de taxa, ser liquidado por verba, antes de utilizada a letra, averbando a repartição de finanças no documento o número e data do pagamento.

Ministério das Finanças.
Assinada em 18 de Novembro de 1998.

Pelo Ministro das Finanças, *António Carlos dos Santos*, Secretário de Estado dos Assuntos Fiscais.

ANEXO I

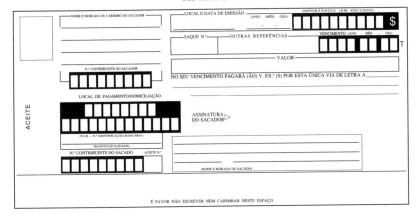

ANEXO II

ANEXO III

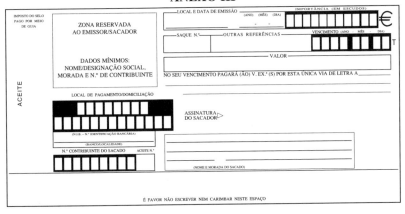

ANEXO IV

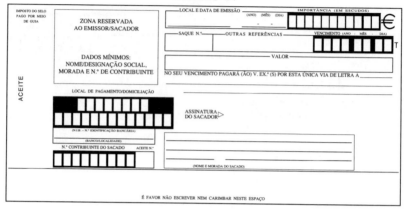

ANEXO V

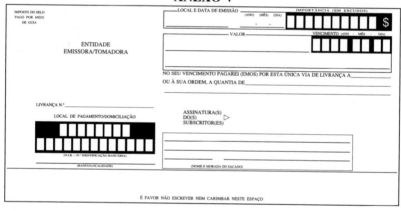

ANEXO VI

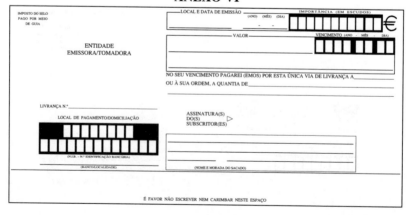

IX
MOEDAS EURO

Embora com poder liberatório em toda a área da UEM, as moedas metálicas em euros terão uma face comum e uma face nacional. Coube a cada Estado-membro adoptar o respectivo desenho. Portugal aprovou a face nacional portuguesa das várias moedas em Abril de 1998.
 • **Ver Decreto-Lei n.º 85/98 – DR n.º 79/98 Série I-A de 3 de Abril de 1998 (pág. 627)**

DECRETO-LEI N.º 85/98
DR n.º 79/98 Série I-A de 3 de Abril de 1998

Na sequência do processo tendente à introdução da moeda única na União Europeia importa aprovar os desenhos de face nacional do sistema de moeda metálica do euro.

Os desenhos agora aprovados pelo Governo foram seleccionados por um júri independente após concurso nacional lançado pela Imprensa Nacional-Casa da Moeda, E. P., em Outubro de 1997.

Os desenhos escolhidos integram elementos tradicionais fortemente associados à identidade nacional a par da simbologia própria da União Europeia.

Surgem assim, como elemento central nos desenhos para cada uma das séries de 2 e 1 euros, 50, 20 e 10 cêntimos, abreviadamente designados por cents, e 5, 2 e 1 cents, três selos de D. Afonso Henriques, que são circundados por castelos e escudos localizados face a face com cada uma das 12 estrelas da União Europeia.

Foi ouvido o Banco de Portugal.

Assim, nos termos da alínea *a*) do n.º 1 do artigo 198.º e do n.º 5 do artigo 112.º da Constituição, o Governo decreta o seguinte:

Artigo único

São aprovados os desenhos da face nacional das moedas de 1 e 2 euros, de 50, 20 e 10 cents e de 5, 2 e 1 cents, que constam, respectivamente, dos anexos n.ºs 1, 2 e 3 do presente diploma e que dele fazem parte integrante.

ANEXO N.º 1
(Face nacional do euro – 1 EURO / 2 EURO)

ANEXO N.º 2
(Face nacional do euro – 10 CENT / 20 CENT / 50 CENT)

Legislação Portuguesa – IX – Moedas Euro   629

ANEXO N.º 3
(Face nacional do euro – 1 CENT / 2 CENT / 5 CENT

ÍNDICE

LEGISLAÇÃO COMUNITÁRIA

I – TEXTO BASE – TRATADO CE	9
Tratado CE – Artigos 102.º-A a 109.º-M (98.º a 124.º)	13
II – PREPARAÇÃO DA UEM	39
TCE – Artigos 73.º-B a 73.º-G (56.º a 60.º)	43
Regulamento (CE) n.º 3603/93 do Conselho de 13 de Dezembro de 1993	49
Regulamento (CE) n.º 3604/93 do Conselho de 13 de Dezembro de 1993	55
III – PROCESSO DE CONVERGÊNCIA	61
Artigo 109.º-J (121.º) do TCE	65
Protocolo Relativo aos Critérios de Convergência a que se refere o artigo 109.º-J do Tratado que institui a Comunidade Europeia	67
Protocolo Relativo ao procedimento aplicável em caso de défice excessivo	68
Revogação das decisões sobre défice excessivo pelo Conselho de 1-5-1998	70
Decisão do Conselho (98/317/CE) de 3 de Maio de 1998	89
IV – COORDENAÇÃO DAS POLÍTICAS ECONÓMICAS E PACTO DE ESTABILIDADE	101
Artigos 102.º-A e 103.º (98.º e 99.º) do TCE	107
Resolução (97/C 236/02) do Conselho Europeu relativa ao Crescimento e ao Emprego	113
Resolução do Conselho Europeu do Luxemburgo de 13-12-97	117
Relatório do Conselho Europeu de Viena de 11/12-12-1998	121
Resolução (97/C 236/01) do Conselho Europeu sobre o Pacto de Estabilidade e Crescimento	125

Regulamento (CE) n.º 1466/97 relativo ao reforço da supervisão das situações orçamentais e à supervisão e coordenação das políticas económicas 129

Regulamento (CE) n.º 1467/97 relativo à aceleração e clarificação da aplicação do procedimento relativo aos défices excessivos 139

Regulamento (CE) n.º 3605/93 relativo à aplicação do Protocolo sobre o procedimento relativo aos défices excessivos anexo ao Tratado que institui a Comunidade Europeia 151

V – EURO 157

Conselho Europeu de Madrid de Dezembro de 1995 163

Regulamento (CE) n.º 974/98 relativo à introdução do euro 165

Regulamento (CE) n.º 1103/97 relativo a certas disposições respeitantes à introdução do euro 175

Regulamento (CE) n.º 975/98 relativo aos valores faciais e às especificações técnicas das moedas em euros destinadas a circulação 181

Regulamento (CE) n.º 423/1999 que altera o Regulamento (CE) n.º 975/98 relativo aos valores faciais e às especificações técnicas das moedas em euros destinadas a circulação 185

Decisão (BCE/1998/6) do Banco Central Europeu (1999/33/CE) relativa às denominações, especificações, reprodução, troca e retirada de circulação das notas em euros 187

Decisões adicionais sobre as notas de banco em euro 192

Troca de notas nacionais de outros Estados-membros participantes por bancos centrais nacionais participantes 193

Regulamento (CE) n.º 2866/98 relativo às taxas de conversão entre o euro e as moedas dos Estados-membros que adoptam o euro 195

VI – COMITÉ ECONÓMICO E FINANCEIRO 199

Decisão do Conselho (98/743/CE) de 21 de Dezembro de 1998 relativa às disposições pormenorizadas respeitantes à composição do Comité Económico e Financeiro 203

Decisão do Conselho (1999/8/CE) de 31 de Dezembro de 1998 que adopta os estatutos do Comité Económico e Financeiro 207

VII – BCE – INSTITUIÇÃO E REGRAS DE FUNCIONAMENTO 211

Decisão tomada (em 29 de Outubro de 1993) de comum acordo pelos representantes dos governos dos Estados-membros reunidos a nível de Chefes de Estado ou de governo relativa à fixação das sedes de determinados organismos e serviços das Comunidades Europeias e da EUROPOL (93/C 323/01) 215

Protocolo relativo à localização das sedes das Instituições e de certos organismos e serviços das Comunidades Europeias e da EUROPOL 219

Decisão tomada de comum acordo pelos governos dos Estados-membros que adoptam a moeda única, a nível de Chefes de Estado ou de Governo de 26 de Maio de 1998 que nomeia o presidente, o vice-presidente e os vogais da Comissão Executiva do Banco Central Europeu (98/345/C) 221

Estatutos do BCE 223

Regulamento interno do BCE 249

Regulamento interno do Conselho Geral do BCE 261

Calendário das reuniões do Conselho e do Conselho Geral do BCE 265

VIII – BCE – REALIZAÇÃO DO CAPITAL 267

Decisão do Conselho de 5 de Junho de 1998 relativa aos dados estatísticos a utilizar para a denominação da tabela de repartição para subscrição do capital do Banco Central Europeu (98/382/CE) 271

Decisão do Banco Central Europeu de 9 de Junho de 1998 relativa ao método a utilizar para a determinação da participação percentual dos bancos centrais nacionais na tabela de repartição do capital do Banco Central Europeu (BCE/1998/1) (1999/31/CE) 275

Decisão do Banco Central Europeu de 9 de Junho de 1998 que adopta as medidas necessárias à realização do capital do Banco Central Europeu (BCE/1998/2) (1999/32/CE) 277

Decisão do Banco Central Europeu de 1 de Dezembro de 1998 que estabelece as medidas necessárias à realização do capital do Banco Central Europeu pelos bancos centrais nacionais dos Estados-membros não participantes (BCE/1998/14) (1999/285/CE) 281

Decisão do Banco Central Europeu de 1 de Dezembro de 1998 relativa à participação percentual dos bancos centrais nacionais na tabela de repartição para a subscrição do capital do Banco Central Europeu (BCE/1998/13) (1999/331/CE) 283

IX – BCE – ENQUADRAMENTO OPERACIONAL 285

Decisão do Conselho de 29 de Junho de 1998 relativa à consulta do Banco Central Europeu pelas autoridades nacionais sobre projectos de disposições legais (98/415/CE) 289

Decisão do Banco Central Europeu de 3 de Novembro de 1998 relativa ao acesso do público à documentação e aos arquivos do banco central europeu (BCE/1998/12) (1999/284/CE) 293

Regulamento (CE) n.º 2532/98 do Conselho de 23 de Novembro de 1998 relativo ao poder do Banco Central Europeu de impor sanções 297

Regulamento (CE) n.º 2533/98 do Conselho de 23 de Novembro de 1998 relativo à compilação de informação estatística pelo Banco Central Europeu.. 305

X – BCE – REPRESENTAÇÃO EXTERNA 325

Resolução do Conselho Europeu relativa à coordenação das políticas económicas na terceira fase da UEM e aos artigos 109.º e 109.º-B do Tratado 329

Conselho Europeu de Viena (11/12-12-1998) Anexo II – Relatório ao Conselho Europeu acerca do estado de adiantamento da preparação para a terceira fase da UEM, nomeadamente no que se refere à representação externa da Comunidade 333

Nomeação de Robert Raymond como representante permanente do Banco Central Europeu em Washington, com estatuto de observador no Fundo Monetário Internacional 337

Nomeação de Gerald Grisse como representante permanente do Banco Central Europeu em Washington, com estatuto de observador no Fundo Monetário Internacional 338

XI – POLÍTICA MONETÁRIA – SISTEMA DE RESERVAS MÍNIMAS 339

Regulamento (CE) n.º 2531/98 do Conselho de 23 de Novembro de 1998 relativo à aplicação de reservas mínimas obrigatórias pelo Banco Central Europeu.. 343

Regulamento (CE) n.º 2818/98 do Banco Central Europeu relativo à aplicação de reservas mínimas obrigatórias pelo Banco Central Europeu 349

XII – POLÍTICA MONETÁRIA – EXECUÇÃO 359

Uma estratégia de política monetária do SEBC orientada no sentido da estabilidade 363

Valor de referência para o crescimento monetário 367

Taxas de juro do BCE aplicáveis no início da terceira fase 371

Comunicado do BCE de 8 de Abril de 1999. Alteração de taxas de juro 374

XIII – POLÍTICA CAMBIAL 375

Resolução do Conselho Europeu relativa à coordenação das políticas económicas na terceira fase da UEM e aos artigos 109.º e 109.º-B do Tratado   381

Resolução do Conselho Europeu sobre a criação de um mecanismo de taxas de câmbio na terceira fase da União Económica e Monetária – Amesterdão, 16 de Junho de 1997 (97/C 236/03) 383

Acordo de 1 de Setembro de 1998 entre o Banco Central Europeu e os bancos centrais nacionais dos Estados-membros não participantes na zona do euro que estabelece os procedimentos operacionais relativos ao mecanismo de taxas de câmbio na terceira fase da União Económica e Monetária (98/C 345/05) 387

Comunicado conjunto dos Ministros dos Estados-membros que adoptam o euro como sua moeda única, do Banco Central Europeu, dos Ministros e Governadores dos Bancos Centrais do Reino da Dinamarca e da República Helénica – Viena, 26/9/98 399

Taxas centrais do euro e taxas de intervenção no MTC II 400

Decisão do Conselho de 31 de Dezembro de 1998 relativa à posição a adoptar pela Comunidade no que diz respeito a um acordo sobre as relações monetárias com o Principado do Mónaco (1999/96/CE) 401

Decisão do Conselho de 31 de Dezembro de 1998 relativa à posição a adoptar pela Comunidade no que diz respeito a um acordo sobre as relações monetárias com a Cidade do Vaticano (1999/98/CE) 405

Decisão do Conselho de 31 de Dezembro de 1998 relativa à posição a adoptar pela Comunidade no que diz respeito a um acordo sobre as relações monetárias com a República de São Marinho (1999/97/CE) 409

Decisão do Conselho de 23 de Dezembro de 1998 relativa aos aspectos cambiais relacionados com o franco CFA e o franco das Comores (98/683/CE) 413

Decisão do Conselho de 21 de Dezembro de 1998 relativa aos aspectos cambiais relacionados com o escudo cabo-verdiano (98/744/CE) 417

Decisão do Conselho de 31 de Dezembro de 1998 relativa ao regime monetário aplicável nas circunscrições territoriais francesas de S. Pedro e Miquelon e de Mayotte (1999/95/CE) 421

LEGISLAÇÃO PORTUGUESA

I – BANCO DE PORTUGAL 427

Lei Orgânica do Banco de Portugal 431

Decreto-Lei n.º 22/99 – DR n.º 23/99 Série I-A de 28 de Janeiro de 1999 449

Aviso do Banco de Portugal n.º 1/99 – DR n.º 12/99 Série I-B de 15 de Janeiro de 1999 451

Portaria n.º 8/99 – DR n.º 5/99 Série I-B de 7 de Janeiro de 1999............ 453
Comunicado do Banco de Portugal sobre troca de notas........................... 454

II – TRANSIÇÃO DA ADMINISTRAÇÃO PÚBLICA PARA O EURO 455

Despacho n.º 10590/97 – DR n.º 257 de 16-11-97 [extracto].................... 459
Despacho n.º 12765/98 (2.ª Série) de 8 de Julho de 1998......................... 471
Despacho n.º 22528/98 – DR II Série, n.º 300 de 30-12-1998 475

III – CONTABILIDADE EM EUROS 479

Instrução n.º 5/97 (Directriz contabilística n.º 21) – DR n.º 258 de 17-11-97 483
Aditamento do ponto 4.10 à DC n.º 21.. 489
Instituto de Seguros de Portugal – Regulamento n.º 8/98 DR n.º 189 Série II de 18-8-98... 491
Instituto de Seguros de Portugal – Regulamento n.º 7/98 DR n.º 189 Série II de 18-8-98... 495

IV – ADAPTAÇÃO AO EURO – DISPOSIÇÕES FUNDAMENTAIS 497

Decreto-Lei n.º 138/98 – DR n.º 113/98 Série I-A de 16 de Maio de 1998   501
Decreto-Lei n.º 343/98 – DR n.º 257/98 Série I-A de 6 de Novembro de 1998 511

V – REDENOMINAÇÃO E EMISSÃO DE OBRIGAÇÕES 529

Portaria n.º 1004-A/98 – DR n.º 275 de 27-11-1998 533
Portaria n.º 172-A/99 – DR n.º 48 Supl. 2 (2.ª Série) de 26-2-1999 537
Instrução n.º 2-A/98 – DR n.º 294 (2.ª Série-Sup.) de 22-12-98 541

VI – MERCADO DE VALORES MOBILIÁRIOS................................ 553

Regulamento CMVM n.º 6/98 557
Regulamento CMVM n.º 7/98 DR n.º 143 Série II de 24-6-98 559
Regulamento CMVM n.º 18/98 DR n.º 287 Série II de 14-12-98 565
Regulamento CMVM n.º 19/98 573
Regulamento CMVM n.º 21/98 DR n.º 296 Série II de 24-12-98 575

Regulamento CMVM n.º 22/98 577
Regulamento CMVM n.º 23/98 583
Regulamento CMVM n.º 24/98 DR n.º 298 Série II de 28/12/98 587

VII – OBRIGAÇÕES FISCAIS 597

Despacho n.º 6393/98 – DR n.º 91 (2.ª série) de 18-4-98 601
Despacho n.º 11035/98 – DR n.º 148 (2.ª série) de 30-6-98 603

VIII – CHEQUES, LETRAS E LIVRANÇAS EM EUROS 607

Comunicado do Banco de Portugal 611
Portaria n.º 1042/98 – DR n.º 292/98 – Série I-B de 19-12-1998 615

IX – MOEDAS EURO 623

Decreto-Lei n.º 85/98 – DR n.º 79/98 Série I-A de 3 de Abril de 1998 627